BIBLIOTHEK DEUTSCHER KLASSIKER

HÖLDERLIN

BIBLIOTHEK DEUTSCHER KLASSIKER

BDK

HERAUSGEGEBEN VON DEN
NATIONALEN FORSCHUNGS- UND GEDENKSTÄTTEN
DER KLASSISCHEN DEUTSCHEN LITERATUR
IN WEIMAR

HÖLDERLINS WERKE

IN ZWEI BÄNDEN

ZWEITER BAND

Fragment von Hyperion · Hyperion oder Der Eremit in Griechenland

Emilie vor ihrem Brauttag · Epigramme und Aphorismen

Der Tod des Empedokles

Aufbau-Verlag Berlin und Weimar

1989

Einleitung, Auswahl und Textrevision der Gedichte
von Günter Mieth

Anmerkungen
von Annemarie Mieth und Marianne Beese

Hölderlin, Werke 1–2 BDK
ISBN 3-351-01331-0
Bd. 2
ISBN 3-351-01333-7

4., neubearbeitete Auflage 1989

Einbandgestaltung Horst Erich Wolter
Lichtsatz INTERDRUCK Graphischer Großbetrieb Leipzig – III/18/97
Druck und Binden LVZ-Druckerei „Hermann Duncker", Leipzig III/18/138
Printed in the German Democratic Republic
Lizenznummer 301. 120
Bestellnummer 610 124 5
I/II 01000

FRAGMENT VON HYPERION

Es gibt zwei Ideale unseres Daseins: einen Zustand der höchsten Einfalt, wo unsre Bedürfnisse mit sich selbst, und mit unsern Kräften, und mit allem, womit wir in Verbindung stehen, *durch die bloße Organisation der Natur*, ohne unser Zutun, gegenseitig zusammenstimmen, und einen Zustand der höchsten Bildung, wo dasselbe stattfinden würde bei unendlich vervielfältigten und verstärkten Bedürfnissen und Kräften, *durch die Organisation, die wir uns selbst zu geben imstande sind*. Die exzentrische Bahn, die der Mensch, im allgemeinen und einzelnen, von einem Punkte (der mehr oder weniger reinen Einfalt) zum andern (der mehr oder weniger vollendeten Bildung) durchläuft, scheint sich, *nach ihren wesentlichen Richtungen*, immer gleich zu sein.

Einige von diesen sollten, nebst ihrer Zurechtweisung, in den Briefen, wovon die folgenden ein Bruchstück sind, dargestellt werden.

Der Mensch möchte gerne *in* allem und *über* allem sein, und die Sentenz in der Grabschrift des Loyola:

non coerceri maximo, contineri tamen a minimo

kann ebenso die alles begehrende, alles unterjochende gefährliche Seite des Menschen, als den höchsten und schönsten ihm erreichbaren Zustand bezeichnen. In welchem Sinne sie für jeden gelten soll, muß sein freier Wille entscheiden.

Zante

Ich will nun wieder in mein Ionien zurück: umsonst hab ich mein Vaterland verlassen, und *Wahrheit gesucht*.

Wie konnten auch Worte meiner durstenden Seele genügen?

Worte fand ich überall; Wolken, und keine Juno.

Ich hasse sie, wie den Tod, alle die armseligen Mitteldinge von Etwas und Nichts. Meine ganze Seele sträubt sich gegen das Wesenlose.

Was mir nicht *alles*, und ewig *alles* ist, ist mir *nichts*.

Mein Bellarmin! wo finden wir das Eine, das uns Ruhe gibt, Ruhe? Wo tönt sie uns einmal wieder, die Melodie unsers Herzens in den seligen Tagen der Kindheit?

Ach! einst sucht ich sie in *Verbrüderung mit Menschen*. Es war mir, als sollte die Armut unsers Wesens Reichtum werden, wenn nur ein Paar solcher Armen *ein* Herz, *ein* unzertrennbares Leben würden, als bestände der ganze Schmerz unsers Daseins nur in der Trennung von dem, was zusammengehörte.

Mit Freud und Wehmut denk ich daran, wie mein ganzes Wesen dahin trachtete, nur dahin, ein herzlich Lächeln zu erbeuten, wie ich mich hingab für einen Schatten von Liebe, wie ich mich wegwarf. Ach! wie oft glaubt ich das Unnennbare zu finden, das mein, mein werden sollte, dafür, daß ich es wagte, mich selbst an das Geliebte zu verlieren! Wie oft glaubt ich den heiligen Tausch getroffen zu haben, und forderte nun, forderte, und da stand das arme Wesen, verlegen und betroffen, oft auch hämisch – es wollte ja nur Kurzweil, nichts so Ernstes!

Ich war ein blinder Knabe, lieber Bellarmin! Perlen wollt ich kaufen von Bettlern, die ärmer waren, als ich, so arm, so begraben in ihr Elend, daß sie nicht wußten, wie arm sie waren, und sich recht wohl gefielen in den Lumpen, womit sie sich behangen hatten.

Aber die mannigfaltige Täuschung drückte mich unaussprechlich nieder.

Ich glaubte wirklich unterzugehn. Es ist ein Schmerz ohnegleichen, ein fortdaurendes Gefühl der Zernichtung, wenn das Dasein so ganz seine Bedeutung verloren hat.

Eine unbegreifliche Mutlosigkeit drückte mich. Ich wagte das Auge nicht aufzuschlagen vor den Menschen. Ich fürchtete das Lachen eines Kindes. Dabei war ich oft sehr still und geduldig; hatte oft auch einen recht wunderbaren Aberglauben an die Heilkraft mancher Dinge. Oft konnte ich ingeheim von einem kleinen erkauften Besitztum, von einer Kahnfahrt, von einem Tale, das mir ein Berg verbarg, erwarten, was ich suchte.

Mit dem Mute schwanden auch sichtbar meine Kräfte.

Ich hatte Mühe, die Trümmer ehemals gedachter Gedanken zusammenzulesen; der rege Geist war veraltet; ich fühlte, wie sein himmlisch Licht, das mir kaum erst aufgegangen war, sich allmählich verdunkelte.

Freilich, wenn es einmal, wie mir deuchte, den letzten Rest meiner verlornen Existenz galt, wenn mein Stolz sich regte, dann war ich lauter Wirksamkeit, und die Allmacht eines Verzweifelten war in mir; oder wenn sie einen Tropfen Freuden eingesogen hatte, die welke dürftige Natur, dann drang ich mit Gewalt unter die Menschen, sprach, wie ein Begeisterter, und fühlte wohl manchmal auch die Träne der Seligen im Auge; oder wenn einmal wieder ein Gedanke, oder das Bild eines Helden in die Nacht meiner Seele strahlte, dann staunt ich, und freute mich, als kehrte ein Gott ein in dem verarmten Gebiete, dann war mir, als sollte sich eine Welt bilden in mir; aber je heftiger sich die schlummernden Kräfte aufgerafft hatten, desto müder sanken sie hin, und die unbefriedigte Natur kehrte zu verdoppeltem Schmerze zurück.

Wohl dem, Bellarmin! wohl dem, der sie überstanden hat, diese Feuerprobe des Herzens, der es verstehen gelernt hat, das Seufzen der Kreatur, das Gefühl des verlornen Paradieses. Je höher sich die Natur erhebt über das Tierische, desto größer die Gefahr, zu verschmachten im Lande der Vergänglichkeit!

Aber eines hab ich dir noch mitzuteilen, brüderliches Herz!

Ich fürchtete mich noch vor gewissen Erinnerungen, als wir uns fanden über den Trümmern des alten Roms. Unser Geist gleitet so leicht aus seiner Bahn; müssen wir doch oft dem Säuseln eines Blatts entgehen, um ihn nicht zu stören in seinem stillen Geschäfte!

Itzt kann ich wohl manchmal spielen mit den Geistern vergangner Stunden.

Mein alter Freund, der Frühling, hatte mich überrascht in meiner Finsternis. Sonst hätt ich ihn noch von ferne gefühlt, wenn die erstarrten Zweige sich regten, und ein lindes Wehen meine Wange berührte. Sonst hätt ich für jedes Weh Linderung von ihm gehofft. Aber das Hoffen und Ahnden war allmählich aus meiner Seele verschwunden.

Itzt war er da, in aller Glorie der Jugend.

Mir war, als sollt ich doch auch wieder fröhlich werden. Ich öffnete meine Fenster, und kleidete mich, wie zu einem Feste. Er sollte auch mich besuchen, der himmlische Fremdling.

Ich sah, wie alles hinausströmte ins Freie, aufs freundliche Meer von Smyrna, und sein Gestade. Sonderbare Erwartungen regten sich in mir. Ich ging auch hinaus.

Da zeigte sich recht die Allmacht der Natur. Fast jedes Gesicht war herzlicher; überall wurde offner gescherzt, und wo man sich sonst recht feierlich begrüßt hatte, bot man sich itzt die Hände. Alles verjüngte und begeisterte der herrliche süße Frühling.

Der Hafen wimmelte von jauchzenden Schiffen, wo Blumenkränze wehten, und Chierwein blinkte, die Myrtenlauben tönten von fröhlichen Melodien, und Tanz und Spiel durchrauschte die Ulmen und Platanen.

Ach! ich suchte mehr, als das. Das konnte nicht vom Tode retten. Unwillkürlich, verloren in meinem Gram, kam ich in den Garten des Gorgonda Notara, meines Bekannten. –

Ein Rauschen aus einem Seitengange störte mich auf. –

Ach! mir – in diesem schmerzlichen Gefühl meiner Einsamkeit, mit diesem freudeleeren blutenden Herzen – erschien mir *sie*; hold und heilig, wie eine Priesterin der Liebe stand sie da vor mir; wie aus Licht und Duft gewebt, so geistig und zart; über dem Lächeln voll Ruh und himmlischer Güte thronte mit eines Gottes Majestät ihr großes begeistertes Auge, und, wie Wölkchen ums Morgenlicht, wallten im Frühlingswinde die goldnen Locken um ihre Stirne.

Mein Bellarmin! könnt ich dir's mitteilen, ganz und lebendig, das Unaussprechliche, das damals vorging in mir! – Wo waren nun die Leiden meines Lebens, seine Nacht und Armut? die ganze dürftige Sterblichkeit?

Gewiß, er ist das höchste und seligste, was die unerschöpfliche Natur in sich faßt, ein solcher Augenblick der Befreiung! Er wiegt Äonen unsers Pflanzenlebens auf! Tot war mein irdisches Leben, die Zeit war nicht mehr, und entfesselt und auferstanden fühlte mein Geist seine Verwandtschaft und seinen Ursprung.

Jahre sind vorüber; Frühlinge kamen und gingen; manch herrlich Bild der Natur, manche Reliquie deines Italiens, aus himmlischer Phantasie hervorgegangen, erfreute mein Auge; aber das meiste verwischte die Zeit; nur *ihr* Bild ist mir geblieben, mit allem, was mit ihm verwandt ist. Noch steht sie da vor mir, wie in dem heiligen trunknen Momente, da ich sie fand; ich preß es an mein glühendes Herz, das süße Phantom; ich höre ihre Stimme, das Lispeln ihrer Harfe; wie ein friedlich Arkadien, wo Blüte und Saat in ewig stiller Luft sich wiegt, wo ohne des Mittags Schwüle die Ernte reift, und die süße Traube gedeiht, wo keine Furcht das sichere Land umzäunt, wo man von nichts weiß, als von dem ewigen Frühling der Erde, und dem wolkenlosen Himmel und seiner Sonne, und seinen freundlichen Gestirnen, so stehet es offen da vor mir, das Heiligtum ihres Herzens und Geistes.

Melite! o Melite! himmlisches Wesen!

Ich möchte wohl wissen, ob sie meiner noch zuweilen gedächte. Sie bedauert mich vielleicht. Ich werde sie wiederfinden, in irgendeiner Periode des ewigen Daseins. Gewiß! was sich verwandt ist, kann sich nicht ewig fliehen.

Ach! der Gott in uns ist immer einsam und arm. Wo findet er alle seine Verwandten? Die einst da waren, und da sein werden? Wenn kömmt das große Wiedersehen der Geister? Denn einmal waren wir doch, wie ich glaube, alle beisammen.

Gute Nacht, Bellarmin, gute Nacht!

Morgen werd ich ruhiger erzählen.

Zante

Der Abend jenes Tages meiner Tage ist mir mit allem, was ich noch gewahr ward in meiner Trunkenheit, unvergeßlich. Mir war er das schönste, was der Frühling der Erde geben kann, und der Himmel und sein Licht. Wie eine Glorie der Heiligen, umfloß *sie* das Abendrot, und die zarten goldnen Wölkchen im Äther lächelten herunter, wie himmlische Genien, die sich freuten über ihre Schwester auf Erden, wie sie unter uns einherging in aller Herrlichkeit der Geister, und doch so gut, und freundlich war gegen alles, was um sie war.

Alles drängte sich an sie. Allen schien sich ein Teil ihres Wesens mitzuteilen. Ein neuer zarter Sinn, eine süße Traulichkeit war unter alle gekommen, und sie wußten nicht, wie ihnen geschah.

Ohne zu fragen, erfuhr ich, sie komme von den Ufern des Paktols, aus einem einsamen Tale des Tmolus, wohin ihr Vater, ein sonderbarer Mann, aus Verdruß über die itzige Lage der Griechen sich schon gar lange von Smyrna weg begeben hätte, um dort seines finstern Grams zu pflegen, und ihre Mutter, ehemals die Krone von Ionien, sei eine Verwandte des Gorgonda Notara.

Notara bat uns, den Abend mit ihm unter seinen Bäumen

zuzubringen, und, so, wie wir itzt gestimmt waren, dachte keines gerne an ein Auseinandergehen.

Allmählich kam immer mehr Leben und Geist unter uns. Wir sprachen viel von den herrlichen Kindern des alten Ioniens, von Sappho und Alcäus, und Anakreon, sonderlich von Homer, seinem Grabe zu Nio, von einer nahen Felsengrotte, am Ufer des Meles, wo der Herrliche manche Stunde der Begeisterung gefeiert haben soll, und manchem andern; wie neben uns die freundlichen Bäume des Gartens, wo vom Hauche des Frühlings gelöst, die Blüten auf die Erde regneten, so teilten unsre Gemüter sich mit; jedes nach seiner Art, und auch die Ärmsten gaben etwas. Melite sprach manch himmlisches Wort, kunstlos, ohne alle Absicht, in lautrer heiliger Einfalt. Oft wenn ich sie sprechen hörte, fielen mir die Bilder des Dädalus ein, von denen Pausanias sagt, ihr Anblick habe bei all ihrer Einfachheit etwas Göttliches gehabt.

Lange saß ich stumm, und verschlang die himmlische Schönheit, die, wie Strahlen des Morgenlichts, in mein Inneres drang, und die erstorbenen Keime meines Wesens ins Leben rief.

Man sprach endlich auch von so manchen Wundern griechischer Freundschaft, von den Dioskuren, von Achill und Patroklus, von der Phalanx der Sparter, von all den Liebenden und Geliebten, die auf- und untergingen über der Welt, unzertrennlich, wie die ewigen Lichter des Himmels.

Da wacht ich auf. „Wir sollten davon nicht sprechen", rief ich.

„Solche Herrlichkeit zernichtet uns Arme. Freilich waren es goldne Tage, wo man die Waffen tauschte, und sich liebte bis zum Tode, wo man unsterbliche Kinder zeugte in der Begeisterung der Liebe und Schönheit, Taten fürs Vaterland, und himmlische Gesänge, und ewige Worte der Weisheit, ach! wo der ägyptische Priester dem Solon noch vorwarf: ‚Ihr Griechen seid alle Zeit Jünglinge!' Wir sind nun Greise geworden, klüger, als alle die Herrlichen, die dahin sind; nur schade, daß so manche Kraft verschmachtet in diesem fremden Elemente!"

„Vergiß das zum wenigsten für heute, Hyperion!" rief Notara; und ich gab ihm recht.

Melites Auge ruhte so ernst und groß auf mir. Wer hätte nicht alles vergessen.

Auf dem Wege nach der Stadt kam ich an ihre Seite. Ich drückte die Arme mit Macht gegen mein schauderndes Herz. Ich zwang den verwirrenden Tumult in mir, daß ich sprechen konnte.

O mein Bellarmin! Wie ich sie verstand, und wie sie das freute! wie ein zufällig Wörtchen von ihr eine Welt von Gedanken in mir hervorrief! Sie war ein wahrer Triumph der Geister über alles Kleine und Schwache, diese stille Vereinigung unsers Denkens, und Dichtens.

An Notaras Hause schieden wir. Ich taumelte fort in rasender Freude, schalt und lachte über den Kleinmut meines Herzens in den vergangenen Tagen, und sah mit namenlosem Stolze auf meine alten Leiden zurück.

Wie ich aber nun nach Hause kam, und vor die offnen Fenster trat, und meine verwilderten, und halb verdorrten Blumen, und hinaufsah zu der verfallnen Burg von Smyrna, die vor mir lag im dämmernden Lichte, wie sonderbar überfiel mich das alles!

Ach! da war ich ehmals so oft gestanden um Mitternacht, wenn ich den Schlaf nicht finden konnte auf meinem einsamen Lager, und hatte den Trümmern aus beßrer Zeit, und ihren Geistern meinen Jammer geklagt!

Itzt war er wiedergekehrt, der Frühling meines Herzens. Itzt hatt ich, was ich suchte. Ich hatt es wiedergefunden in der himmlischen Grazie Melites. Es tagte wieder in mir. Das hohe Wesen hatte meinen Geist aus seinem Grabe gerufen.

Aber was ich war, war ich durch sie. Die Gute freute sich über dem Lichte, das in mir leuchtete, und dachte nicht, daß es nur der Widerschein des ihrigen war. Ich fühlte nur zu bald, daß ich ärmer wurde, als ein Schatten, wenn sie nicht in mir, und um mich, und für mich lebte, wenn sie nicht mein ward; daß ich zu nichts ward, wenn sie sich mir entzog. Es konnte nicht anders kommen, ich mußte mit dieser Todesangst jede Miene, und jeden Laut von ihr befragen, ihrem Auge folgen, als wollte mir mein Leben entfliehen, es mochte gen Himmel sich wenden, oder zur Erde; o Gott! es mußte ja ein Todesbote für mich sein, jedes Lächeln ihres heiligen Friedens, jedes ihrer Himmelsworte, das mir sagte, wie ihr an ihrem, ihrem Herzen genüge: Sie mußte ja über mich kommen, diese Verzweiflung, daß das Herrliche, was ich liebte, so herrlich war, daß es mein nicht bedurfte. Verzeih es mir die Heilige! oft flucht ich der Stunde, wo ich sie fand, und raste im Geiste gegen das himmlische Geschöpf, daß es mich nur darum ins Leben geweckt hätte, um mich wieder niederzudrücken mit seiner Hoheit. Kann so viel Unmenschliches in eines Menschen Seele kommen?

Pyrgo in Morea

Schlummer und Unruhe, und manche andre seltsame Erscheinung, die halb sich bildete in mir, und verschwand, ließen indes nichts, was ich dir mitteilen wollte, zur Sprache kommen. Oft hab ich schöne Tage. Dann laß ich mein Innres walten, wie es will, träumen und sinnen, lebe meist unter freiem Himmel, und die heiligen Höhn und Tale von Morea stimmen oft recht freundlich in die reineren Töne meiner Seele.

Alles muß kommen, wie es kömmt. Alles ist gut. Ich sollte das Vergangne schlummern lassen. Wir sind nicht fürs Einzelne, Beschränkte geschaffen. Nicht wahr, mein Bellarmin? Mir wuchs ja nur darum kein Arkadien auf, daß das Dürftige, das in mir denkt und lebt, sich ausbreiten sollte, und das Unendliche umfassen. –

Das möcht ich auch, o das möcht ich! Zernichten möcht ich die Vergänglichkeit, die über uns lastet, und unsrer heiligen Liebe spottet, und wie ein Lebendigbegrabner sträubt sich mein Geist gegen die Finsternis, worin er gefesselt ist.

Ich wollte erzählen. Ich will es tun. Von außen stört mich nichts in meinen Erinnerungen. Meer und Erde schläft in der Schwüle des Mittags, und selbst die Quelle, die sonst hier unter mir rieselte, ist vertrocknet. Kein Lüftchen säuselt durch die Zweige. Ein leises Ächzen der Erde, wenn der brennende Strahl den Boden spaltet, hör ich zuweilen. Aber das stört wohl nicht. Auch gibt die Zypresse, die über mir trauert, Schatten genug.

Der Abend, da ich von ihr ging, hatte mit der Nacht gewechselt, und die Nacht mit dem Tage; aber für mich nicht. In meinem Leben war kein Schlaf und kein Erwachen mehr. Es war nur *ein* Traum von ihr, ein seliger schmerzlicher Traum; ein Ringen zwischen Angst und Hoffnung. Endlich ging ich hin zu ihr.

Ich erschrak, wie sie nun vor mir stand, so ganz anders, als in mir es aussah, so ruhig und selig, in der Allgenügsamkeit einer Himmlischen. Ich war verwirrt und sprachlos. Mein Geist war mir entflohen.

Ich glaube nicht, daß sie es ganz bemerkte, wie sie überhaupt bei all ihrer himmlischen Güte nicht sehr genau darauf zu achten schien, was um sie vorging.

Sie hatte Mühe, mich dahin zurückzubringen, wo wir den Abend zuvor geendet hatten. Endlich regte sich doch hie und da ein Gedanke in mir, und schloß sich fröhlich an die ihrigen an.

Sie wußte nicht, wie unendlich viel sie sagte, und wie ihr Bild zum Überschwenglichen sich verherrlichte, wenn das Hohe ihrer Gedanken an ihrer Stirne sich offenbarte, und der königliche Geist sich vereinigte mit der Huld des arglosen alliebenden Herzens. Es war, als träte die Sonne hervor im freundlichen Äther, oder als stiege ein Gott hernieder zu einem unschuldigen Volke, wenn das Selbständige, das Heilige neben ihrer Grazie sichtbar ward.

Solang ich bei ihr war, und ihr begeisterndes Wesen mich emporhub über alle Armut der Menschen, vergaß ich oft auch die Sorgen und Wünsche meines dürftigen Herzens. Aber wenn ich weg war, dann verbarg ich's mir umsonst, dann klagt' es laut auf in mir, sie liebt dich nicht! Ich zürnte und kämpfte. Aber mein Gram ließ nicht ab von mir. Meine Unruhe stieg von Tage zu Tage. Je höher und mächtiger ihr Wesen über mir leuchtete, desto düstrer und verwilderter ward meine Seele.

Sie schien mir endlich auszuweichen. Auch ich beschloß, sie nimmer zu sehen, und hatt es auch wirklich unter namenloser Peinigung meinem Herzen abgetrotzt, daß ich einige Tage wegblieb.

Um diese Zeit begegnete mir, da ich eben von der Einöde des Korax zurückkehrte, wohin ich vor Tagesanbruch hinausgegangen war, Notara mit seinem Weibe. Er sagte mir, daß sie zu einem benachbarten Verwandten geladen wären, und auf den Abend wieder da zu sein gedenken. Melite, setzte er hinzu, sei zu Hause geblieben; die fromme Tochter müsse Briefe schreiben an Vater und Mutter.

Alle meine niedergedrückten Wünsche erwachten wieder. Einen Augenblick darauf ermannt ich mich zwar, und sagte dem Sturm in mir, daß ich heute gerade sie schlechterdings nicht sehen wolle, ging aber doch an ihrem Hause vorüber, gedankenlos und zitternd, als hätt ich einen Mord im Sinne. Darauf zwang ich mich nach Hause, schloß die Türe ab, warf die Kleider von mir, schlug mir, nachdem meine Wahl ziemlich lange gezögert hatte, den Ajax Mastigophoros auf, und sah hinein. Aber nicht eine Silbe nahm mein Geist in sich auf. Wo ich hinsah, war ihr Bild. Jeder Fußtritt störte mich auf. Unwillkürlich, ohne Sinn sagt ich abgerissene Reden vor mich hin, die ich aus ihrem Munde gehört hatte. Oft streckt ich die Arme nach ihr aus, oft floh ich, wenn sie mir erschien.

Endlich ergrimmt ich über meinen Wahnsinn, und sann mit Ernst darauf, es von Grund aus zu vertilgen, dieses tötende Sehnen. Aber mein Geist versagte mir den Dienst. Dafür schien es, als drangen sich falsche Dämonen mir auf, und böten mir Zaubertränke dar, mich vollends zu verderben mit ihren höllischen Arzneien.

Ermattet von dem wütenden Kampfe sank ich endlich nieder. Mein Auge schloß sich, meine Brust schlug sanfter, und, wie der Bogen des Friedens nach dem Sturme, ging ihr ganzes himmlisches Wesen wieder auf in mir.

Der heilige Frieden ihres Herzens, den sie mir oft auf Augenblicke mitgeteilt hatte durch Red und Miene, daß mir's ward, als wandelte ich wieder im verlassenen Paradiese der Kindheit, ihre fromme Scheue, nichts zu entweihen durch übermütigen Scherz oder Ernst, wenn es nur ferne verwandt war mit Schönem und Gutem, ihre anspruchlose Gefälligkeit, ihr Geist mit seinen königlichen Idealen, woran ihre stille Liebe so einzig hing, daß sie nichts suchte und nichts fürchtete in der Welt – alle die lieben, seelenvollen Abende, die ich zugebracht hatte mit ihr, ihre Stimme und ihr Saitenspiel, jeder Reiz ihrer Bewegung, die, wo sie stand und ging, nur sie – ihre Güte und ihre Größe bezeichnete; ach! das alles und mehr ward so lebendig in mir.

Und diesem himmlischen Geschöpfe zürnt ich? Und warum zürnt ich ihr? Weil sie nicht verarmt war, wie ich, weil sie den Himmel noch im Herzen trug, und nicht sich selbst verloren hatte, wie ich, nicht eines andern Wesens, nicht fremden Reichtums bedurfte, um die verödete Stelle auszufüllen, weil sie nicht unterzugehen fürchten konnte, wie ich, und sich mit dieser Todesangst an ein anderes zu hängen, wie ich; ach! gerade, was das göttlichste an ihr war, diese Ruhe, diese himmlische Genügsamkeit hatt ich gelästert mit meinem Unmut, mit unedlem Groll sie um ihr Paradies beneidet. Durfte sie sich befassen mit solch einem zerrütteten Geschöpfe? Mußte sie mich nicht fliehen? Gewiß! ihr Genius hatte sie gewarnt vor mir.

Das alles ging mir, wie ein Schwert, durch die Seele.

Ich wollte anders werden. Oh! ich wollte werden, wie sie. Ich hörte schon aus ihrem Munde das Himmelswort der Vergebung, und fühlte mit tausend Wonnen, wie es mich umschuf.

So eilt ich zu ihr. Aber mit jedem Schritte ward ich unruhiger. Melite erblaßte, wie ich hereintrat. Dies brachte mich vollends aus der Fassung. Doch war mir das gänzliche Verstummen von beiden Seiten, so kurz es dauerte, zu schmerzhaft, als daß ich es nicht mit aller Macht zu brechen versucht hätte.

„Ich mußte kommen", sagt ich. „Ich war es dir schuldig, Melite!" Das Gemäßigte meines Tons schien sie zu beruhigen, doch fragte sie etwas verwundert, warum ich dann kommen *müßte*?

„Ich habe so viel dir abzubitten, Melite!" rief ich.

„Du hast mich ja nicht beleidigt."

„O Melite! wie straft mich diese himmlische Güte! Mein Unmut ist dir sicher aufgefallen." –

„Aber beleidigt hat er mich nicht, du wolltest ja das nicht, Hyperion! Warum soll ich's dir nicht sagen? Getrauert hab ich über dich. Ich hätte dir so gerne Frieden gegönnt. Ich wollte dich oft auch bitten, ruhiger zu sein. Du bist so ganz ein andrer, in deinen guten Stunden. Ich gestehe dir, ich fürchte für dich, wenn ich dich so düster und heftig sehe. Nicht wahr, guter Hyperion! du legst das ab?"

Ich konnte kein Wort vorbringen. Du fühlst es wohl auch, Bruder meiner Seele! wie mir sein mußte. Ach! so himmlisch der Zauber war, womit sie dies sprach, so unaussprechlich war mein Schmerz.

„Ich habe manchmal gedacht", fuhr sie fort, „woher es wohl kommen möchte, daß du so sonderbar bist. Es ist so ein schmerzlich Rätsel, daß ein Geist, wie der deinige, von solchen Leiden gedrückt werden soll. Es war gewiß eine Zeit, wo er frei war von dieser Unruhe. Ist sie dir nicht mehr gegenwärtig? Könnt ich sie dir zurückbringen, diese stille Feier, diese heilige Ruhe im Innern, wo auch der leiseste Laut vernehmbar ist, der aus der Tiefe des Geistes kömmt, und die leiseste Berührung von außen, vom Himmel her, und aus den Zweigen, und Blumen – ich kann es nicht aussprechen, wie mir oft ward, wenn ich so dastand vor der göttlichen Natur, und alles Irdische in mir verstummte – da ist er uns so nahe, der Unsichtbare!"

Sie schwieg, und schien betroffen, als hätte sie Geheimnisse verraten.

„Hyperion!" begann sie wieder, „du hast Gewalt über dich; ich weiß es. Sage deinem Herzen, daß man vergebens den Frieden außer sich suche, wenn man ihn nicht sich selbst gibt. Ich habe diese Worte immer so hoch geachtet. Es sind Worte meines Vaters, eine Frucht seiner Leiden, wie er sagt. Gib ihn dir, diesen Frieden, und sei fröhlich! Du wirst es tun. Es ist meine erste Bitte. Du wirst sie mir nicht versagen."

„Was du willst, wie du willst, Engel des Himmels!" rief ich, indem ich, ohne zu wissen, wie mir geschah, ihre Hand ergriff, und sie mit Macht gegen mein jammerndes Herz hinzog.

Sie war, wie aus einem Traume geschreckt, und wand sich los, mit möglichster Schonung, aber die Majestät in ihrem Auge drückte mich zu Boden.

„Du mußt anders werden", rief sie etwas heftiger, als gewöhnlich. Ich war in Verzweiflung. Ich fühlte, wie klein ich war, und rang vergebens empor. Ach! Daß es dahin kommen konnte mit mir! Wie die gemeinen Seelen, sucht ich darin Trost für mein Nichts, daß ich das Große verkleinerte, daß ich das Himmlische – Bellarmin! es ist ein Schmerz ohnegleichen, so einen schändlichen Fleck an sich zu zeigen. Sie will deiner los sein, dacht ich, das ist's all! – „Nun ja, ich will anders werden!" Das stieß ich Elender unter erzwungenem Lächeln heraus, und eilte, um fortzukommen.

Wie von bösen Geistern getrieben, lief ich hinaus in den Wald, und irrte herum, bis ich hinsank ins dürre Gras.

Wie eine lange entsetzliche Wüste lag die Vergangenheit da vor mir, und mit höllischem Grimme vertilgt ich jeden Rest von dem, was einst mein Herz gelabt hatte und erhoben.

Dann fuhr ich wieder auf mit wütendem Hohngelächter über mich und alles, lauschte mit Lust dem gräßlichen Widerhall, und das Geheul der Tschakale, das durch die Nacht her von allen Seiten gegen mich drang, tat meiner zerrütteten Seele wirklich wohl.

Eine dumpfe, fürchterliche Stille folgte diesen zernichtenden Stunden, eine eigentliche Totenstille! Ich suchte nun keine Rettung mehr. Ich achtete nichts. Ich war, wie ein Tier unter der Hand des Schlächters.

„Auch sie! auch sie!“ Das war der erste Laut, der nach langer Zeit mir über die Lippen kam, und Tränen traten mir ins Auge.

„Sie kann ja nicht anders; sie kann sich ja nicht geben, was sie nicht haben kann, deine Armut und deine Liebe!“ Das sagt ich mir endlich auch. Ich ward nach und nach ruhig, und fromm, wie ein Kind. Ich wollte nun gewiß nichts mehr suchen, wollte mir forthelfen von einem Tage zum andern, so gut ich konnte, ich war mir selbst nichts mehr, forderte auch nicht, daß ich andern etwas sein sollte, und es gab Augenblicke, wo es mir möglich schien, die Einzige zu sehn, und nichts zu wünschen.

So hatt ich einige Zeit gelebt, als eines Tages Notara zu mir kam mit einem jungen Tinioten, sich über meine sonderbare Eingezogenheit beschwerte, und mich bat, mich den andern Tag abends bei Homers Grotte einzufinden, er habe etwas Eignes vor, dem Tinioten zulieb, der so recht mit ganzer Seele am alten Griechenlande hänge, und itzt auf dem Wege sei, die äolische Küste, und das alte Troas zu besuchen, es wäre mir heilsam, setzte er hinzu, wenn ich seinen Freund dahin geleitete, er erinnere sich ohnedies, daß ich einmal den Wunsch geäußert hätte, diesen Teil von Kleinasien zu sehn. Der Tiniote bat auch, und ich nahm es an, so wie ich alles angenommen hätte, beinahe mit willenloser Lenksamkeit.

Der andre Tag verging unter Anstalten zur Abreise, und abends holte Adamas, so hieß der Tiniote, mich ab, zur Grotte hinaus.

„Es ist kein Wunder" (begann ich, um andern Erscheinungen in mir nicht Raum zu geben, nachdem wir eine Weile am Meles auf und nieder unter den Myrten und Platanen gegangen waren), „daß die Städte sich zankten um die Abkunft Homers. Der Gedanke ist so erheiternd, daß der holde Knabe da im Sande gespielt habe, und die ersten Eindrücke empfangen, aus denen so ein schöner gewaltiger Geist sich mählich entwickelte."

„Du hast recht", erwiderte er, „und ihr Smyrner müßt euch den erfreulichen Glauben nicht nehmen lassen. Mir ist es heilig, dieses Wasser und dies Gestade! Wer weiß, wie viel das Land hier, nebst Meer und Himmel, teilhat an der Unsterblichkeit des Mäoniden! Das unbefangne Auge des Kindes sammelt sich Ahndungen und Regungen aus der Beschauung der Welt, die manches beschämen, was später unser Geist auf mühsamem Wege erringt."

In diesem Tone fuhr er fort, bis Notara mit Melite und einigen andern herankam.

Ich war gefaßt. Ich konnte mich ihr nähern, ohne merkliche Änderung im Innern. Es war gut, daß ich unmittelbar zuvor nicht mir selbst überlassen war.

Sie litt auch. Man sah es. Aber o Gott! wie unendlich größer! In die Regionen des Guten und Wahren hatte sich ihr Herz geflüchtet. Ein stiller Schmerz, wie ich ihn nie bemerkt hatte an ihr, hielt die frohen Bewegungen ihres Angesichts gefangen; aber ihren Geist nicht. In unwandelbarer Ruhe leuchtete dieser aus dem himmlischen Auge, und ihre Wehmut schloß sich an ihn, wie an einen göttlichen Tröster.

Adamas fuhr fort, wo er unterbrochen worden war; Melite nahm teil; ich sprach auch zuweilen ein Wörtchen.

So kamen wir an die Grotte Homers.

Stille traurende Akkorde empfingen uns vom Felsen herab, unter den wir traten; die Saitenspiele ergossen sich über mein Innres, wie über die tote Erde ein warmer Regen im Frühlinge. Innen, im magischen Dämmerlichte der Grotte, das durch die verschiedenen Öffnungen des Felsen, durch Blätter und Zweige hereinbricht, stand eine Marmorbüste des göttlichen Sängers, und lächelte gegen die frommen Enkel.

Wir saßen um sie herum, wie die Unmündigen um ihren Vater, und lasen uns einzelne Rhapsodien der Ilias, wie sie jedes nach seinem Sinne sich auswählte; denn alle waren wir vertraut mit ihr.

Eine Nänie, die mein Innerstes erschütterte, sangen wir drauf dem Schatten des lieben blinden Mannes, und seinen Zeiten. Alle waren tiefbewegt. Melite sah fast unverwandt auf seinen Marmor, und ihr Auge glänzte von Tränen der Wehmut und der Begeisterung.

Alles war nun stille. Wir sprachen kein Wort, wir berührten uns nicht, wir sahen uns nicht an, so gewiß von ihrem Einklang schienen alle Gemüter in diesem Augenblicke, so über Sprache und Äußerung schien das zu gehen, was jetzt in ihnen lebte.

Es war Gefühl der Vergangenheit, die Totenfeier von allem, was einst da war.

Errötend beugte sich endlich Melite gegen Notara hin, und flüsterte ihm etwas zu.

Notara lächelte, voll Freude über das süße Geschöpf, nahm die Schere, die sie ihm bot, und schnitt sich eine Locke ab.

Ich verstand, was das sollte, und tat stillschweigend dasselbe.

„Wem sonst, als dir?" rief der Tiniote, indem er seine Locke gegen den Marmor hielt.

Auch die andern gaben, ergriffen von unsrem Ernste, ihr Totenopfer.

Melite sammelte das andere zu dem ihrigen, band es zusammen, und legte es an der Büste nieder, indes wir andern wieder die Nänie sangen.

Das alles diente nur, um mein Wesen aus der Ruhe zu locken, in die es gesunken war. Mein Auge verweilte wieder auf ihr, und meine Liebe und mein Schmerz ergriffen mich gewaltiger, als je.

Ich strengte mich umsonst an, auszuhalten. Ich mußte weggehn. Meine Trauer war wirklich grenzenlos. Ich ging hinab an den Meles, warf mich nieder aufs Gestade und weinte laut. Oft sprach ich mir leise ihren Namen vor, und mein Schmerz schien davon besänftigt zu werden. Aber er war es nur, um desto unaufhaltsamer zurückzukehren. Ach! für mich war keine Ruhe zu finden, auf keiner Stelle der Welt! Ihr nahe zu sein, und ferne von ihr, die ich so namenlos liebte, und so namenlos, so unaussprechlich schändlich gequält hatte, das war gleich! Beides war Hölle für mich geworden! ich konnte nicht lassen von ihr, und konnte nicht um sie bleiben!

Mitten in diesem Tumulte hört ich etwas durch die Myrten rauschen. Ich raffte mich auf – und o Himmel! es war Melite!

Sie mußte wohl erschrecken, so ein zerstörtes Geschöpf vor sich zu sehen. Ich stürzte hin zu ihr in meiner Verzweiflung und rang die Hände und flehte nur um ein, ein Wort ihrer Güte. Sie erblaßte und konnte kaum sprechen. Mit himmlischen Tränen bat sie mich endlich, den edlern stärkern Teil meines Wesens kennenzulernen, wie sie ihn kenne, auf das Selbständige, Unbezwingliche, Göttliche, das wie in allen, auch in mir sei, mein Auge zu richten – was nicht aus dieser Quelle entspringe, führe zum Tode – was von ihr komme, und in sie zurückgehe, sei ewig – was Mangel und Not vereinige, höre auf, *eines* zu sein, sowie die Not aufhöre; was sich vereinige in dem und für das, was allein groß, allein heilig, allein unerschütterlich seie, dessen Vereinigung müsse ewig bestehen, wie das Ewige, wodurch und wofür sie bestehe und so –. Hier mußte sie enden. Die andern kamen ihr nach. Ich hätte in diesem Augenblicke tausend Leben daran gewagt, sie auszuhören! Ich habe sie nie ausgehört. Über den Sternen hör ich vielleicht das übrige.

Nahe bei der Grotte, zu der wir wieder zurückkehrten, fing sie noch von meiner Reise an, und bat mich, die Ufer des Skamanders, und den Ida und das ganze alte Trojer-Land von ihr zu grüßen. Ich beschwur sie, kein Wort mehr zu sprechen von dieser verhaßten Reise, und wollte geradezu den Adamas bitten, mich loszusprechen von meinem gegebnen Worte. Aber mit all ihrer Grazie flehte Melite, das nicht zu tun; sie sei so gewiß, nichts seie vermögend, Frieden und Freude zwischen ihr und mir zu stiften, wie diese Reise, ihr wäre, als hänge Leben und Tod daran, daß wir uns auf eine kleine Weile trennten, sie gestände mir, es sei ihr selbst nicht so deutlich, warum sie mich so sehr bitten müßte, aber sie müßte, und wenn es ihr das Leben kostete, sie müßte.

Ich sah sie staunend an, und schwieg. Mir war, als hätt ich die Priesterin zu Dodona gehört. Ich war entschlossen zu gehn, und wenn es mir das Leben kostete. Es war schon dunkel geworden, und die Sterne gingen herauf am Himmel. Die Grotte war erleuchtet. Wolken von Weihrauch stiegen aus dem Innern des Felsen, und mit majestätischem Jubel brach die Musik nach kurzen Dissonanzen hervor.

Wir sangen heilige Gesänge von dem, was besteht, was fortlebt unter tausend veränderten Gestalten, was war und ist und sein wird, von der Unzertrennlichkeit der Geister, und wie sie *eines* sei'n von Anbeginn und immerdar, so sehr auch Nacht und Wolke sie scheide, und aller Augen gingen über vom Gefühle dieser Verwandtschaft und Unsterblichkeit.

Ich war ganz ein andrer geworden. „Laßt vergehen, was vergeht", rief ich unter die Begeisterten, „es vergeht, um wiederzukehren, es altert, um sich zu verjüngen, es trennt sich, um sich inniger zu vereinigen, es stirbt, um lebendiger zu leben."

„So müssen“, fuhr nach einer kleinen Weile der Tiniote fort, „die Ahndungen der Kindheit dahin, um als Wahrheit wieder aufzustehen im Geiste des Mannes. So verblühen die schönen jugendlichen Myrten der Vorwelt, die Dichtungen Homers und seiner Zeiten, die Prophezeiungen und Offenbarungen, aber der Keim, der in ihnen lag, gehet als reife Frucht hervor im Herbste. Die Einfalt und Unschuld der ersten Zeit erstirbt, daß sie wiederkehre in der vollendeten Bildung, und der heilige Friede des Paradieses gehet unter, daß, was nur Gabe der Natur war, wiederaufblühe, als errungnes Eigentum der Menschheit.“

„Herrlich! herrlich!“ rief Notara.

„Doch wird das Vollkommne erst im fernen Lande kommen“, sagte Melite, „im Lande des Wiedersehens, und der ewigen Jugend. Hier bleibt es doch nur Dämmerung. Aber anderswo wird er gewiß uns aufgehen, der heilige Morgen; ich denke mit Lust daran; da werden auch wir uns alle wiederfinden, bei der großen Vereinigung alles Getrennten.“

Melite war ungewöhnlich bewegt. Wir sprachen sehr wenig auf unserem Rückwege. An Notaras Hause bot sie mir noch die Hand; „lebe wohl, guter Hyperion!“ das waren ihre letzten Worte, und so entschwand sie.

Lebe wohl, Melite, lebe wohl! Ich darf deiner nicht oft gedenken. Ich muß mich hüten vor den Schmerzen und Freuden der Erinnerung. Ich bin, wie eine kranke Pflanze, die die Sonne nicht ertragen kann. Leb auch du wohl, mein Bellarmin! Bist du indes dem Heiligtum der Wahrheit näher gekommen? Könnt ich ruhig suchen, wie du! –

Ach! bin ich nur dort einmal angekommen, dann soll es anders werden mit mir. Tief unter uns rauscht dann der Strom der Vergänglichkeit mit den Trümmern, die er wälzt, und wir seufzen nicht mehr, als wenn das Jammern derer, die er hinunterschlingt, in die stillen Höhen des Wahren und Ewigen heraufdringt.

Kastri am Parnaß

Vom Gegenwärtigen ein andermal! Auch von meiner Reise mit Adamas vielleicht ein andermal! Unvergeßlich ist mir besonders die Nacht vor unserem Abschiede, wo wir an den Ufern des alten Ilion unter Grabhügeln, die vielleicht dem Achill und Patroklus, und Antilochus, und Ajax Telamon errichtet wurden, vom vergangnen und künftigen Griechenlande sprachen und manchem andern, das aus den Tiefen und in die Tiefen unsers Wesens kam und ging.

Der herzliche Abschied Melites, Adamas Geist, die heroischen Phantasien und Gedanken, die, wie Sterne aus der Nacht, uns aufgingen aus den Gräbern und Trümmern der alten Welt, die geheime Kraft der Natur, die überall sich an uns äußert, wo das Licht und die Erde, und der Himmel und das Meer uns umgibt, all das hatte mich gestärkt, daß jetzt etwas mehr sich in mir regte, als nur mein dürftiges Herz; Melite wird sich freuen über dich! sagt ich mir oft ingeheim mit inniger Lust, und tausend güldne Hoffnungen schlossen sich an, an diesen Gedanken. Dann konnte mich wieder eine sonderbare Angst überfallen, ob ich sie wohl auch noch treffen werde, aber ich hielt es für ein Überbleibsel meines finstern Lebens und schlug es mir aus dem Sinne.

Ich hatte am Sigäischen Vorgebirge ein Schiff getroffen, das geradezu nach Smyrna segelte, und es war mir ganz lieb, den Rückweg auf dem Meere an Tenedos und Lesbos hin zu machen.

Ruhig schifften wir dem Hafen von Smyrna zu. Im süßen Frieden der Nacht wandelten über uns die Helden des Sternenhimmels. Kaum kräuselten sich die Meereswellen im Mondenlichte. In meiner Seele war's nicht ganz so stille. Doch fiel ich gegen Morgen in einen leichten Schlaf. Mich weckte das Frohlocken der Schwalben und der erwachende Lärm im Schiffe. Mit allen seinen Hoffnungen jauchzte mein Herz dem freundlichen Gestade meiner Heimat zu, und dem Morgenlichte, das über dem Gipfel des dämmernden Pagus, und seiner alternden Burg, und über den Spitzen der Moskeen und dunkeln Zypressenhaine hereinbrach, und ich lächelte treuherzig gegen die Häuserchen am Ufer, die mit ihren glühenden Fenstern wie Zauberschlösser hervorleuchteten hinter den Oliven und Palmen.

Freudig säuselte mir der Inbat in den Locken. Freudig hüpften die kleinen Wellen vor dem Schiffe voran ans Ufer.

Ich sah, und fühlte das, und lächelte.

Es ist schön, daß der Kranke nichts ahndet, wenn der Tod ihm schon ans Herz gedrungen ist.

Ich eilte vom Hafen zu Notaras Hause. Melite war fort. Sie sei schnell abgeholt worden auf Befehl ihres Vaters, sagte mir Notara, wohin wisse man nicht. Ihr Vater habe die Gegend des Tmolus verlassen, und er habe weder seinen jetzigen Aufenthalt, noch die Ursache seiner Entfernung erfahren können. Melite hab es wahrscheinlich selbst nicht gewußt. Sie habe übrigens am Tage des Abschieds überhaupt beinahe nichts mehr gesprochen. Sie hab ihm aufgetragen, mich noch zu grüßen.

Mir war, als würde mir mein Todesurteil gesprochen. Aber ich war ganz stille dazu. Ich ging nach Hause, berichtigte notwendige Kleinigkeiten, und war sonst im Äußern ganz, wie die andern. Ich vermied alles, was mich an das Vergangne erinnern konnte; ich hielt mich ferne von Notaras Garten, und dem Ufer des Meles. Alles, was irgend mein Gemüt bewegen konnte, floh ich, und das Gleichgültige war mir noch gleichgültiger geworden. *Abgezogenheit von allem Lebendigen*, das war es, was ich suchte. Über den ehrwürdigen Produkten des altgriechischen Tiefsinns brütet ich Tage und Nächte. Ich flüchtete mich in ihre Abgezogenheit von allem Lebendigen. Allmählich war mir das, was man vor Augen hat, so fremde geworden, daß ich es oft beinahe mit Staunen ansah. Oft, wenn ich Menschenstimmen hörte, war mir's, als mahnten sie mich, aus einem Lande zu flüchten, worein ich nicht gehörte, und ich kam mir vor, wie ein

Geist, der sich über die Mitternachtsstunde verweilt hat, und den Hahnenschrei hört.

Während dieser ganzen Zeit war ich nie hinausgekommen. Aber mein Herz schlug noch zu jugendlich: sie war noch nicht in mir gestorben, die Mutter alles Lebens, die unbegreifliche Liebe.

Ein rätselhaft Verlangen zog mich fort. Ich ging hinaus.

Es war ein stiller Herbsttag. Wunderbar erfreute mich die sanfte Luft, wie sie die welken Blätter schonte, daß sie noch eine Weile am mütterlichen Stamme blieben.

Ein Kreis von Platanen, wo man über das felsige Gestade weg ins Meer hinaussah, war mir immer heilig gewesen.

Dort saß ich und ging umher.

Es war schon Abend geworden, und kein Laut regte sich ringsumher.

Da ward ich, was ich jetzt bin. Aus dem Innern des Hains schien es mich zu mahnen, aus den Tiefen der Erde und des Meers mir zuzurufen, warum liebst du nicht mich?

Von nun an konnt ich nichts mehr denken, was ich zuvor dachte, die Welt war mir heiliger geworden, aber geheimnisvoller. Neue Gedanken, die mein Innerstes erschütterten, flammten mir durch die Seele. Es war mir unmöglich, sie festzuhalten, ruhig fortzusinnen.

Ich verließ mein Vaterland, um jenseits des Meeres Wahrheit zu finden.

Wie schlug mein Herz von großen jugendlichen Hoffnungen!

Ich fand nichts, als dich. Ich sage das dir, mein Bellarmin! Du fandest ja auch nichts, als mich.

Wir sind nichts; was wir suchen, ist alles.

Auf dem *Kithäron*

Noch ahnd ich, ohne zu finden.

Ich frage die Sterne, und sie verstummen, ich frage den Tag, und die Nacht; aber sie antworten nicht. Aus mir selbst, wenn ich mich frage, tönen mystische Sprüche, Träume ohne Deutung.

Meinem Herzen ist oft wohl in dieser Dämmerung. Ich weiß nicht, wie mir geschieht, wenn ich sie ansehe, diese unergründliche Natur; aber es sind heilige selige Tränen, die ich weine vor der verschleierten Geliebten. Mein ganzes Wesen verstummt und lauscht, wenn der leise geheimnisvolle Hauch des Abends mich anweht. Verloren ins weite Blau, blick ich oft hinauf an den Äther, und hinein ins heilige Meer, und mir wird, als schlösse sich die Pforte des Unsichtbaren mir auf und ich verginge mit allem, was um mich ist, bis ein Rauschen im Gesträuche mich aufweckt aus dem seligen Tode, und mich wider Willen zurückruft auf die Stelle, wovon ich ausging.

Meinem Herzen ist wohl in dieser Dämmerung. Ist sie unser Element, diese Dämmerung? Warum kann ich nicht ruhen darinnen?

Da sah ich neulich einen Knaben am Wege liegen. Sorgsam hatte die Mutter, die ihn bewachte, eine Decke über ihn gebreitet; daß er sanft schlummre im Schatten, und ihm die Sonne nicht blende. Aber der Knabe wollte nicht bleiben, und riß die Decke weg, und ich sah, wie er's versuchte, das freundliche Licht anzusehn, und immer wieder versuchte, bis ihm das Auge schmerzte und er weinend sein Gesicht zur Erde kehrte.

Armer Knabe! dacht ich, andern ergeht's nicht besser, und hatte mir beinahe vorgenommen, abzulassen von dieser verwegnen Neugier. Aber ich kann nicht! ich soll nicht!

Es muß heraus, das große Geheimnis, das mir das Leben gibt oder den Tod.

[DIE VORLETZTE FASSUNG]

VORREDE

Von früher Jugend an lebt ich lieber, als sonstwo, auf den Küsten von Ionien und Attika und den schönen Inseln des Archipelagus, und es gehörte unter meine liebsten Träume, einmal wirklich dahin zu wandern, zum heiligen Grabe der jugendlichen Menschheit.

Griechenland war meine erste Liebe und ich weiß nicht, ob ich sagen soll, es werde meine letzte sein.

Dieser Liebe dank ich nun auch dies kleine Eigentum und es war mein geworden, geraume Zeit, ehe ich wußte, daß andere sich auf ähnliche Art, wie es scheint, und glücklicher, als ich, bereichert hatten.

Ich hoffte, daß es mir doch vielleicht *einen* Freund gewinnen könnte, und so beschloß ich, es mitzuteilen.

Ich wünschte um alles nicht, daß es originell wäre. Originalität ist uns ja Neuheit; und mir ist nichts lieber, als was so alt ist, wie die Welt.

Mir ist Originalität Innigkeit, Tiefe des Herzens und des Geistes. Aber davon scheint man jetzt gerade, wenigstens in der Kunst, sehr wenig wissen zu wollen; und wenn nicht andere siegen, so wird es neuester Geschmack werden, von der Natur zu sprechen, wie eine spröde Schöne von den Männern, und seinen Stoff zu behandeln, wie ein geschworener Berichterstatter; wo man dann am Ende recht gut weiß, daß ein Hase über den Weg lief und kein anderes Tier, aber hiemit sich auch begnügen muß. Es wäre übrigens grober Mißverstand, wenn man dächte, ich spreche hier von den trefflichen Menschen, die uns das schöne Detail der Natur mit so unverkennbarer Liebe vergegenwärtigen. –

Um auf meine Briefe zurückzukommen, so bitt ich, diesen ersten Teil für nichts weiter, als für notwendige Prämisse anzusehn, und sich mit guter Hoffnung zu trösten, wenn man z.B. über den Mangel an äußerer Handlung gähnen und auch das Wenige, was von dieser Seite vielleicht befriedigen könnte, planlos, unnatürlich finden möchte. Was vereinzelt gefallen kann, kann nicht wohl als Ganzes gefallen und umgekehrt. –

Auch wird man manches Unverständliche, Halbwahre, Falsche in diesen Briefen finden. Man wird vielleicht sich ärgern an diesem Hyperion, an seinen Widersprüchen, seinen Verirrungen, an seiner Stärke, wie an seiner Schwachheit, an seinem Zorn, wie an seiner Liebe. Aber es muß ja Ärgernis kommen. –

Wir durchlaufen alle eine exzentrische Bahn, und es ist kein anderer Weg möglich von der Kindheit zur Vollendung.

Die selige Einigkeit, das Sein, im einzigen Sinne des Worts, ist für uns verloren, und wir mußten es verlieren, wenn wir es erstreben, erringen sollten. Wir reißen uns los vom friedlichen *Εν και Παν* der Welt, um es herzustellen, durch uns selbst. Wir sind zerfallen mit der Natur, und was einst, wie man glauben kann, *eins* war, widerstreitet sich jetzt, und Herrschaft und Knechtschaft wechselt auf beiden Seiten. Oft ist uns, als wäre die Welt *alles* und wir *nichts*, oft aber auch, als wären wir *alles* und die Welt *nichts*. Auch Hyperion teilte sich unter diese beiden Extreme.

Jenen ewigen Widerstreit zwischen unserem Selbst und der Welt zu endigen, den Frieden alles Friedens, der höher ist, denn alle Vernunft, den wiederzubringen, uns mit der Natur zu vereinigen zu *einem* unendlichen Ganzen, das ist das Ziel all unseres Strebens, wir mögen uns darüber verstehen oder nicht.

Aber weder unser Wissen noch unser Handeln gelangt in

irgendeiner Periode des Daseins dahin, wo aller Widerstreit aufhört, wo *alles eins* ist; die bestimmte Linie vereiniget sich mit der unbestimmten nur in unendlicher Annäherung.

Wir hätten auch keine Ahndung von jenem unendlichen Frieden, von jenem Sein, im einzigen Sinne des Worts, wir strebten gar nicht, die Natur mit uns zu vereinigen, wir dächten und wir handelten nicht, es wäre überhaupt gar nichts (für uns), wir wären selbst nichts (für uns), wenn nicht dennoch jene unendliche Vereinigung, jenes Sein, im einzigen Sinne des Worts vorhanden wäre. Es ist vorhanden – als Schönheit; es wartet, um mit Hyperion zu reden, ein neues Reich auf uns, wo die Schönheit Königin ist. –

Ich glaube, wir werden am Ende alle sagen: heiliger Plato, vergib! man hat schwer an dir gesündigt.

Der Herausgeber

HYPERION
ODER
DER EREMIT IN GRIECHENLAND

ERSTER BAND

Non coerceri maximo, contineri minimo, divinum est.

VORREDE

Ich verspräche gerne diesem Buche die Liebe der Deutschen. Aber ich fürchte, die einen werden es lesen, wie ein Kompendium, und um das fabula docet sich zu sehr bekümmern, indes die andern gar zu leicht es nehmen, und beede Teile verstehen es nicht.

Wer bloß an meiner Pflanze riecht, der kennt sie nicht, und wer sie pflückt, bloß, um daran zu lernen, kennt sie auch nicht.

Die Auflösung der Dissonanzen in einem gewissen Charakter ist weder für das bloße Nachdenken, noch für die leere Lust.

Der Schauplatz, wo sich das Folgende zutrug, ist nicht neu, und ich gestehe, daß ich einmal kindisch genug war, in dieser Rücksicht eine Veränderung mit dem Buche zu versuchen, aber ich überzeugte mich, daß er der einzig angemessene für Hyperions elegischen Charakter wäre, und schämte mich, daß mich das wahrscheinliche Urteil des Publikums so übertrieben geschmeidig gemacht.

Ich bedaure, daß für jetzt die Beurteilung des Plans noch nicht jedem möglich ist. Aber der zweite Band soll so schnell, wie möglich, folgen.

ERSTES BUCH

Hyperion an Bellarmin

Der liebe Vaterlandsboden gibt mir wieder Freude und Leid.

Ich bin jetzt alle Morgen auf den Höhn des Korinthischen Isthmus, und, wie die Biene unter Blumen, fliegt meine Seele oft hin und her zwischen den Meeren, die zur Rechten und zur Linken meinen glühenden Bergen die Füße kühlen.

Besonders der eine der beeden Meerbusen hätte mich freuen sollen, wär ich ein Jahrtausend früher hier gestanden.

Wie ein siegender Halbgott, wallte da zwischen der herrlichen Wildnis des Helikon und Parnaß, wo das Morgenrot um hundert überschneite Gipfel spielt, und zwischen der paradiesischen Ebene von Sicyon der glänzende Meerbusen herein, gegen die Stadt der Freude, das jugendliche Korinth, und schüttete den erbeuteten Reichtum aller Zonen vor seiner Lieblingin aus.

Aber was soll mir das? Das Geschrei des Jakals, der unter den Steinhaufen des Altertums sein wildes Grablied singt, schröckt ja aus meinen Träumen mich auf.

Wohl dem Manne, dem ein blühend Vaterland das Herz erfreut und stärkt! Mir ist, als würd ich in den Sumpf geworfen, als schlüge man den Sargdeckel über mir zu, wenn einer an das meinige mich mahnt, und wenn mich einer einen Griechen nennt, so wird mir immer, als schnürt' er mit dem Halsband eines Hundes mir die Kehle zu.

Und siehe, mein Bellarmin! wenn manchmal mir so ein

Wort entfuhr, wohl auch im Zorne mir eine Träne ins Auge trat, so kamen dann die weisen Herren, die unter euch Deutschen so gerne spuken, die Elenden, denen ein leidend Gemüt so gerade recht ist, ihre Sprüche anzubringen, die taten dann sich gütlich, ließen sich beigehn, mir zu sagen: „Klage nicht, handle!"

O hätt ich doch nie gehandelt! um wie manche Hoffnung wär ich reicher! –

Ja, vergiß nur, daß es Menschen gibt, darbendes, angefochtenes, tausendfach geärgertes Herz! und kehre wieder dahin, wo du ausgingst, in die Arme der Natur, der wandellosen, stillen und schönen.

Hyperion an Bellarmin

Ich habe nichts, wovon ich sagen möchte, es sei mein eigen.

Fern und tot sind meine Geliebten, und ich vernehme durch keine Stimme von ihnen nichts mehr.

Mein Geschäft auf Erden ist aus. Ich bin voll Willens an die Arbeit gegangen, habe geblutet darüber, und die Welt um keinen Pfenning reicher gemacht.

Ruhmlos und einsam kehr ich zurück und wandre durch mein Vaterland, das, wie ein Totengarten, weit umher liegt, und mich erwartet vielleicht das Messer des Jägers, der uns Griechen, wie das Wild des Waldes, sich zur Lust hält.

Aber du scheinst noch, Sonne des Himmels! Du grünst noch, heilige Erde! Noch rauschen die Ströme ins Meer, und schattige Bäume säuseln im Mittag. Der Wonnegesang des Frühlings singt meine sterblichen Gedanken in Schlaf. Die Fülle der allebendigen Welt ernährt und sättiget mit Trunkenheit mein darbend Wesen.

O selige Natur! Ich weiß nicht, wie mir geschiehet, wenn ich mein Auge erhebe vor deiner Schöne, aber alle Lust des Himmels ist in den Tränen, die ich weine vor dir, der Geliebte vor der Geliebten.

Mein ganzes Wesen verstummt und lauscht, wenn die zarte Welle der Luft mir um die Brust spielt. Verloren ins weite Blau, blick ich oft hinauf an den Äther und hinein ins heilige Meer, und mir ist, als öffnet' ein verwandter Geist mir die Arme, als löste der Schmerz der Einsamkeit sich auf ins Leben der Gottheit.

Eines zu sein mit allem, das ist Leben der Gottheit, das ist der Himmel des Menschen.

Eines zu sein mit allem, was lebt, in seliger Selbstvergessenheit wiederzukehren ins All der Natur, das ist der Gipfel der Gedanken und Freuden, das ist die heilige Bergeshöhe, der Ort der ewigen Ruhe, wo der Mittag seine Schwüle und der Donner seine Stimme verliert und das kochende Meer der Woge des Kornfelds gleicht.

Eines zu sein mit allem, was lebt! Mit diesem Worte legt die Tugend den zürnenden Harnisch, der Geist des Menschen den Zepter weg, und alle Gedanken schwinden vor dem Bilde der ewigeinigen Welt, wie die Regeln des ringenden Künstlers vor seiner Urania, und das eherne Schicksal entsagt der Herrschaft, und aus dem Bunde der Wesen schwindet der Tod, und Unzertrennlichkeit und ewige Jugend beseliget, verschönert die Welt.

Auf dieser Höhe steh ich oft, mein Bellarmin! Aber ein Moment des Besinnens wirft mich herab. Ich denke nach und finde mich, wie ich zuvor war, allein, mit allen Schmerzen der Sterblichkeit, und meines Herzens Asyl, die ewigeinige Welt, ist hin; die Natur verschließt die Arme, und ich stehe, wie ein Fremdling, vor ihr, und verstehe sie nicht.

Ach! wär ich nie in eure Schulen gegangen. Die Wissenschaft, der ich in den Schacht hinunter folgte, von der ich, jugendlich töricht, die Bestätigung meiner reinen Freude erwartete, die hat mir alles verdorben.

Ich bin bei euch so recht vernünftig geworden, habe gründlich mich unterscheiden gelernt von dem, was mich umgibt, bin nun vereinzelt in der schönen Welt, bin so ausgeworfen aus dem Garten der Natur, wo ich wuchs und blühte, und vertrockne an der Mittagssonne.

O ein Gott ist der Mensch, wenn er träumt, ein Bettler, wenn er nachdenkt, und wenn die Begeisterung hin ist, steht er da, wie ein mißratener Sohn, den der Vater aus dem Hause stieß, und betrachtet die ärmlichen Pfennige, die ihm das Mitleid auf den Weg gab.

Hyperion an Bellarmin

Ich danke dir, daß du mich bittest, dir von mir zu erzählen, daß du die vorigen Zeiten mir ins Gedächtnis bringst.

Das trieb mich auch nach Griechenland zurück, daß ich den Spielen meiner Jugend näher leben wollte.

Wie der Arbeiter in den erquickenden Schlaf, sinkt oft mein angefochtenes Wesen in die Arme der unschuldigen Vergangenheit.

Ruhe der Kindheit! himmlische Ruhe! wie oft steh ich stille vor dir in liebender Betrachtung, und möchte dich denken! Aber wir haben ja nur Begriffe von dem, was einmal schlecht gewesen und wieder gut gemacht ist; von Kindheit, Unschuld haben wir keine Begriffe.

Da ich noch ein stilles Kind war und von dem allem, was uns umgibt, nichts wußte, war ich da nicht mehr, als jetzt, nach all den Mühen des Herzens und all dem Sinnen und Ringen?

Ja! ein göttlich Wesen ist das Kind, solang es nicht in die Chamäleonsfarbe der Menschen getaucht ist.

Es ist ganz, was es ist, und darum ist es so schön.

Der Zwang des Gesetzes und des Schicksals betastet es nicht; im Kind ist Freiheit allein.

In ihm ist Frieden; es ist noch mit sich selber nicht zerfallen. Reichtum ist in ihm; es kennt sein Herz, die Dürftigkeit des Lebens nicht. Es ist unsterblich, denn es weiß vom Tode nichts.

Aber das können die Menschen nicht leiden. Das Göttliche muß werden, wie ihrer einer, muß erfahren, daß sie auch da sind, und eh es die Natur aus seinem Paradiese treibt, so schmeicheln und schleppen die Menschen es heraus, auf das Feld des Fluchs, daß es, wie sie, im Schweiße des Angesichts sich abarbeite.

Aber schön ist auch die Zeit des Erwachens, wenn man nur zur Unzeit uns nicht weckt.

O es sind heilige Tage, wo unser Herz zum ersten Male die Schwingen übt, wo wir, voll schnellen feurigen Wachstums, dastehn in der herrlichen Welt, wie die junge Pflanze, wenn sie der Morgensonne sich aufschließt, und die kleinen Arme dem unendlichen Himmel entgegenstreckt.

Wie es mich umhertrieb an den Bergen und am Meeresufer! ach wie ich oft da saß mit klopfendem Herzen, auf den Höhen von Tina, und den Falken und Kranichen nachsah, und den kühnen fröhlichen Schiffen, wenn sie hinunterschwanden am Horizont! Dort hinunter! dacht ich, dort wanderst du auch einmal hinunter, und mir war, wie einem Schmachtenden, der ins kühlende Bad sich stürzt und die schäumenden Wasser über die Stirne sich schüttet.

Seufzend kehrt ich dann nach meinem Hause wieder um. Wenn nur die Schülerjahre erst vorüber wären, dacht ich oft.

Guter Junge! sie sind noch lange nicht vorüber.

Daß der Mensch in seiner Jugend das Ziel so nahe glaubt! Es ist die schönste aller Täuschungen, womit die Natur der Schwachheit unsers Wesens aufhilft.

Und wenn ich oft dalag unter den Blumen und am zärtlichen Frühlingslichte mich sonnte, und hinaufsah ins heitre Blau, das die warme Erde umfing, wenn ich unter den Ulmen und Weiden, im Schoße des Berges saß, nach einem erquickenden Regen, wenn die Zweige noch bebten von den Berührungen des Himmels, und über dem tröpfelnden Walde sich goldne Wolken bewegten, oder wenn der Abendstern voll friedlichen Geistes heraufkam mit den alten Jünglingen, den übrigen Helden des Himmels, und ich so sah, wie das Leben in ihnen in ewiger müheloser Ordnung durch den Äther sich fortbewegte, und die Ruhe der Welt mich umgab und erfreute, daß ich aufmerkte und lauschte, ohne zu wissen, wie mir geschah – „hast du mich lieb, guter Vater im Himmel!“ fragt ich dann leise, und fühlte seine Antwort so sicher und selig am Herzen.

O du, zu dem ich rief, als wärst du über den Sternen, den ich Schöpfer des Himmels nannte und der Erde, freundlich Idol meiner Kindheit, du wirst nicht zürnen, daß ich deiner vergaß! – Warum ist die Welt nicht dürftig genug, um außer ihr noch Einen zu suchen?[1]

O wenn sie eines Vaters Tochter ist, die herrliche Natur, ist das Herz der Tochter nicht sein Herz? Ihr Innerstes, ist's nicht Er? Aber hab ich's denn? kenn ich es denn?

Es ist, als säh ich, aber dann erschreck ich wieder, als wär es meine eigne Gestalt, was ich gesehn, es ist, als fühlt ich ihn, den Geist der Welt, wie eines Freundes warme Hand, aber ich erwache und meine, ich habe meine eignen Finger gehalten.

Hyperion an Bellarmin

Weißt du, wie Plato und sein Stella sich liebten?

So liebt ich, so war ich geliebt. O ich war ein glücklicher Knabe!

Es ist erfreulich, wenn Gleiches sich zu Gleichem gesellt, aber es ist göttlich, wenn ein großer Mensch die kleineren zu sich aufzieht.

Ein freundlich Wort aus eines tapfern Mannes Herzen, ein Lächeln, worin die verzehrende Herrlichkeit des Geistes sich verbirgt, ist wenig und viel, wie ein zauberisch Losungswort, das Tod und Leben in seiner einfältigen Silbe

1 Es ist wohl nicht nötig, zu erinnern, daß derlei Äußerungen als bloße Phänomene des menschlichen Gemüts von Rechts wegen niemand skandalisieren sollten.

verbirgt, ist, wie ein geistig Wasser, das aus der Tiefe der Berge quillt, und die geheime Kraft der Erde uns mitteilt in seinem kristallenen Tropfen.

Wie haß ich dagegen alle die Barbaren, die sich einbilden, sie seien weise, weil sie kein Herz mehr haben, alle die rohen Unholde, die tausendfältig die jugendliche Schönheit töten und zerstören, mit ihrer kleinen unvernünftigen Mannszucht!

Guter Gott! Da will die Eule die jungen Adler aus dem Neste jagen, will ihnen den Weg zur Sonne weisen!

Verzeih mir, Geist meines Adamas! daß ich dieser gedenke vor dir. Das ist der Gewinn, den uns Erfahrung gibt, daß wir nichts Treffliches uns denken, ohne sein ungestaltes Gegenteil.

O daß nur du mir ewig gegenwärtig wärest, mit allem, was dir verwandt ist, traurender Halbgott, den ich meine! Wen du umgibst, mit deiner Ruhe und Stärke, Sieger und Kämpfer, wem du begegnest mit deiner Liebe und Weisheit, der fliehe, oder werde, wie du! Unedles und Schwaches besteht nicht neben dir.

Wie oft warst du mir nahe, da du längst mir ferne warst, verklärtest mich mit deinem Lichte, und wärmtest mich, daß mein erstarrtes Herz sich wieder bewegte, wie der verhärtete Quell, wenn der Strahl des Himmels ihn berührt! Zu den Sternen hätt ich dann fliehn mögen mit meiner Seligkeit, damit sie mir nicht entwürdigt würde von dem, was mich umgab.

Ich war aufgewachsen, wie eine Rebe ohne Stab, und die wilden Ranken breiteten richtungslos über dem Boden sich aus. Du weißt ja, wie so manche edle Kraft bei uns zu Grunde geht, weil sie nicht genützt wird. Ich schweifte herum, wie ein Irrlicht, griff alles an, wurde von allem ergriffen, aber auch nur für den Moment, und die unbehülflichen Kräfte matteten vergebens sich ab. Ich fühlte, daß mir's überall fehlte, und konnte doch mein Ziel nicht finden. So fand er mich.

Er hatt an seinem Stoffe, der sogenannten kultivierten Welt, lange genug Geduld und Kunst geübt, aber sein Stoff war Stein und Holz gewesen und geblieben, nahm wohl zur Not die edle Menschenform von außen an, aber um dies war's meinem Adamas nicht zu tun; er wollte Menschen, und, um diese zu schaffen, hat er seine Kunst zu arm gefunden. Sie waren einmal dagewesen, die er suchte, die zu schaffen, seine Kunst zu arm war, das erkannt er deutlich. Wo sie dagewesen, wußt er auch. Da wollt er hin und unter dem Schutt nach ihrem Genius fragen, mit diesem sich die einsamen Tage zu verkürzen. Er kam nach Griechenland. So fand ich ihn.

Noch seh ich ihn vor mich treten in lächelnder Betrachtung, noch hör ich seinen Gruß und seine Fragen.

Wie eine Pflanze, wenn ihr Friede den strebenden Geist besänftigt, und die einfältige Genügsamkeit wiederkehrt in die Seele – so stand er vor mir.

Und ich, war ich nicht der Nachhall seiner stillen Begeisterung? wiederholten sich nicht die Melodien seines Wesens in mir? Was ich sah, ward ich, und es war Göttliches, was ich sah.

Wie unvermögend ist doch der gutwilligste Fleiß der Menschen gegen die Allmacht der ungeteilten Begeisterung.

Sie weilt nicht auf der Oberfläche, faßt nicht da und dort uns an, braucht keiner Zeit und keines Mittels; Gebot und Zwang und Überredung braucht sie nicht; auf allen Seiten, in allen Tiefen und Höhen ergreift sie im Augenblick uns, und wandelt, ehe sie da ist für uns, ehe wir fragen, wie uns geschiehet, durch und durch in ihre Schönheit, ihre Seligkeit uns um.

Wohl dem, wem auf diesem Wege ein edler Geist in früher Jugend begegnete!

O es sind goldne unvergeßliche Tage, voll von den Freuden der Liebe und süßer Beschäftigung!

Bald führte mein Adamas in die Heroenwelt des Plutarch,

bald in das Zauberland der griechischen Götter mich ein, bald ordnet' und beruhigt' er mit Zahl und Maß das jugendliche Treiben, bald stieg er auf die Berge mit mir; des Tags, um die Blumen der Heide und des Walds und die wilden Moose des Felsen, des Nachts, um über uns die heiligen Sterne zu schauen, und nach menschlicher Weise zu verstehen.

Es ist ein köstlich Wohlgefühl in uns, wenn so das Innere an seinem Stoffe sich stärkt, sich unterscheidet und getreuer anknüpft und unser Geist allmählich waffenfähig wird.

Aber dreifach fühlt ich ihn und mich, wenn wir, wie Manen aus vergangner Zeit, mit Stolz und Freude, mit Zürnen und Trauern an den Athos hinauf und von da hinüberschifften in den Hellespont und dann hinab an die Ufer von Rhodus und die Bergschlünde von Tänarum, durch die stillen Inseln alle, wenn da die Sehnsucht über die Küsten hinein uns trieb, ins düstre Herz des alten Peloponnes, an die einsamen Gestade des Eurotas, ach! die ausgestorbnen Tale von Elis und Nemea und Olympia, wenn wir da, an eine Tempelsäule des vergeßnen Jupiters gelehnt, umfangen von Lorbeerrosen und Immergrün, ins wilde Flußbett sahn, und das Leben des Frühlings und die ewig jugendliche Sonne uns mahnte, daß auch der Mensch einst da war, und nun dahin ist, daß des Menschen herrliche Natur jetzt kaum noch da ist, wie das Bruchstück eines Tempels oder im Gedächtnis, wie ein Totenbild – da saß ich traurig spielend neben ihm, und pflückte das Moos von eines Halbgotts Piedestal, grub eine marmorne Heldenschulter aus dem Schutt, und schnitt den Dornbusch und das Heidekraut von den halbbegrabnen Architraven, indes mein Adamas die Landschaft zeichnete, wie sie freundlich tröstend den Ruin umgab, den Weizenhügel, die Oliven, die Ziegenherde, die am Felsen des Gebirgs hing, den Ulmenwald, der von den Gipfeln in das Tal sich stürzte; und die Lazerte spielte zu unsern Füßen, und die Fliegen umsummten uns in der Stille des Mittags – Lieber Bellarmin! ich hätte Lust, so pünktlich dir, wie Nestor, zu erzählen; ich ziehe durch die Vergangenheit, wie ein Ährenleser über die Stoppeläcker, wenn der Herr des Lands geerntet hat; da liest man jeden Strohhalm auf. Und wie ich neben ihm stand auf den Höhen von Delos, wie das ein Tag war, der mir graute, da ich mit ihm an der Granitwand des Cynthus die alten Marmortreppen hinaufstieg. Hier wohnte der Sonnengott einst, unter den himmlischen Festen, wo ihn, wie goldnes Gewölk, das versammelte Griechenland umglänzte. In Fluten der Freude und Begeisterung warfen hier, wie Achill in den Styx, die griechischen Jünglinge sich, und gingen unüberwindlich, wie der Halbgott, hervor. In den Hainen, in den Tempeln erwachten und tönten ineinander ihre Seelen, und treu bewahrte jeder die entzückenden Akkorde.

Aber was sprech ich davon? Als hätten wir noch eine Ahnung jener Tage! Ach! es kann ja nicht einmal ein schöner Traum gedeihen unter dem Fluche, der über uns lastet. Wie ein heulender Nordwind, fährt die Gegenwart über die Blüten unsers Geistes und versengt sie im Entstehen. Und doch war es ein goldner Tag, der auf dem Cynthus mich umfing! Es dämmerte noch, da wir schon oben waren. Jetzt kam er herauf in seiner ewigen Jugend, der alte Sonnengott, zufrieden und mühelos, wie immer, flog der unsterbliche Titan mit seinen tausend eignen Freuden herauf, und lächelt' herab auf sein verödet Land, auf seine Tempel, seine Säulen, die das Schicksal vor ihn hingeworfen hatte, wie die dürren Rosenblätter, die im Vorübergehen ein Kind gedankenlos vom Strauche riß, und auf die Erde säete.

„Sei, wie dieser!" rief mir Adamas zu, ergriff mich bei der Hand und hielt sie dem Gott entgegen, und mir war, als trügen uns die Morgenwinde mit sich fort, und brächten uns ins Geleite des heiligen Wesens, das nun hinaufstieg auf den Gipfel des Himmels, freundlich und groß, und wunderbar mit seiner Kraft und seinem Geist die Welt und uns erfüllte.

Noch trauert und frohlockt mein Innerstes über jedes Wort, das mir damals Adamas sagte, und ich begreife meine Bedürftigkeit nicht, wenn oft mir wird, wie damals ihm sein mußte. Was ist Verlust, wenn so der Mensch in seiner eignen Welt sich findet? In uns ist alles. Was kümmert's dann den Menschen, wenn ein Haar von seinem Haupte fällt? Was ringt er so nach Knechtschaft, da er ein Gott sein könnte! „Du wirst einsam sein, mein Liebling!" sagte mir damals Adamas auch, „du wirst sein wie der Kranich, den seine Brüder zurückließen in rauher Jahrszeit, indes sie den Frühling suchen im fernen Lande."

Und das ist's, Lieber! Das macht uns arm bei allem Reichtum, daß wir nicht allein sein können, daß die Liebe in uns, so lange wir leben, nicht erstirbt. Gib mir meinen Adamas wieder, und komm mit allen, die mir angehören, daß die alte schöne Welt sich unter uns erneure, daß wir uns versammeln und vereinen in den Armen unserer Gottheit, der Natur, und siehe! so weiß ich nichts von Notdurft.

Aber sage nur niemand, daß uns das Schicksal trenne! Wir sind's, wir! wir haben unsre Lust daran, uns in die Nacht des Unbekannten, in die kalte Fremde irgendeiner andern Welt zu stürzen, und, wär es möglich, wir verließen der Sonne Gebiet und stürmten über des Irrsterns Grenzen hinaus. Ach! für des Menschen wilde Brust ist keine Heimat möglich; und wie der Sonne Strahl die Pflanzen der Erde, die er entfaltete, wieder versengt, so tötet der Mensch die süßen Blumen, die an seiner Brust gedeihten, die Freuden der Verwandtschaft und der Liebe.

Es ist, als zürnt ich meinem Adamas, daß er mich verließ, aber ich zürn ihm nicht. O er wollte ja wieder kommen!

In der Tiefe von Asien soll ein Volk von seltner Trefflichkeit verborgen sein; dahin trieb ihn seine Hoffnung weiter.

Bis Nio begleitet ich ihn. Es waren bittere Tage. Ich habe den Schmerz ertragen gelernt, aber für solch ein Scheiden hab ich keine Kraft in mir.

Mit jedem Augenblicke, der uns der letzten Stunde näher brachte, wurd es sichtbarer, wie dieser Mensch verwebt war in mein Wesen. Wie ein Sterbender den fliehenden Othem, hielt ihn meine Seele.

Am Grabe Homers brachten wir noch einige Tage zu, und Nio wurde mir die heiligste unter den Inseln.

Endlich rissen wir uns los. Mein Herz hatte sich müde gerungen. Ich war ruhiger im letzten Augenblicke. Auf den Knien lag ich vor ihm, umschloß ihn zum letzten Male mit diesen Armen; „gib mir einen Segen, mein Vater!" rief ich leise zu ihm hinauf, und er lächelte groß, und seine Stirne breitete vor den Sternen des Morgens sich aus und sein Auge durchdrang die Räume des Himmels. – „Bewahrt ihn mir", rief er, „ihr Geister besserer Zeit! und zieht zu eurer Unsterblichkeit ihn auf, und all ihr freundlichen Kräfte des Himmels und der Erde, seid mit ihm!"

„Es ist ein Gott in uns", setzt' er ruhiger hinzu, „der lenkt, wie Wasserbäche, das Schicksal, und alle Dinge sind sein Element. Der sei vor allem mit dir!"

So schieden wir. Leb wohl, mein Bellarmin!

Hyperion an Bellarmin

Wohin könnt ich mir entfliehen, hätt ich nicht die lieben Tage meiner Jugend?

Wie ein Geist, der keine Ruhe am Acheron findet, kehr ich zurück in die verlaßnen Gegenden meines Lebens. Alles altert und verjüngt sich wieder. Warum sind wir ausgenommen vom schönen Kreislauf der Natur? Oder gilt er auch für uns?

Ich wollt es glauben, wenn *eines* nicht in uns wäre, das ungeheure Streben, *alles* zu sein, das, wie der Titan des Ätna, heraufzürnt aus den Tiefen unsers Wesens.

Und doch, wer wollt es nicht lieber in sich fühlen, wie ein siedend Öl, als sich gestehn, er sei für die Geißel und fürs Joch geboren? Ein tobend Schlachtroß oder eine Mähre, die das Ohr hängt, was ist edler?

Lieber! es war eine Zeit, da auch meine Brust an großen Hoffnungen sich sonnte, da auch mir die Freude der Unsterblichkeit in allen Pulsen schlug, da ich wandelt unter herrlichen Entwürfen, wie in weiter Wäldernacht, da ich glücklich, wie die Fische des Ozeans, in meiner uferlosen Zukunft weiter, ewig weiter drang.

Wie mutig, selige Natur! entsprang der Jüngling deiner Wiege! wie freut' er sich in seiner unversuchten Rüstung! Sein Bogen war gespannt und seine Pfeile rauschten im Köcher, und die Unsterblichen, die hohen Geister des Altertums führten ihn an, und sein Adamas war mitten unter ihnen.

Wo ich ging und stand, geleiteten mich die herrlichen Gestalten; wie Flammen, verloren sich in meinem Sinne die Taten aller Zeiten ineinander, und wie in *ein* frohlockend Gewitter die Riesenbilder, die Wolken des Himmels sich vereinen, so vereinten sich, so wurden *ein* unendlicher Sieg in mir die hundertfältigen Siege der Olympiaden.

Wer hält das aus, wen reißt die schröckende Herrlichkeit des Altertums nicht um, wie ein Orkan die jungen Wälder umreißt, wenn sie ihn ergreift, wie mich, und wenn, wie mir, das Element ihm fehlt, worin er sich ein stärkend Selbstgefühl erbeuten könnte?

O mir, mir beugte die Größe der Alten, wie ein Sturm, das Haupt, mir raffte sie die Blüte vom Gesichte, und oftmals lag ich, wo kein Auge mich bemerkte, unter tausend Tränen da, wie eine gestürzte Tanne, die am Bache liegt und ihre welke Krone in die Flut verbirgt. Wie gerne hätt ich einen Augenblick aus eines großen Mannes Leben mit Blut erkauft!

Aber was half mir das? Es wollte ja mich niemand.

O es ist jämmerlich, so sich vernichtet zu sehn; und wem dies unverständlich ist, der frage nicht danach, und danke der Natur, die ihn zur Freude, wie die Schmetterlinge, schuf, und geh, und sprech in seinem Leben nimmermehr von Schmerz und Unglück.

Ich liebte meine Heroen, wie eine Fliege das Licht; ich suchte ihre gefährliche Nähe und floh und suchte sie wieder.

Wie ein blutender Hirsch in den Strom, stürzt ich oft mitten hinein in den Wirbel der Freude, die brennende Brust zu kühlen und die tobenden herrlichen Träume von Ruhm und Größe wegzubaden, aber was half das?

Und wenn mich oft um Mitternacht das heiße Herz in den Garten hinuntertrieb unter die tauigen Bäume, und der Wiegengesang des Quells und die liebliche Luft und das Mondlicht meinen Sinn besänftigte, und so frei und friedlich über mir die silbernen Gewölke sich regten, und aus der Ferne mir die verhallende Stimme der Meeresflut tönte, wie freundlich spielten da mit meinem Herzen all die großen Phantome seiner Liebe!

Lebt wohl, ihr Himmlischen! sprach ich oft im Geiste, wenn über mir die Melodie des Morgenlichts mit leisem Laute begann, ihr herrlichen Toten lebt wohl! ich möcht euch folgen, möchte von mir schütteln, was mein Jahrhundert mir gab, und aufbrechen ins freiere Schattenreich!

Aber ich schmachte an der Kette und hasche mit bitterer Freude die kümmerliche Schale, die meinem Durste gereicht wird.

Hyperion an Bellarmin

Meine Insel war mir zu enge geworden, seit Adamas fort war. Ich hatte Jahre schon in Tina Langeweile. Ich wollt in die Welt.

„Geh vorerst nach Smyrna“, sagte mein Vater, „lerne da die Künste der See und des Kriegs, lerne die Sprache gebildeter Völker und ihre Verfassungen und Meinungen und Sitten und Gebräuche, prüfe alles und wähle das Beste! – Dann kann es meinetwegen weiter gehn.“

„Lern auch ein wenig Geduld!“ setzte die Mutter hinzu, und ich nahm’s mit Dank an.

Es ist entzückend, den ersten Schritt aus der Schranke der Jugend zu tun, es ist, als dächt ich meines Geburtstags, wenn ich meiner Abreise von Tina gedenke. Es war eine neue Sonne über mir, und Land und See und Luft genoß ich wie zum ersten Male.

Die lebendige Tätigkeit, womit ich nun in Smyrna meine Bildung besorgte, und der eilende Fortschritt besänftigte mein Herz nicht wenig. Auch manches seligen Feierabends erinnere ich mich aus dieser Zeit. Wie oft ging ich unter den immer grünen Bäumen am Gestade des Meles, an der Geburtsstätte meines Homer, und sammelt Opferblumen und warf sie in den heiligen Strom! Zur nahen Grotte trat ich dann in meinen friedlichen Träumen, da hätte der Alte, sagen sie, seine Iliade gesungen. Ich fand ihn. Jeder Laut in mir verstummte vor seiner Gegenwart. Ich schlug sein göttlich Gedicht mir auf und es war, als hätt ich es nie gekannt, so ganz anders wurd es jetzt lebendig in mir.

Auch denk ich gerne meiner Wanderung durch die Gegenden von Smyrna. Es ist ein herrlich Land, und ich habe tausendmal mir Flügel gewünscht, um des Jahres *einmal* nach Kleinasien zu fliegen.

Aus der Ebne von Sardes kam ich durch die Felsenwände des Tmolus herauf.

Ich hatt am Fuße des Bergs übernachtet in einer freundlichen Hütte, unter Myrten, unter den Düften des Ladanstrauchs, wo in der goldnen Flut des Paktolus die Schwäne mir zur Seite spielten, wo ein alter Tempel der Cybele aus den Ulmen hervor, wie ein schüchterner Geist, ins helle Mondlicht blickte. Fünf liebliche Säulen trauerten über dem Schutt, und ein königlich Portal lag niedergestürzt zu ihren Füßen.

Durch tausend blühende Gebüsche wuchs mein Pfad nun aufwärts. Vom schroffen Abhang neigten lispelnde Bäume sich, und übergossen mit ihren zarten Flocken mein Haupt.

Ich war des Morgens ausgegangen. Um Mittag war ich auf der Höhe des Gebirgs. Ich stand, sah fröhlich vor mich hin, genoß der reineren Lüfte des Himmels. Es waren selige Stunden.

Wie ein Meer, lag das Land, wovon ich heraufkam, vor mir da, jugendlich, voll lebendiger Freude; es war ein himmlisch unendlich Farbenspiel, womit der Frühling mein Herz begrüßte, und wie die Sonne des Himmels sich wiederfand im tausendfachen Wechsel des Lichts, das ihr die Erde zurückgab, so erkannte mein Geist sich in der Fülle des Lebens, die ihn umfing, von allen Seiten ihn überfiel.

Zur Linken stürzt' und jauchzte, wie ein Riese, der Strom in die Wälder hinab, vom Marmorfelsen, der über mir hing, wo der Adler spielte mit seinen Jungen, wo die Schneegipfel hinauf in den blauen Äther glänzten; rechts wälzten Wetterwolken sich her über den Wäldern des Sipylus; ich fühlte nicht den Sturm, der sie trug, ich fühlte nur ein Lüftchen in den Locken, aber ihren Donner hört ich, wie man die Stimme der Zukunft hört, und ihre Flammen sah ich, wie das ferne Licht der geahneten Gottheit. Ich wandte mich südwärts und ging weiter. Da lag es offen vor mir, das ganze paradiesische Land, das der Kayster durchströmt, durch so manchen reizenden Umweg, als könnt er nicht lange genug verweilen in all dem Reichtum und der Lieblichkeit, die ihn umgibt. Wie die Zephyre, irrte mein Geist von Schönheit zu Schönheit selig umher, vom fremden friedlichen Dörfchen, das tief unten am Berge lag, bis hinein, wo die Gebirgkette des Messogis dämmert.

Ich kam nach Smyrna zurück, wie ein Trunkener vom Gastmahl. Mein Herz war des Wohlgefälligen zu voll, um nicht von seinem Überflusse der Sterblichkeit zu leihen. Ich hatte zu glücklich in mich die Schönheit der Natur erbeutet, um nicht die Lücken des Menschenlebens damit auszufüllen. Mein dürftig Smyrna kleidete sich in die Farben meiner Begeisterung, und stand, wie eine Braut, da. Die geselligen Städter zogen mich an. Der Widersinn in ihren

Sitten vergnügte mich, wie eine Kinderposse, und weil ich von Natur hinaus war über all die eingeführten Formen und Bräuche, spielt ich mit allen, und legte sie an und zog sie aus, wie Fastnachtskleider.

Was aber eigentlich mir die schale Kost des gewöhnlichen Umgangs würzte, das waren die guten Gesichter und Gestalten, die noch hie und da die mitleidige Natur, wie Sterne, in unsere Verfinsterung sendet.

Wie hatt ich meine herzliche Freude daran! wie glaubig deutet ich diese freundlichen Hieroglyphen! Aber es ging mir fast damit, wie ehemals mit den Birken im Frühlinge. Ich hatte von dem Safte dieser Bäume gehört, und dachte wunder, was ein köstlich Getränk die lieblichen Stämme geben müßten. Aber es war nicht Kraft und Geist genug darinnen.

Ach! und wie heillos war das übrige alles, was ich hört und sah.

Es war mir wirklich hie und da, als hätte sich die Menschennatur in die Mannigfaltigkeiten des Tierreichs aufgelöst, wenn ich umher ging unter diesen Gebildeten. Wie überall, so waren auch hier die Männer besonders verwahrlost und verwest.

Gewisse Tiere heulen, wenn sie Musik anhören. Meine bessergezognen Leute hingegen lachten, wenn von Geistesschönheit die Rede war und von Jugend des Herzens. Die Wölfe gehen davon, wenn einer Feuer schlägt. Sahn jene Menschen einen Funken Vernunft, so kehrten sie, wie Diebe, den Rücken.

Sprach ich einmal auch vom alten Griechenland ein warmes Wort, so gähnten sie, und meinten, man hätte doch auch zu leben in der jetzigen Zeit; und es wäre der gute Geschmack noch immer nicht verlorengegangen, fiel ein anderer bedeutend ein.

Dies zeigte sich dann auch. Der eine witzelte, wie ein Bootsknecht, der andere blies die Backen auf und predigte Sentenzen.

Es gebärdet' auch wohl einer sich aufgeklärt, machte dem Himmel ein Schnippchen und rief, um die Vögel auf dem Dache hab er nie sich bekümmert, die Vögel in der Hand, die seien ihm lieber! Doch wenn man ihm vom Tode sprach, so legt' er stracks die Hände zusammen, und kam so nach und nach im Gespräche darauf, wie es gefährlich sei, daß unsere Priester nichts mehr gelten.

Die einzigen, deren zuweilen ich mich bediente, waren die Erzähler, die lebendigen Namenregister von fremden Städten und Ländern, die redenden Bilderkasten, wo man Potentaten auf Rossen und Kirchtürme und Märkte sehn kann.

Ich war es endlich müde, mich wegzuwerfen, Trauben zu suchen in der Wüste und Blumen über dem Eisfeld.

Ich lebte nun entschiedner allein, und der sanfte Geist meiner Jugend war fast ganz aus meiner Seele verschwunden. Die Unheilbarkeit des Jahrhunderts war mir aus so manchem, was ich erzähle und nicht erzähle, sichtbar geworden, und der schöne Trost, in *einer* Seele meine Welt zu finden, mein Geschlecht in einem freundlichen Bilde zu umarmen, auch der gebrach mir.

Lieber! was wäre das Leben ohne Hoffnung? Ein Funke, der aus der Kohle springt und verlischt, und wie man bei trüber Jahrszeit einen Windstoß hört, der einen Augenblick saust und dann verhallt, so wär es mit uns?

Auch die Schwalbe sucht ein freundlicher Land im Winter, es läuft das Wild umher in der Hitze des Tags und seine Augen suchen den Quell. Wer sagt dem Kinde, daß die Mutter ihre Brust ihm nicht versage? Und siehe! es sucht sie doch.

Es lebte nichts, wenn es nicht hoffte. Mein Herz verschloß jetzt seine Schätze, aber nur, um sie für eine bessere Zeit zu sparen, für das Einzige, Heilige, Treue, das gewiß, in irgendeiner Periode des Daseins, meiner dürstenden Seele begegnen sollte.

Wie selig hing ich oft an ihm, wenn es, in Stunden des

Ahnens, leise, wie das Mondlicht, um die besänftigte Stirne mir spielte? Schon damals kannt ich dich, schon damals blicktest du, wie ein Genius, aus Wolken mich an, du, die mir einst, im Frieden der Schönheit, aus der trüben Woge der Welt stieg! Da kämpfte, da glüht' es nimmer, dies Herz.

Wie in schweigender Luft sich eine Lilie wiegt, so regte sich in seinem Elemente, in den entzückenden Träumen von ihr, mein Wesen.

Hyperion an Bellarmin

Smyrna war mir nun verleidet. Überhaupt war mein Herz allmählich müder geworden. Zuweilen konnte wohl der Wunsch in mir auffahren, um die Welt zu wandern oder in den ersten besten Krieg zu gehn, oder meinen Adamas aufzusuchen und in seinem Feuer meinen Mißmut auszubrennen, aber dabei blieb es, und mein unbedeutend welkes Leben wollte nimmer sich erfrischen.

Der Sommer war nun bald zu Ende; ich fühlte schon die düstern Regentage und das Pfeifen der Winde und Tosen der Wetterbäche zum voraus, und die Natur, die, wie ein schäumender Springquell, emporgedrungen war in allen Pflanzen und Bäumen, stand jetzt schon da vor meinem verdüsterten Sinne, schwindend und verschlossen und in sich gekehrt, wie ich selber.

Ich wollte noch mit mir nehmen, was ich konnte, von all dem fliehenden Leben, alles, was ich draußen liebgewonnen hatte, wollt ich noch hereinretten in mich, denn ich wußte wohl, daß mich das wiederkehrende Jahr nicht wieder finden würde unter diesen Bäumen und Bergen, und so ging und ritt ich jetzt mehr, als gewöhnlich, herum im ganzen Bezirke.

Was aber mich besonders hinaustrieb, war das geheime Verlangen, einen Menschen zu sehn, der seit einiger Zeit vor dem Tore unter den Bäumen, wo ich vorbeikam, mir alle Tage begegnet war.

Wie ein junger Titan, schritt der herrliche Fremdling unter dem Zwergengeschlechte daher, das mit freudiger Scheue an seiner Schöne sich weidete, seine Höhe maß und seine Stärke, und an dem glühenden verbrannten Römerkopfe, wie an verbotner Frucht mit verstohlnem Blicke sich labte, und es war jedesmal ein herrlicher Moment, wann das Auge dieses Menschen, für dessen Blick der freie Äther zu enge schien, so mit abgelegtem Stolze sucht' und strebte, bis es sich in meinem Auge fühlte und wir errötend uns einander nachsahn und vorübergingen.

Einst war ich tief in die Wälder des Mimas hineingeritten und kehrt erst spätabends zurück. Ich war abgestiegen, und führte mein Pferd einen steilen wüsten Pfad über Baumwurzeln und Steine hinunter, und, wie ich so durch die Sträuche mich wand, in die Höhle hinunter, die nun vor mir sich öffnete, fielen plötzlich ein paar karabornische Räuber über mich her, und ich hatte Mühe, für den ersten Moment die zwei gezückten Säbel abzuhalten; aber sie waren schon von anderer Arbeit müde, und so half ich doch mir durch. Ich setzte mich ruhig wieder aufs Pferd und ritt hinab.

Am Fuße des Berges tat mitten unter den Wäldern und aufgehäuften Felsen sich eine kleine Wiese vor mir auf. Es wurde hell. Der Mond war eben aufgegangen über den finstern Bäumen. In einiger Entfernung sah ich Rosse auf dem Boden ausgestreckt und Männer neben ihnen im Grase.

„Wer seid ihr?" rief ich.

„Das ist Hyperion!" rief eine Heldenstimme, freudig überrascht. „Du kennst mich", fuhr die Stimme fort; „ich begegne dir alle Tage unter den Bäumen am Tore."

Mein Roß flog, wie ein Pfeil, ihm zu. Das Mondlicht schien ihm hell ins Gesicht. Ich kannt ihn; ich sprang herab.

„Guten Abend!" rief der liebe Rüstige, sah mit zärtlich wildem Blicke mich an und drückte mit seiner nervigen Faust die meine, daß mein Innerstes den Sinn davon empfand.

O nun war mein unbedeutend Leben am Ende!

Alabanda, so hieß der Fremde, sagte mir nun, daß er mit seinem Diener von Räubern wäre überfallen worden, daß die beiden, auf die ich stieß, wären fortgeschickt worden von ihm, daß er den Weg aus dem Walde verloren gehabt und darum wäre genötigt gewesen, auf der Stelle zu bleiben, bis ich gekommen. „Ich habe einen Freund dabei verloren“, setzt' er hinzu, und wies sein totes Roß mir.

Ich gab das meine seinem Diener, und wir gingen zu Fuße weiter.

„Es geschah uns recht“, begann ich, indes wir Arm in Arm zusammen aus dem Walde gingen; „warum zögerten wir auch so lange und gingen uns vorüber, bis der Unfall uns zusammenbrachte.“

„Ich muß denn doch dir sagen“, erwidert' Alabanda, „daß du der Schuldigere, der Kältere bist. Ich bin dir heute nachgeritten.“

„Herrlicher!“ rief ich, „siehe nur zu! an Liebe sollst du doch mich nimmer übertreffen.“

Wir wurden immer inniger und freudiger zusammen.

Wir kamen nahe bei der Stadt an einem wohlgebauten Khan vorbei, das unter plätschernden Brunnen ruhte und unter Fruchtbäumen und duftenden Wiesen.

Wir beschlossen, da zu übernachten. Wir saßen noch lange zusammen bei offnen Fenstern. Hohe geistige Stille umfing uns. Erd und Meer war selig verstummt, wie die Sterne, die über uns hingen. Kaum, daß ein Lüftchen von der See her uns ins Zimmer flog und zart mit unserm Lichte spielte, oder daß von ferner Musik die gewaltigern Töne zu uns drangen, indes die Donnerwolke sich wiegt' im Bette des Äthers, und hin und wieder durch die Stille fernher tönte, wie ein schlafender Riese, wenn er stärker atmet in seinen furchtbaren Träumen.

Unsre Seelen mußten um so stärker sich nähern, weil sie wider Willen waren verschlossen gewesen. Wir begegneten einander, wie zwei Bäche, die vom Berge rollen, und die Last von Erde und Stein und faulem Holz und das ganze träge Chaos, das sie aufhält, von sich schleudern, um den Weg sich zueinander zu bahnen, und durchzubrechen bis dahin, wo sie nun ergreifend und ergriffen mit gleicher Kraft, vereint in *einen* majestätischen Strom, die Wanderung ins weite Meer beginnen.

Er, vom Schicksal und der Barbarei der Menschen heraus, vom eignen Hause unter Fremden hin und her gejagt, von früher Jugend an erbittert und verwildert, und doch auch das innere Herz voll Liebe, voll Verlangens, aus der rauhen Hülse durchzudringen in ein freundlich Element; ich, von allem schon innigst abgeschieden, so mit ganzer Seele fremd und einsam unter den Menschen, so lächerlich begleitet von dem Schellenklange der Welt in meines Herzens liebsten Melodien; ich, die Antipathie aller Blinden und Lahmen, und doch mir selbst zu blind und lahm, doch mir selbst so herzlich überlästig in allem, was von ferne verwandt war mit den Klugen und Vernünftlern, den Barbaren und den Witzlingen – und so voll Hoffnung, so voll einziger Erwartung eines schönern Lebens –.

Mußten so in freudig stürmischer Eile nicht die beiden Jünglinge sich umfassen?

O du, mein Freund und Kampfgenosse, mein Alabanda, wo bist du? Ich glaube fast, du bist ins unbekannte Land hinübergegangen, zur Ruhe, bist wieder geworden, wie einst, da wir noch Kinder waren.

Zuweilen, wenn ein Gewitter über mir hinzieht, und seine göttlichen Kräfte unter die Wälder austeilt und die Saaten, oder wenn die Wogen der Meersflut unter sich spielen, oder ein Chor von Adlern um die Berggipfel, wo ich wandre, sich schwingt, kann mein Herz sich regen, als wäre mein Alabanda nicht fern; aber sichtbarer, gegenwärtiger, unverkennbarer lebt er in mir, ganz, wie er einst dastand, ein feurig strenger furchtbarer Kläger, wenn er die Sünden des Jahrhunderts nannte. Wie erwachte da in seinen Tiefen mein Geist, wie rollten mir die Donnerworte der unerbittlichen Gerechtigkeit über die Zunge! Wie Boten der Nemesis, durchwanderten unsre Gedanken die Erde, und reinigten sie, bis keine Spur von allem Fluche da war.

Auch die Vergangenheit riefen wir vor unsern Richterstuhl, das stolze Rom erschröckte uns nicht mit seiner Herrlichkeit, Athen bestach uns nicht mit seiner jugendlichen Blüte.

Wie Stürme, wenn sie frohlockend, unaufhörlich fort durch Wälder über Berge fahren, so drangen unsre Seelen in kolossalischen Entwürfen hinaus; nicht, als hätten wir, unmännlich, unsre Welt, wie durch ein Zauberwort, geschaffen, und kindisch unerfahren keinen Widerstand berechnet, dazu war Alabanda zu verständig und zu tapfer. Aber oft ist auch die mühelose Begeisterung kriegerisch und klug.

Ein Tag ist mir besonders gegenwärtig.

Wir waren zusammen aufs Feld gegangen, saßen vertraulich umschlungen im Dunkel des immergrünen Lorbeers, und sahn zusammen in unsern Plato, wo er so wunderbar erhaben vom Altern und Verjüngen spricht, und ruhten hin und wieder aus auf der stummen entblätterten Landschaft, wo der Himmel schöner, als je, mit Wolken und Sonnenschein um die herbstlich schlafenden Bäume spielte.

Wir sprachen darauf manches vom jetzigen Griechenland, beede mit blutendem Herzen, denn der entwürdigte Boden war auch Alabandas Vaterland.

Alabanda war wirklich ungewöhnlich bewegt.

„Wenn ich ein Kind ansehe", rief dieser Mensch, „und denke, wie schmählich und verderbend das Joch ist, das es tragen wird, und daß es darben wird, wie wir, daß es Menschen suchen wird, wie wir, fragen wird, wie wir, nach Schönem und Wahrem, daß es unfruchtbar vergehen wird, weil es allein sein wird, wie wir, daß es – o nehmt doch eure Söhne aus der Wiege, und werft sie in den Strom, um wenigstens vor eurer Schande sie zu retten!"

„Gewiß, Alabanda!" sagt ich, „gewiß es wird anders."

„Wodurch?" erwidert' er; „die Helden haben ihren

Ruhm, die Weisen ihre Lehrlinge verloren. Große Taten, wenn sie nicht ein edel Volk vernimmt, sind mehr nicht als ein gewaltiger Schlag vor eine dumpfe Stirne, und hohe Worte, wenn sie nicht in hohen Herzen widertönen, sind, wie ein sterbend Blatt, das in den Kot herunterrauscht. Was willst du nun?"

„Ich will", sagt ich, „die Schaufel nehmen und den Kot in eine Grube werfen. Ein Volk, wo Geist und Größe keinen Geist und keine Größe mehr erzeugt, hat nichts mehr gemein, mit andern, die noch Menschen sind, hat keine Rechte mehr, und es ist ein leeres Possenspiel, ein Aberglauben, wenn man solche willenlose Leichname noch ehren will, als wär ein Römerherz in ihnen. Weg mit ihnen! Er darf nicht stehen, wo er steht, der dürre faule Baum, er stiehlt ja Licht und Luft dem jungen Leben, das für eine neue Welt heranreift."

Alabanda flog auf mich zu, umschlang mich, und seine Küsse gingen mir in die Seele. „Waffenbruder!" rief er, „lieber Waffenbruder! o nun hab ich hundert Arme!"

„Das ist endlich einmal meine Melodie", fuhr er fort, mit einer Stimme, die, wie ein Schlachtruf, mir das Herz bewegte, „mehr braucht's nicht! Du hast ein herrlich Wort gesprochen, Hyperion! Was? vom Wurme soll der Gott abhängen? Der Gott in uns, dem die Unendlichkeit zur Bahn sich öffnet, soll stehn und harren, bis der Wurm ihm aus dem Wege geht? Nein! nein! Man frägt nicht, ob ihr wollt! Ihr wollt ja nie, ihr Knechte und Barbaren! Euch will man auch nicht bessern, denn es ist umsonst! man will nur dafür sorgen, daß ihr dem Siegeslauf der Menschheit aus dem Wege geht. Oh! zünde mir einer die Fackel an, daß ich das Unkraut von der Heide brenne! die Mine bereite mir einer, daß ich die trägen Klötze aus der Erde sprenge!"

„Wo möglich, lehnt man sanft sie auf die Seite", fiel ich ein.

Alabanda schwieg eine Weile.

„Ich habe meine Lust an der Zukunft", begann er endlich

wieder, und faßte feurig meine beeden Hände. „Gott sei Dank! ich werde kein gemeines Ende nehmen. Glücklich sein, heißt schläfrig sein im Munde der Knechte. Glücklich sein! mir ist, als hätt ich Brei und laues Wasser auf der Zunge, wenn ihr mir sprecht von glücklich sein. So albern und so heillos ist das alles, wofür ihr hingebt eure Lorbeerkronen, eure Unsterblichkeit.

O heiliges Licht, das ruhelos, in seinem ungeheuren Reiche wirksam, dort oben über uns wandelt, und seine Seele auch mir mitteilt, in den Strahlen, die ich trinke, dein Glück sei meines!

Von ihren Taten nähren die Söhne der Sonne sich; sie leben vom Sieg; mit eignem Geist ermuntern sie sich, und ihre Kraft ist ihre Freude." –

Der Geist dieses Menschen faßte einen oft an, daß man sich hätte schämen mögen, so federleicht hinweggerissen fühlte man sich.

„O Himmel und Erde!" rief ich, „das ist Freude! – Das sind andre Zeiten, das ist kein Ton aus meinem kindischen Jahrhundert, das ist nicht der Boden, wo das Herz des Menschen unter seines Treibers Peitsche keucht. – Ja! ja! bei deiner herrlichen Seele, Mensch! Du wirst mit mir das Vaterland erretten."

„Das will ich", rief er, „oder untergehn."

Von diesem Tag an wurden wir uns immer heiliger und lieber. Tiefer unbeschreiblicher Ernst war unter uns gekommen. Aber wir waren nur um so seliger zusammen. Nur in den ewigen Grundtönen seines Wesens lebte jeder, und schmucklos schritten wir fort von einer großen Harmonie zur andern. Voll herrlicher Strenge und Kühnheit war unser gemeinsames Leben.

„Wie bist du denn so wortarm geworden?" fragte mich einmal Alabanda mit Lächeln. „In den heißen Zonen", sagt ich, „näher der Sonne, singen ja auch die Vögel nicht."

Aber es geht alles auf und unter in der Welt, und es hält der Mensch mit aller seiner Riesenkraft nichts fest. Ich sah einmal ein Kind die Hand ausstrecken, um das Mondlicht zu haschen; aber das Licht ging ruhig weiter seine Bahn. So stehn wir da, und ringen, das wandelnde Schicksal anzuhalten.

O wer ihm nur so still und sinnend, wie dem Gange der Sterne, zusehn könnte!

Je glücklicher du bist, um so weniger kostet es, dich zu Grunde zu richten, und die seligen Tage, wie Alabanda und ich sie lebten, sind wie eine jähe Felsenspitze, wo dein Reisegefährte nur dich anzurühren braucht, um unabsehlich, über die schneidenden Zacken hinab, dich in die dämmernde Tiefe zu stürzen.

Wir hatten eine herrliche Fahrt nach Chios gemacht, hatten tausend Freude an uns gehabt. Wie Lüftchen über die Meeresfläche, walteten über uns die freundlichen Zauber der Natur. Mit freudigem Staunen sah einer den andern, ohne ein Wort zu sprechen, aber das Auge sagte, so hab ich dich nie gesehen! So verherrlicht waren wir von den Kräften der Erde und des Himmels.

Wir hatten dann auch mit heitrem Feuer uns über manches gestritten, während der Fahrt; ich hatte, wie sonst, auch diesmal wieder meines Herzens Freude daran gehabt, diesem Geist auf seiner kühnen Irrbahn zuzusehn, wo er so regellos, so in ungebundner Fröhlichkeit, und doch meist so sicher seinen Weg verfolgte.

Wir eilten, wie wir ausgestiegen waren, allein zu sein.

„Du kannst niemand überzeugen", sagt ich jetzt mit inniger Liebe, „du überredest, du bestichst die Menschen, ehe du anfängst; man kann nicht zweifeln, wenn du sprichst, und wer nicht zweifelt, wird nicht überzeugt."

„Stolzer Schmeichler", rief er dafür, „du lügst! aber gerade recht, daß du mich mahnst! nur zu oft hast du schon mich unvernünftig gemacht! Um alle Kronen möcht ich von dir mich nicht befreien, aber es ängstiget denn doch mich oft, daß du mir so unentbehrlich sein sollst, daß ich so gefesselt bin an dich; und sieh", fuhr er fort, daß du ganz mich hast, sollst du auch alles von mir wissen! wir dachten bisher unter all der Herrlichkeit und Freude nicht daran, uns nach Vergangenem umzusehn."

Er erzählte mir nun sein Schicksal; mir war dabei, als säh ich einen jungen Herkules mit der Megära im Kampfe.

„Wirst du mir jetzt verzeihen", schloß er die Erzählung seines Ungemachs, „wirst du jetzt ruhiger sein, wenn ich oft rauh bin und anstößig und unverträglich?"

„O stille, stille!" rief ich innigst bewegt; „aber daß du noch da bist, daß du dich erhieltest für mich!"

„Ja wohl! für dich!" rief er, „und es freut mich herzlich, daß ich dir denn doch genießbare Kost bin. Und schmeck ich auch, wie ein Holzapfel, dir zuweilen, so keltre mich so lange, bis ich trinkbar bin."

„Laß mich! laß mich!" rief ich; ich sträubte mich umsonst; der Mensch machte mich zum Kinde; ich verbarg's ihm auch nicht; er sah meine Tränen, und weh ihm, wenn er sie nicht sehen durfte!

„Wir schwelgen", begann nun Alabanda wieder, „wir töten im Rausche die Zeit."

„Wir haben unsre Bräutigamstage zusammen", rief ich erheitert, „da darf es wohl noch lauten, als wäre man in Arkadien. – Aber auf unser vorig Gespräch zu kommen!

Du räumst dem Staate denn doch zu viel Gewalt ein. Er darf nicht fordern, was er nicht erzwingen kann. Was aber die Liebe gibt und der Geist, das läßt sich nicht erzwingen. Das laß er unangetastet, oder man nehme sein Gesetz und schlag es an den Pranger! Beim Himmel! der weiß nicht, was er sündigt, der den Staat zur Sittenschule machen will. Immerhin hat das den Staat zur Hölle gemacht, daß ihn der Mensch zu seinem Himmel machen wollte.

Die rauhe Hülse um den Kern des Lebens und nichts weiter ist der Staat. Er ist die Mauer um den Garten menschlicher Früchte und Blumen.

Aber was hilft die Mauer um den Garten, wo der Boden dürre liegt? Da hilft der Regen vom Himmel allein.

O Regen vom Himmel! o Begeisterung! Du wirst den Frühling der Völker uns wiederbringen. Dich kann der Staat nicht hergebieten. Aber er störe dich nicht, so wirst du kommen, kommen wirst du, mit deinen allmächtigen Wonnen, in goldne Wolken wirst du uns hüllen und empor uns tragen über die Sterblichkeit, und wir werden staunen und fragen, ob wir es noch seien, wir, die Dürftigen, die wir die Sterne fragten, ob dort uns ein Frühling blühe – frägst du mich, wann dies sein wird? Dann, wann die Lieblingin der Zeit, die jüngste, schönste Tochter der Zeit, die neue Kirche, hervorgehn wird aus diesen befleckten veralteten Formen, wann das erwachte Gefühl des Göttlichen dem Menschen seine Gottheit, und seiner Brust die schöne Jugend wiederbringen wird, wann – ich kann sie nicht verkünden, denn ich ahne sie kaum, aber sie kömmt gewiß, gewiß. Der Tod ist ein Bote des Lebens, und daß wir jetzt schlafen in unsern Krankenhäusern, dies zeugt vom nahen gesunden Erwachen. Dann, dann erst sind wir, dann ist das Element der Geister gefunden!"

Alabanda schwieg, und sah eine Weile erstaunt mich an. Ich war hingerissen von unendlichen Hoffnungen; Götterkräfte trugen, wie ein Wölkchen, mich fort –

„Komm!" rief ich, und faßt Alabanda beim Gewande, „komm, wer hält es länger aus im Kerker, der uns umnachtet?"

„Wohin, mein Schwärmer", erwidert' Alabanda trocken, und ein Schatte von Spott schien über sein Gesicht zu gleiten.

Ich war, wie aus den Wolken gefallen. „Geh!" sagt ich, „du bist ein kleiner Mensch!"

In demselben Augenblicke traten etliche Fremden ins Zimmer, auffallende Gestalten, meist hager und blaß, soviel ich im Mondlicht sehen konnte, ruhig, aber in ihren Mienen war etwas, das in die Seele ging, wie ein Schwert, und es war, als stünde man vor der Allwissenheit; man hätte gezweifelt, ob dies die Außenseite wäre von bedürftigen Naturen, hätte nicht hie und da der getötete Affekt seine Spuren zurückgelassen.

Besonders einer fiel mir auf. Die Stille seiner Züge war die Stille eines Schlachtfelds. Grimm und Liebe hatt in diesem Menschen gerast, und der Verstand leuchtete über den Trümmern des Gemüts, wie das Auge eines Habichts, der auf zerstörten Palästen sitzt. Tiefe Verachtung war auf seinen Lippen. Man ahnete, daß dieser Mensch mit keiner unbedeutenden Absicht sich befasse.

Ein andrer mochte seine Ruhe mehr einer natürlichen Herzenshärte danken. Man fand an ihm fast keine Spur einer Gewaltsamkeit, von Selbstmacht oder Schicksal verübt.

Ein dritter mochte seine Kälte mehr mit der Kraft der Überzeugung dem Leben abgedrungen haben, und wohl noch oft im Kampfe mit sich stehen, denn es war ein geheimer Widerspruch in seinem Wesen, und es schien mir, als müßt er sich bewachen. Er sprach am wenigsten.

Alabanda sprang auf, wie gebogner Stahl, bei ihrem Eintritt.

„Wir suchten dich", rief einer von ihnen.

„Ihr würdet mich finden", sagt' er lachend, „wenn ich in den Mittelpunkt der Erde mich verbärge. Sie sind meine Freunde", setzt' er hinzu, indes er zu mir sich wandte.

Sie schienen mich ziemlich scharf ins Auge zu fassen.

„Das ist auch einer von denen, die es gerne besser haben möchten in der Welt", rief Alabanda nach einer Weile, und wies auf mich.

„Das ist dein Ernst?" fragt' einer mich von den dreien.

„Es ist kein Scherz, die Welt zu bessern", sagt ich.

„Du hast viel mit einem Worte gesagt!" rief wieder einer von ihnen. „Du bist unser Mann!" ein andrer.

„Ihr denkt auch so?" fragt ich.

„Frage, was wir tun!" war die Antwort.

„Und wenn ich fragte?"

„So würden wir dir sagen, daß wir da sind, aufzuräumen

auf Erden, daß wir die Steine vom Acker lesen, und die harten Erdenklöße mit dem Karst zerschlagen, und Furchen graben mit dem Pflug, und das Unkraut an der Wurzel fassen, an der Wurzel es durchschneiden, samt der Wurzel es ausreißen, daß es verdorre im Sonnenbrande."

„Nicht, daß wir ernten möchten", fiel ein andrer ein; „uns kömmt der Lohn zu spät; uns reift die Ernte nicht mehr."

„Wir sind am Abend unsrer Tage. Wir irrten oft, wir hofften viel und taten wenig. Wir wagten lieber, als wir uns besannen. Wir waren gerne bald am Ende und trauten auf das Glück. Wir sprachen viel von Freude und Schmerz, und liebten, haßten beide. Wir spielten mit dem Schicksal und es tat mit uns ein Gleiches. Vom Bettelstabe bis zur Krone warf es uns auf und ab. Es schwang uns, wie man ein glühend Rauchfaß schwingt, und wir glühten, bis die Kohle zu Asche ward. Wir haben aufgehört von Glück und Mißgeschick zu sprechen. Wir sind emporgewachsen über die Mitte des Lebens, wo es grünt und warm ist. Aber es ist nicht das Schlimmste, was die Jugend überlebt. Aus heißem Metalle wird das kalte Schwert geschmiedet. Auch sagt man, auf verbrannten abgestorbenen Vulkanen gedeihe kein schlechter Most."

„Wir sagen das nicht um unsertwillen", rief ein anderer jetzt etwas rascher, „wir sagen es um euertwillen! Wir betteln um das Herz des Menschen nicht. Denn wir bedürfen seines Herzens, seines Willens nicht. Denn er ist in keinem Falle wider uns, denn es ist alles für uns, und die Toren und die Klugen und die Einfältigen und die Weisen und alle Laster und alle Tugenden der Roheit und der Bildung stehen, ohne gedungen zu sein, in unsrem Dienst, und helfen blindlings mit zu unsrem Ziel – nur wünschen wir, es hätte jemand den Genuß davon, drum suchen wir unter den tausend blinden Gehülfen die besten uns aus, um sie zu sehenden Gehülfen zu machen – will aber niemand wohnen, wo wir bauten, unsre Schuld und unser Schaden ist es nicht. Wir taten, was das unsre war. Will niemand sammeln, wo wir pflügten, wer verargt es uns? Wer flucht dem Baume, wenn sein Apfel in den Sumpf fällt? Ich hab's mir oft gesagt, du opferst der Verwesung, und ich endete mein Tagwerk doch."

Das sind Betrüger! riefen alle Wände meinem empfindlichen Sinne zu. Mir war, wie einem, der im Rauch ersticken will, und Türen und Fenster einstößt, um sich hinauszuhelfen, so dürstet ich nach Luft und Freiheit.

Sie sahn auch bald, wie unheimlich mir zumute war, und brachen ab. Der Tag graute schon, da ich aus dem Khan trat, wo wir waren beisammen gewesen. Ich fühlte das Wehen der Morgenluft, wie Balsam an einer brennenden Wunde.

Ich war durch Alabandas Spott schon zu sehr gereizt, um nicht durch seine rätselhafte Bekanntschaft vollends irre zu werden an ihm.

„Er ist schlecht", rief ich, „ja, er ist schlecht. Er heuchelt grenzenlos Vertrauen und lebt mit solchen – und verbirgt es dir."

Mir war, wie einer Braut, wenn sie erfährt, daß ihr Geliebter insgeheim mit einer Dirne lebe.

O es war der Schmerz nicht, den man hegen mag, den man am Herzen trägt, wie ein Kind, und in Schlummer singt mit Tönen der Nachtigall!

Wie eine ergrimmte Schlange, wenn sie unerbittlich herauffährt an den Knien und Lenden, und alle Glieder umklammert, und nun in die Brust die giftigen Zähne schlägt und nun in den Nacken, so war mein Schmerz, so faßt' er mich in seine fürchterliche Umarmung. Ich nahm mein höchstes Herz zu Hülfe, und rang nach großen Gedanken, um noch stille zu halten, es gelang mir auch auf wenige Augenblicke, aber nun war ich auch zum Zorne gestärkt, nun tötet ich auch, wie eingelegtes Feuer, jeden Funken der Liebe in mir.

Er muß ja, dacht ich, das sind ja seine Menschen, er muß verschworen sein mit diesen, gegen dich! Was wollt er auch von dir? Was konnt er suchen bei dir, dem Schwärmer? O wär er seiner Wege gegangen! Aber sie haben ihren eigenen Gelust, sich an ihr Gegenteil zu machen! so ein fremdes Tier im Stalle zu haben, läßt ihnen gar gut! –

Und doch war ich unaussprechlich glücklich gewesen mit ihm, war so oft untergegangen in seinen Umarmungen, um aus ihnen zu erwachen mit Unüberwindlichkeit in der Brust, wurde so oft gehärtet und geläutert in seinem Feuer, wie Stahl!

Da ich einst in heitrer Mitternacht die Dioskuren ihm wies, und Alabanda die Hand aufs Herz mir legt' und sagte: „Das sind nur Sterne, Hyperion, nur Buchstaben, womit der Name der Heldenbrüder am Himmel geschrieben ist; in uns sind sie! lebendig und wahr, mit ihrem Mut und ihrer göttlichen Liebe, und du, du bist der Göttersohn, und teilst mit deinem sterblichen Kastor deine Unsterblichkeit!" –

Da ich die Wälder des Ida mit ihm durchstreifte, und wir herunterkamen ins Tal, um da die schweigenden Grabhügel nach ihren Toten zu fragen, und ich zu Alabanda sagte, daß unter den Grabhügeln einer vielleicht dem Geist Achills und seines Geliebten angehöre, und Alabanda mir vertraute, wie er oft ein Kind sei und sich denke, daß wir einst in *einem* Schlachttal fallen und zusammen ruhen werden unter *einem* Baum – wer hätte damals das gedacht?

Ich sann mit aller Kraft des Geistes, die mir übrig war, ich klagt ihn an, verteidigt ihn, und klagt ihn wieder um so bitterer an; ich widerstrebte meinem Sinne, wollte mich erheitern, und verfinsterte mich nur ganz dadurch.

Ach! mein Auge war ja von so manchem Faustschlag wund gewesen, fing ja kaum zu heilen an, wie sollt es jetzt gesundere Blicke tun?

Alabanda besuchte mich den andern Tag. Mein Herz kochte, wie er hereintrat, aber ich hielt mich, so sehr sein Stolz und seine Ruhe mich aufregt' und erhitzte.

„Die Luft ist herrlich", sagt' er endlich, „und der Abend

wird sehr schön sein, laß uns zusammen auf die Akropolis gehn!"

Ich nahm es an. Wir sprachen lange kein Wort. „Was willst du?" fragt ich endlich.

„Das kannst du fragen?" erwiderte der wilde Mensch mit einer Wehmut, die mir durch die Seele ging. Ich war betroffen, verwirrt.

„Was soll ich von dir denken?" fing ich endlich wieder an.

„Das, was ich bin!" erwidert' er gelassen.

„Du brauchst Entschuldigung", sagt ich mit veränderter Stimme, und sah mit Stolz ihn an, „entschuldige dich! reinige dich!"

Das war zuviel für ihn.

„Wie kommt es denn", rief er entrüstet, „daß dieser Mensch mich beugen soll, wie's ihm gefällt? – Es ist auch wahr, ich war zu früh entlassen aus der Schule, ich hatte alle Ketten geschleift und alle zerrissen, nur eine fehlte noch, nur eine war noch zu zerbrechen, ich war noch nicht gezüchtiget von einem Grillenfänger – murre nur! ich habe lange genug geschwiegen!"

„O Alabanda! Alabanda!" rief ich.

„Schweig", erwidert' er, „und brauche meinen Namen nicht zum Dolche gegen mich!"

Nun brach auch mir der Unmut vollends los. Wir ruhten nicht, bis eine Rückkehr fast unmöglich war. Wir zerstörten mit Gewalt den Garten unsrer Liebe. Wir standen oft und schwiegen, und wären uns so gerne, so mit tausend Freuden um den Hals gefallen, aber der unselige Stolz erstickte jeden Laut der Liebe, der vom Herzen aufstieg.

„Leb wohl!" rief ich endlich, und stürzte fort. Unwillkürlich mußt ich mich umsehn, unwillkürlich war mir Alabanda gefolgt.

„Nicht wahr, Alabanda", rief ich ihm zu, „das ist ein sonderbarer Bettler? seinen letzten Pfenning wirft er in den Sumpf!"

„Wenn's das ist, mag er auch verhungern", rief er, und ging.

Ich wankte sinnlos weiter, stand nun am Meer und sahe die Wellen an – ach! da hinunter strebte mein Herz, da hinunter, und meine Arme flogen der freien Flut entgegen; aber bald kam, wie vom Himmel, ein sanfterer Geist über mich, und ordnete mein unbändig leidend Gemüt mit seinem ruhigen Stabe; ich überdachte stiller mein Schicksal, meinen Glauben an die Welt, meine trostlosen Erfahrungen, ich betrachtete den Menschen, wie ich ihn empfunden und erkannt von früher Jugend an, in mannigfaltigen Erziehungen, fand überall dumpfen oder schreienden Mißlaut, nur in kindlicher einfältiger Beschränkung fand ich noch die reinen Melodien – es ist besser, sagt ich mir, zur Biene zu werden und sein Haus zu bauen in Unschuld, als zu herrschen mit den Herren der Welt, und wie mit Wölfen, zu heulen mit ihnen, als Völker zu meistern, und an dem unreinen Stoffe sich die Hände zu beflecken; ich wollte nach Tina zurück, um meinen Gärten und Feldern zu leben.

Lächle nur! Mir war es sehr Ernst. Bestehet ja das Leben der Welt im Wechsel des Entfaltens und Verschließens, in Ausflug und in Rückkehr zu sich selbst, warum nicht auch das Herz des Menschen?

Freilich ging die neue Lehre mir hart ein, freilich schied ich ungern von dem stolzen Irrtum meiner Jugend – wer reißt auch gerne die Flügel sich aus? – aber es mußte ja so sein!

Ich setzt es durch. Ich war nun wirklich eingeschifft. Ein frischer Bergwind trieb mich aus dem Hafen von Smyrna. Mit einer wunderbaren Ruhe, recht, wie ein Kind, das nichts vom nächsten Augenblicke weiß, lag ich so da auf meinem Schiffe, und sah die Bäume und Moskeen dieser Stadt an, meine grünen Gänge an dem Ufer, meinen Fußsteig zur Akropolis hinauf, das sah ich an, und ließ es weiter gehn und immer weiter; wie ich aber nun aufs hohe Meer hinauskam, und alles nach und nach hinabsank, wie ein Sarg ins Grab, da mit einmal war es auch, als wäre mein Herz gebrochen – „o Himmel!“ schrie ich, und alles Leben in mir erwacht' und rang, die fliehende Gegenwart zu halten, aber sie war dahin, dahin!

Wie ein Nebel, lag das himmlische Land vor mir, wo ich, wie ein Reh auf freier Weide, weit und breit die Täler und die Höhen hatte durchstreift, und das Echo meines Herzens zu den Quellen und Strömen, in die Fernen und die Tiefen der Erde gebracht.

Dort hinein auf den Tmolus war ich gegangen in einsamer Unschuld; dort hinab, wo Ephesus einst stand in seiner glücklichen Jugend und Teos und Milet, dort hinauf ins heilige trauernde Troas war ich mit Alabanda gewandert, mit Alabanda, und, wie ein Gott, hatt ich geherrscht über ihn, und, wie ein Kind, zärtlich und glaubig, hatt ich seinem Auge gedient, mit Seelenfreude, mit innigem frohlockendem Genusse seines Wesens, immer glücklich, wenn ich seinem Rosse den Zaum hielt, oder wenn ich, über mich selbst erhoben, in herrlichen Entschlüssen, in kühnen Gedanken, im Feuer der Rede seiner Seele begegnete!

Und nun war es dahin gekommen, nun war ich nichts mehr, war so heillos um alles gebracht, war zum ärmsten unter den Menschen geworden, und wußte selbst nicht, wie.

O ewiges Irrsal! dacht ich bei mir, wann reißt der Mensch aus deinen Ketten sich los?

Wir sprechen von unsrem Herzen, unsern Planen, als wären sie unser, und es ist doch eine fremde Gewalt, die uns herumwirft und ins Grab legt, wie es ihr gefällt, und von der wir nicht wissen, von wannen sie kommt, noch wohin sie geht.

Wir wollen wachsen dahinauf, und dorthinaus die Äste und die Zweige breiten, und Boden und Wetter bringt uns doch, wohin es geht, und wenn der Blitz auf deine Krone fällt, und bis zur Wurzel dich hinunterspaltet, armer Baum! was geht es dich an?

So dacht ich. Ärgerst du dich daran, mein Bellarmin! Du wirst noch andere Dinge hören.

Das eben, Lieber! ist das Traurige, daß unser Geist so gerne die Gestalt des irren Herzens annimmt, so gerne die vorüberfliehende Trauer festhält, daß der Gedanke, der die Schmerzen heilen sollte, selber krank wird, daß der Gärtner an den Rosensträuchen, die er pflanzen sollte, sich die Hand so oft zerreißt, oh! das hat manchen zum Toren gemacht vor andern, die er sonst, wie ein Orpheus, hätte beherrscht, das hat so oft die edelste Natur zum Spott gemacht vor Menschen, wie man sie auf jeder Straße findet, das ist die Klippe für die Lieblinge des Himmels, daß ihre Liebe mächtig ist und zart, wie ihr Geist, daß ihres Herzens Wogen stärker oft und schneller sich regen, wie der Trident, womit der Meergott sie beherrscht, und darum, Lieber! überhebe ja sich keiner.

Hyperion an Bellarmin

Kannst du es hören, wirst du es begreifen, wenn ich dir von meiner langen kranken Trauer sage?

Nimm mich, wie ich mich gebe, und denke, daß es besser ist zu sterben, weil man lebte, als zu leben, weil man nie gelebt! Neide die Leidensfreien nicht, die Götzen von Holz, denen nichts mangelt, weil ihre Seele so arm ist, die nichts fragen nach Regen und Sonnenschein, weil sie nichts haben, was der Pflege bedürfte.

Ja! ja! es ist recht sehr leicht, glücklich, ruhig zu sein mit seichtem Herzen und eingeschränktem Geiste. Gönnen kann man's euch; wer ereifert sich denn, daß die bretterne Scheibe nicht wehklagt, wenn der Pfeil sie trifft, und daß der hohle Topf so dumpf klingt, wenn ihn einer an die Wand wirft?

Nur müßt ihr euch bescheiden, lieben Leute, müßt ja in aller Stille euch wundern, wenn ihr nicht begreift, daß andre nicht auch so glücklich, auch so selbstgenügsam sind, müßt ja euch hüten, eure Weisheit zum Gesetz zu machen, denn das wäre der Welt Ende, wenn man euch gehorchte.

Ich lebte nur sehr still, sehr anspruchslos in Tina. Ich ließ auch wirklich die Erscheinungen der Welt vorüberziehn, wie Nebel im Herbste, lachte manchmal auch mit nassen Augen über mein Herz, wenn es hinzuflog, um zu naschen, wie der Vogel nach der gemalten Traube, und blieb still und freundlich dabei.

Ich ließ nun jedem gerne seine Meinung, seine Unart. Ich war bekehrt, ich wollte niemand mehr bekehren, nur war mir traurig, wenn ich sah, daß die Menschen glaubten, ich lasse darum ihr Possenspiel unangetastet, weil ich es so hoch und teuer achte, wie sie. Ich mochte nicht gerade ihrer Albernheit mich unterwerfen, doch sucht ich sie zu schonen, wo ich konnte. Das ist ja ihre Freude, dacht ich, davon leben sie ja!

Oft ließ ich sogar mir gefallen, mitzumachen, und wenn ich noch so seelenlos, so ohne eignen Trieb dabei war, das merkte keiner, da vermißte keiner nichts, und hätt ich gesagt, sie möchten mir's verzeihen, so wären sie dagestanden und hätten sich verwundert und gefragt: was hast du denn uns getan? Die Nachsichtigen!

Oft, wenn ich des Morgens dastand unter meinem Fenster und der geschäftige Tag mir entgegenkam, konnt auch ich mich augenblicklich vergessen, konnte mich umsehn, als möcht ich etwas vornehmen, woran mein Wesen seine Lust noch hätte, wie ehmals, aber da schalt ich mich, da besann ich mich, wie einer, dem ein Laut aus seiner Muttersprache entfährt, in einem Lande, wo sie nicht verstanden wird – wohin, mein Herz? sagt ich verständig zu mir selber und gehorchte mir.

Was ist's denn, daß der Mensch so viel will? fragt ich oft; was soll denn die Unendlichkeit in seiner Brust? Unendlichkeit? wo ist sie denn? wer hat sie denn vernommen? Mehr will er, als er kann! das möchte wahr sein! Oh! das hast du oft genug erfahren. Das ist auch nötig, wie es ist. Das gibt das süße, schwärmerische Gefühl der Kraft, daß sie nicht ausströmt, wie sie will, das eben macht die schönen Träume von Unsterblichkeit und all die holden und die kolossalischen Phantome, die den Menschen tausendfach entzükken, das schafft dem Menschen sein Elysium und seine Götter, daß seines Lebens Linie nicht gerad ausgeht, daß er nicht hinfährt, wie ein Pfeil, und eine fremde Macht dem Fliehenden in den Weg sich wirft.

Des Herzens Woge schäumte nicht so schön empor, und würde Geist, wenn nicht der alte stumme Fels, das Schicksal, ihr entgegenstände.

Aber dennoch stirbt der Trieb in unserer Brust, und mit ihm unsre Götter und ihr Himmel.

Das Feuer geht empor in freudigen Gestalten, aus der dunkeln Wiege, wo es schlief, und seine Flamme steigt und fällt, und bricht sich und umschlingt sich freudig wieder, bis ihr Stoff verzehrt ist, nun raucht und ringt sie und erlischt; was übrig ist, ist Asche.

So geht's mit uns. Das ist der Inbegriff von allem, was in schröckendreizenden Mysterien die Weisen uns erzählen.

Und du? was frägst du dich? Daß so zuweilen etwas in dir auffährt, und, wie der Mund des Sterbenden, dein Herz in *einem* Augenblicke so gewaltsam dir sich öffnet und verschließt, das gerade ist das böse Zeichen.

Sei nur still, und laß es seinen Gang gehn! künstle nicht! versuche kindisch nicht, um eine Ehle länger dich zu machen! – Es ist, als wolltest du noch eine Sonne schaffen, und neue Zöglinge für sie, ein Erdenrund und einen Mond erzeugen.

So träumt ich hin. Geduldig nahm ich nach und nach von allem Abschied. – O ihr Genossen meiner Zeit! fragt eure Ärzte nicht und nicht die Priester, wenn ihr innerlich vergeht!

Ihr habt den Glauben an alles Große verloren; so müßt, so müßt ihr hin, wenn dieser Glaube nicht wiederkehrt, wie ein Komet aus fremden Himmeln.

Hyperion an Bellarmin

Es gibt ein Vergessen alles Daseins, ein Verstummen unsers Wesens, wo uns ist, als hätten wir alles gefunden.

Es gibt ein Verstummen, ein Vergessen alles Daseins, wo uns ist, als hätten wir alles verloren, eine Nacht unsrer Seele, wo kein Schimmer eines Sterns, wo nicht einmal ein faules Holz uns leuchtet.

Ich war nun ruhig geworden. Nun trieb mich nichts mehr auf um Mitternacht. Nun sengt ich mich in meiner eignen Flamme nicht mehr.

Ich sah nun still und einsam vor mich hin und schweift in die Vergangenheit und in die Zukunft mit dem Auge nicht. Nun drängte Fernes und Nahes sich in meinem Sinne nicht mehr; die Menschen, wenn sie mich nicht zwangen, sie zu sehen, sah ich nicht.

Sonst lag oft, wie das ewigleere Faß der Danaiden, vor meinem Sinne dies Jahrhundert, und mit verschwenderischer Liebe goß meine Seele sich aus, die Lücken auszufüllen; nun sah ich keine Lücke mehr, nun drückte mich des Lebens Langeweile nicht mehr.

Nun sprach ich nimmer zu der Blume, du bist meine Schwester! und zu den Quellen, wir sind *eines* Geschlechts! ich gab nun treulich, wie ein Echo, jedem Dinge seinen Namen.

Wie ein Strom an dürren Ufern, wo kein Weidenblatt im Wasser sich spiegelt, lief unverschönert vorüber an mir die Welt.

Hyperion an Bellarmin

Es kann nichts wachsen und nichts so tief vergehen, wie der Mensch. Mit der Nacht des Abgrunds vergleicht er oft sein Leiden und mit dem Äther seine Seligkeit, und wie wenig ist dadurch gesagt?

Aber schöner ist nichts, als wenn es so nach langem Tode

wieder in ihm dämmert, und der Schmerz, wie ein Bruder, der fernher dämmernden Freude entgegengeht.

O es war ein himmlisch Ahnen, womit ich jetzt den kommenden Frühling wieder begrüßte! Wie fernher in schweigender Luft, wenn alles schläft, das Saitenspiel der Geliebten, so umtönten seine leisen Melodien mir die Brust, wie von Elysium herüber, vernahm ich seine Zukunft, wenn die toten Zweige sich regten und ein lindes Wehen meine Wange berührte.

Holder Himmel Ioniens! so war ich nie an dir gehangen, aber so ähnlich war dir auch nie mein Herz gewesen, wie damals, in seinen heitern zärtlichen Spielen. –

Wer sehnt sich nicht nach Freuden der Liebe und großen Taten, wenn im Auge des Himmels und im Busen der Erde der Frühling wiederkehrt?

Ich erhob mich, wie vom Krankenbette, leise und langsam, aber von geheimen Hoffnungen zitterte mir die Brust so selig, daß ich drüber vergaß, zu fragen, was dies zu bedeuten habe.

Schönere Träume umfingen mich jetzt im Schlafe, und wenn ich erwachte, waren sie mir im Herzen, wie die Spur eines Kusses auf der Wange der Geliebten. O das Morgenlicht und ich, wir gingen nun uns entgegen, wie versöhnte Freunde, wenn sie noch etwas fremde tun, und doch den nahen unendlichen Augenblick des Umarmens schon in der Seele tragen.

Es tat nun wirklich einmal wieder mein Auge sich auf, freilich, nicht mehr, wie sonst, gerüstet und erfüllt mit eigner Kraft, es war bittender geworden, es fleht' um Leben, aber es war mir im Innersten doch, als könnt es wieder werden mit mir, wie sonst, und besser.

Ich sahe die Menschen wieder an, als sollt auch ich wirken und mich freuen unter ihnen. Ich schloß mich wirklich herzlich überall an.

Himmel! wie war das eine Schadenfreude, daß der stolze Sonderling nun *einmal* war, wie ihrer einer, geworden! wie hatten sie ihren Scherz daran, daß den Hirsch des Waldes der Hunger trieb, in ihren Hühnerhof zu laufen! –

Ach! meinen Adamas sucht ich, meinen Alabanda, aber es erschien mir keiner.

Endlich schrieb ich auch nach Smyrna, und es war, als sammelt' alle Zärtlichkeit und alle Macht des Menschen in *einen* Moment sich, da ich schrieb; so schrieb ich dreimal, aber keine Antwort, ich flehte, drohte, mahnt an alle Stunden der Liebe und der Kühnheit, aber keine Antwort von dem Unvergeßlichen, bis in den Tod geliebten – „Alabanda!" rief ich, „o mein Alabanda! du hast den Stab gebrochen über mich. Du hieltest mich noch aufrecht, warst die letzte Hoffnung meiner Jugend! Nun will ich nichts mehr! nun ist's heilig und gewiß!"

Wir bedauern die Toten, als fühlten sie den Tod, und die Toten haben doch Frieden. Aber das, das ist der Schmerz, dem keiner gleichkömmt, das ist unaufhörliches Gefühl der gänzlichen Zernichtung, wenn unser Leben seine Bedeutung so verliert, wenn so das Herz sich sagt, du mußt hinunter und nichts bleibt übrig von dir; keine Blume hast du gepflanzt, keine Hütte gebaut, nur daß du sagen könntest: ich lasse eine Spur zurück auf Erden. Ach! und die Seele kann immer so voll Sehnens sein, bei dem, daß sie so mutlos ist!

Ich suchte immer etwas, aber ich wagte das Auge nicht aufzuschlagen vor den Menschen. Ich hatte Stunden, wo ich das Lachen eines Kindes fürchtete.

Dabei war ich meist sehr still und geduldig, hatte oft auch einen wunderbaren Aberglauben an die Heilkraft mancher Dinge; von einer Taube, die ich kaufte, von einer Kahnfahrt, von einem Tale, das die Berge mir verbargen, konnt ich Trost erwarten.

Genug! genug! wär ich mit Themistokles aufgewachsen, hätt ich unter den Scipionen gelebt, meine Seele hätte sich wahrlich nie von dieser Seite kennengelernt.

Hyperion an Bellarmin

Zuweilen regte noch sich eine Geisteskraft in mir. Aber freilich nur zerstörend!

Was ist der Mensch? konnt ich beginnen; wie kommt es, daß so etwas in der Welt ist, das, wie ein Chaos, gärt, oder modert, wie ein fauler Baum, und nie zu einer Reife gedeiht? Wie duldet diesen Herling die Natur bei ihren süßen Trauben?

Zu den Pflanzen spricht er, ich war auch einmal, wie ihr! und zu den reinen Sternen, ich will werden, wie ihr, in einer andren Welt! inzwischen bricht er auseinander und treibt hin und wieder seine Künste mit sich selbst, als könnt er, wenn es einmal sich aufgelöst, Lebendiges zusammensetzen, wie ein Mauerwerk; aber es macht ihn auch nicht irre, wenn nichts gebessert wird durch all sein Tun; es bleibt doch immerhin ein Kunststück, was er treibt.

O ihr Armen, die ihr das fühlt, die ihr auch nicht sprechen mögt von menschlicher Bestimmung, die ihr auch so durch und durch ergriffen seid vom Nichts, das über uns waltet, so gründlich einseht, daß wir geboren werden für Nichts, daß wir lieben ein Nichts, glauben ans Nichts, uns abarbeiten für Nichts, um mählich überzugehen ins Nichts – was kann ich dafür, daß euch die Knie brechen, wenn ihr's ernstlich bedenkt? Bin ich doch auch schon manchmal hingesunken in diesen Gedanken, und habe gerufen, was legst du die Axt mir an die Wurzel, grausamer Geist? und bin noch da.

O einst, ihr finstern Brüder! war es anders. Da war es über uns so schön, so schön und froh vor uns; auch diese Herzen wallten über vor den fernen seligen Phantomen, und kühn frohlockend drangen auch unsere Geister aufwärts und durchbrachen die Schranke, und wie sie sich umsahn, wehe, da war es eine unendliche Leere.

Oh! auf die Knie kann ich mich werfen und meine Hände ringen und flehen, ich weiß nicht wen? um andre

Gedanken. Aber ich überwältige sie nicht, die schreiende Wahrheit. Hab ich mich nicht zwiefach überzeugt? Wenn ich hinsehe ins Leben, was ist das Letzte von allem? Nichts. Wenn ich aufsteige im Geiste, was ist das Höchste von allem? Nichts.

Aber stille, mein Herz! Es ist ja deine letzte Kraft, die du verschwendest! deine letzte Kraft? und du, du willst den Himmel stürmen? wo sind denn deine hundert Arme, Titan, wo dein Pelion und Ossa, deine Treppe zu des Göttervaters Burg hinauf, damit du hinaufsteigst und den Gott und seinen Göttertisch und all die unsterblichen Gipfel des Olymps herabwirfst und den Sterblichen predigest: bleibt unten, Kinder des Augenblicks! strebt nicht in diese Höhen herauf, denn es ist nichts hier oben.

Das kannst du lassen, zu sehn, was über andere waltet. Dir gilt deine neue Lehre. Über dir und vor dir ist es freilich leer und öde, weil es in dir leer und öd ist.

Freilich, wenn ihr reicher seid, als ich, ihr andern, könntet ihr doch wohl auch ein wenig helfen.

Wenn euer Garten so voll Blumen ist, warum erfreut ihr Othem mich nicht auch? – Wenn ihr so voll der Gottheit seid, so reicht sie mir zu trinken. An Festen darbt ja niemand, auch der Ärmste nicht. Aber *einer* nur hat seine Feste unter euch; das ist der Tod.

Not und Angst und Nacht sind eure Herren. Die sondern euch, die treiben euch mit Schlägen aneinander. Den Hunger nennt ihr Liebe, und wo ihr nichts mehr seht, da wohnen eure Götter. Götter und Liebe?

O die Poeten haben recht, es ist nichts so klein und wenig, woran man sich nicht begeistern könnte.

So dacht ich. Wie das alles in mich kam, begreif ich noch nicht.

ZWEITES BUCH

Hyperion an Bellarmin

Ich lebe jetzt auf der Insel des Ajax, der teuern Salamis.

Ich liebe dies Griechenland überall. Es trägt die Farbe meines Herzens. Wohin man siehet, liegt eine Freude begraben.

Und doch ist so viel Liebliches und Großes auch um einen.

Auf dem Vorgebirge hab ich mir eine Hütte gebaut von Mastixzweigen, und Moos und Bäume herumgepflanzt und Thymian und allerlei Sträuche.

Da hab ich meine liebsten Stunden, da sitz ich Abende lang und sehe nach Attika hinüber, bis endlich mein Herz zu hoch mir klopft; dann nehm ich mein Werkzeug, gehe hinab an die Bucht und fange mir Fische.

Oder les ich auch auf meiner Höhe droben vom alten herrlichen Seekrieg, der an Salamis einst im wilden klugbeherrschten Getümmel vertobte, und freue des Geistes mich, der das wütende Chaos von Freunden und Feinden lenken konnte und zähmen, wie ein Reuter das Roß, und schäme mich innigst meiner eigenen Kriegsgeschichte.

Oder schau ich aufs Meer hinaus und überdenke mein Leben, sein Steigen und Sinken, seine Seligkeit und seine Trauer und meine Vergangenheit lautet mir oft, wie ein Saitenspiel, wo der Meister alle Töne durchläuft, und Streit und Einklang mit verborgener Ordnung untereinanderwirft.

Heut ist's dreifach schön hier oben. Zwei freundliche Regentage haben die Luft und die lebensmüde Erde gekühlt.

Der Boden ist grüner geworden, offner das Feld. Unendlich steht, mit der freudigen Kornblume gemischt, der goldene Weizen da, und licht und heiter steigen tausend hoffnungsvolle Gipfel aus der Tiefe des Hains. Zart und groß durchirret den Raum jede Linie der Fernen; wie Stufen gehn die Berge bis zur Sonne unaufhörlich hintereinander hinauf. Der ganze Himmel ist rein. Das weiße Licht ist nur über den Äther gehaucht, und, wie ein silbern Wölkchen, wallt der schüchterne Mond am hellen Tage vorüber.

Hyperion an Bellarmin

Mir ist lange nicht gewesen, wie jetzt.

Wie Jupiters Adler dem Gesange der Musen, lausch ich dem wunderbaren unendlichen Wohllaut in mir. Unangefochten an Sinn und Seele, stark und fröhlich, mit lächelndem Ernste, spiel ich im Geiste mit dem Schicksal und den drei Schwestern, den heiligen Parzen. Voll göttlicher Jugend frohlockt mein ganzes Wesen über sich selbst, über alles. Wie der Sternenhimmel, bin ich still und bewegt.

Ich habe lange gewartet auf solche Festzeit, um dir einmal wieder zu schreiben. Nun bin ich stark genug; nun laß mich dir erzählen.

Mitten in meinen finstern Tagen lud ein Bekannter von Kalaurea herüber mich ein. Ich sollt in seine Gebirge kommen, schrieb er mir; man lebe hier freier als sonstwo, und auch da blüheten, mitten unter den Fichtenwäldern und reißenden Wassern, Limonienhaine und Palmen und liebliche Kräuter und Myrten und die heilige Rebe. Einen Garten hab er hoch am Gebirge gebaut und ein Haus; dem beschatteten dichte Bäume den Rücken, und kühlende Lüfte umspielten es leise in den brennenden Sommertagen; wie ein Vogel vom Gipfel der Zeder, blickte man in die Tiefen hinab, zu den Dörfern und grünen Hügeln, und zufriedenen Herden der Insel, die alle, wie Kinder, umherlägen um den herrlichen Berg und sich nährten von seinen schäumenden Bächen.

Das weckte mich denn doch ein wenig. Es war ein heiterer blauer Apriltag, an dem ich hinüberschiffte. Das Meer war ungewöhnlich schön und rein, und leicht die Luft, wie in höheren Regionen. Man ließ im schwebenden Schiffe die Erde hinter sich liegen, wie eine köstliche Speise, wenn der heilige Wein gereicht wird.

Dem Einflusse des Meers und der Luft widerstrebt der finstere Sinn umsonst. Ich gab mich hin, fragte nichts nach mir und andern, suchte nichts, sann auf nichts, ließ vom Boote mich halb in Schlummer wiegen, und bildete mir ein, ich liege in Charons Nachen. O es ist süß, so aus der Schale der Vergessenheit zu trinken.

Mein fröhlicher Schiffer hätte gerne mit mir gesprochen, aber ich war sehr einsilbig.

Er deutete mit dem Finger und wies mir rechts und links das blaue Eiland, aber ich sah nicht lange hin, und war im nächsten Augenblicke wieder in meinen eignen lieben Träumen.

Endlich, da er mir die stillen Gipfel in der Ferne wies und sagte, daß wir bald in Kalaurea wären, merkt ich mehr auf, und mein ganzes Wesen öffnete sich der wunderbaren Gewalt, die auf einmal süß und still und unerklärlich mit mir spielte. Mit großem Auge, staunend und freudig sah ich hinaus in die Geheimnisse der Ferne, leicht zitterte mein Herz, und die Hand entwischte mir und faßte freundlichhastig meinen Schiffer an – „so?“ rief ich, „das ist Kalaurea?“ Und wie er mich drum ansah, wußt ich selbst nicht, was ich aus mir machen sollte. Ich grüßte meinen Freund mit wunderbarer Zärtlichkeit. Voll süßer Unruhe war all mein Wesen.

Den Nachmittag wollt ich gleich einen Teil der Insel durchstreifen. Die Wälder und geheimen Tale reizten mich unbeschreiblich, und der freundliche Tag lockte alles hinaus.

Es war so sichtbar, wie alles Lebendige mehr, denn tägliche Speise, begehrt, wie auch der Vogel sein Fest hat und das Tier.

Es war entzückend anzusehn! Wie, wenn die Mutter schmeichelnd frägt, wo um sie her ihr Liebstes sei, und alle Kinder in den Schoß ihr stürzen, und das Kleinste noch die Arme aus der Wiege streckt, so flog und sprang und strebte jedes Leben in die göttliche Luft hinaus, und Käfer und Schwalben und Tauben und Störche tummelten sich in frohlockender Verwirrung untereinander in den Tiefen und Höhn, und was die Erde festhielt, dem ward zum Fluge der Schritt, über die Gräben brauste das Roß und über die Zäune das Reh, und aus dem Meergrund kamen die Fische herauf und hüpften über die Fläche. Allen drang die mütterliche Luft ans Herz, und hob sie und zog sie zu sich.

Und die Menschen gingen aus ihren Türen heraus, und fühlten wunderbar das geistige Wehen, wie es leise die zarten Haare über der Stirne bewegte, wie es den Lichtstrahl kühlte, und lösten freundlich ihre Gewänder, um es aufzunehmen an ihre Brust, atmeten süßer, berührten zärtlicher das leichte klare schmeichelnde Meer, in dem sie lebten und webten.

O Schwester des Geistes, der feurigmächtig in uns waltet und lebt, heilige Luft! wie schön ist's, daß du, wohin ich wandre, mich geleitest, Allgegenwärtige, Unsterbliche!

Mit den Kindern spielte das hohe Element am schönsten.

Das summte friedlich vor sich hin, dem schlüpft' ein taktlos Liedchen aus den Lippen, dem ein Frohlocken aus offner Kehle; das streckte sich, das sprang in die Höhe; ein andres schlenderte vertieft umher.

Und all dies war die Sprache *eines* Wohlseins, alles *eine* Antwort auf die Liebkosungen der entzückenden Lüfte.

Ich war voll unbeschreiblichen Sehnens und Friedens. Eine fremde Macht beherrschte mich. Freundlicher Geist, sagt ich bei mir selber, wohin rufest du mich? nach Elysium oder wohin?

Ich ging in einem Walde, am rieselnden Wasser hinauf, wo es über Felsen heruntertröpfelte, wo es harmlos über die Kieseln glitt, und mählich verengte sich und ward zum Bogengange das Tal, und einsam spielte das Mittagslicht im schweigenden Dunkel –.

Hier – ich möchte sprechen können, mein Bellarmin! möchte gerne mit Ruhe dir schreiben!

Sprechen? o ich bin ein Laie in der Freude, ich will sprechen!

Wohnt doch die Stille im Lande der Seligen, und über den Sternen vergißt das Herz seine Not und seine Sprache.

Ich hab es heilig bewahrt! wie ein Palladium, hab ich es in mir getragen, das Göttliche, das mir erschien! und wenn hinfort mich das Schicksal ergreift und von einem Abgrund in den andern mich wirft, und alle Kräfte ertränkt in mir und alle Gedanken, so soll dies Einzige doch mich selber überleben in mir, und leuchten in mir und herrschen, in ewiger, unzerstörbarer Klarheit! –

So lagst du hingegossen, süßes Leben, so blicktest du auf, erhubst dich, standst nun da, in schlanker Fülle, göttlich ruhig, und das himmlische Gesicht noch voll des heitern Entzückens, worin ich dich störte!

O wer in die Stille dieses Auges gesehn, wem diese süßen Lippen sich aufgeschlossen, wovon mag der noch sprechen?

Friede der Schönheit! göttlicher Friede! wer einmal an dir das tobende Leben und den zweifelnden Geist besänftigt, wie kann dem anderes helfen?

Ich kann nicht sprechen von ihr, aber es gibt ja Stunden, wo das Beste und Schönste, wie in Wolken, erscheint, und der Himmel der Vollendung vor der ahnenden Liebe sich öffnet, da, Bellarmin! da denke ihres Wesens, da beuge die Knie mit mir, und denke meiner Seligkeit! aber vergiß nicht, daß ich hatte, was du ahnest, daß ich mit diesen Augen sah, was nur, wie in Wolken, dir erscheint.

Daß die Menschen manchmal sagen möchten: sie freueten sich! O glaubt, ihr habt von Freude noch nichts geahnet! Euch ist der Schatten ihres Schattens noch nicht erschienen! O geht, und sprecht vom blauen Äther nicht, ihr Blinden!

Daß man werden kann, wie die Kinder, daß noch die goldne Zeit der Unschuld wiederkehrt, die Zeit des Friedens und der Freiheit, daß doch *eine* Freude ist, *eine* Ruhestätte auf Erden!

Ist der Mensch nicht veraltert, verwelkt, ist er nicht, wie ein abgefallen Blatt, das seinen Stamm nicht wiederfindet und nun umhergescheucht wird von den Winden, bis es der Sand begräbt?

Und dennoch kehrt sein Frühling wieder!

Weint nicht, wenn das Trefflichste verblüht! bald wird es sich verjüngen! Trauert nicht, wenn eures Herzens Melodie verstummt! bald findet eine Hand sich wieder, es zu stimmen!

Wie war denn ich? war ich nicht wie ein zerrissen Saitenspiel? Ein wenig tönt ich noch, aber es waren Todestöne. Ich hatte mir ein düster Schwanenlied gesungen! Einen Sterbekranz hätt ich gern mir gewunden, aber ich hatte nur Winterblumen.

Und wo war sie denn nun, die Totenstille, die Nacht und Öde meines Lebens? die ganze dürftige Sterblichkeit?

Freilich ist das Leben arm und einsam. Wir wohnen hier unten, wie der Diamant im Schacht. Wir fragen umsonst, wie wir herabgekommen, um wieder den Weg hinauf zu finden.

Wir sind, wie Feuer, das im dürren Aste oder im Kiesel schläft; und ringen und suchen in jedem Moment das Ende der engen Gefangenschaft. Aber sie kommen, sie wägen Äonen des Kampfes auf, die Augenblicke der Befreiung, wo das Göttliche den Kerker sprengt, wo die Flamme vom Holze sich löst und siegend emporwallt über der Asche, ha!

wo uns ist, als kehrte der entfesselte Geist, vergessen der Leiden, der Knechtsgestalt, im Triumphe zurück in die Hallen der Sonne.

Hyperion an Bellarmin

Ich war einst glücklich, Bellarmin! Bin ich es nicht noch? Wär ich es nicht, wenn auch der heilige Moment, wo ich zum ersten Male sie sah, der letzte wäre gewesen?

Ich hab es *einmal* gesehn, das Einzige, das meine Seele suchte, und die Vollendung, die wir über die Sterne hinauf entfernen, die wir hinausschieben bis ans Ende der Zeit, die hab ich gegenwärtig gefühlt. Es war da, das Höchste, in diesem Kreise der Menschennatur und der Dinge war es da!

Ich frage nicht mehr, wo es sei; es war in der Welt, es kann wiederkehren in ihr, es ist jetzt nur verborgner in ihr. Ich frage nicht mehr, was es sei; ich hab es gesehn, ich hab es kennengelernt.

O ihr, die ihr das Höchste und Beste sucht, in der Tiefe des Wissens, im Getümmel des Handelns, im Dunkel der Vergangenheit, im Labyrinthe der Zukunft, in den Gräbern oder über den Sternen! wißt ihr seinen Namen? den Namen des, das *eins* ist und *alles*?

Sein Name ist Schönheit.

Wußtet ihr, was ihr wolltet? Noch weiß ich es nicht, doch ahn ich es, der neuen Gottheit neues Reich, und eil ihm zu und ergreife die andern und führe sie mit mir, wie der Strom die Ströme in den Ozean.

Und du, du hast mir den Weg gewiesen! Mit dir begann ich. Sie sind der Worte nicht wert, die Tage, da ich noch dich nicht kannte –.

O Diotima, Diotima, himmlisches Wesen!

Hyperion an Bellarmin

Laß uns vergessen, daß es eine Zeit gibt, und zähle die Lebenstage nicht!

Was sind Jahrhunderte gegen den Augenblick, wo zwei Wesen so sich ahnen und nahn?

Noch seh ich den Abend, an dem Notara zum ersten Male zu ihr ins Haus mich brachte.

Sie wohnte nur einige hundert Schritte von uns am Fuße des Bergs.

Ihre Mutter war ein denkend zärtlich Wesen, ein schlichter fröhlicher Junge der Bruder, und beede gestanden herzlich in allem Tun und Lassen, daß Diotima die Königin des Hauses war.

Ach! es war alles geheiliget, verschönert durch ihre Gegenwart. Wohin ich sah, was ich berührte, ihr Fußteppich, ihr Polster, ihr Tischchen, alles war in geheimem Bunde mit ihr. Und da sie zum ersten Male mit Namen mich rief, da sie selbst so nahe mir kam, daß ihr unschuldiger Othem mein lauschend Wesen berührte! –

Wir sprachen sehr wenig zusammen. Man schämt sich seiner Sprache. Zum Tone möchte man werden und sich vereinen in *einen* Himmelsgesang.

Wovon auch sollten wir sprechen? Wir sahn nur uns. Von uns zu sprechen, scheuten wir uns.

Vom Leben der Erde sprachen wir endlich.

So feurig und kindlich ist ihr noch keine Hymne gesungen worden.

Es tat uns wohl, den Überfluß unsers Herzens der guten Mutter in den Schoß zu streuen. Wir fühlten uns dadurch erleichtert, wie die Bäume, wenn ihnen der Sommerwind die fruchtbaren Äste schüttelt, und ihre süßen Äpfel in das Gras gießt.

Wir nannten die Erde eine der Blumen des Himmels, und den Himmel nannten wir den unendlichen Garten des Lebens. Wie die Rosen sich mit goldnen Stäubchen erfreuen, sagten wir, so erfreue das heldenmütige Sonnenlicht mit seinen Strahlen die Erde; sie sei ein herrlich lebend Wesen, sagten wir, gleich göttlich, wenn ihr zürnend Feuer oder mildes klares Wasser aus dem Herzen quille, immer glücklich, wenn sie von Tautropfen sich nähre, oder von Gewitterwolken, die sie sich zum Genusse bereite mit Hülfe des Himmels, die immer treuer liebende Hälfte des Sonnengotts, ursprünglich vielleicht inniger mit ihm vereint, dann aber durch ein allwaltend Schicksal geschieden von ihm, damit sie ihn suche, sich nähere, sich entferne und unter Lust und Trauer zur höchsten Schönheit reife.

So sprachen wir. Ich gebe dir den Inhalt, den Geist davon. Aber was ist er ohne das Leben?

Es dämmerte, und wir mußten gehen. Gute Nacht, ihr Engelsaugen! dacht ich im Herzen, und erscheine du bald mir wieder, schöner göttlicher Geist, mit deiner Ruhe und Fülle!

Hyperion an Bellarmin

Ein paar Tage drauf kamen sie herauf zu uns. Wir gingen zusammen im Garten herum. Diotima und ich gerieten voraus, vertieft, mir traten oft Tränen der Wonne ins Auge, über das Heilige, das so anspruchslos zur Seite mir ging.

Vorn am Rande des Berggipfels standen wir nun, und sahn hinaus, in den unendlichen Osten.

Diotimas Auge öffnete sich weit, und leise, wie eine Knospe sich aufschließt, schloß das liebe Gesichtchen vor den Lüften des Himmels sich auf, ward lauter Sprache und Seele, und, als begänne sie den Flug in die Wolken, stand sanft empor gestreckt die ganze Gestalt, in leichter Majestät, und berührte kaum mit den Füßen die Erde.

O unter den Armen hätt ich sie fassen mögen, wie der

Adler seinen Ganymed, und hinfliegen mit ihr über das Meer und seine Inseln.

Nun trat sie weiter vor, und sah die schroffe Felsenwand hinab. Sie hatte ihre Lust daran, die schröckende Tiefe zu messen, und sich hinab zu verlieren in die Nacht der Wälder, die unten aus Felsenstücken und schäumenden Wetterbächen herauf die lichten Gipfel streckten.

Das Geländer, worauf sie sich stützte, war etwas niedrig. So durft ich es ein wenig halten, das Reizende, indes es so sich vorwärts beugte. Ach! heiße zitternde Wonne durchlief mein Wesen und Taumel und Toben war in allen Sinnen, und die Hände brannten mir, wie Kohlen, da ich sie berührte.

Und dann die Herzenslust, so traulich neben ihr zu stehn, und die zärtlich kindische Sorge, daß sie fallen möchte, und die Freude an der Begeisterung des herrlichen Mädchens!

Was ist alles, was in Jahrtausenden die Menschen taten und dachten, gegen *einen* Augenblick der Liebe? Es ist aber auch das Gelungenste, Göttlichschönste in der Natur! dahin führen alle Stufen auf der Schwelle des Lebens. Daher kommen wir, dahin gehn wir.

Hyperion an Bellarmin

Nur ihren Gesang sollt ich vergessen, nur diese Seelentöne sollten nimmer wiederkehren in meinen unaufhörlichen Träumen.

Man kennt den stolzhinschiffenden Schwan nicht, wenn er schlummernd am Ufer sitzt.

Nur, wenn sie sang, erkannte man die liebende Schweigende, die so ungern sich zur Sprache verstand.

Da, da ging erst die himmlische Ungefällige in ihrer Majestät und Lieblichkeit hervor; da weht' es oft so bittend und so schmeichelnd, oft, wie ein Göttergebot, von den zarten blühenden Lippen. Und wie das Herz sich regt' in dieser göttlichen Stimme, wie alle Größe und Demut, alle Lust und alle Trauer des Lebens verschönert im Adel dieser Töne erschien!

Wie im Fluge die Schwalbe die Bienen hascht, ergriff sie immer uns alle.

Es kam nicht Lust und nicht Bewunderung, es kam der Friede des Himmels unter uns.

Tausendmal hab ich es ihr und mir gesagt: das Schönste ist auch das Heiligste. Und so war alles an ihr. Wie ihr Gesang, so auch ihr Leben.

Hyperion an Bellarmin

Unter den Blumen war ihr Herz zu Hause, als wär es eine von ihnen.

Sie nannte sie alle mit Namen, schuf ihnen aus Liebe neue, schönere, und wußte genau die fröhlichste Lebenszeit von jeder.

Wie eine Schwester, wenn aus jeder Ecke ein Geliebtes ihr entgegenkömmt, und jedes gerne zuerst gegrüßt sein möchte, so war das stille Wesen mit Aug und Hand beschäftigt, selig zerstreut, wenn auf der Wiese wir gingen, oder im Walde.

Und das war so ganz nicht angenommen, angebildet, das war so mit ihr aufgewachsen.

Es ist doch ewig gewiß und zeigt sich überall: je unschuldiger, schöner eine Seele, desto vertrauter mit den andern glücklichen Leben, die man seelenlos nennt.

Hyperion an Bellarmin

Tausendmal hab ich in meiner Herzensfreude gelacht über die Menschen, die sich einbilden, ein erhabner Geist könne unmöglich wissen, wie man ein Gemüse bereitet. Diotima konnte wohl zur rechten Zeit recht herzhaft von dem Feuerherde sprechen, und es ist gewiß nichts edler, als ein edles Mädchen, das die allwohltätige Flamme besorgt, und, ähnlich der Natur, die herzerfreuende Speise bereitet.

Hyperion an Bellarmin

Was ist alles künstliche Wissen in der Welt, was ist die ganze stolze Mündigkeit der menschlichen Gedanken gegen die ungesuchten Töne dieses Geistes, der nicht wußte, was er wußte, was er war?

Wer will die Traube nicht lieber voll und frisch, so wie sie aus der Wurzel quoll, als die getrockneten gepflückten Beere, die der Kaufmann in die Kiste preßt und in die Welt schickt? Was ist die Weisheit eines Buchs gegen die Weisheit eines Engels?

Sie schien immer so wenig zu sagen, und sagte so viel.

Ich geleitete sie einst in später Dämmerung nach Hause; wie Träume, beschlichen tauende Wölkchen die Wiese, wie lauschende Genien, sahn die seligen Sterne durch die Zweige.

Man hörte selten ein „wie schön!" aus ihrem Munde, wenn schon das fromme Herz kein lispelnd Blatt, kein Rieseln einer Quelle unbehorcht ließ.

Diesmal sprach sie es denn doch mir aus – wie schön!

„Es ist wohl uns zuliebe so!" sagt ich, ungefähr, wie Kinder etwas sagen, weder im Scherze noch im Ernste.

„Ich kann mir denken, was du sagst", erwiderte sie; „ich denke mir die Welt am liebsten, wie ein häuslich Leben, wo jedes, ohne gerade dran zu denken, sich ins andre schickt, und wo man sich einander zum Gefallen und zur Freude lebt, weil es eben so vom Herzen kömmt."

„Froher erhabner Glaube!" rief ich.

Sie schwieg eine Weile.

„Auch wir sind also Kinder des Hauses", begann ich endlich wieder, „sind es und werden es sein."

„Werden ewig es sein", erwiderte sie.

„Werden wir das?" fragt ich.

„Ich vertraue", fuhr sie fort, „hierinnen der Natur, so wie ich täglich ihr vertraue."

O ich hätte mögen Diotima sein, da sie dies sagte! Aber du weißt nicht, was sie sagte, mein Bellarmin! Du hast es nicht gesehn und nicht gehört.

„Du hast recht", rief ich ihr zu; „die ewige Schönheit, die Natur leidet keinen Verlust in sich, so wie sie keinen Zusatz leidet. Ihr Schmuck ist morgen anders, als er heute war; aber unser Bestes, uns, uns kann sie nicht entbehren und dich am wenigsten. Wir glauben, daß wir ewig sind, denn unsere Seele fühlt die Schönheit der Natur. Sie ist ein Stückwerk, ist die Göttliche, die Vollendete nicht, wenn jemals du in ihr vermißt wirst. Sie verdient dein Herz nicht, wenn sie erröten muß vor deinen Hoffnungen."

Hyperion an Bellarmin

So bedürfnislos, so göttlichgenügsam hab ich nichts gekannt.

Wie die Woge des Ozeans das Gestade seliger Inseln, so umflutete mein ruheloses Herz den Frieden des himmlischen Mädchens.

Ich hatt ihr nichts zu geben, als ein Gemüt voll wilder Widersprüche, voll blutender Erinnerungen, nichts hatt ich ihr zu geben, als meine grenzenlose Liebe mit ihren tausend Sorgen, ihren tausend tobenden Hoffnungen; sie aber stand vor mir in wandelloser Schönheit, mühelos, in lächelnder Vollendung da, und alles Sehnen, alles Träumen der Sterblichkeit, ach! alles, was in goldnen Morgenstunden von höhern Regionen der Genius weissagt, es war alles in dieser *einen* stillen Seele erfüllt.

Man sagt sonst, über den Sternen verhalle der Kampf, und künftig erst, verspricht man uns, wenn unsre Hefe gesunken sei, verwandle sich in edeln Freudenwein das gärende Leben, die Herzensruhe der Seligen sucht man sonst auf dieser Erde nirgends mehr. Ich weiß es anders. Ich bin den nähern Weg gekommen. Ich stand vor ihr, und hört und sah den Frieden des Himmels, und mitten im seufzenden Chaos erschien mir Urania.

Wie oft hab ich meine Klagen vor diesem Bilde gestillt! wie oft hat sich das übermütige Leben und der strebende Geist besänftigt, wenn ich, in selige Betrachtungen versunken, ihr ins Herz sah, wie man in die Quelle siehet, wenn sie still erbebt von den Berührungen des Himmels, der in Silbertropfen auf sie niederträufelt!

Sie war mein Lethe, diese Seele, mein heiliger Lethe, woraus ich die Vergessenheit des Daseins trank, daß ich vor ihr stand, wie ein Unsterblicher, und freudig mich schalt, und wie nach schweren Träumen lächeln mußte über alle Ketten, die mich gedrückt.

O ich wär ein glücklicher, ein trefflicher Mensch geworden mit ihr!

Mit ihr! aber das ist mißlungen, und nun irr ich herum in dem, was vor und in mir ist, und drüber hinaus, und weiß nicht, was ich machen soll aus mir und andern Dingen.

Meine Seele ist, wie ein Fisch, aus ihrem Elemente auf den Ufersand geworfen, und windet sich und wirft sich umher, bis sie vertrocknet in der Hitze des Tags.

Ach! gäb es nur noch etwas in der Welt für mich zu tun! gäb es eine Arbeit, einen Krieg für mich, das sollte mich erquicken!

Knäblein, die man von der Mutterbrust gerissen und in die Wüste geworfen, hat einst, so sagt man, eine Wölfin gesäugt.

Mein Herz ist nicht so glücklich.

Hyperion an Bellarmin

Ich kann nur hie und da ein Wörtchen von ihr sprechen. Ich muß vergessen, was sie ganz ist, wenn ich von ihr sprechen soll. Ich muß mich täuschen, als hätte sie vor alten Zeiten gelebt, als wüßt ich durch Erzählung einiges von ihr, wenn ihr lebendig Bild mich nicht ergreifen soll, daß ich vergehe im Entzücken und im Schmerz, wenn ich den Tod der Freude über sie und den Tod der Trauer um sie nicht sterben soll.

Hyperion an Bellarmin

Es ist umsonst; ich kann's mir nicht verbergen. Wohin ich auch entfliehe mit meinen Gedanken, in die Himmel hinauf und in den Abgrund, zum Anfang und ans Ende der Zeiten, selbst wenn ich ihm, der meine letzte Zuflucht war, der sonst noch jede Sorge in mir verzehrte, der alle Lust und allen Schmerz des Lebens sonst mit der Feuerflamme, worin er sich offenbarte, in mir versengte, selbst wenn ich ihm mich in die Arme werfe, dem herrlichen geheimen Geiste der Welt, in seine Tiefe mich tauche, wie in den bodenlosen Ozean hinab, auch da, auch da finden die süßen Schrekken mich aus, die süßen verwirrenden tötenden Schrecken, daß Diotimas Grab mir nah ist.

Hörst du? hörst du? Diotimas Grab!

Mein Herz war doch so stille geworden, und meine Liebe war begraben mit der Toten, die ich liebte.

Du weißt, mein Bellarmin! ich schrieb dir lange nicht von ihr, und da ich schrieb, so schrieb ich dir gelassen, wie ich meine.

Was ist's denn nun?

Ich gehe ans Ufer hinaus und sehe nach Kalaurea, wo sie ruhet, hinüber, das ist's.

O daß ja keiner den Kahn mir leihe, daß ja sich keiner erbarme und mir sein Ruder biete und mir hinüberhelfe zu ihr!

Daß ja das gute Meer nicht ruhig bleibe, damit ich nicht ein Holz mir zimmre und hinüberschwimme zu ihr.

Aber in die tobende See will ich mich werfen, und ihre Woge bitten, daß sie an Diotimas Gestade mich wirft! –

Lieber Bruder! ich tröste mein Herz mit allerlei Phantasien, ich reiche mir manchen Schlaftrank; und es wäre wohl größer, sich zu befreien auf immer, als sich zu behelfen mit Palliativen; aber wem geht's nicht so? Ich bin denn doch damit zufrieden.

Zufrieden? ach das wäre gut! da wäre ja geholfen, wo kein Gott nicht helfen kann.

Nun! nun! ich habe, was ich konnte, getan! Ich fodre von dem Schicksal meine Seele.

Hyperion an Bellarmin

War sie nicht mein, ihr Schwestern des Schicksals, war sie nicht mein? Die reinen Quellen fodr' ich auf zu Zeugen, und die unschuldigen Bäume, die uns belauschten, und das Tagslicht und den Äther! war sie nicht mein? vereint mit mir in allen Tönen des Lebens?

Wo ist das Wesen, das, wie meines, sie erkannte? in welchem Spiegel sammelten sich, so wie in mir, die Strahlen dieses Lichts? erschrak sie freudig nicht vor ihrer eignen Herrlichkeit, da sie zuerst in meiner Freude sich gewahr ward? Ach! wo ist das Herz, das so, wie meines, überall ihr nah war, so, wie meines, sie erfüllte und von ihr erfüllt war, das so einzig da war, ihres zu umfangen, wie die Wimper für das Auge da ist.

Wir waren *eine* Blume nur, und unsre Seelen lebten ineinander, wie die Blume, wenn sie liebt, und ihre zarten Freuden im verschloßnen Kelche verbirgt.

Und doch, doch wurde sie, wie eine angemaßte Krone, von mir gerissen und in den Staub gelegt?

Hyperion an Bellarmin

Eh es eines von uns beeden wußte, gehörten wir uns an.

Wenn ich so, mit allen Huldigungen des Herzens, selig überwunden, vor ihr stand, und schwieg, und all mein Leben sich hingab in den Strahlen des Augs, das sie nur sah, nur sie umfaßte, und sie dann wieder zärtlich zweifelnd mich betrachtete, und nicht wußte, wo ich war mit meinen Gedanken, wenn ich oft, begraben in Lust und Schönheit, bei einem reizenden Geschäfte sie belauschte, und um die leiseste Bewegung, wie die Biene um die schwanken Zweige, meine Seele schweift' und flog, und wenn sie dann in friedlichen Gedanken gegen mich sich wandt, und, überrascht von meiner Freude, meine Freude sich verbergen mußt, und bei der lieben Arbeit ihre Ruhe wieder sucht' und fand –

Wenn sie, wunderbar allwissend, jeden Wohlklang, jeden Mißlaut in der Tiefe meines Wesens, im Momente, da er begann, noch eh ich selbst ihn wahrnahm, mir enthüllte, wenn sie jeden Schatten eines Wölkchens auf der Stirne, jeden Schatten einer Wehmut, eines Stolzes auf der Lippe, jeden Funken mir im Auge sah, wenn sie die Ebb und Flut des Herzens mir behorcht' und sorgsam trübe Stunden ahnete, indes mein Geist zu unenthaltsam, zu verschwenderisch im üppigen Gespräche sich verzehrte, wenn das liebe Wesen, treuer wie ein Spiegel, jeden Wechsel meiner Wange mir verriet, und oft in freundlichen Bekümmernissen über mein unstet Wesen mich ermahnt', und strafte, wie ein teures Kind –

Ach! da du einst, Unschuldige, an den Fingern die Treppen zähltest, von unsrem Berge herab zu deinem Hause, da du deine Spaziergänge mir wiesest, die Plätze, wo du sonst gesessen, und mir erzähltest, wie die Zeit dir da vergangen, und mir am Ende sagtest, es sei dir jetzt, als wär ich auch von jeher dagewesen –

Gehörten wir da nicht längst uns an?

Hyperion an Bellarmin

Ich baue meinem Herzen ein Grab, damit es ruhen möge; ich spinne mich ein, weil überall es Winter ist; in seligen Erinnerungen hüll ich vor dem Sturme mich ein.

Wir saßen einst mit Notara – so hieß der Freund, bei dem ich lebte – und einigen andern, die auch, wie wir, zu den Sonderlingen in Kalaurea gehörten, in Diotimas Garten, unter blühenden Mandelbäumen, und sprachen unter andrem über die Freundschaft.

Ich hatte wenig mitgesprochen, ich hütete mich seit einiger Zeit, viel Worte zu machen von Dingen, die das Herz zunächst angehn, meine Diotima hatte mich so einsilbig gemacht –.

„Da Harmodius und Aristogiton lebten", rief endlich einer, „da war noch Freundschaft in der Welt." Das freute mich zu sehr, als daß ich hätte schweigen mögen.

„Man sollte dir eine Krone flechten um dieses Wortes willen!" rief ich ihm zu; „hast du denn wirklich eine Ahnung davon, hast du ein Gleichnis für die Freundschaft des Aristogiton und Harmodius? Verzeih mir! Aber beim Äther! man muß Aristogiton sein, um nachzufühlen, wie Aristogiton liebte, und die Blitze durfte wohl der Mann nicht fürchten, der geliebt sein wollte mit Harmodius' Liebe, denn es täuscht mich alles, wenn der furchtbare Jüngling nicht mit Minos' Strenge liebte. Wenige sind in solcher Probe bestanden, und es ist nicht leichter, eines Halbgotts Freund zu sein, als an der Götter Tische, wie Tantalus, zu sitzen. Aber es ist auch nichts Herrlicheres auf Erden, als wenn ein stolzes Paar, wie diese, so sich untertan ist.

Das ist auch meine Hoffnung, meine Lust in einsamen Stunden, daß solche große Töne und größere einst wiederkehren müssen in der Symphonie des Weltlaufs. Die Liebe gebar Jahrtausende voll lebendiger Menschen; die Freundschaft wird sie wiedergebären. Von Kinderharmonie sind einst die Völker ausgegangen, die Harmonie der Geister wird der Anfang einer neuen Weltgeschichte sein. Von Pflanzenglück begannen die Menschen und wuchsen auf, und wuchsen, bis sie reiften; von nun an gärten sie unaufhörlich fort, von innen und außen, bis jetzt das Menschengeschlecht, unendlich aufgelöst, wie ein Chaos daliegt, daß alle, die noch fühlen und sehen, Schwindel ergreift; aber die Schönheit flüchtet aus dem Leben der Menschen sich herauf in den Geist; Ideal wird, was Natur war, und wenn von unten gleich der Baum verdorrt ist und verwittert, ein frischer Gipfel ist noch hervorgegangen aus ihm, und grünt im Sonnenglanze, wie einst der Stamm in den Tagen der Jugend; Ideal ist, was Natur war. Daran, an diesem Ideale, dieser verjüngten Gottheit, erkennen die Wenigen sich und *eins* sind sie, denn es ist Eines in ihnen, und von diesen, diesen beginnt das zweite Lebensalter der Welt – ich habe genug gesagt, um klar zu machen, was ich denke."

Da hättest du Diotima sehen sollen, wie sie aufsprang und die beeden Hände mir reichte und rief: „Ich hab es verstanden, Lieber, ganz verstanden, so viel es sagt.

Die Liebe gebar die Welt, die Freundschaft wird sie wieder gebären.

O dann, ihr künftigen, ihr neuen Dioskuren, dann weilt ein wenig, wenn ihr vorüberkömmt, da, wo Hyperion schläft, weilt ahnend über des vergeßnen Mannes Asche, und sprecht: er wäre, wie unser einer, wär er jetzt da."

Das hab ich gehört, mein Bellarmin! das hab ich erfahren, und gehe nicht willig in den Tod?

Ja! ja! ich bin vorausbezahlt, ich habe gelebt. Mehr Freude konnt ein Gott ertragen, aber ich nicht.

Hyperion an Bellarmin

Frägst du, wie mir gewesen sei um diese Zeit? Wie einem, der alles verloren hat, um alles zu gewinnen.

Oft kam ich freilich von Diotimas Bäumen, wie ein Siegestrunkner, oft mußt ich eilends weg von ihr, um keinen meiner Gedanken zu verraten; so tobte die Freude in mir, und der Stolz, der allbegeisternde Glaube, von Diotima geliebt zu sein.

Dann sucht ich die höchsten Berge mir auf und ihre Lüfte, und wie ein Adler, dem der blutende Fittich geheilt ist, regte mein Geist sich im Freien, und dehnt', als wäre sie sein, über die sichtbare Welt sich aus; wunderbar! es war mir oft, als läuterten sich und schmelzten die Dinge der Erde, wie Gold, in meinem Feuer zusammen, und ein Göttliches würde aus ihnen und mir, so tobte in mir die Freude; und wie ich die Kinder aufhub und an mein schlagendes Herz sie drückte, wie ich die Pflanzen grüßte und die Bäume! Einen Zauber hätt ich mir wünschen mögen, die scheuen Hirsche und all die wilden Vögel des Walds, wie ein häuslich Völkchen, um meine freigebigen Hände zu versammeln, so selig töricht liebt ich alles!

Aber nicht lange, so war das alles, wie ein Licht, in mir erloschen, und stumm und traurig, wie ein Schatte, saß ich da und suchte das entschwundne Leben. Klagen mocht ich nicht und trösten mocht ich mich auch nicht. Die Hoffnung warf ich weg, wie ein Lahmer, dem die Krücke verleidet ist; des Weinens schämt ich mich; ich schämte mich des Daseins überhaupt. Aber endlich brach denn doch der Stolz in Tränen aus, und das Leiden, das ich gerne verleugnet hätte, wurde mir lieb, und ich legt es, wie ein Kind, mir an die Brust.

Nein, rief mein Herz, nein, meine Diotima! es schmerzt nicht. Bewahre du dir deinen Frieden und laß mich meinen Gang gehn. Laß dich in deiner Ruhe nicht stören, holder Stern! wenn unter dir es gärt und trüb ist.

O laß dir deine Rose nicht bleichen, selige Götterjugend! Laß in den Kümmernissen der Erde deine Schöne nicht altern. Das ist ja meine Freude, süßes Leben! daß du in dir den sorgenfreien Himmel trägst. Du sollst nicht dürftig werden, nein, nein! du sollst in dir die Armut der Liebe nicht sehn.

Und wenn ich dann wieder zu ihr hinabging – ich hätte das Lüftchen fragen mögen und dem Zuge der Wolken es ansehn, wie es mit mir sein werde in einer Stunde! und wie es mich freute, wenn irgendein freundlich Gesicht mir auf dem Wege begegnete, und nur nicht gar zu trocken sein „schönen Tag!" mir zurief!

Wenn ein kleines Mädchen aus dem Walde kam und einen Erdbeerstrauß mir zum Verkaufe reichte, mit einer Miene, als wollte sie ihn schenken, oder wenn ein Bauer, wo ich vorüberging, auf seinem Kirschbaum saß und pflückte, und aus den Zweigen herab mir rief, ob ich nicht eine Handvoll kosten möchte; das waren gute Zeichen für das abergläubische Herz!

Stand vollends gegen den Weg her, wo ich herabkam, von Diotimas Fenstern eines offen, wie konnte das so wohltun!

Sie hatte vielleicht nicht lange zuvor herausgesehn.

Und nun stand ich vor ihr, atemlos und wankend, und drückte die verschlungnen Arme gegen mein Herz, sein Zittern nicht zu fühlen, und, wie der Schwimmer aus reißenden Wassern hervor, rang und strebte mein Geist, nicht unterzugehn in der unendlichen Liebe.

„Wovon sprechen wir doch geschwind?" konnt ich rufen, „man hat oft seine Mühe, man kann den Stoff nicht finden, die Gedanken daran festzuhalten."

„Reißen sie wieder aus in die Luft?" erwiderte meine Diotima. „Du mußt ihnen Blei an die Flügel binden, oder ich will sie an einen Faden knüpfen, wie der Knabe den fliegenden Drachen, daß sie uns nicht entgehn."

Das liebe Mädchen suchte sich und mir durch einen Scherz zu helfen, aber es war wenig damit getan.

„Ja, ja!" rief ich, „wie du willst, wie du es für gut hältst – soll ich vorlesen? Deine Laute ist wohl noch gestimmt von gestern – vorzulesen hab ich auch gerade nichts –."

„Du hast schon mehr, als einmal", sagte sie, „versprochen, mir zu erzählen, wie du gelebt hast, ehe wir uns kannten, möchtest du jetzt nicht?"

„Das ist wahr", erwidert ich; mein Herz warf sich gerne auf das, und ich erzählt ihr nun, wie dir, von Adamas und meinen einsamen Tagen in Smyrna, von Alabanda und wie ich getrennt wurde von ihm, und von der unbegreiflichen Krankheit meines Wesens, eh ich nach Kalaurea herüberkam – „nun weißt du alles", sagt ich zu ihr gelassen, da ich zu Ende war, „nun wirst du weniger dich an mir stoßen; nun wirst du sagen", setzt ich lächelnd hinzu, „spottet dieses Vulkans nicht, wenn er hinkt, denn ihn haben zweimal die Götter vom Himmel auf die Erde geworfen."

„Stille", rief sie mit erstickter Stimme, und verbarg ihre Tränen ins Tuch, „o stille, und scherze über dein Schicksal, über dein Herz nicht! denn ich versteh es und besser, als du.

Lieber – lieber Hyperion! Dir ist wohl schwer zu helfen.

Weißt du denn", fuhr sie mit erhöhter Stimme fort, „weißt du denn, woran du darbest, was dir einzig fehlt, was du, wie Alpheus seine Arethusa, suchst, um was du trauertest in aller deiner Trauer? Es ist nicht erst seit Jahren hingeschieden, man kann so genau nicht sagen, wenn es da war, wenn es wegging, aber es war, es ist, in dir ist's! Es ist eine bessere Zeit, die suchst du, eine schönere Welt. Nur diese Welt umarmtest du in deinen Freunden, du warst mit ihnen diese Welt.

In Adamas war sie dir aufgegangen; sie war auch hingegangen mit ihm. In Alabanda erschien dir ihr Licht zum zweiten Male, aber brennender und heißer, und darum war es auch, wie Mitternacht, vor deiner Seele, da er für dich dahin war.

Siehest du nun auch, warum der kleinste Zweifel über Alabanda zur Verzweiflung werden mußt in dir? warum du ihn verstießest, weil er nur nicht gar ein Gott war?

Du wolltest keine Menschen, glaube mir, du wolltest eine Welt. Den Verlust von allen goldenen Jahrhunderten, so wie du sie, zusammengedrängt in *einen* glücklichen Moment, empfandest, den Geist von allen Geistern beßrer

Zeit, die Kraft von allen Kräften der Heroen, die sollte dir ein einzelner, ein Mensch ersetzen! – Siehest du nun, wie arm, wie reich du bist? warum du so stolz sein mußt und auch so niedergeschlagen? warum so schröcklich Freude und Leid dir wechselt?

Darum, weil du alles hast und nichts, weil das Phantom der goldenen Tage, die da kommen sollen, dein gehört, und doch nicht da ist, weil du ein Bürger bist in den Regionen der Gerechtigkeit und Schönheit, ein Gott bist unter Göttern in den schönen Träumen, die am Tage dich beschleichen, und wenn du aufwachst, auf neugriechischem Boden stehst.

Zweimal, sagtest du? o du wirst in *einem* Tage siebzigmal vom Himmel auf die Erde geworfen. Soll ich dir es sagen? Ich fürchte für dich, du hältst das Schicksal dieser Zeiten schwerlich aus. Du wirst noch mancherlei versuchen, wirst –

O Gott! und deine letzte Zufluchtsstätte wird ein Grab sein."

„Nein, Diotima", rief ich, „nein, beim Himmel, nein! Solange noch *eine* Melodie mir tönt, so scheu ich nicht die Totenstille der Wildnis unter den Sternen; solange die Sonne nur scheint und Diotima, so gibt es keine Nacht für mich.

Laß allen Tugenden die Sterbeglocke läuten! ich höre ja dich, dich, deines Herzens Lied, du Liebe! und finde unsterblich Leben, indessen alles verlischt und welkt."

„O Hyperion", rief sie, „wie sprichst du?"

„Ich spreche, wie ich muß. Ich kann nicht, kann nicht länger all die Seligkeit und Furcht und Sorge bergen – Diotima! – Ja du weißt es, mußt es wissen, hast längst es gesehen, daß ich untergehe, wenn du nicht die Hand mir reichst."

Sie war betroffen, verwirrt.

„Und an mir", rief sie, „an mir will sich Hyperion halten? ja, ich wünsch es, jetzt zum ersten Male wünsch ich, mehr zu sein, denn nur ein sterblich Mädchen. Aber ich bin dir, was ich sein kann."

„O so bist du ja mir alles", rief ich!

„Alles? böser Heuchler! und die Menschheit, die du doch am Ende einzig liebst?"

„Die Menschheit?" sagt ich; „ich wollte, die Menschheit machte Diotima zum Losungswort und malt' in ihre Paniere dein Bild, und spräche: heute soll das Göttliche siegen! Engel des Himmels! das müßt ein Tag sein!"

„Geh", rief sie, „geh, und zeige dem Himmel deine Verklärung! mir darf sie nicht so nahe sein.

Nicht wahr, du gehest, lieber Hyperion?"

Ich gehorchte. Wer hätte da nicht gehorcht? Ich ging. So war ich noch niemals von ihr gegangen. O Bellarmin! das war Freude, Stille des Lebens, Götterruhe, himmlische, wunderbare, unerkennbare Freude.

Worte sind hier umsonst, und wer nach einem Gleichnis von ihr fragt, der hat sie nie erfahren. Das einzige, was eine solche Freude auszudrücken vermochte, war Diotimas Gesang, wenn er, in goldner Mitte, zwischen Höhe und Tiefe schwebte.

O ihr Uferweiden des Lethe! ihr abendrötlichen Pfade in Elysiums Wäldern! ihr Lilien an den Bächen des Tals! ihr Rosenkränze des Hügels! Ich glaub an euch, in dieser freundlichen Stunde, und spreche zu meinem Herzen: dort findest du sie wieder, und alle Freude, die du verlorst.

Hyperion an Bellarmin

Ich will dir immer mehr von meiner Seligkeit erzählen.

Ich will die Brust an den Freuden der Vergangenheit versuchen, bis sie, wie Stahl, wird, ich will mich üben an ihnen, bis ich unüberwindlich bin.

Ha! fallen sie doch, wie ein Schwertschlag, oft mir auf die Seele, aber ich spiele mit dem Schwerte, bis ich es gewohnt bin, ich halte die Hand ins Feuer, bis ich es ertrage, wie Wasser.

Ich will nicht zagen; ja! ich will stark sein! ich will mir nichts verhehlen, will von allen Seligkeiten mir die seligste aus dem Grabe beschwören.

Es ist unglaublich, daß der Mensch sich vor dem Schönsten fürchten soll; aber es ist so.

O bin ich doch hundertmal vor diesen Augenblicken, dieser tötenden Wonne meiner Erinnerungen geflohen und habe mein Auge hinweggewandt, wie ein Kind vor Blitzen! und dennoch wächst im üppigen Garten der Welt nichts Lieblichers, wie meine Freuden, dennoch gedeiht im Himmel und auf Erden nichts Edleres, wie meine Freuden.

Aber nur dir, mein Bellarmin, nur einer reinen freien Seele, wie die deine ist, erzähl ich's. So freigebig, wie die Sonne mit ihren Strahlen, will ich nicht sein; meine Perlen will ich vor die alberne Menge nicht werfen.

Ich kannte, seit dem letzten Seelengespräche, mit jedem Tage mich weniger. Ich fühlt, es war ein heilig Geheimnis zwischen mir und Diotima.

Ich staunte, träumte. Als wär um Mitternacht ein seliger Geist mir erschienen und hätte mich erkoren, mit ihm umzugehn, so war es mir in der Seele.

O es ist ein seltsames Gemische von Seligkeit und Schwermut, wenn es so sich offenbart, daß wir auf immer heraus sind aus dem gewöhnlichen Dasein.

Es war mir seitdem nimmer gelungen, Diotima allein zu sehn. Immer mußt ein Dritter uns stören, trennen, und die Welt lag zwischen ihr und mir, wie eine unendliche Leere. Sechs todesbange Tage gingen so vorüber, ohne daß ich etwas wußte von Diotima. Es war, als lähmten die andern, die um uns waren, mir die Sinne, als töteten sie mein ganzes äußeres Leben, damit auf keinem Wege die verschlossene Seele sich hinüberhelfen möchte zu ihr.

Wollt ich mit dem Auge sie suchen, so wurd es Nacht vor

mir, wollt ich mich mit einem Wörtchen an sie wenden, so erstickt' es in der Kehle.

Ach! mir wollte das heilige namenlose Verlangen oft die Brust zerreißen, und die mächtige Liebe zürnt' oft, wie ein gefangener Titan, in mir. So tief, so innigst unversöhnlich hatte mein Geist noch nie sich gegen die Ketten gesträubt, die das Schicksal ihm schmiedet, gegen das eiserne unerbittliche Gesetz, geschieden zu sein, nicht *eine* Seele zu sein mit seiner liebenswürdigen Hälfte.

Die sternenhelle Nacht war nun mein Element geworden. Dann, wann es stille war, wie in den Tiefen der Erde, wo geheimnisvoll das Gold wächst, dann hob das schönere Leben meiner Liebe sich an.

Da übte das Herz sein Recht, zu dichten, aus. Da sagt' es mir, wie Hyperions Geist im Vorelysium mit seiner holden Diotima gespielt, eh er herabgekommen zur Erde, in göttlicher Kindheit bei dem Wohlgetöne des Quells, und unter Zweigen, wie wir die Zweige der Erde sehn, wenn sie verschönert aus dem güldenen Strome blinken.

Und, wie die Vergangenheit, öffnete sich die Pforte der Zukunft in mir.

Da flogen wir, Diotima und ich, da wanderten wir, wie Schwalben, von einem Frühling der Welt zum andern, durch der Sonne weites Gebiet und drüber hinaus, zu den andern Inseln des Himmels, an des Sirius goldne Küsten, in die Geistertale des Arkturs –.

O es ist doch wohl wünschenswert, so aus *einem* Kelche mit der Geliebten die Wonne der Welt zu trinken!

Berauscht vom seligen Wiegenliede, das ich mir sang, schlief ich ein, mitten unter den herrlichen Phantomen.

Wie aber am Strahle des Morgenlichts das Leben der Erde sich wieder entzündete, sah ich empor und suchte die Träume der Nacht. Sie waren, wie die schönen Sterne, verschwunden, und nur die Wonne der Wehmut zeugt' in meiner Seele von ihnen.

Ich trauerte; aber ich glaube, daß man unter den Seligen

auch so trauert. Sie war die Botin der Freude, diese Trauer, sie war die grauende Dämmerung, woran die unzähligen Rosen des Morgenrots sprossen. –

Der glühende Sommertag hatte jetzt alles in die dunkeln Schatten gescheucht. Auch um Diotimas Haus war alles still und leer, und die neidischen Vorhänge standen mir an allen Fenstern im Wege.

Ich lebt in Gedanken an sie. Wo bist du, dacht ich, wo findet mein einsamer Geist dich, süßes Mädchen? Siehest du vor dich hin und sinnest? Hast du die Arbeit auf die Seite gelegt und stützest den Arm aufs Knie und auf das Händchen das Haupt und gibst den lieblichen Gedanken dich hin?

Daß ja nichts meine Friedliche störe, wenn sie mit süßen Phantasien ihr Herz erfrischt, daß ja nichts diese Traube betaste und den erquickenden Tau von den zarten Beeren ihr streife!

So träumt ich. Aber indes die Gedanken zwischen den Wänden des Hauses nach ihr spähten, suchten die Füße sie anderswo, und eh ich es gewahr ward, ging ich unter den Bogengängen des heiligen Walds, hinter Diotimas Garten, wo ich sie zum ersten Male hatte gesehn. Was war das? Ich war ja indessen so oft mit diesen Bäumen umgegangen, war vertrauter mit ihnen, ruhiger unter ihnen geworden; jetzt ergriff mich eine Gewalt, als trät ich in Dianens Schatten, um zu sterben vor der gegenwärtigen Gottheit.

Indessen ging ich weiter. Mit jedem Schritte wurd es wunderbarer in mir. Ich hätte fliegen mögen, so trieb mein Herz mich vorwärts; aber es war, als hätt ich Blei an den Sohlen. Die Seele war vorausgeeilt, und hatte die irdischen Glieder verlassen. Ich hörte nicht mehr und vor dem Auge dämmerten und schwankten alle Gestalten. Der Geist war schon bei Diotima; im Morgenlichte spielte der Gipfel des Baums, indes die untern Zweige noch die kalte Dämmerung fühlten.

„Ach! mein Hyperion!" rief jetzt mir eine Stimme entgegen; ich stürzt hinzu; „meine Diotima! o meine Diotima!" weiter hatt ich kein Wort und keinen Othem, kein Bewußtsein.

Schwinde, schwinde, sterbliches Leben, dürftig Geschäft, wo der einsame Geist die Pfennige, die er gesammelt, hin und her betrachtet und zählt! wir sind zur Freude der Gottheit alle berufen!

Es ist hier eine Lücke in meinem Dasein. Ich starb, und wie ich erwachte, lag ich am Herzen des himmlischen Mädchens.

O Leben der Liebe! wie warst du an ihr aufgegangen in voller holdseliger Blüte! wie in leichten Schlummer gesungen von seligen Genien, lag das reizende Köpfchen mir auf der Schulter, lächelte süßen Frieden, und schlug sein ätherisch Auge nach mir auf in fröhlichem unerfahrenem Staunen, als blickt' es eben jetzt zum ersten Male in die Welt.

Lange standen wir so in holder selbstvergessener Betrachtung, und keines wußte, wie ihm geschah, bis endlich der Freude zu viel in mir sich häufte und in Tränen und Lauten des Entzückens auch meine verlorne Sprache wieder begann, und meine stille Begeisterte vollends wieder ins Dasein weckte.

Endlich sahn wir uns auch wieder um.

„O meine alten freundlichen Bäume!" rief Diotima, als hätte sie sie in langer Zeit nicht gesehn, und das Andenken an ihre vorigen einsamen Tage spielt' um ihre Freuden, lieblich, wie die Schatten um den jungfräulichen Schnee, wenn er errötet und glüht im freudigen Abendglanze.

„Engel des Himmels!" rief ich, „wer kann dich fassen? wer kann sagen, er habe ganz dich begriffen?"

„Wunderst du dich", erwiderte sie, „daß ich so sehr dir gut bin? Lieber! stolzer Bescheidner! Bin ich denn auch von denen, die nicht glauben können an dich, hab ich denn nicht dich ergründet, hab ich den Genius nicht in seinen Wolken erkannt? Verhülle dich nur und siehe dich selbst nicht; ich will dich hervorbeschwören, ich will –.

Aber er ist ja da, er ist hervorgegangen, wie ein Stern; er hat die Hülse durchbrochen und steht, wie ein Frühling, da; wie ein Kristallquell aus der düstern Grotte, ist er hervorgegangen; das ist der finstre Hyperion nicht, das ist die wilde Trauer nicht mehr – o mein, mein herrlicher Junge!"

Das alles war mir, wie ein Traum. Konnt ich glauben an dies Wunder der Liebe? konnt ich? mich hätte die Freude getötet.

„Göttliche!" rief ich, „sprichst du mit mir? kannst du so dich verleugnen, selige Selbstgenügsame! kannst du so dich freuen an mir? O ich seh es nun, ich weiß nun, was ich oft geahnet, der Mensch ist ein Gewand, das oft ein Gott sich umwirft, ein Kelch, in den der Himmel seinen Nektar gießt, um seinen Kindern vom Besten zu kosten zu geben." –

„Ja, ja!" fiel sie schwärmerisch lächelnd mir ein, „dein Namensbruder, der herrliche Hyperion des Himmels ist in dir."

„Laß mich", rief ich, „laß mich dein sein, laß mich mein vergessen, laß alles Leben in mir und allen Geist nur dir zufliegen; nur dir, in seliger endeloser Betrachtung! O Diotima! so stand ich sonst auch vor dem dämmernden Götterbilde, das meine Liebe sich schuf, vor dem Idole meiner einsamen Träume; ich nährt es traulich; mit meinem Leben belebt ich es, mit den Hoffnungen meines Herzens erfrischt', erwärmt ich es, aber es gab mir nichts, als was ich gegeben, und wenn ich verarmt war, ließ es mich arm, und nun! nun hab ich im Arme dich, und fühle den Othem deiner Brust, und fühle dein Aug in meinem Auge, die schöne Gegenwart rinnt mir in alle Sinnen herein, und ich halt es aus, ich habe das Herrlichste so und bebe nicht mehr – ja! ich bin wirklich nicht, der ich sonst war, Diotima! ich bin deinesgleichen geworden, und Göttliches spielt mit Göttlichem jetzt, wie Kinder unter sich spielen." –

„Aber etwas stiller mußt du mir werden", sagte sie.

„Du hast auch recht, du Liebenswürdige!" rief ich freudig, „sonst erscheinen mir ja die Grazien nicht; sonst seh ich ja im Meere der Schönheit seine leisen lieblichen Bewegungen nicht. O ich will es noch lernen, nichts an dir zu übersehen. Gib mir nur Zeit!"

„Schmeichler!" rief sie, „aber für heute sind wir zu Ende, lieber Schmeichler! die goldne Abendwolke hat mich gemahnt. O traure nicht! Erhalte dir und mir die reine Freude! Laß sie nachtönen in dir, bis morgen, und töte sie nicht durch Mißmut! – die Blumen des Herzens wollen freundliche Pflege. Ihre Wurzel ist überall, aber sie selbst gedeihn in heitrer Witterung nur. Leb wohl, Hyperion!"

Sie machte sich los. Mein ganzes Wesen flammt' in mir auf, wie sie so vor mir hinwegschwand in ihrer glühenden Schönheit.

„O du! –" rief ich und stürzt ihr nach, und gab meine Seele in ihre Hand in unendlichen Küssen.

„Gott!" rief sie, „wie wird das künftig werden!"

Das traf mich. „Verzeih, Himmlische!" sagt ich; „ich gehe. Gute Nacht, Diotima! denke noch mein ein wenig!"

„Das will ich", rief sie, „gute Nacht!"

Und nun kein Wort mehr, Bellarmin! Es wäre zuviel für mein geduldiges Herz. Ich bin erschüttert, wie ich fühle. Aber ich will hinausgehn unter die Pflanzen und Bäume, und unter sie hin mich legen und beten, daß die Natur zu solcher Ruhe mich bringe.

Hyperion an Bellarmin

Unsere Seelen lebten nun immer freier und schöner zusammen, und alles in und um uns vereinigte sich zu goldenem Frieden. Es schien, als wäre die alte Welt gestorben und eine neue begönne mit uns, so geistig und kräftig und liebend und leicht war alles geworden, und wir und alle Wesen schwebten, selig vereint, wie ein Chor von tausend unzertrennlichen Tönen, durch den unendlichen Äther.

Unsre Gespräche gleiteten weg, wie ein himmelblau Gewässer, woraus der Goldsand hin und wieder blinkt, und unsre Stille war, wie die Stille der Berggipfel, wo in herrlich einsamer Höhe, hoch über dem Raume der Gewitter, nur die göttliche Luft noch in den Locken des kühnen Wanderers rauscht.

Und die wunderbare heilige Trauer, wann die Stunde der Trennung in unsre Begeisterung tönte, wenn ich oft rief: „nun sind wir wieder sterblich, Diotima!" und sie mir sagte: „Sterblichkeit ist Schein, ist, wie die Farben, die vor unsrem Auge zittern, wenn es lange in die Sonne sieht!"

Ach! und alle die holdseligen Spiele der Liebe! die Schmeichelreden, die Besorgnisse, die Empfindlichkeiten, die Strenge und Nachsicht.

Und die Allwissenheit, womit wir uns durchschauten, und der unendliche Glaube, womit wir uns verherrlichten!

Ja! eine Sonne ist der Mensch, allsehend, allverklärend, wenn er liebt, und liebt er nicht, so ist er eine dunkle Wohnung, wo ein rauchend Lämpchen brennt.

Ich sollte schweigen, sollte vergessen und schweigen.

Aber die reizende Flamme versucht mich, bis ich mich ganz in sie stürze, und, wie die Fliege, vergehe.

Mitten in all dem seligen unverhaltnen Geben und Nehmen fühlt ich einmal, daß Diotima stiller wurde und immer stiller.

Ich fragt und flehte; aber das schien nur mehr sie zu entfernen, endlich flehte sie, ich möchte nicht mehr fragen, möchte gehn, und wenn ich wiederkäme, von etwas anderm sprechen. Das gab auch mir ein schmerzliches Verstummen, worein ich selbst mich nicht zu finden wußte.

Mir war, als hätt ein unbegreiflich plötzlich Schicksal unsrer Liebe den Tod geschworen, und alles Leben war hin, außer mir und allem.

Ich schämte mich freilich des; ich wußte gewiß, das Ungefähr beherrsche Diotimas Herz nicht. Aber wunderbar blieb sie mir immer, und mein verwöhnter untröstlicher Sinn wollt immer offenbare gegenwärtige Liebe; verschloßne Schätze waren verlorne Schätze für ihn. Ach! ich hatt im Glücke die Hoffnung verlernt, ich war noch damals, wie die ungeduldigen Kinder, die um den Apfel am Baume weinen, als wär er gar nicht da, wenn er ihnen den Mund nicht küßt. Ich hatte keine Ruhe, ich flehte wieder, mit Ungestüm und Demut, zärtlich und zürnend, mit ihrer ganzen allmächtigen bescheidnen Beredsamkeit rüstete die Liebe mich aus und nun – o meine Diotima! nun hatt ich es, das reizende Bekenntnis, nun hab ich und halt es, bis auch mich, mit allem, was an mir ist, in die alte Heimat, in den Schoß der Natur die Woge der Liebe zurückbringt.

Die Unschuldige! noch kannte sie die mächtige Fülle ihres Herzens nicht, und lieblich erschrocken vor dem Reichtum in ihr, begrub sie ihn in die Tiefe der Brust – und wie sie nun bekannte, heilige Einfalt, wie sie mit Tränen bekannte, sie liebe zu sehr, und wie sie Abschied nahm von allem, was sie sonst am Herzen gewiegt, o wie sie rief: „abtrünnig bin ich geworden von Mai und Sommer und Herbst, und achte des Tages und der Nacht nicht, wie sonst, gehöre dem Himmel und der Erde nicht mehr, gehöre nur *einem*, *einem*, aber die Blüte des Mais und die Flamme des Sommers und die Reife des Herbsts, die Klarheit des Tags und der Ernst der Nacht, und Erd und Himmel ist mir in diesem *einem* vereint! so lieb ich!" – und wie sie nun in voller Herzenslust mich betrachtete, wie sie, in kühner heiliger Freude, in ihre schönen Arme mich nahm und die Stirne mir küßte und den Mund, ha! wie das göttliche Haupt, sterbend in Wonne, mir am offnen Halse herabsank, und die süßen Lippen an der schlagenden Brust mir ruhten und der liebliche Othem an die Seele mir ging – o Bellarmin! die Sinne vergehn mir und der Geist entflieht.

Ich seh, ich sehe, wie das enden muß. Das Steuer ist in die Woge gefallen und das Schiff wird, wie an den Füßen ein Kind, ergriffen und an die Felsen geschleudert.

Hyperion an Bellarmin

Es gibt große Stunden im Leben. Wir schauen an ihnen hinauf, wie an den kolossalischen Gestalten der Zukunft und des Altertums, wir kämpfen einen herrlichen Kampf mit ihnen, und bestehn wir vor ihnen, so werden sie, wie Schwestern, und verlassen uns nicht.

Wir saßen einst zusammen auf unsrem Berge, auf einem Steine der alten Stadt dieser Insel und sprachen davon, wie hier der Löwe Demosthenes sein Ende gefunden, wie er hier mit heiligem selbsterwähltem Tode aus den mazedonischen Ketten und Dolchen sich zur Freiheit geholfen. – „Der herrliche Geist ging scherzend aus der Welt", rief einer; „warum nicht?" sagt ich; „er hatte nichts mehr hier zu suchen; Athen war Alexanders Dirne geworden, und die Welt, wie ein Hirsch, von dem großen Jäger zu Tode gehetzt."

„O Athen!" rief Diotima; „ich habe manchmal getrauert, wenn ich dahinaussah, und aus der blauen Dämmerung mir das Phantom des Olympion aufstieg!"

„Wie weit ist's hinüber?" fragt ich.

„Eine Tagreise vielleicht", erwiderte Diotima.

„Eine Tagereise", rief ich, „und ich war noch nicht drüben? Wir müssen gleich hinüber zusammen."

„Recht so!" rief Diotima; „wir haben morgen heitere See, und alles steht jetzt noch in seiner Grüne und Reife.

Man braucht die ewige Sonne und das Leben der unsterblichen Erde zu solcher Wallfahrt."

„Also morgen!" sagt ich, und unsre Freunde stimmten mit ein.

Wir fuhren früh, unter dem Gesange des Hahns, aus der Reede. In frischer Klarheit glänzten wir und die Welt. Goldne stille Jugend war in unsern Herzen. Das Leben in uns war, wie das Leben einer neugebornen Insel des Ozeans, worauf der erste Frühling beginnt.

Schon lange war unter Diotimas Einfluß mehr Gleichgewicht in meine Seele gekommen; heute fühlt ich es dreifach rein, und die zerstreuten schwärmenden Kräfte waren all in *eine* goldne Mitte versammelt.

Wir sprachen untereinander von der Trefflichkeit des alten Athenervolks, woher sie komme, worin sie bestehe.

Einer sagt: „das Klima hat es gemacht"; der andere, „die Kunst und Philosophie"; der dritte: „Religion und Staatsform".

„Athenische Kunst und Religion, und Philosophie und Staatsform", sagt ich, „sind Blüten und Früchte des Baums, nicht Boden und Wurzel. Ihr nehmt die Wirkungen für die Ursache.

Wer aber mir sagt, das Klima habe dies alles gebildet, der denke, daß auch wir darin noch leben.

Ungestörter in jedem Betracht, von gewaltsamem Einfluß freier, als irgendein Volk der Erde, erwuchs das Volk der Athener. Kein Eroberer schwächt sie, kein Kriegsglück berauscht sie, kein fremder Götterdienst betäubt sie, keine eilfertige Weisheit treibt sie zu unzeitiger Reife. Sich selber überlassen, wie der werdende Diamant, ist ihre Kindheit. Man hört beinahe nichts von ihnen, bis in die Zeiten des Pisistratus und Hipparch. Nur wenig Anteil nahmen sie am trojanischen Kriege, der, wie im Treibhaus, die meisten griechischen Völker zu früh erhitzt' und belebte. – Kein außerordentlich Schicksal erzeugt den Menschen. Groß und kolossalisch sind die Söhne einer solchen Mutter, aber schöne Wesen, oder, was dasselbe ist, Menschen werden sie nie, oder spät erst, wenn die Kontraste sich zu hart bekämpfen, um nicht endlich Frieden zu machen.

In üppiger Kraft eilt Lazedämon den Atheniensern voraus, und hätte sich eben deswegen auch früher zerstreut und aufgelöst, wäre Lykurg nicht gekommen, und hätte mit seiner Zucht die übermütige Natur zusammengehalten. Von nun an war denn auch an dem Spartaner alles erbildet, alle Vortrefflichkeit errungen und erkauft durch Fleiß und selbstbewußtes Streben, und soviel man in gewissem Sinne von der Einfalt der Spartaner sprechen kann, so war doch, wie natürlich, eigentliche Kindereinfalt ganz nicht unter ihnen. Die Lazedämonier durchbrachen zu frühe die Ordnung des Instinkts, sie schlugen zu früh aus der Art, und so mußte denn auch die Zucht zu früh mit ihnen beginnen; denn jede Zucht und Kunst beginnt zu früh, wo die Natur des Menschen noch nicht reif geworden ist. Vollendete Natur muß in dem Menschenkinde leben, eh es in die Schule geht, damit das Bild der Kindheit ihm die Rückkehr zeige aus der Schule zu vollendeter Natur.

Die Spartaner blieben ewig ein Fragment; denn wer nicht einmal ein vollkommenes Kind war, der wird schwerlich ein vollkommener Mann. –

Freilich hat auch Himmel und Erde für die Athener, wie für alle Griechen, das Ihre getan, hat ihnen nicht Armut und nicht Überfluß gereicht. Die Strahlen des Himmels sind nicht, wie ein Feuerregen, auf sie gefallen. Die Erde verzärtelte, berauschte sie nicht mit Liebkosungen und übergütigen Gaben, wie sonst wohl hie und da die törige Mutter tut.

Hiezu kam die wundergroße Tat des Theseus, die freiwillige Beschränkung seiner eignen königlichen Gewalt.

Oh! solch ein Samenkorn in die Herzen des Volks geworfen, muß einen Ozean von goldnen Ähren erzeugen, und sichtbar wirkt und wuchert es spät noch unter den Athenern.

Also noch einmal! daß die Athener so frei von gewaltsamem Einfluß aller Art, so recht bei mittelmäßiger Kost aufwuchsen, das hat sie so vortrefflich gemacht, und dies nur konnt es!

Laßt von der Wiege an den Menschen ungestört! treibt aus der engvereinten Knospe seines Wesens, treibt aus dem Hüttchen seiner Kindheit ihn nicht heraus! tut nicht zuwenig, daß er euch nicht entbehre und so von ihm euch unterscheide, tut nicht zuviel, daß er eure oder seine Gewalt nicht fühle, und so von ihm euch unterscheide, kurz, laßt den Menschen spät erst wissen, daß es Menschen, daß es irgend etwas außer ihm gibt, denn so nur wird er Mensch. Der Mensch ist aber ein Gott, sobald er Mensch ist. Und ist er ein Gott, so ist er schön."

„Sonderbar!" rief einer von den Freunden.

„Du hast noch nie so tief aus meiner Seele gesprochen", rief Diotima.

„Ich hab es von dir", erwidert ich.

„So war der Athener ein Mensch", fuhr ich fort, „so mußt er es werden. Schön kam er aus den Händen der Natur, schön, an Leib und Seele, wie man zu sagen pflegt.

Das erste Kind der menschlichen, der göttlichen Schönheit ist die Kunst. In ihr verjüngt und wiederholt der göttliche Mensch sich selbst. Er will sich selber fühlen, darum stellt er seine Schönheit gegenüber sich. So gab der Mensch sich seine Götter. Denn im Anfang war der Mensch und seine Götter *eins*, da, sich selber unbekannt, die ewige Schönheit war. – Ich spreche Mysterien, aber sie sind. –

Das erste Kind der göttlichen Schönheit ist die Kunst. So war es bei den Athenern.

Der Schönheit zweite Tochter ist Religion. Religion ist Liebe der Schönheit. Der Weise liebt sie selbst, die Unendliche, die Allumfassende; das Volk liebt ihre Kinder, die Götter, die in mannigfaltigen Gestalten ihm erscheinen. Auch so war's bei den Athenern. Und ohne solche Liebe der Schönheit, ohne solche Religion ist jeder Staat ein dürr Gerippe ohne Leben und Geist, und alles Denken und Tun ein Baum ohne Gipfel, eine Säule, wovon die Krone herabgeschlagen ist.

Daß aber wirklich dies der Fall war bei den Griechen und besonders den Athenern, daß ihre Kunst und ihre Religion die echten Kinder ewiger Schönheit – vollendeter Menschennatur – sind, und nur hervorgehn konnten aus vollendeter Menschennatur, das zeigt sich deutlich, wenn man nur die Gegenstände ihrer heiligen Kunst, und die Religion mit unbefangenem Auge sehn will, womit sie jene Gegenstände liebten und ehrten.

Mängel und Mißtritte gibt es überall und so auch hier. Aber das ist sicher, daß man in den Gegenständen ihrer Kunst doch meist den reifen Menschen findet. Da ist nicht das Kleinliche, nicht das Ungeheure der Ägyptier und Goten, da ist Menschensinn und Menschengestalt. Sie schweifen weniger als andre zu den Extremen des Übersinnlichen und des Sinnlichen aus. In der schönen Mitte der Menschheit bleiben ihre Götter mehr, denn andre.

Und wie der Gegenstand, so auch die Liebe. Nicht zu knechtisch und nicht gar zu sehr vertraulich! –

Aus der Geistesschönheit der Athener folgte denn auch der nötige Sinn für Freiheit.

Der Ägyptier trägt ohne Schmerz die Despotie der Willkür, der Sohn des Nordens ohne Widerwillen die Gesetzesdespotie, die Ungerechtigkeit in Rechtsform; denn der Ägyptier hat von Mutterleib an einen Huldigungs- und Vergötterungstrieb; im Norden glaubt man an das reine freie Leben der Natur zu wenig, um nicht mit Aberglauben am Gesetzlichen zu hängen.

Der Athener kann die Willkür nicht ertragen, weil seine göttliche Natur nicht will gestört sein, er kann Gesetzlichkeit nicht überall ertragen, weil er ihrer nicht überall bedarf. Drako taugt für ihn nicht. Er will zart behandelt sein, und tut auch recht daran."

„Gut!" unterbrach mich einer, „das begreif ich, aber, wie dies dichterische religiöse Volk nun auch ein philosophisch Volk sein soll, das seh ich nicht."

„Sie wären sogar", sagt ich, „ohne Dichtung nie ein philosophisch Volk gewesen!"

„Was hat die Philosophie", erwidert' er, „was hat die kalte Erhabenheit dieser Wissenschaft mit Dichtung zu tun?"

„Die Dichtung", sagt ich, meiner Sache gewiß, „ist der Anfang und das Ende dieser Wissenschaft. Wie Minerva aus Jupiters Haupt, entspringt sie aus der Dichtung eines unendlichen göttlichen Seins. Und so läuft am End auch wieder in ihr das Unvereinbare in der geheimnisvollen Quelle der Dichtung zusammen."

„Das ist ein paradoxer Mensch", rief Diotima, „jedoch ich ahn ihn. Aber ihr schweift mir aus. Von Athen ist die Rede."

„Der Mensch", begann ich wieder, „der nicht wenigstens im Leben *einmal* volle lautre Schönheit in sich fühlte, wenn in ihm die Kräfte seines Wesens, wie die Farben am Irisbogen, ineinanderspielten, der nie erfuhr, wie nur in Stunden der Begeisterung alles innigst übereinstimmt, der Mensch wird nicht einmal ein philosophischer Zweifler werden, sein Geist ist nicht einmal zum Niederreißen gemacht, geschweige zum Aufbaun. Denn glaubt es mir, der Zweifler findet darum nur in allem, was gedacht wird, Widerspruch und Mangel, weil er die Harmonie der mangellosen Schönheit kennt, die nie gedacht wird. Das trockne Brot, das menschliche Vernunft wohlmeinend ihm reicht, verschmähet er nur darum, weil er ingeheim am Göttertische schwelgt."

„Schwärmer!" rief Diotima, „darum warst auch du ein Zweifler. Aber die Athener!"

„Ich bin ganz nah an ihnen", sagt ich. „Das große Wort, das *εν διαφερον εαυτῳ* (das Eine in sich selber unterschiedne) des Heraklit, das konnte nur ein Grieche finden, denn es ist das Wesen der Schönheit, und ehe das gefunden war, gab's keine Philosophie.

Nun konnte man bestimmen, das Ganze war da. Die Blume war gereift; man konnte nun zergliedern.

Der Moment der Schönheit war nun kund geworden unter den Menschen, war da im Leben und Geiste, das Unendlicheinige war.

Man konnt es auseinander setzen, zerteilen im Geiste, konnte das Geteilte neu zusammendenken, konnte so das Wesen des Höchsten und Besten mehr und mehr erkennen und das Erkannte zum Gesetze geben in des Geistes mannigfaltigen Gebieten.

Seht ihr nun, warum besonders die Athener auch ein philosophisch Volk sein mußten?

Das konnte der Ägyptier nicht. Wer mit dem Himmel und der Erde nicht in gleicher Lieb und Gegenliebe lebt, wer nicht in diesem Sinne einig lebt mit dem Elemente, worin er sich regt, ist von Natur auch in sich selbst so einig nicht, und erfährt die ewige Schönheit wenigstens so leicht nicht wie ein Grieche.

Wie ein prächtiger Despot, wirft seine Bewohner der orientalische Himmelsstrich mit seiner Macht und seinem Glanze zu Boden, und, ehe der Mensch noch gehen gelernt hat, muß er knien, eh er sprechen gelernt hat, muß er beten; ehe sein Herz ein Gleichgewicht hat, muß es sich neigen, und ehe der Geist noch stark genug ist, Blumen und Früchte zu tragen, ziehet Schicksal und Natur mit brennender Hitze alle Kraft aus ihm. Der Ägyptier ist hingegeben, eh er ein Ganzes ist, und darum weiß er nichts vom Ganzen, nichts von Schönheit, und das Höchste, was er nennt, ist eine verschleierte Macht, ein schauerhaft Rätsel; die stumme finstre Isis ist sein Erstes und Letztes, eine leere Unendlichkeit und da heraus ist nie Vernünftiges gekommen. Auch aus dem erhabensten Nichts wird Nichts geboren.

Der Norden treibt hingegen seine Zöglinge zu früh in sich hinein, und wenn der Geist des feurigen Ägyptiers zu reiselustig in die Welt hinaus eilt, schickt im Norden sich der Geist zur Rückkehr in sich selbst an, ehe er nur reisefertig ist.

Man muß im Norden schon verständig sein, noch eh ein reif Gefühl in einem ist, man mißt sich Schuld von allem bei, noch ehe die Unbefangenheit ihr schönes Ende erreicht hat; man muß vernünftig, muß zum selbstbewußten Geiste werden, ehe man Mensch, zum klugen Manne, ehe man Kind ist; die Einigkeit des ganzen Menschen, die Schönheit läßt man nicht in ihm gedeihn und reifen, eh er sich bildet und entwickelt. Der bloße Verstand, die bloße Vernunft sind immer die Könige des Nordens.

Aber aus bloßem Verstand ist nie Verständiges, aus bloßer Vernunft ist nie Vernünftiges gekommen.

Verstand ist ohne Geistesschönheit, wie ein dienstbarer Geselle, der den Zaun aus grobem Holze zimmert, wie ihm vorgezeichnet ist, und die gezimmerten Pfähle aneinander nagelt, für den Garten, den der Meister bauen will. Des Verstandes ganzes Geschäft ist Notwerk. Vor dem Unsinn, vor dem Unrecht schützt er uns, indem er ordnet; aber sicher zu sein vor Unsinn und vor Unrecht ist doch nicht die höchste Stufe menschlicher Vortrefflichkeit.

Vernunft ist ohne Geistes-, ohne Herzensschönheit, wie ein Treiber, den der Herr des Hauses über die Knechte gesetzt hat; der weiß, so wenig, als die Knechte, was aus all der unendlichen Arbeit werden soll, und ruft nur: tummelt euch, und siehet es fast ungern, wenn es vor sich geht, denn am Ende hätt er ja nichts mehr zu treiben, und seine Rolle wäre gespielt.

Aus bloßem Verstande kömmt keine Philosophie, denn Philosophie ist mehr, denn nur die beschränkte Erkenntnis des Vorhandnen.

Aus bloßer Vernunft kömmt keine Philosophie, denn Philosophie ist mehr, denn blinde Forderung eines nie zu endigenden Fortschritts in Vereinigung und Unterscheidung eines möglichen Stoffs.

Leuchtet aber das göttliche *εν διαφερον εαυτῳ*, das Ideal der Schönheit der strebenden Vernunft, so fodert sie nicht blind, und weiß, warum, wozu sie fodert.

Scheint, wie der Maitag in des Künstlers Werkstatt, dem Verstande die Sonne des Schönen zu seinem Geschäfte, so schwärmt er zwar nicht hinaus und läßt sein Notwerk stehn, doch denkt er gerne des Festtags, wo er wandeln wird im verjüngenden Frühlingslichte."

So weit war ich, als wir landeten an der Küste von Attika.

Das alte Athen lag jetzt zu sehr uns im Sinne, als daß wir hätten viel in der Ordnung sprechen mögen, und ich wunderte mich jetzt selber über die Art meiner Äußerungen.

„Wie bin ich doch“, rief ich, „auf die trocknen Berggipfel geraten, worauf ihr mich saht?“

„Es ist immer so“, erwiderte Diotima, „wenn uns recht wohl ist. Die üppige Kraft sucht eine Arbeit. Die jungen Lämmer stoßen sich die Stirnen aneinander, wenn sie von der Mutter Milch gesättiget sind.“

Wir gingen jetzt am Lykabettus hinauf, und blieben, trotz der Eile, zuweilen stehen, in Gedanken und wunderbaren Erwartungen.

Es ist schön, daß es dem Menschen so schwer wird, sich vom Tode dessen, was er liebt, zu überzeugen, und es ist wohl keiner noch zu seines Freundes Grabe gegangen, ohne die leise Hoffnung, da dem Freunde wirklich zu begegnen. Mich ergriff das schöne Phantom des alten Athens, wie einer Mutter Gestalt, die aus dem Totenreiche zurückkehrt.

„O Parthenon!“ rief ich, „Stolz der Welt! zu deinen Füßen liegt das Reich des Neptun, wie ein bezwungener Löwe, und wie Kinder, sind die andern Tempel um dich versammelt, und die beredte Agora und der Hain des Akademus –.“

„Kannst du so dich in die alte Zeit versetzen“, sagte Diotima.

„Mahne mich nicht an die Zeit!“ erwidert ich; „es war ein göttlich Leben und der Mensch war da der Mittelpunkt der Natur. Der Frühling, als er um Athen her blühte, war er, wie eine bescheidne Blume an der Jungfrau Busen; die Sonne ging schamrot auf über den Herrlichkeiten der Erde.

Die Marmorfelsen des Hymettus und Pentele sprangen hervor aus ihrer schlummernden Wiege, wie Kinder aus der Mutter Schoß, und gewannen Form und Leben unter den zärtlichen Athener-Händen.

Honig reichte die Natur und die schönsten Veilchen und Myrten und Oliven.

Die Natur war Priesterin und der Mensch ihr Gott, und

alles Leben in ihr und jede Gestalt und jeder Ton von ihr nur *ein* begeistertes Echo des Herrlichen, dem sie gehörte.

Ihn feiert', ihm nur opferte sie.

Er war es auch wert, er mochte liebend in der heiligen Werkstatt sitzen und dem Götterbilde, das er gemacht, die Knie umfassen, oder auf dem Vorgebirge, auf Suniums grüner Spitze, unter den horchenden Schülern gelagert, sich die Zeit verkürzen mit hohen Gedanken, oder er mocht im Stadium laufen, oder vom Rednerstuhle, wie der Gewittergott, Regen und Sonnenschein und Blitze senden und goldene Wolken –."

„O siehe!" rief jetzt Diotima mir plötzlich zu.

Ich sah, und hätte vergehen mögen vor dem allmächtigen Anblick.

Wie ein unermeßlicher Schiffbruch, wenn die Orkane verstummt sind und die Schiffer entflohn, und der Leichnam der zerschmetterten Flotte unkenntlich auf der Sandbank liegt, so lag vor uns Athen, und die verwaisten Säulen standen vor uns, wie die nackten Stämme eines Walds, der am Abend noch grünte, und des Nachts darauf im Feuer aufging.

„Hier", sagte Diotima, „lernt man stille sein über sein eigen Schicksal, es seie gut oder böse."

„Hier lernt man stille sein über alles", fuhr ich fort. „Hätten die Schnitter, die dies Kornfeld gemäht, ihre Scheunen mit seinen Halmen bereichert, so wäre nichts verlorengegangen, und ich wollte mich begnügen, hier als Ährenleser zu stehn; aber wer gewann denn?"

„Ganz Europa", erwidert' einer von den Freunden.

„Oh, ja!" rief ich, „sie haben die Säulen und Statuen weggeschleift und aneinander verkauft, haben die edlen Gestalten nicht wenig geschätzt, der Seltenheit wegen, wie man Papageien und Affen schätzt."

„Sage das nicht!" erwiderte derselbe; „und mangelt' auch wirklich ihnen der Geist von all dem Schönen, so wär es, weil der nicht weggetragen werden konnte und nicht gekauft."

„Ja wohl!“ rief ich. „Dieser Geist war auch untergegangen noch ehe die Zerstörer über Attika kamen. Erst, wenn die Häuser und Tempel ausgestorben, wagen sich die wilden Tiere in die Tore und Gassen.“

„Wer jenen Geist hat“, sagte Diotima tröstend, „dem stehet Athen noch, wie ein blühender Fruchtbaum. Der Künstler ergänzt den Torso sich leicht.“

Wir gingen des andern Tages früh aus, sahn die Ruinen des Parthenon, die Stelle des alten Bacchustheaters, den Theseustempel, die sechszehn Säulen, die noch übrig stehn vom göttlichen Olympion; am meisten aber ergriff mich das alte Tor, wodurch man ehmals aus der alten Stadt zur neuen herauskam, wo gewiß einst tausend schöne Menschen an *einem* Tage sich grüßten. Jetzt kömmt man weder in die alte noch in die neue Stadt durch dieses Tor, und stumm und öde stehet es da, wie ein vertrockneter Brunnen, aus dessen Röhren einst mit freundlichem Geplätscher das klare frische Wasser sprang.

„Ach!“ sagt ich, indes wir so herumgingen, „es ist wohl ein prächtig Spiel des Schicksals, daß es hier die Tempel niederstürzt und ihre zertrümmerten Steine den Kindern herumzuwerfen gibt, daß es die zerstümmelten Götter zu Bänken vor der Bauernhütte und die Grabmäler hier zur Ruhestätte des weidenden Stiers macht, und eine solche Verschwendung ist königlicher, als der Mutwille der Kleopatra, da sie die geschmolzenen Perlen trank; aber es ist doch schade um all die Größe und Schönheit!“

„Guter Hyperion!“ rief Diotima, „es ist Zeit, daß du weggehst; du bist blaß und dein Auge ist müde, und du suchst dir umsonst mit Einfällen zu helfen. Komm hinaus! ins Grüne! unter die Farben des Lebens! das wird dir wohltun.“

Wir gingen hinaus in die nahegelegenen Gärten.

Die andern waren auf dem Wege mit zwei britischen Gelehrten, die unter den Altertümern in Athen ihre Ernte hielten, ins Gespräch geraten und nicht von der Stelle zu bringen. Ich ließ sie gerne.

Mein ganzes Wesen richtete sich auf, da ich einmal wieder mit Diotima allein mich sah; sie hatte einen herrlichen Kampf bestanden mit dem heiligen Chaos von Athen. Wie das Saitenspiel der himmlischen Muse über den uneinigen Elementen, herrschten Diotimas stille Gedanken über den Trümmern. Wie der Mond aus zartem Gewölke, hob sich ihr Geist aus schönem Leiden empor; das himmlische Mädchen stand in seiner Wehmut da, wie die Blume, die in der Nacht am lieblichsten duftet.

Wir gingen weiter und weiter, und waren am Ende nicht umsonst gegangen.

O ihr Haine von Angele, wo der Ölbaum und die Zypresse, umeinander flüsternd, mit freundlichen Schatten sich kühlen, wo die goldne Frucht des Zitronenbaums aus dunklem Laube blinkt, wo die schwellende Traube mutwillig über den Zaun wächst, und die reife Pomeranze, wie ein lächelnder Fündling, im Wege liegt! ihr duftenden heimlichen Pfade! ihr friedlichen Sitze, wo das Bild des Myrtenstrauchs aus der Quelle lächelt! euch werd ich nimmer vergessen.

Diotima und ich gingen eine Weile unter den herrlichen Bäumen umher, bis eine große heitere Stelle sich uns darbot.

Hier setzten wir uns. Es war eine selige Stille unter uns. Mein Geist umschwebte die göttliche Gestalt des Mädchens, wie eine Blume der Schmetterling, und all mein Wesen erleichterte, vereinte sich in der Freude der begeisternden Betrachtung.

„Bist du schon wieder getröstet, Leichtsinniger?“ sagte Diotima.

„Ja! ja! ich bin's“, erwidert ich. „Was ich verloren wähnte, hab ich, wonach ich schmachtete, als wär es aus der Welt verschwunden, das ist vor mir. Nein, Diotima! noch ist die Quelle der ewigen Schönheit nicht versiegt.

Ich habe dir's schon einmal gesagt, ich brauche die Götter und die Menschen nicht mehr. Ich weiß, der Himmel ist ausgestorben, entvölkert, und die Erde, die einst überfloß von schönem menschlichen Leben, ist fast, wie ein Ameisenhaufe, geworden. Aber noch gibt es eine Stelle, wo der alte Himmel und die alte Erde mir lacht. Denn alle Götter des Himmels und alle göttlichen Menschen der Erde vergeß ich in dir.

Was kümmert mich der Schiffbruch der Welt, ich weiß von nichts, als meiner seligen Insel."

„Es gibt eine Zeit der Liebe", sagte Diotima mit freundlichem Ernste, „wie es eine Zeit gibt, in der glücklichen Wiege zu leben. Aber das Leben selber treibt uns heraus.

Hyperion!" – hier ergriff sie meine Hand mit Feuer, und ihre Stimme erhub mit Größe sich – „Hyperion! mich deucht, du bist zu höhern Dingen geboren. Verkenne dich nicht! der Mangel am Stoffe hielt dich zurück. Es ging nicht schnell genug. Das schlug dich nieder. Wie die jungen Fechter, fielst du zu rasch aus, ehe noch dein Ziel gewiß und deine Faust gewandt war, und weil du, wie natürlich, mehr getroffen wurdest, als du trafst, so wurdest du scheu und zweifeltest an dir und allem; denn du bist so empfindlich, als du heftig bist. Aber dadurch ist nichts verloren. Wäre dein Gemüt und deine Tätigkeit so frühe reif geworden, so wäre dein Geist nicht, was er ist; du wärst der denkende Mensch nicht, wärst du nicht der leidende, der gärende Mensch gewesen. Glaube mir, du hättest nie das Gleichgewicht der schönen Menschheit so rein erkannt, hättest du es nicht so sehr verloren gehabt. Dein Herz hat endlich Frieden gefunden. Ich will es glauben. Ich versteh es. Aber denkst du wirklich, daß du nun am Ende seist? Willst du dich verschließen in den Himmel deiner Liebe, und die Welt, die deiner bedürfte, verdorren und erkalten lassen unter dir? Du mußt, wie der Lichtstrahl, herab, wie der allerfrischende Regen, mußt du nieder ins Land der Sterblichkeit, du mußt erleuchten, wie Apoll, erschüttern, beleben, wie Jupiter, sonst bist du deines Himmels nicht wert. Ich bitte dich, geh nach Athen hinein, noch *einmal*, und siehe die Menschen auch an, die dort herumgehn unter den Trümmern, die rohen Albaner und die andern guten kindischen Griechen, die mit einem lustigen Tanze und einem heiligen Märchen sich trösten über die schmähliche Gewalt, die über ihnen lastet – kannst du sagen, ich schäme mich dieses Stoffs? Ich meine, er wäre doch noch bildsam. Kannst du dein Herz abwenden von den Bedürftigen? Sie sind nicht schlimm, sie haben dir nichts zuleide getan!"

„Was kann ich für sie tun", rief ich.

„Gib ihnen, was du in dir hast", erwiderte Diotima, „gib –."

„Kein Wort, kein Wort mehr, große Seele!" rief ich, „du beugst mich sonst, es ist ja sonst, als hättest du mit Gewalt mich dazu gebracht –.

Sie werden nicht glücklicher sein, aber edler, nein! sie werden auch glücklicher sein. Sie müssen heraus, sie müssen hervorgehn, wie die jungen Berge aus der Meersflut, wenn ihr unterirdisches Feuer sie treibt.

Zwar steh ich allein und trete ruhmlos unter sie. Doch einer, der ein Mensch ist, kann er nicht mehr, denn Hunderte, die nur Teile sind des Menschen?

Heilige Natur! du bist dieselbe in und außer mir. Es muß so schwer nicht sein, was außer mir ist, zu vereinen mit dem Göttlichen in mir. Gelingt der Biene doch ihr kleines Reich, warum sollte denn ich nicht pflanzen können und baun, was not ist?

Was? der arabische Kaufmann säete seinen Koran aus, und es wuchs ein Volk von Schülern, wie ein unendlicher Wald, ihm auf, und der Acker sollte nicht auch gedeihn, wo die alte Wahrheit wiederkehrt in neu lebendiger Jugend?

Es werde von Grund aus anders! Aus der Wurzel der Menschheit sprosse die neue Welt! Eine neue Gottheit walte über ihnen, eine neue Zukunft kläre vor ihnen sich auf.

In der Werkstatt, in den Häusern, in den Versammlungen, in den Tempeln, überall werd es anders!

Aber ich muß noch ausgehn, zu lernen. Ich bin ein Künstler, aber ich bin nicht geschickt. Ich bilde im Geiste, aber ich weiß noch die Hand nicht zu führen –."

„Du gehest nach Italien", sagte Diotima, „nach Deutschland, Frankreich – wieviel Jahre brauchst du? drei – vier – ich denke drei sind genug; du bist ja keiner von den Langsamen, und suchst das Größte und das Schönste nur –."

„Und dann?"

„Du wirst Erzieher unsers Volks, du wirst ein großer Mensch sein, hoff ich. Und wenn ich dann dich so umfasse, da werd ich träumen, als wär ich ein Teil des herrlichen Manns, da werd ich frohlocken, als hättst du mir die Hälfte deiner Unsterblichkeit, wie Pollux dem Kastor, geschenkt, oh! ich werd ein stolzes Mädchen werden, Hyperion!"

Ich schwieg eine Weile. Ich war voll unaussprechlicher Freude.

„Gibt's denn Zufriedenheit zwischen dem Entschluß und der Tat", begann ich endlich wieder, „gibt's eine Ruhe vor dem Siege?"

„Es ist die Ruhe des Helden", sagte Diotima, „es gibt Entschlüsse, die, wie Götterworte, Gebot und Erfüllung zugleich sind, und so ist der deine." –

Wir gingen zurück, wie nach der ersten Umarmung. Es war uns alles fremd und neu geworden.

Ich stand nun über den Trümmern von Athen, wie der Ackersmann auf dem Brachfeld. Liege nur ruhig, dacht ich, da wir wieder zu Schiffe gingen, liege nur ruhig, schlummerndes Land! Bald grünt das junge Leben aus dir, und wächst den Segnungen des Himmels entgegen. Bald regnen die Wolken nimmer umsonst, bald findet die Sonne die alten Zöglinge wieder.

Du frägst nach Menschen, Natur? Du klagst, wie ein Saitenspiel, worauf des Zufalls Bruder, der Wind, nur spielt, weil der Künstler, der es ordnete, gestorben ist? Sie werden kommen, deine Menschen, Natur! Ein verjüngtes Volk wird dich auch wieder verjüngen, und du wirst werden, wie seine Braut, und der alte Bund der Geister wird sich erneuen mit dir.

Es wird nur *eine* Schönheit sein; und Menschheit und Natur wird sich vereinen in *eine* allumfassende Gottheit.

ZWEITER BAND

μη φυναι, τον απαντα νικᾳ λογον. το δ'επει φανη
βηναι κειθεν, οθεν περ ηκει, πολυ δευτερον ως ταχιςα.

Sophokles

ERSTES BUCH

Hyperion an Bellarmin

Wir lebten in den letzten schönen Momenten des Jahrs, nach unserer Rückkunft aus dem attischen Lande.

Ein Bruder des Frühlings war uns der Herbst, voll milden Feuers, eine Festzeit für die Erinnerung an Leiden und vergangne Freuden der Liebe. Die welkenden Blätter trugen die Farbe des Abendrots, nur die Fichte und der Lorbeer stand in ewigem Grün. In den heitern Lüften zögerten wandernde Vögel, andere schwärmten im Weinberg, und im Garten und ernteten fröhlich, was die Menschen übrig gelassen. Und das himmlische Licht rann lauter vom offenen Himmel, durch alle Zweige lächelte die heilige Sonne, die gütige, die ich niemals nenne ohne Freude und Dank, die oft in tiefem Leide mit einem Blicke mich geheilt, und von dem Unmut und den Sorgen meine Seele gereinigt.

Wir besuchten noch all unsere liebsten Pfade, Diotima und ich, entschwundne selige Stunden begegneten uns überall.

Wir erinnerten uns des vergangenen Mais, wir hätten die Erde noch nie so gesehen, wie damals, meinten wir, sie wäre verwandelt gewesen, eine silberne Wolke von Blüten, eine freudige Lebensflamme, entledigt alles gröberen Stoffs.

„Ach! es war alles so voll Lust und Hoffnung", rief Diotima, „so voll unaufhörlichen Wachstums und doch auch so mühelos, so seligruhig, wie ein Kind, das vor sich hin spielt, und nicht weiter denkt."

„Daran", rief ich, „erkenn ich sie, die Seele der Natur, an

diesem stillen Feuer, an diesem Zögern in ihrer mächtigen Eile."

„Und es ist den Glücklichen so lieb, dies Zögern", rief Diotima; „weißt du? wir standen einmal des Abends zusammen auf der Brücke, nach starkem Gewitter, und das rote Berggewässer schoß, wie ein Pfeil, unter uns weg, aber daneben grünt' in Ruhe der Wald, und die hellen Buchenblätter regten sich kaum. Da tat es uns so wohl, daß uns das seelenvolle Grün nicht auch so wegflog, wie der Bach, und der schöne Frühling uns so still hielt, wie ein zahmer Vogel, aber nun ist er dennoch über die Berge."

Wir lächelten über dem Worte, wiewohl das Trauern uns näher war.

So sollt auch unsre eigne Seligkeit dahingehn, und wir sahen's voraus.

O Bellarmin! wer darf denn sagen, er stehe fest, wenn auch das Schöne seinem Schicksal so entgegenreift, wenn auch das Göttliche sich demütigen muß, und die Sterblichkeit mit allem Sterblichen teilen!

Hyperion an Bellarmin

Ich hatte mit dem holden Mädchen noch vor ihrem Hause gezögert, bis das Licht der Nacht in die ruhige Dämmerung schien, nun kam ich in Notaras Wohnung zurück, gedankenvoll, voll überwallenden heroischen Lebens, wie immer, wenn ich aus ihren Umarmungen ging. Es war ein Brief von Alabanda gekommen.

Es regt sich, Hyperion, schrieb er mir, Rußland hat der Pforte den Krieg erklärt; man kommt mit einer Flotte in den Archipelagus[1]; die Griechen sollen frei sein, wenn sie mit aufstehn, den Sultan an den Euphrat zu treiben. Die Griechen werden das Ihre tun, die Griechen werden frei

1 Im Jahr 1770.

sein und mir ist herzlich wohl, daß es einmal wieder etwas zu tun gibt. Ich mochte den Tag nicht sehn, solang es noch so weit nicht war.

Bist du noch der Alte, so komm! Du findst mich in dem Dorfe vor Koron, wenn du den Weg von Misistra kömmst. Ich wohne am Hügel, in dem weißen Landhause am Walde.

Die Menschen, die du in Smyrna bei mir kennenlerntest, hab ich verlassen. Du hattest recht mit deinem feinern Sinne, daß du in ihre Sphäre nicht tratest.

Mich verlangt, uns beede in dem neuen Leben wiederzusehn. Dir war bis itzt die Welt zu schlecht, um ihr dich zu erkennen zu geben. Weil du nicht Knechtsdienste tun mochtest, tatest du nichts, und das Nichtstun machte dich grämlich und träumerisch.

Du mochtest im Sumpfe nicht schwimmen. Komm nun, komm, und laß uns baden in offener See!

Das soll uns wohltun, einzig Geliebter!

So schrieb er. Ich war betroffen im ersten Moment. Mir brannte das Gesicht vor Scham, mir kochte das Herz, wie heiße Quellen, und ich konnt auf keiner Stelle bleiben, so schmerzt' es mich, überflogen zu sein von Alabanda, überwunden auf immer. Doch nahm ich nun auch um so begieriger die künftige Arbeit ans Herz. –

„Ich bin zu müßig geworden", rief ich, „zu friedenslustig, zu himmlisch, zu träg! – Alabanda sieht in die Welt, wie ein edler Pilot, Alabanda ist fleißig und sucht in der Woge nach Beute; und dir schlafen die Hände im Schoß? und mit Worten möchtest du ausreichen, und mit Zauberformeln beschwörst du die Welt? Aber deine Worte sind, wie Schneeflocken, unnütz, und machen die Luft nur trüber und deine Zaubersprüche sind für die Frommen, aber die Unglaubigen hören dich nicht. – Ja! sanft zu sein, zu rechter Zeit, das ist wohl schön, doch sanft zu sein, zur Unzeit, das ist häßlich, denn es ist feig! – Aber Harmodius! deiner Myrte will ich gleichen, deiner Myrte, worin das Schwert sich verbarg. Ich will umsonst nicht müßig gegangen sein, und mein Schlaf soll werden, wie Öl, wenn die Flamme darein kömmt. Ich will nicht zusehn, wo es gilt, will nicht umhergehn und die Neuigkeit erfragen, wann Alabanda den Lorbeer nimmt."

Hyperion an Bellarmin

Diotimas Erblassen, da sie Alabandas Brief las, ging mir durch die Seele. Drauf fing sie an, gelassen und ernst, den Schritt mir abzuraten und wir sprachen manches hin und wider. „O ihr Gewaltsamen!" rief sie endlich, „die ihr so schnell zum Äußersten seid, denkt an die Nemesis!"

„Wer Äußerstes leidet", sagt ich „dem ist das Äußerste recht."

„Wenn's auch recht ist", sagte sie, „du bist dazu nicht geboren."

„So scheint es", sagt ich; „ich hab auch lange genug gesäumt. O ich möchte einen Atlas auf mich laden, um die Schulden meiner Jugend abzutragen. Hab ich ein Bewußtsein? hab ich ein Bleiben in mir? O laß mich, Diotima! Hier, gerad in solcher Arbeit muß ich es erbeuten."

„Das ist eitel Übermut!" rief Diotima; „neulich warst du bescheidner, neulich, da du sagtest, ich muß noch ausgehn, zu lernen."

„Liebe Sophistin!" rief ich, „damals war ja auch von ganz was anderem die Rede. In den Olymp des Göttlichschönen, wo aus ewigjungen Quellen das Wahre mit allem Guten entspringt, dahin mein Volk zu führen, bin ich noch jetzt nicht geschickt. Aber ein Schwert zu brauchen, hab ich gelernt und mehr bedarf es für jetzt nicht. Der neue Geisterbund kann in der Luft nicht leben, die heilige Theokratie des Schönen muß in einem Freistaat wohnen, und der will Platz auf Erden haben und diesen Platz erobern wir gewiß."

„Du wirst erobern", rief Diotima, „und vergessen, wofür? wirst, wenn es hoch kommt, einen Freistaat dir erzwingen und dann sagen, wofür hab ich gebaut? ach! es wird verzehrt sein, all das schöne Leben, das daselbst sich regen sollte, wird verbraucht sein selbst in dir! Der wilde Kampf wird dich zerreißen, schöne Seele, du wirst altern, seliger Geist! und lebensmüd am Ende fragen, wo seid ihr nun, ihr Ideale der Jugend?"

„Das ist grausam, Diotima", rief ich, „so ins Herz zu greifen, so an meiner eignen Todesfurcht, an meiner höchsten Lebenslust mich festzuhalten, aber nein! nein! nein! der Knechtsdienst tötet, aber gerechter Krieg macht jede Seele lebendig. Das gibt dem Golde die Farbe der Sonne, daß man ins Feuer es wirft! Das, das gibt erst dem Menschen seine ganze Jugend, daß er Fesseln zerreißt! Das rettet ihn allein, daß er sich aufmacht und die Natter zertritt, das kriechende Jahrhundert, das alle schöne Natur im Keime vergiftet! – Altern sollt ich, Diotima! wenn ich Griechenland befreie? altern, ärmlich werden, ein gemeiner Mensch? O so war er wohl recht schal und leer und gottverlassen, der Athenerjüngling, da er als Siegesbote von Marathon über den Gipfel des Pentele kam und hinabsah in die Täler von Attika!"

„Lieber! Lieber!" rief Diotima, „sei doch still! ich sage dir kein Wort mehr. Du sollst gehn, sollst gehen, stolzer Mensch! Ach! wenn du so bist, hab ich keine Macht, kein Recht auf dich."

Sie weinte bitter und ich stand, wie ein Verbrecher, vor ihr. „Vergib mir, göttliches Mädchen!" rief ich, vor ihr niedergesunken, „o vergib mir, wo ich muß! Ich wähle nicht, ich sinne nicht. Eine Macht ist in mir und ich weiß nicht, ob ich es selbst bin, was zu dem Schritte mich treibt." – „Deine volle Seele gebietet dir's", antwortete sie. „Ihr nicht zu folgen, führt oft zum Untergange, doch, ihr zu folgen, wohl auch. Das beste ist, du gehst, denn es ist größer. Handle du; ich will es tragen."

Hyperion an Bellarmin

Diotima war von nun an wunderbar verändert.

Mit Freude hatt ich gesehn, wie seit unserer Liebe das verschwiegne Leben aufgegangen war in Blicken und lieblichen Worten und ihre genialische Ruhe war mir oft in glänzender Begeisterung entgegengekommen.

Aber wie so fremd wird uns die schöne Seele, wenn sie nach dem ersten Aufblühn, nach dem Morgen ihres Laufs hinauf zur Mittagshöhe muß! Man kannte fast das selige Kind nicht mehr, so erhaben und so leidend war sie geworden.

O wie manchmal lag ich vor dem traurenden Götterbilde, und wähnte die Seele hinwegzuweinen im Schmerz um sie, und stand bewundernd auf und selber voll von allmächtigen Kräften! Eine Flamme war ihr ins Auge gestiegen aus der gepreßten Brust. Es war ihr zu enge geworden im Busen voll Wünschen und Leiden; darum waren die Gedanken des Mädchens so herrlich und kühn. Eine neue Größe, eine sichtbare Gewalt über alles, was fühlen konnte, herrscht' in ihr. Sie war ein höheres Wesen. Sie gehörte zu den sterblichen Menschen nicht mehr.

O meine Diotima, hätte ich damals gedacht, wohin das kommen sollte?

Hyperion an Bellarmin

Auch der kluge Notara wurde bezaubert von den neuen Entwürfen, versprach mir eine starke Partei, hoffte bald den Korinthischen Isthmus zu besetzen und Griechenland hier, wie an der Handhabe, zu fassen. Aber das Schicksal wollt es anders und machte seine Arbeit unnütz, ehe sie ans Ziel kam.

Er riet mir, nicht nach Tina zu gehn, gerade den Peloponnes hinab zu reisen, und durchaus so unbemerkt, als möglich. Meinem Vater sollt ich unterweges schreiben, meint' er, der bedächtige Alte würde leichter einen geschehenen Schritt verzeihn, als einen ungeschehenen erlauben. Das war mir nicht recht nach meinem Sinne, aber wir opfern die eignen Gefühle so gern, wenn uns ein großes Ziel vor Augen steht.

„Ich zweifle", fuhr Notara fort, „ob du wirst auf deines Vaters Hülfe in solchem Fall rechnen können. Darum geb ich dir, was nebenbei doch nötig ist für dich, um einige Zeit in allen Fällen zu leben und zu wirken. Kannst du einst, so zahlst du mir es zurück, wo nicht, so war das meine auch dein. Schäme des Gelds dich nicht", setzt' er lächelnd hinzu; „auch die Rosse des Phöbus leben von der Luft nicht allein, wie uns die Dichter erzählen."

Hyperion an Bellarmin

Nun kam der Tag des Abschieds.

Den Morgen über war ich oben in Notaras Garten geblieben, in der frischen Winterluft, unter den immergrünen Zypressen und Zedern. Ich war gefaßt. Die großen Kräfte der Jugend hielten mich aufrecht und das Leiden, das ich ahnete, trug, wie eine Wolke, mich höher.

Diotimas Mutter hatte Notara und die andern Freunde und mich gebeten, daß wir noch den letzten Tag bei ihr zusammen leben möchten. Die Guten hatten sich alle meiner und Diotimas gefreut und das Göttliche in unserer Liebe war an ihnen nicht verloren geblieben. Sie sollten nun mein Scheiden auch mir segnen.

Ich ging hinab. Ich fand das teure Mädchen am Herde. Es schien ihr ein heilig priesterlich Geschäft, an diesem Tage das Haus zu besorgen. Sie hatte alles zurechtgemacht, alles im Hause verschönert und es durft ihr niemand dabei helfen. Alle Blumen, die noch übrig waren im Garten, hatte sie eingesammelt, Rosen und frische Trauben hatte sie in der späten Jahrszeit noch zusammengebracht.

Sie kannte meinen Fußtritt, da ich heraufkam, trat mir

leis entgegen; die bleichen Wangen glühten von der Flamme des Herds und die ernsten großgewordnen Augen glänzten von Tränen. Sie sahe, wie mich's überfiel. „Gehe hinein, mein Lieber", sagte sie; „die Mutter ist drinnen und ich folge gleich."

Ich ging hinein. Da saß die edle Frau und streckte mir die schöne Hand entgegen – „kommst du", rief sie, „kommst du, mein Sohn! Ich sollte dir zürnen, du hast mein Kind mir genommen, hast alle Vernunft mir ausgeredet, und tust, was dich gelüstet, und gehest davon; aber vergebt es ihm, ihr himmlischen Mächte! wenn er Unrecht vorhat, und hat er Recht, o so zögert nicht mit eurer Hülfe dem Lieben!" Ich wollte reden, aber eben kam Notara mit den übrigen Freunden herein und hinter ihnen Diotima.

Wir schwiegen eine Weile. Wir ehrten die traurende Liebe, die in uns allen war, wir fürchteten uns, sich ihrer zu überheben in Reden und stolzen Gedanken. Endlich nach wenigen flüchtigen Worten bat mich Diotima, einiges von Agis und Kleomenes zu erzählen; ich hätte die großen Seelen oft mit feuriger Achtung genannt und gesagt, sie wären Halbgötter, so gewiß, wie Prometheus, und ihr Kampf mit dem Schicksal von Sparta sei heroischer, als irgendeiner in den glänzenden Mythen. Der Genius dieser Menschen sei das Abendrot des griechischen Tages, wie Theseus und Homer die Aurore desselben.

Ich erzählte und am Ende fühlten wir uns alle stärker und höher.

„Glücklich", rief einer von den Freunden, „wem sein Leben wechselt zwischen Herzensfreude und frischem Kampf."

„Ja!" rief ein anderer, „das ist ewige Jugend, daß immer Kräfte genug im Spiele sind und wir uns ganz erhalten in Lust und Arbeit."

„O ich möchte mit dir", rief Diotima mir zu.

„Es ist auch gut, daß du bleibst, Diotima!" sagt ich. „Die Priesterin darf aus dem Tempel nicht gehen. Du bewahrst die heilige Flamme, du bewahrst im Stillen das Schöne, daß ich es wiederfinde bei dir."

„Du hast auch recht, mein Lieber, das ist besser", sagte sie, und ihre Stimme zitterte und das Ätherauge verbarg sich ins Tuch, um seine Tränen, seine Verwirrung nicht sehen zu lassen.

O Bellarmin! es wollte mir die Brust zerreißen, daß ich sie so schamrot gemacht. „Freunde!" rief ich, „erhaltet diesen Engel mir. Ich weiß von nichts mehr, wenn ich sie nicht weiß. O Himmel! ich darf nicht denken, wozu ich fähig wäre, wenn ich sie vermißte."

„Sei ruhig, Hyperion!" fiel Notara mir ein.

„Ruhig?" rief ich; „o ihr guten Leute! ihr könnt oft sorgen, wie der Garten blühn und wie die Ernte werden wird, ihr könnt für euren Weinstock beten und ich soll ohne Wünsche scheiden von dem Einzigen, dem meine Seele dient?"

„Nein, o du Guter!" rief Notara bewegt, „nein! ohne Wünsche sollst du mir von ihr nicht scheiden! nein, bei der Götterunschuld eurer Liebe! meinen Segen habt ihr gewiß."

„Du mahnst mich", rief ich schnell. „Sie soll uns segnen, diese teure Mutter, soll mit euch uns zeugen – komm Diotima! unsern Bund soll deine Mutter heiligen, bis die schöne Gemeinde, die wir hoffen, uns vermählt."

So fiel ich auf ein Knie; mit großem Blick, errötend, festlichlächelnd sank auch sie an meiner Seite nieder.

„Längst", rief ich, „o Natur! ist unser Leben *eines* mit dir und himmlischjugendlich, wie du und deine Götter all, ist unsre eigne Welt durch Liebe."

„In deinen Hainen wandelten wir", fuhr Diotima fort, „und waren, wie du, an deinen Quellen saßen wir und waren, wie du, dort über die Berge gingen wir, mit deinen Kindern, den Sternen, wie du."

„Da wir uns ferne waren", rief ich, „da, wie Harfengelispel, unser kommend Entzücken uns erst tönte, da wir uns fanden, da kein Schlaf mehr war und alle Töne in uns erwachten zu des Lebens vollen Akkorden, göttliche Natur! da waren wir immer, wie du, und nun auch da wir scheiden und die Freude stirbt, sind wir, wie du, voll Leidens und doch gut, drum soll ein reiner Mund uns zeugen, daß unsre Liebe heilig ist und wenig, so wie du."

„Ich zeug es", sprach die Mutter.

„Wir zeugen es", riefen die andern.

Nun war kein Wort mehr für uns übrig. Ich fühlte mein höchstes Herz; ich fühlte mich reif zum Abschied. „Jetzt will ich fort, ihr Lieben!" sagt ich, und das Leben schwand von allen Gesichtern. Diotima stand, wie ein Marmorbild, und ihre Hand starb fühlbar in meiner. Alles hatt ich um mich her getötet, ich war einsam und mir schwindelte vor der grenzenlosen Stille, wo mein überwallend Leben keinen Halt mehr fand.

„Ach!" rief ich, „mir ist's brennendheiß im Herzen, und ihr steht alle so kalt, ihr Lieben! und nur die Götter des Hauses neigen ihr Ohr? – Diotima! – du bist stille, du siehst nicht! – o wohl dir, daß du nicht siehst!"

„So geh nur", seufzte sie, „es muß ja sein; geh nur, du teures Herz!"

„O süßer Ton aus diesen Wonnelippen!" rief ich, und stand wie ein Betender, vor der holden Statue – „süßer Ton! noch *einmal* wehe mich an, noch *einmal* tage, liebes Augenlicht!"

„Rede so nicht, Lieber!" rief sie, „rede mir ernster, rede mit größerem Herzen mir zu!"

Ich wollte mich halten, aber ich war wie im Traume.

„Wehe!" rief ich, „das ist kein Abschied, wo man wiederkehrt."

„Du wirst sie töten", rief Notara. „Siehe, wie sanft sie ist, und du bist so außer dir."

Ich sahe sie an und Tränen stürzten mir aus brennendem Auge.

„So lebe denn wohl, Diotima!" rief ich, „Himmel meiner Liebe, lebe wohl! – Lasset uns stark sein, teure Freunde!

teure Mutter! ich gab dir Freude und Leid. Lebt wohl! lebt wohl!"

Ich wankte fort. Diotima folgte mir allein.

Es war Abend geworden und die Sterne gingen herauf am Himmel. Wir standen still unter dem Hause. Ewiges war in uns, über uns. Zart, wie der Äther, umwand mich Diotima. „Törichter, was ist denn Trennung?" flüsterte sie geheimnisvoll mir zu, mit dem Lächeln einer Unsterblichen.

„Es ist mir auch jetzt anders", sagt ich, „und ich weiß nicht, was von beiden ein Traum ist, mein Leiden oder meine Freudigkeit."

„Beides ist", erwiderte sie, „und beides ist gut."

„Vollendete!" rief ich, „ich spreche wie du. Am Sternenhimmel wollen wir uns erkennen. Er sei das Zeichen zwischen mir und dir, solange die Lippen verstummen."

„Das sei er!" sprach sie mit einem langsamen niegehörten Tone – es war ihr letzter. Im Dämmerlichte entschwand mir ihr Bild und ich weiß nicht, ob sie es wirklich war, da ich zum letzten Male mich umwandt' und die erlöschende Gestalt noch einen Augenblick vor meinem Auge zückte und dann in die Nacht verschied.

Hyperion an Bellarmin

Warum erzähl ich dir und wiederhole mein Leiden und rege die ruhelose Jugend wieder auf in mir? Ist's nicht genug, *einmal* das Sterbliche durchwandert zu haben? warum bleib ich im Frieden meines Geistes nicht stille?

Darum, mein Bellarmin! weil jeder Atemzug des Lebens unserm Herzen wert bleibt, weil alle Verwandlungen der reinen Natur auch mit zu ihrer Schöne gehören. Unsre Seele, wenn sie die sterblichen Erfahrungen ablegt und allein nur lebt in heiliger Ruhe, ist sie nicht, wie ein unbelaubter Baum? wie ein Haupt ohne Locken? Lieber Bellarmin! ich habe eine Weile geruht; wie ein Kind, hab ich unter den stillen Hügeln von Salamis gelebt, vergessen des Schicksals und des Strebens der Menschen. Seitdem ist manches anders in meinem Auge geworden, und ich habe nun so viel Frieden in mir, um ruhig zu bleiben, bei jedem Blick ins menschliche Leben. O Freund! am Ende söhnet der Geist mit allem uns aus. Du wirst's nicht glauben, wenigstens von mir nicht. Aber ich meine, du solltest sogar meinen Briefen es ansehn, wie meine Seele täglich stiller wird und stiller. Und ich will künftig noch so viel davon sagen, bis du es glaubst.

Hier sind Briefe von Diotima und mir, die wir uns nach meinem Abschied von Kalaurea geschrieben. Sie sind das Liebste, was ich dir vertraue. Sie sind das wärmste Bild aus jenen Tagen meines Lebens. Vom Kriegslärm sagen sie dir wenig. Desto mehr von meinem eigneren Leben und das ist's ja, was du willst. Ach und du mußt auch sehen, wie geliebt ich war. Das konnt ich nie dir sagen, das sagt Diotima nur.

Hyperion an Diotima

Ich bin erwacht aus dem Tode des Abschieds, meine Diotima! gestärkt, wie aus dem Schlafe, richtet mein Geist sich auf.

Ich schreibe dir von einer Spitze der epidaurischen Berge. Da dämmert fern in der Tiefe deine Insel, Diotima! und dorthinaus mein Stadium, wo ich siegen oder fallen muß. O Peloponnes! o ihr Quellen des Eurotas und Alpheus! Da wird es gelten! Aus den spartanischen Wäldern, da wird, wie ein Adler, der alte Landesgenius stürzen mit unsrem Heere, wie mit rauschenden Fittichen.

Meine Seele ist voll von Tatenlust und voll von Liebe, Diotima, und in die griechischen Täler blickt mein Auge hinaus, als sollt es magisch gebieten: steigt wieder empor, ihr Städte der Götter!

Ein Gott muß in mir sein, denn ich fühl auch unsere

Trennung kaum. Wie die seligen Schatten am Lethe, lebt jetzt meine Seele mit deiner in himmlischer Freiheit und das Schicksal waltet über unsre Liebe nicht mehr.

Hyperion an Diotima

Ich bin jetzt mitten im Peloponnes. In derselben Hütte, worin ich heute übernachte, übernachtete ich einst, da ich, beinahe noch Knabe, mit Adamas diese Gegenden durchzog. Wie saß ich da so glücklich auf der Bank vor dem Hause und lauschte dem Geläute der fernher kommenden Karawane und dem Geplätscher des nahen Brunnens, der unter blühenden Akazien sein silbern Gewässer ins Becken goß.

Jetzt bin ich wieder glücklich. Ich wandere durch dies Land, wie durch Dodonas Hain, wo die Eichen tönten von ruhmweissagenden Sprüchen. Ich sehe nur Taten, vergangene, künftige, wenn ich auch vom Morgen bis zum Abend unter freiem Himmel wandre. Glaube mir, wer dieses Land durchreist, und noch ein Joch auf seinem Halse duldet, kein Pelopidas wird, der ist herzleer, oder ihm fehlt es am Verstande.

So lange schlief's – so lange schlich die Zeit, wie der Höllenfluß, trüb und stumm, in ödem Müßiggange vorüber?

Und doch liegt alles bereit. Voll rächerischer Kräfte ist das Bergvolk hieherum, liegt da, wie eine schweigende Wetterwolke, die nur des Sturmwinds wartet, der sie treibt. Diotima! laß mich den Othem Gottes unter sie hauchen, laß mich ein Wort von Herzen an sie reden, Diotima. Fürchte nichts! Sie werden so wild nicht sein. Ich kenne die rohe Natur. Sie höhnt der Vernunft, sie stehet aber im Bunde mit der Begeisterung. Wer nur mit ganzer Seele wirkt, irrt nie. Er bedarf des Klügelns nicht, denn keine Macht ist wider ihn.

Hyperion an Diotima

Morgen bin ich bei Alabanda. Es ist mir eine Lust, den Weg nach Koron zu erfragen, und ich frage öfter, als nötig ist. Ich möchte die Flügel der Sonne nehmen und hin zu ihm und doch zaudr ich auch so gerne und frage: wie wird er sein?

Der königliche Jüngling! warum bin ich später geboren? warum sprang ich nicht aus *einer* Wiege mit ihm? Ich kann den Unterschied nicht leiden, der zwischen uns ist. O warum lebt ich, wie ein müßiger Hirtenknabe, zu Tina, und träumte nur von seinesgleichen noch erst, da er schon in lebendiger Arbeit die Natur erprüfte und mit Meer und Luft und allen Elementen schon rang? trieb's denn in mir nach Tatenwonne nicht auch?

Aber ich will ihn einholen, ich will schnell sein. Beim Himmel! ich bin überreif zur Arbeit. Meine Seele tobt nur gegen sich selbst, wenn ich nicht bald durch ein lebendig Geschäft mich befreie.

Hohes Mädchen! wie konnt ich bestehen vor dir? Wie war dir's möglich, so ein tatlos Wesen zu lieben?

Hyperion an Diotima

Ich hab ihn, teure Diotima!

Leicht ist mir die Brust und schnell sind meine Sehnen, ha! und die Zukunft reizt mich, wie eine klare Wassertiefe uns reizt, hinein zu springen und das übermütige Blut im frischen Bade zu kühlen. Aber das ist Geschwätz. Wir sind uns lieber, als je, mein Alabanda und ich. Wir sind freier umeinander und doch ist's alle die Fülle und Tiefe des Lebens, wie sonst.

O wie hatten die alten Tyrannen so recht, Freundschaften, wie die unsere, zu verbieten! Da ist man stark, wie ein Halbgott, und duldet nichts Unverschämtes in seinem Bezirke! –

Es war des Abends, da ich in sein Zimmer trat. Er hatte eben die Arbeit beiseite gelegt, saß in einer mondhellen Ecke am Fenster und pflegte seiner Gedanken. Ich stand im Dunkeln, er erkannte mich nicht, sah unbekümmert gegen mich her. Der Himmel weiß, für wen er mich halten mochte. „Nun, wie geht es?" rief er. „So ziemlich!" sagt ich. Aber das Heucheln war umsonst. Meine Stimme war voll geheimen Frohlockens. „Was ist das?" fuhr er auf; „bist du's?" – „Ja wohl, du Blinder!" rief ich, und flog ihm in die Arme. „O nun!" rief Alabanda endlich, „nun soll es anders werden, Hyperion!"

„Das denk ich", sagt ich und schüttelte freudig seine Hand.

„Kennst du mich denn noch", fuhr Alabanda fort nach einer Weile, „hast du den alten frommen Glauben noch an Alabanda? Großmütiger! mir ist es nimmer indes so wohl gegangen, als da ich im Lichte deiner Liebe mich fühlte."

„Wie?" rief ich, „fragt dies Alabanda? Das war nicht stolz gesprochen, Alabanda. Aber es ist das Zeichen dieser Zeit, daß die alte Heroennatur um Ehre betteln geht, und das lebendige Menschenherz, wie eine Waise, um einen Tropfen Liebe sich kümmert."

„Lieber Junge!" rief er; „ich bin eben alt geworden. Das schlaffe Leben überall und die Geschichte mit den Alten, zu denen ich in Smyrna dich in die Schule bringen wollte –."

„O es ist bitter", rief ich; „auch an diesen wagte sich die Todesgöttin, die Namenlose, die man Schicksal nennt."

Es wurde Licht gebracht und wir sahn von neuem mit leisem, liebendem Forschen uns an. Die Gestalt des Teuren war sehr anders geworden seit den Tagen der Hoffnung. Wie die Mittagssonne vom bleichen Himmel, funkelte sein großes ewiglebendes Auge vom abgeblühten Gesichte mich an.

„Guter!" rief Alabanda mit freundlichem Unwillen, da ich ihn so ansah, „laß die Wehmutsblicke, guter Junge! Ich weiß es wohl, ich bin herabgekommen. O mein Hyperion! ich sehne mich sehr nach etwas Großem und Wahrem und ich hoffe es zu finden mit dir. Du bist mir über den Kopf gewachsen, du bist freier und stärker, wie ehmals, und siehe! das freut mich herzlich. Ich bin das dürre Land und du kommst, wie ein glücklich Gewitter – o es ist herrlich, daß du da bist!"

„Stille!" sagt ich, „du nimmst mir die Sinnen, und wir sollten gar nicht von uns sprechen, bis wir im Leben, unter den Taten sind."

„Ja wohl!" rief Alabanda freudig, „erst, wenn das Jagdhorn schallt, da fühlen sich die Jäger."

„Wird's denn bald angehn?" sagt ich.

„Es wird", rief Alabanda, „und ich sage dir, Herz! es soll ein ziemlich Feuer werden. Ha! mag's doch reichen bis an die Spitze des Turms und seine Fahne schmelzen und um ihn wüten und wogen, bis er berstet und stürzt! – und stoße dich nur an unsern Bundsgenossen nicht. Ich weiß es wohl, die guten Russen möchten uns gerne, wie Schießgewehre, brauchen. Aber laß das gut sein! haben nur erst unsere kräftigen Spartaner bei Gelegenheit erfahren, wer sie sind und was sie können, und haben wir so den Peloponnes erobert, so lachen wir dem Nordpol ins Angesicht und bilden uns ein eigenes Leben."

„Ein eignes Leben", rief ich, „ein neu, ein ehrsames Leben. Sind wir denn, wie ein Irrlicht, aus dem Sumpfe geboren oder stammen wir von den Siegern bei Salamis ab? Wie ist's denn nun? wie bist du denn zur Magd geworden, griechische freie Natur? wie bist du so herabgekommen, väterlich Geschlecht, von dem das Götterbild des Jupiter und des Apoll einst nur die Kopie war? – Aber höre mich, Ioniens Himmel! höre mich, Vaterlandserde, die du dich halbnackt, wie eine Bettlerin, mit den Lappen deiner alten Herrlichkeit umkleidest, ich will es länger nicht dulden!"

„O Sonne, die uns erzog!" rief Alabanda, „zusehn sollst du, wenn unter der Arbeit uns der Mut wächst, wenn unter den Schlägen des Schicksals unser Entwurf, wie das Eisen unter dem Hammer sich bildet."

Es entzündete einer den andern.

„Und daß nur kein Flecken hängen bleibe", rief ich, „kein Posse, womit uns das Jahrhundert, wie der Pöbel die Wände, bemalt!" – „Oh", rief Alabanda, „darum ist der Krieg auch so gut –."

„Recht, Alabanda", rief ich, „so wie alle große Arbeit, wo des Menschen Kraft und Geist und keine Krücke und kein wächserner Flügel hilft. Da legen wir die Sklavenkleider ab, worauf das Schicksal uns sein Wappen gedrückt –."

„Da gilt nichts Eitles und Anerzwungenes mehr", rief Alabanda, „da gehn wir schmucklos, fessellos, nackt, wie im Wettlauf zu Nemea, zum Ziele."

„Zum Ziele", rief ich, „wo der junge Freistaat dämmert und das Pantheon alles Schönen aus griechischer Erde sich hebt."

Alabanda schwieg eine Weile. Eine neue Röte stieg auf in seinem Gesichte, und seine Gestalt wuchs, wie die erfrischte Pflanze, in die Höhe.

„O Jugend! Jugend!" rief er, „dann will ich trinken aus deinem Quell, dann will ich leben und lieben. Ich bin sehr freudig, Himmel der Nacht", fuhr er, wie trunken, fort, indem er unter das Fenster trat, „wie eine Rebenlaube, überwölbest du mich, und deine Sterne hängen, wie Trauben, herunter."

Hyperion an Diotima

Es ist mein Glück, daß ich in voller Arbeit lebe. Ich müßt in eine Torheit um die andere fallen, so voll ist meine Seele, so berauscht der Mensch mich, der wunderbare, der stolze, der nichts liebt, als mich, und alle Demut, die in ihm ist, nur auf mich häuft. O Diotima! dieser Alabanda hat geweint vor mir, hat, wie ein Kind, mir's abgebeten, was er mir in Smyrna getan.

Wer bin ich dann, ihr Lieben, daß ich mein euch nenne, daß ich sagen darf, sie sind mein eigen, daß ich, wie ein Eroberer, zwischen euch steh und euch, wie meine Beute, umfasse.

O Diotima! o Alabanda! edle, ruhiggroße Wesen! wie muß ich vollenden, wenn ich nicht fliehn will vor meinem Glücke, vor euch?

Eben, während ich schrieb, erhielt ich deinen Brief, du Liebe.

Traure nicht, holdes Wesen, traure nicht! Spare dich, unversehrt von Gram, den künftigen Vaterlandsfesten! Diotima! dem glühenden Festtag der Natur, dem spare dich auf und all den heitern Ehrentagen der Götter!

Siehest du Griechenland nicht schon?

O siehest du nicht, wie, froh der neuen Nachbarschaft, die ewigen Sterne lächeln über unsern Städten und Hainen, wie das alte Meer, wenn es unser Volk lustwandelnd am Ufer sieht, der schönen Athener wieder gedenkt und wieder Glück uns bringt, wie damals seinen Lieblingen, auf fröhlicher Woge?

Seelenvolles Mädchen! du bist so schön schon itzt! wie wirst du dann erst, wenn das echte Klima dich nährt, in entzückender Glorie blühn!

Diotima an Hyperion

Ich hatte die meiste Zeit mich eingeschlossen, seit du fort bist, lieber Hyperion! Heute war ich wieder einmal draußen.

In holder Februarluft hab ich Leben gesammelt und bringe das gesammelte dir. Es hat auch mir noch wohlgetan, das frische Erwarmen des Himmels, noch hab ich sie mitgefühlt, die neue Wonne der Pflanzenwelt, der reinen, immergleichen, wo alles trauert und sich wieder freut zu seiner Zeit.

Hyperion! o mein Hyperion! warum gehn wir denn die stillen Lebenswege nicht auch? Es sind heilige Namen, Winter und Frühling und Sommer und Herbst! wir aber kennen sie nicht. Ist es nicht Sünde, zu trauern im Frühling? warum tun wir es dennoch?

Vergib mir! die Kinder der Erde leben durch die Sonne allein; ich lebe durch dich, ich habe andre Freuden, ist es denn ein Wunder, wenn ich andre Trauer habe? und muß ich trauern? muß ich denn?

Mutiger! lieber! sollt ich welken, wenn du glänzest? sollte mir das Herz ermatten, wenn die Siegslust dir in allen Sehnen erwacht? Hätt ich ehmals gehört, ein griechischer Jüngling mache sich auf, das gute Volk aus seiner Schmach zu ziehn, es der mütterlichen Schönheit, der es entstammte, wieder zu bringen, wie hätt ich aufgestaunt aus dem Traume der Kindheit und gedürstet nach dem Bilde des Teuren? und nun er da ist, nun er mein ist, kann ich noch weinen? o des albernen Mädchens! ist es denn nicht wirklich? ist er der Herrliche nicht, und ist er nicht mein! o ihr Schatten seliger Zeit! ihr meine trauten Erinnerungen!

Ist mir doch, als wär er kaum von gestern, jener Zauberabend, da der heil'ge Fremdling mir zum ersten Male begegnete, da er, wie ein trauernder Genius, hereinglänzt' in die Schatten des Walds, wo im Jugendtraume das unbekümmerte Mädchen saß – in der Mailuft kam er, in Ioniens zaubrischer Mailuft und sie macht' ihn blühender mir, sie lockt' ihm das Haar, entfaltet' ihm, wie Blumen, die Lippen, löst' in Lächeln die Wehmut auf und o ihr Strahlen des Himmels! wie leuchtetet ihr aus diesen Augen mich an, aus diesen berauschenden Quellen, wo im Schatten umschirmender Bogen ewig Leben schimmert und wallt! –

Gute Götter! wie er schön ward mit dem Blick auf mich! wie der ganze Jüngling, eine Spanne größer geworden, in leichter Nerve dastand, nur daß ihm die lieben Arme, die bescheidnen, niedersanken, als wären sie nichts! und wie er drauf emporsah im Entzücken, als wär ich gen Himmel entflogen und nicht mehr da, ach! wie er nun in aller Herzensanmut lächelt' und errötete, da er wieder mich gewahr ward und unter den dämmernden Tränen sein Phöbusauge durchstrahlt', um zu fragen, bist du's? bist du es wirklich?

Und warum begegnet' er so frommen Sinnes, so voll lieben Aberglaubens mir? warum hatt er erst sein Haupt gesenkt, warum war der Götterjüngling so voll Sehnens und Trauerns? Sein Genius war zu selig, um allein zu bleiben, und zu arm die Welt, um ihn zu fassen. O es war ein liebes Bild, gewebt von Größe und Leiden! Aber nun ist's anders! mit dem Leiden ist's aus! Er hat zu tun bekommen, er ist der Kranke nicht mehr! –

Ich war voll Seufzens, da ich anfing, dir zu schreiben, mein Geliebter! Jetzt bin ich lauter Freude. So spricht man über dir sich glücklich. Und siehe! so soll's auch bleiben. Lebe wohl!

Hyperion an Diotima

Wir haben noch zu gutem Ende dein Fest gefeiert, schönes Leben! ehe der Lärm beginnt. Es war ein himmlischer Tag. Das holde Frühjahr weht' und glänzte vom Orient her, entlockt' uns deinen Namen, wie es den Bäumen die Blüten entlockt, und alle seligen Geheimnisse der Liebe entatmeten mir. Eine Liebe, wie die unsre, war dem Freunde nie erschienen, und es war entzückend, wie der stolze Mensch aufmerkte und Auge und Geist ihm glühte, dein Bild, dein Wesen zu fassen.

„Oh“, rief er endlich, „da ist's wohl der Mühe wert, für unser Griechenland zu streiten, wenn es solche Gewächse noch trägt!“

„Ja wohl, mein Alabanda“, sagt ich; „da gehn wir heiter in den Kampf, da treibt uns himmlisch Feuer zu Taten, wenn unser Geist vom Bilde solcher Naturen verjüngt ist, und da läuft man auch nach einem kleinen Ziele nicht, da sorgt man nicht für dies und das und künstelt, den Geist nicht achtend, von außen und trinkt um des Kelchs willen den Wein; da ruhn wir dann erst, Alabanda, wenn des Genius Wonne kein Geheimnis mehr ist, dann erst, wenn die Augen all in Triumphbogen sich wandeln, wo der Menschengeist, der langabwesende, hervorglänzt aus den Irren und Leiden und siegesfroh den väterlichen Äther grüßt. – Ha! an der Fahne allein soll niemand unser künftig Volk erkennen; es muß sich alles verjüngen, es muß von Grund aus anders sein; voll Ernsts die Lust und heiter alle Arbeit! nichts, auch das Kleinste, das Alltäglichste nicht ohne den Geist und die Götter! Lieb und Haß und jeder Laut von uns muß die gemeinere Welt befremden und auch kein Augenblick darf *einmal* noch uns mahnen an die platte Vergangenheit!"

Hyperion an Diotima

Der Vulkan bricht los. In Koron und Modon werden die Türken belagert und wir rücken mit unserem Bergvolk gegen den Peloponnes hinauf.

Nun hat die Schwermut all ein Ende, Diotima, und mein Geist ist fester und schneller, seit ich in lebendiger Arbeit bin und sieh! ich habe nun auch eine Tagesordnung.

Mit der Sonne beginn ich. Da geh ich hinaus, wo im Schatten des Walds mein Kriegsvolk liegt und grüße die tausend hellen Augen, die jetzt vor mir mit wilder Freundlichkeit sich auftun. Ein erwachendes Heer! ich kenne nichts Gleiches und alles Leben in Städten und Dörfern ist, wie ein Bienenschwarm, dagegen.

Der Mensch kann's nicht verleugnen, daß er einst glücklich war, wie die Hirsche des Forsts, und nach unzähligen Jahren klimmt noch in uns ein Sehnen nach den Tagen der Urwelt, wo jeder die Erde durchstreifte, wie ein Gott, eh, ich weiß nicht was? den Menschen zahm gemacht, und noch, statt Mauern und totem Holz, die Seele der Welt, die heilige Luft allgegenwärtig ihn umfing.

Diotima! mir geschieht oft wunderbar, wenn ich mein unbekümmert Volk durchgehe und, wie aus der Erde gewachsen, einer um den andern aufsteht und dem Morgenlicht entgegen sich dehnt, und unter den Haufen der Männer die knatternde Flamme emporsteigt, wo die Mutter sitzt mit dem frierenden Kindlein, wo die erquickende Speise kocht, indes die Rosse, den Tag witternd, schnauben und schrein, und der Wald ertönt von allerschütternder Kriegsmusik, und rings von Waffen schimmert und rauscht – aber das sind Worte und die eigne Lust von solchem Leben erzählt sich nicht.

Dann sammelt mein Haufe sich um mich her, mit Lust, und es ist wunderbar, wie auch die Ältesten und Trotzigsten in aller meiner Jugend mich ehren. Wir werden vertrauter und mancher erzählt, wie's ihm erging im Leben und mein Herz schwillt oft von mancherlei Schicksal. Dann fang ich an, von besseren Tagen zu reden, und glänzend gehn die Augen ihnen auf, wenn sie des Bundes gedenken, der uns einigen soll, und das stolze Bild des werdenden Freistaats dämmert vor ihnen.

Alles für jeden und jeder für alle! Es ist ein freudiger Geist in den Worten und er ergreift auch immer meine Menschen, wie Göttergebot. O Diotima! so zu sehn, wie von Hoffnungen da die starre Natur erweicht und all ihre Pulse mächtiger schlagen und von Entwürfen die verdüsterte Stirne sich entfaltet und glänzt, so da zu stehn in einer Sphäre von Menschen, umrungen von Glauben und Lust, das ist doch mehr, als Erd und Himmel und Meer in aller ihrer Glorie zu schaun.

Dann üb ich sie in Waffen und Märschen bis um Mittag. Der frohe Mut macht sie gelehrig, wie er zum Meister mich macht. Bald stehn sie dichtgedrängt in mazedonischer Reih und regen den Arm nur, bald fliegen sie, wie Strahlen, auseinander zum gewagteren Streit in einzelnen Haufen, wo die geschmeidige Kraft in jeder Stelle sich ändert und jeder selbst sein Feldherr ist, und sammeln sich wieder in sicherem Punkt – und immer, wo sie gehen und stehn in solchem Waffentanze, schwebt ihnen und mir das Bild der Tyrannenknechte und der ernstere Walplatz vor Augen.

Drauf, wenn die Sonne heißer scheint, wird Rat gehalten im Innern des Walds und es ist Freude, so mit stillen Sinnen über der großen Zukunft zu walten. Wir nehmen dem Zufall die Kraft, wir meistern das Schicksal. Wir lassen Widerstand nach unserem Willen entstehn, wir reizen den Gegner zu dem, worauf wir gerüstet sind. Oder sehen wir zu und scheinen furchtsam und lassen ihn näher kommen, bis er das Haupt zum Schlag uns reicht, auch nehmen wir ihm mit Schnelle die Fassung und das ist meine Panacee. Doch halten die erfahrneren Ärzte nichts auf solche alles-heilende Mittel.

Wie wohl ist dann des Abends mir bei meinem Alabanda, wenn wir zur Lust auf muntern Rossen die sonnenroten Hügel umschweifen, und auf den Gipfeln, wo wir weilen, die Luft in den Mähnen unserer Tiere spielt, und das freundliche Säuseln in unsere Gespräche sich mischt, indes wir hinaussehn in die Fernen von Sparta, die unser Kampfpreis sind! und wenn wir nun zurück sind und zusammensitzen in lieblicher Kühle der Nacht, wo uns der Becher duftet und das Mondlicht unser spärlich Mahl bescheint und mitten in unsrer lächelnden Stille die Geschichte der Alten, wie eine Wolke, aufsteigt aus dem heiligen Boden, der uns trägt, wie selig ist's da, in solchem Momente sich die Hände zu reichen!

Dann spricht wohl Alabanda noch von manchem, den die Langeweile des Jahrhunderts peinigt, von so mancher wunderbaren krummen Bahn, die sich das Leben bricht, seitdem sein grader Gang gehemmt ist, dann fällt mir auch mein Adamas ein, mit seinen Reisen, seiner eignen Sehnsucht in das innere Asien hinein – das sind nur Notbehelfe, guter Alter! möcht ich dann ihm rufen, komm! und baue deine Welt! mit uns! denn unsre Welt ist auch die deine.

Auch die deine, Diotima, denn sie ist die Kopie von dir. O du, mit deiner Elysiumsstille, könnten wir das schaffen, was du bist!

Hyperion an Diotima

Wir haben jetzt dreimal in einem fort gesiegt in kleinen Gefechten, wo aber die Kämpfer sich durchkreuzten, wie Blitze, und alles *eine* verzehrende Flamme war. Navarin ist unser und wir stehen jetzt vor der Feste Misistra, dem Überreste des alten Sparta. Ich hab auch die Fahne, die ich einer albanischen Horde entriß, auf eine Ruine gepflanzt, die vor der Stadt liegt, habe vor Freude meinen türkischen Kopfbund in den Eurotas geworfen und trage seitdem den griechischen Helm.

Und nun möcht ich dich sehen, o Mädchen! sehen möcht ich dich und deine Hände nehmen und an mein Herz sie drücken, dem die Freude nun bald vielleicht zu groß ist! bald! in einer Woche vielleicht ist er befreit, der alte, edle, heilige Peloponnes.

O dann, du Teure! lehre mich fromm sein! dann lehre mein überwallend Herz ein Gebet! Ich sollte schweigen, denn was hab ich getan? und hätt ich etwas getan, wovon ich sprechen möchte, wieviel ist dennoch übrig? Aber was kann ich dafür, daß mein Gedanke schneller ist, wie die Zeit? Ich wollte so gern, es wäre umgekehrt und die Zeit und die Tat überflöge den Gedanken und der geflügelte Sieg übereilte die Hoffnung selbst.

Mein Alabanda blüht, wie ein Bräutigam. Aus jedem seiner Blicke lacht die kommende Welt mich an, und daran still ich noch die Ungeduld so ziemlich.

Diotima! ich möchte dieses werdende Glück nicht um die schönste Lebenszeit des alten Griechenlands vertauschen, und der kleinste unsrer Siege ist mir lieber, als Marathon und Thermopylä und Platea. Ist's nicht wahr? Ist nicht dem Herzen das genesende Leben mehr wert, als das reine, das die Krankheit noch nicht kennt? Erst wenn die Jugend hin ist, lieben wir sie, und dann erst, wenn die verlorne wiederkehrt, beglückt sie alle Tiefen der Seele.

Am Eurotas stehet mein Zelt, und wenn ich nach Mitternacht erwache, rauscht der alte Flußgott mahnend mir vorüber, und lächelnd nehm ich die Blumen des Ufers, und streue sie in seine glänzende Welle und sag ihm: Nimm es zum Zeichen, du Einsamer! Bald umblüht das alte Leben dich wieder.

Diotima an Hyperion

Ich habe die Briefe erhalten, mein Hyperion, die du unterwegens mir schriebst. Du ergreifst mich gewaltig mit allem, was du mir sagst, und mitten in meiner Liebe schaudert mich oft, den sanften Jüngling, der zu meinen Füßen geweint, in dieses rüstige Wesen verwandelt zu sehn.

Wirst du denn nicht die Liebe verlernen?

Aber wandle nur zu! Ich folge dir. Ich glaube, wenn du mich hassen könntest, würd ich auch da sogar dir nachempfinden, würde mir Mühe geben, dich zu hassen und so blieben unsre Seelen sich gleich und das ist kein eitelübertrieben Wort, Hyperion.

Ich bin auch selbst ganz anders, wie sonst. Mir mangelt der heitre Blick in die Welt und die freie Lust an allem Lebendigen. Nur das Feld der Sterne zieht mein Auge noch an. Dagegen denk ich um so lieber an die großen Geister der Vorwelt und wie sie geendet haben auf Erden, und die hohen spartanischen Frauen haben mein Herz gewonnen. Dabei vergeß ich nicht die neuen Kämpfer, die kräftigen, deren Stunde gekommen ist, oft hör ich ihren Siegslärm durch den Peloponnes herauf mir näher brausen und näher, oft seh ich sie, wie eine Katarakte, dort herunterwogen durch die epidaurischen Wälder und ihre Waffen fernher glänzen im Sonnenlichte, das, wie ein Herold, sie geleitet, o mein Hyperion! und du kömmst geschwinde nach Kalaurea herüber und grüßest die stillen Wälder unserer Liebe, grüßest mich, und fliegst nun wieder zu deiner Arbeit zurück; – und denkst du, ich fürchte den Ausgang? Liebster! manchmal will's mich überfallen, aber meine größern Gedanken halten, wie Flammen, den Frost ab. –

Lebe wohl! vollende, wie es der Geist dir gebeut! und laß den Krieg zu lange nicht dauern, um des Friedens willen, Hyperion, um des schönen, neuen, goldenen Friedens willen, wo, wie du sagtest, einst in unser Rechtsbuch eingeschrieben werden die Gesetze der Natur, und wo das Leben selbst, wo sie, die göttliche Natur, die in kein Buch geschrieben werden kann, im Herzen der Gemeinde sein wird. Lebe wohl.

Hyperion an Diotima

Du hättest mich besänftigen sollen, meine Diotima! hättest sagen sollen, ich möchte mich nicht übereilen, möchte dem Schicksal nach und nach den Sieg abnötigen, wie kargen Schuldnern die Summe. O Mädchen! stille zu stehn, ist schlimmer, wie alles. Mir trocknet das Blut in den Adern, so dürst ich, weiterzukommen und muß hier müßig stehn, muß belagern und belagern, den einen Tag, wie den andern. Unser Volk will stürmen, aber das würde die aufgeregten Gemüter zum Rausch erhitzen und wehe dann unsern Hoffnungen, wenn das wilde Wesen aufgärt und die Zucht und die Liebe zerreißt.

Ich weiß nicht, es kann nur noch einige Tage dauern, so muß Misistra sich ergeben, aber ich wollte, wir wären weiter. Im Lager hier ist's mir, wie in gewitterhafter Luft. Ich bin ungeduldig, auch meine Leute gefallen mir nicht. Es ist ein furchtbarer Mutwill unter ihnen.

Aber ich bin nicht klug, daß ich so viel aus meiner Laune mache. Und das alte Lazedämon ist's ja doch wohl wert, daß man ein wenig Sorge leidet, eh man es hat.

Hyperion an Diotima

Es ist aus, Diotima! unsre Leute haben geplündert, gemordet, ohne Unterschied, auch unsre Brüder sind erschlagen, die Griechen in Misistra, die Unschuldigen, oder irren sie hülflos herum und ihre tote Jammermiene ruft Himmel und Erde zur Rache gegen die Barbaren, an deren Spitze ich war.

Nun kann ich hingehn und von meiner guten Sache predigen. O nun fliegen alle Herzen mir zu!

Aber ich hab's auch klug gemacht. Ich habe meine Leute gekannt. In der Tat! es war ein außerordentlich Projekt, durch eine Räuberbande mein Elysium zu pflanzen.

Nein! bei der heiligen Nemesis! mir ist recht geschehn und ich will's auch dulden, dulden will ich, bis der Schmerz mein letzt Bewußtsein mir zerreißt.

Denkst du, ich tobe? Ich habe eine ehrsame Wunde, die einer meiner Getreuen mir schlug, indem ich den Greuel abwehrte. Wenn ich tobte, so riss' ich die Binde von ihr, und so ränne mein Blut, wohin es gehört, in diese trauernde Erde.

Diese trauernde Erde! die nackte! so ich kleiden wollte mit heiligen Hainen, so ich schmücken wollte mit allen Blumen des griechischen Lebens!

O es wäre schön gewesen, meine Diotima.

Nennst du mich mutlos? Liebes Mädchen! es ist des Unheils zu viel. An allen Enden brechen wütende Haufen herein; wie eine Seuche, tobt die Raubgier in Morea und wer nicht auch das Schwert ergreift, wird verjagt, geschlachtet und dabei sagen die Rasenden, sie fechten für unsre Freiheit. Andre des rohen Volks sind von dem Sultan bestellt und treiben's, wie jene.

Eben hör ich, unser ehrlos Heer sei nun zerstreut. Die Feigen begegneten bei Tripolissa einem albanischen Haufen, der um die Hälfte geringer an Zahl war. Weil's aber nichts zu plündern gab, so liefen die Elenden alle davon.

Die Russen, die mit uns den Feldzug wagten, vierzig brave Männer, hielten allein aus, fanden auch alle den Tod.

Und so bin ich nun mit meinem Alabanda wieder einsam, wie zuvor. Seitdem der Treue mich fallen und bluten sah in Misistra, hat er alles andre vergessen, seine Hoffnungen, seine Siegslust, seine Verzweiflung. Der Ergrimmte, der unter die Plünderer stürzte, wie ein strafender Gott, der führte nun so sanft mich aus dem Getümmel, und seine Tränen netzten mein Kleid. Er blieb auch bei mir in der Hütte, wo ich seitdem lag und ich freue mich nun erst recht darüber. Denn wär er mit fortgezogen, so läg er jetzt bei Tripolissa im Staub.

Wie es weiter werden soll, das weiß ich nicht. Das Schicksal stößt mich ins Ungewisse hinaus und ich hab es verdient; von dir verbannt mich meine eigene Scham und wer weiß, wie lange?

Ach! ich habe dir ein Griechenland versprochen und du bekommst ein Klaglied nun dafür. Sei selbst dein Trost!

Hyperion an Diotima

Ich bringe mich mit Mühe zu Worten.

Man spricht wohl gerne, man plaudert, wie die Vögel, solange die Welt, wie Mailuft, einen anweht; aber zwischen Mittag und Abend kann es anders werden, und was ist verloren am Ende?

Glaube mir und denk, ich sag's aus tiefer Seele dir: die Sprache ist ein großer Überfluß. Das Beste bleibt doch immer für sich und ruht in seiner Tiefe, wie die Perle im Grunde des Meers. – Doch was ich eigentlich dir schreiben wollte, weil doch einmal das Gemälde seinen Rahmen und der Mann sein Tagwerk haben muß, so will ich noch auf eine Zeitlang Dienste nehmen bei der russischen Flotte; denn mit den Griechen hab ich weiter nichts zu tun.

O teures Mädchen! es ist sehr finster um mich geworden!

Hyperion an Diotima

Ich habe gezaudert, gekämpft. Doch endlich muß es sein.

Ich sehe, was notwendig ist, und weil ich es sehe, so soll es auch werden. Mißdeute mich nicht! verdamme mich nicht! ich muß dir raten, daß du mich verlässest, meine Diotima.

Ich bin für dich nichts mehr, du holdes Wesen! Dies Herz ist dir versiegt, und meine Augen sehen das Lebendige nicht mehr. O meine Lippen sind verdorrt; der Liebe süßer Hauch quillt mir im Busen nicht mehr.

Ein Tag hat alle Jugend mir genommen; am Eurotas hat mein Leben sich müde geweint, ach! am Eurotas, der in rettungsloser Schmach an Lazedämons Schutt vorüberklagt, mit allen seinen Wellen. Da, da hat mich das Schicksal abgeerntet. – Soll ich deine Liebe, wie ein Almosen, besitzen? – Ich bin so gar nichts, bin so ruhmlos, wie der ärmste Knecht. Ich bin verbannt, verflucht, wie ein gemeiner Rebell und mancher Grieche in Morea wird von unsern Heldentaten, wie von einer Diebsgeschichte, seinen Kindeskindern künftighin erzählen.

Ach! und eines hab ich lange dir verschwiegen. Feierlich verstieß mein Vater mich, verwies mich ohne Rückkehr aus dem Hause meiner Jugend, will mich nimmer wieder sehen, nicht in diesem, noch im andern Leben, wie er sagt. So lautet die Antwort auf den Brief, worin ich mein Beginnen ihm geschrieben.

Nun laß dich nur das Mitleid nimmer irre führen. Glaube mir, es bleibt uns überall noch eine Freude. Der echte Schmerz begeistert. Wer auf sein Elend tritt, steht höher. Und das ist herrlich, daß wir erst im Leiden recht der Seele Freiheit fühlen. Freiheit! wer das Wort versteht – es ist ein tiefes Wort, Diotima. Ich bin so innigst angefochten, bin so unerhört gekränkt, bin ohne Hoffnung, ohne Ziel, bin gänzlich ehrlos, und doch ist eine Macht in mir, ein Unbezwingliches, das mein Gebein mit süßen Schauern durchdringt, sooft es rege wird in mir.

Auch hab ich meinen Alabanda noch. Der hat so wenig zu gewinnen, als ich selbst. Den kann ich ohne Schaden mir behalten. Ach! der königliche Jüngling hätt ein besser Los verdient. Er ist so sanft geworden und so still. Das will mir oft das Herz zerreißen. Aber einer erhält den andern. Wir sagen uns nichts; was sollten wir uns sagen? aber es ist denn doch ein Segen in manchem kleinen Liebesdienste, den wir uns leisten.

Da schläft er und lächelt genügsam, mitten in unsrem Schicksal. Der Gute! er weiß nicht, was ich tue. Er würd es nicht dulden. Du mußt an Diotima schreiben, gebot er mir, und mußt ihr sagen, daß sie bald mit dir sich aufmacht, in ein leidlicher Land zu fliehn. Aber er weiß nicht, daß ein Herz, das so verzweifeln lernte, wie seines und wie meines, der Geliebten nichts mehr ist. Nein! nein! du fändest ewig keinen Frieden bei Hyperion, du müßtest untreu werden und das will ich dir ersparen.

Und so lebe denn wohl, du süßes Mädchen! lebe wohl! Ich möchte dir sagen, gehe dahin, gehe dorthin; da rauschen die Quellen des Lebens. Ich möcht ein freier Land, ein Land voll Schönheit und voll Seele dir zeigen und sagen: dahin rette dich! Aber o Himmel! könnt ich dies, so wär ich auch ein andrer und so müßt ich auch nicht Abschied nehmen – Abschied nehmen? Ach! ich weiß nicht, was ich tue. Ich wähnte mich so gefaßt, so besonnen. Jetzt schwindelt mir und mein Herz wirft sich umher, wie ein ungeduldiger Kranker. Weh über mich! ich richte meine letzte Freude zu Grunde. Aber es muß sein und das Ach! der Natur ist hier umsonst. Ich bin's dir schuldig, und ich bin ja ohnedies dazu geboren, heimatlos und ohne Ruhestätte zu sein. O Erde! o ihr Sterne! werde ich nirgends wohnen am Ende?

Noch *einmal* möcht ich wiederkehren an deinen Busen, wo es auch wäre! Ätheraugen! Einmal noch mir wieder begegnen in euch! an deinen Lippen hängen, du Liebliche! du Unaussprechliche! und in mich trinken dein entzückend heiligsüßes Leben – aber höre das nicht! ich bitte dich, achte das nicht! Ich würde sagen, ich sei ein Verführer, wenn du es hörtest. Du kennst mich, du verstehst mich. Du weißt, wie tief du mich achtest, wenn du mich nicht bedauerst, mich nicht hörst.

Ich kann, ich darf nicht mehr – wie mag der Priester leben, wo sein Gott nicht mehr ist? O Genius meines Volks! o Seele Griechenlands! ich muß hinab, ich muß im Totenreiche dich suchen.

Hyperion an Diotima

Ich habe lange gewartet, ich will es dir gestehn, ich habe sehnlich auf ein Abschiedswort aus deinem Herzen gehofft, aber du schweigst. Auch das ist eine Sprache deiner schönen Seele, Diotima.

Nicht wahr, die heiligern Akkorde hören darum denn doch nicht auf? nicht wahr, Diotima, wenn auch der Liebe sanftes Mondlicht untergeht, die höhern Sterne ihres Himmels leuchten noch immer? O das ist ja meine letzte Freude, daß wir unzertrennlich sind, wenn auch kein Laut vor dir zu mir, kein Schatte unsrer holden Jugendtage mehr zurückkehrt!

Ich schaue hinaus in die abendrötliche See, ich strecke meine Arme aus nach der Gegend, wo du ferne lebst und meine Seele erwarmt noch einmal an allen Freuden der Liebe und Jugend.

O Erde! meine Wiege! alle Wonne und aller Schmerz ist in dem Abschied, den wir von dir nehmen.

Ihr lieben Ionischen Inseln! und du, mein Kalaurea, und du, mein Tina, ihr seid mir all im Auge, so fern ihr seid und mein Geist fliegt mit den Lüftchen über die regen Gewässer; und die ihr dort zur Seite mir dämmert, ihr Ufer von Teos und Ephesus, wo ich einst mit Alabanda ging in den Tagen der Hoffnung, ihr scheint mir wieder, wie damals, und ich möcht hinüberschiffen ans Land und den Boden küssen und den Boden erwärmen an meinem Busen, und alle süßen Abschiedsworte stammeln vor der schweigenden Erde, eh ich auffliege ins Freie.

Schade, schade, daß es jetzt nicht besser zugeht unter den Menschen, sonst blieb' ich gern auf diesem guten Stern. Aber ich kann dies Erdenrund entbehren, das ist mehr, denn alles, was es geben kann.

Laß uns im Sonnenlicht, o Kind! die Knechtschaft dulden, sagte zu Polyxena die Mutter, und ihre Lebensliebe konnte nicht schöner sprechen. Aber das Sonnenlicht, das eben widerrät die Knechtschaft mir, das läßt mich auf der entwürdigten Erde nicht bleiben und die heiligen Strahlen ziehn, wie Pfade, die zur Heimat führen, mich an.

Seit langer Zeit ist mir die Majestät der schicksallosen Seele gegenwärtiger, als alles andre gewesen; in herrlicher Einsamkeit hab ich manchmal in mir selber gelebt; ich bin's gewohnt geworden, die Außendinge abzuschütteln, wie Flocken von Schnee; wie sollt ich dann mich scheun, den sogenannten Tod zu suchen? hab ich nicht tausendmal mich in Gedanken befreit, wie sollt ich denn anstehn, es einmal wirklich zu tun? Sind wir denn, wie leibeigene Knechte, an den Boden gefesselt, den wir pflügen? sind wir, wie zahmes Geflügel, das aus dem Hofe nicht laufen darf, weil's da gefüttert wird?

Wir sind, wie die jungen Adler, die der Vater aus dem Neste jagt, daß sie im hohen Äther nach Beute suchen.

Morgen schlägt sich unsre Flotte und der Kampf wird heiß genug sein. Ich betrachte diese Schlacht, wie ein Bad, den Staub mir abzuwaschen; und ich werde wohl finden, was ich wünsche; Wünsche, wie meiner, gewähren an Ort und Stelle sich leicht. Und so hätt ich doch am Ende durch meinen Feldzug etwas erreicht und sehe, daß unter Menschen keine Mühe vergebens ist.

Fromme Seele! ich möchte sagen, denke meiner, wenn du an mein Grab kömmst. Aber sie werden mich wohl in die Meersflut werfen, und ich seh es gerne, wenn der Rest von mir da untersinkt, wo die Quellen all und die Ströme, die ich liebte, sich versammeln, und wo die Wetterwolke aufsteigt, und die Berge tränkt und die Tale, die ich liebte. Und wir? o Diotima! Diotima! wann sehn wir uns wieder?

Es ist unmöglich, und mein innerstes Leben empört sich, wenn ich denken will, als verlören wir uns. Ich würde Jahrtausende lang die Sterne durchwandern, in alle Formen mich kleiden, in alle Sprachen des Lebens, um dir *einmal* wieder zu begegnen. Aber ich denke, was sich gleich ist, findet sich bald.

Große Seele! du wirst dich finden können in diesen Abschied und so laß mich wandern! Grüße deine Mutter! Grüße Notara und die andern Freunde!

Auch die Bäume grüße, wo ich dir zum ersten Male begegnete und die fröhlichen Bäche, wo wir gingen und die schönen Gärten von Angele, und laß, du Liebe! dir mein Bild dabei begegnen. Lebe wohl.

ZWEITES BUCH

Hyperion an Bellarmin

Ich war in einem holden Traume, da ich die Briefe, die ich einst gewechselt, für dich abschrieb. Nun schreib ich wieder dir, mein Bellarmin! und führe weiter dich hinab, hinab bis in die tiefste Tiefe meiner Leiden, und dann, du letzter meiner Lieben! komm mit mir heraus zur Stelle, wo ein neuer Tag uns anglänzt.

Die Schlacht, wovon ich an Diotima geschrieben, begann. Die Schiffe der Türken hatten sich in den Kanal, zwischen die Insel Chios und die asiatische Küste hinein, geflüchtet, und standen am festen Lande hinauf bei Tschesme. Mein Admiral verließ mit seinem Schiffe, worauf ich war, die Reihe, und hub das Vorspiel an mit dem ersten Schiffe der Türken. Das grimmige Paar war gleich beim ersten Angriff bis zum Taumel erhitzt, es war ein rachetrunknes schreckliches Getümmel. Die Schiffe hingen bald mit ihrem Tauwerk aneinander fest; das wütende Gefecht ward immer enger und enger.

Ein tiefes Lebensgefühl durchdrang mich noch. Es war mir warm und wohl in allen Gliedern. Wie ein zärtlichscheidender, fühlte zum letzten Male sich in allen seinen Sinnen mein Geist. Und nun, voll heißen Unmuts, daß ich Besseres nicht wußte, denn mich schlachten zu lassen in einem Gedränge von Barbaren, mit zürnenden Tränen im Auge, stürmt ich hin, wo mir der Tod gewiß war.

Ich traf die Feinde nahe genug und von den Russen, die an meiner Seite fochten, war in wenig Augenblicken auch nicht *einer* übrig. Ich stand allein da, voll Stolzes, und warf mein Leben, wie einen Bettlerpfennig, vor die Barbaren, aber sie wollten mich nicht. Sie sahen mich an, wie einen, an dem man sich zu versündigen fürchtet, und das Schicksal schien mich zu achten in meiner Verzweiflung.

Aus höchster Notwehr hieb denn endlich einer auf mich ein, und traf mich, daß ich stürzte. Mir wurde von da an nichts mehr bewußt, bis ich auf Paros, wohin ich übergeschifft war, wieder erwachte.

Von dem Diener, der mich aus der Schlacht trug, hört ich nachher, die beiden Schiffe, die den Kampf begonnen, seien in die Luft geflogen, den Augenblick darauf, nachdem er mit dem Wundarzt mich in einem Boote weggebracht. Die Russen hatten Feuer in das türkische Schiff geworfen, und weil ihr eignes an dem andern festhing, brannt es mit auf.

Wie diese fürchterliche Schlacht ein Ende nahm, ist dir bekannt. „So straft ein Gift das andre", rief ich, da ich erfuhr, die Russen hätten die ganze türkische Flotte verbrannt – „so rotten die Tyrannen sich selbst aus."

Hyperion an Bellarmin

Sechs Tage nach der Schlacht lag ich in einem peinlichen todähnlichen Schlaf. Mein Leben war, wie eine Nacht, von Schmerzen, wie von zückenden Blitzen, unterbrochen. Das erste, was ich wieder erkannte, war Alabanda. Er war, wie ich erfuhr, nicht einen Augenblick von mir gewichen, hatte fast allein mich bedient, mit unbegreiflicher Geschäftigkeit, mit tausend zärtlichen häuslichen Sorgen, woran er sonst im Leben nie gedacht, und man hatt ihn auf den Knien vor meinem Bette rufen gehört: „o lebe, mein Lieber! daß ich lebe!"

Es war ein glücklich Erwachen, Bellarmin! da mein Auge nun wieder dem Lichte sich öffnete, und mit den Tränen des Wiedersehens der Herrliche vor mir stand.

Ich reicht ihm die Hand hin, und der Stolze küßte sie mit allen Entzücken der Liebe. „Er lebt", rief er, „o Retterin! o Natur! du gute, alles heilende! dein armes Paar, das vaterlandslose, das irre, verlässest doch du nicht! O ich will es nie vergessen, Hyperion! wie dein Schiff vor meinen Augen im Feuer aufging, und donnernd, in die rasende Flamme die Schiffer mit sich hinaufriß, und unter den wenigen geretteten kein Hyperion war. Ich war von Sinnen und der grimmige Schlachtlärm stillte mich nicht. Doch hört ich bald von dir und flog dir nach, sobald wir mit dem Feinde vollends fertig waren." –

Und wie er nun mich hütete! wie er mit liebender Vorsicht mich gefangen hielt in dem Zauberkreise seiner Gefälligkeiten! wie er, ohne ein Wort, mit seiner große Ruhe mich lehrte, den freien Lauf der Welt neidlos und männlich zu verstehen!

O ihr Söhne der Sonne! ihr freieren Seelen! es ist viel verloren gegangen in diesem Alabanda. Ich suchte umsonst und flehte das Leben an, seit er fort ist; solch eine Römernatur hab ich nimmer gefunden. Der Sorgenfreie, der Tiefverständige, der Tapfre, der Edle! Wo ist ein Mann, wenn er's nicht war? Und wenn er freundlich war und fromm, da war's, wie wenn das Abendlicht im Dunkel der majestätischen Eiche spielt und ihre Blätter träufeln vom Gewitter des Tags.

Hyperion an Bellarmin

Es war in den schönen Tagen des Herbsts, da ich von meiner Wunde halbgenesen zum ersten Male wieder ans Fenster trat. Ich kam mit stilleren Sinnen wieder ins Leben und meine Seele war aufmerksamer geworden. Mit seinem leisesten Zauber wehte der Himmel mich an, und mild, wie ein Blütenregen, flossen die heitern Sonnenstrahlen herab. Es war ein großer, stiller, zärtlicher Geist in dieser Jahrszeit, und die Vollendungsruhe, die Wonne der Zeitigung in den säuselnden Zweigen umfing mich, wie die erneuerte Jugend, so die Alten in ihrem Elysium hofften.

Ich hatt es lange nicht mit reiner Seele genossen, das kindliche Leben der Welt, nun tat mein Auge sich auf mit aller Freude des Wiedersehens und die selige Natur war wandellos in ihrer Schöne geblieben. Meine Tränen flossen, wie ein Sühnopfer, vor ihr, und schaudernd stieg ein frisches Herz mir aus dem alten Unmut auf. „O heilige Pflanzenwelt!“ rief ich, „wir streben und sinnen und haben doch dich! wir ringen mit sterblichen Kräften Schönes zu baun, und es wächst doch sorglos neben uns auf! nicht wahr, Alabanda? für die Not zu sorgen, sind die Menschen gemacht, das übrige gibt sich selber. Und doch – ich kann es nicht vergessen, wie viel mehr ich gewollt.“

„Laß dir genug sein, Lieber! daß du bist“, rief Alabanda, „und störe dein stilles Wirken durch die Trauer nicht mehr.“

„Ich will auch ruhen“, sagt ich. „O ich will die Entwürfe, die Fodrungen alle, wie Schuldbriefe, zerreißen. Ich will mich rein erhalten, wie ein Künstler sich hält, dich will ich lieben, harmlos Leben, Leben des Hains und des Quells! dich will ich ehren, o Sonnenlicht! an dir mich stillen, schöner Äther, der die Sterne beseelt, und hier auch diese Bäume umatmet und hier im Innern der Brust uns berührt! o Eigensinn der Menschen! wie ein Bettler, hab ich den Nacken gesenkt und es sahen die schweigenden Götter der Natur mit allen ihren Gaben mich an! – Du lächelst, Alabanda? o wie oft, in unsern ersten Zeiten, hast du so gelächelt, wann dein Knabe vor dir plauderte, im trunknen Jugendmut, indes du da, wie eine stille Tempelsäule, standst, im Schutt der Welt, und leiden mußtest, daß die wilden Ranken meiner Liebe dich umwuchsen – sieh! wie eine Binde fällt's von meinen Augen und die alten goldenen Tage sind lebendig wieder da.“

„Ach!“ rief er, „dieser Ernst, in dem wir lebten und diese Lebenslust!“

„Wenn wir jagten im Forst", rief ich, „wenn in der Meersflut wir uns badeten, wenn wir sangen und tranken, wo durch den Lorbeerschatten die Sonn und der Wein und Augen und Lippen uns glänzten – es war ein einzig Leben und unser Geist umleuchtete, wie ein glänzender Himmel, unser jugendlich Glück." – „Drum läßt auch keiner von dem andern", sagte Alabanda.

„O ich habe dir ein schwer Bekenntnis abzulegen", sagt ich. „Wirst du mir es glauben, daß ich fort gewollt? von dir! daß ich gewaltsam meinen Tod gesucht! war das nicht herzlos? rasend? ach und meine Diotima! sie soll mich lassen, schrieb ich ihr, und drauf noch einen Brief, den Abend vor der Schlacht" – „und da schriebst du", rief er, „daß du in der Schlacht dein Ende finden wolltest? o Hyperion! Doch hat sie wohl den letzten Brief noch nicht. Du mußt nur eilen, ihr zu schreiben, daß du lebst."

„Bester Alabanda!" rief ich, „das ist Trost! Ich schreibe gleich und schicke meinen Diener fort damit. O ich will ihm alles, was ich habe, bieten, daß er eilt und noch zu rechter Zeit nach Kalaurea kömmt." –

„Und den andern Brief, wo vom Entsagen die Rede war, versteht, vergibt die gute Seele dir leicht", setzt' er hinzu.

„Vergibt sie?" rief ich; „o ihr Hoffnungen alle! ja! wenn ich noch glücklich mit dem Engel würde!"

„Noch wirst du glücklich sein", rief Alabanda; „noch ist die schönste Lebenszeit dir übrig. Ein Held ist der Jüngling, der Mann ein Gott, wenn er's erleben kann."

Es dämmerte mir wunderbar in der Seele bei seiner Rede.

Der Bäume Gipfel schauerten leise; wie Blumen aus der dunklen Erde, sproßten Sterne aus dem Schoße der Nacht und des Himmels Frühling glänzt' in heiliger Freude mich an.

Hyperion an Bellarmin

Einige Augenblicke darauf, da ich eben an Diotima schreiben wollte, trat Alabanda freudig wieder ins Zimmer. „Ein Brief, Hyperion!“ rief er; ich schrak zusammen und flog hinzu.

Wie lange, schrieb Diotima, mußt ich leben ohne ein Zeichen von dir! Du schriebst mir von dem Schicksalstage in Misistra und ich antwortete schnell; doch allem nach erhieltst du meinen Brief nicht. Du schriebst mir bald darauf wieder, kurz und düster, und sagtest mir, du seiest gesonnen, auf die russische Flotte zu gehn; ich antwortete wieder; doch auch diesen Brief erhieltst du nicht; nun harrt auch ich vergebens, vom Mai bis jetzt zum Ende des Sommers, bis vor einigen Tagen der Brief kömmt, der mir sagt, ich möchte dir entsagen, Lieber!

Du hast auf mich gerechnet, hast mir's zugetraut, daß dieser Brief mich nicht beleidigen könne. Das freute mich herzlich, mitten in meiner Betrübnis.

Unglücklicher, hoher Geist! ich habe nur zu sehr dich gefaßt. O es ist so ganz natürlich, daß du nimmer lieben willst, weil deine größern Wünsche verschmachten. Mußt du denn nicht die Speise verschmähn, wenn du daran bist, Durstes zu sterben?

Ich wußte es bald; ich konnte dir nicht alles sein. Konnt ich die Bande der Sterblichkeit dir lösen? konnt ich die Flamme der Brust dir stillen, für die kein Quell fleußt und kein Weinstock wächst? konnt ich die Freuden einer Welt in einer Schale dir reichen?

Das willst du. Das bedarfst du, und du kannst nicht anders. Die grenzenlose Unmacht deiner Zeitgenossen hat dich um dein Leben gebracht.

Wem einmal, so, wie dir, die ganze Seele beleidiget war, der ruht nicht mehr in einzelner Freude, wer so, wie du, das fade Nichts gefühlt, erheitert in höchstem Geiste sich nur, wer so den Tod erfuhr, wie du, erholt allein sich unter den Göttern.

Glücklich sind sie alle, die dich nicht verstehen! Wer dich versteht, muß deine Größe teilen und deine Verzweiflung.

Ich fand dich, wie du bist. Des Lebens erste Neugier trieb mich an das wunderbare Wesen. Unaussprechlich zog die zarte Seele mich an und kindischfurchtlos spielt ich um deine gefährliche Flamme. – Die schönen Freuden unserer Liebe sänftigten dich; böser Mann! nur, um dich wilder zu machen. Sie besänftigten, sie trösteten auch mich, sie machten mich vergessen, daß du im Grunde trostlos warst, und daß auch ich nicht fern war, es zu werden, seit ich dir in dein geliebtes Herz sah.

In Athen, bei den Trümmern des Olympion ergriff es mich von neuem. Ich hatte sonst wohl noch in einer leichten Stunde gedacht, des Jünglings Trauer sei doch wohl so ernst und unerbittlich nicht. Es ist so selten, daß ein Mensch mit dem ersten Schritt ins Leben so mit *einmal*, so im kleinsten Punkt, so schnell, so tief das ganze Schicksal seiner Zeit empfand und daß es unaustilgbar in ihm haftet, dies Gefühl, weil er nicht rauh genug ist, um es auszustoßen, und nicht schwach genug, es auszuweinen, das, mein Teurer! ist so selten, daß es uns fast unnatürlich dünkt.

Nun, im Schutt des heiteren Athens, nun ging mir's selbst zu nah, wie sich das Blatt gewandt, daß jetzt die Toten oben über der Erde gehn und die Lebendigen, die Göttermenschen drunten sind, nun sah ich's auch zu wörtlich und zu wirklich dir aufs Angesicht geschrieben, nun gab ich dir auf ewig recht. Aber zugleich erschienst du mir auch größer. Ein Wesen voll geheimer Gewalt, voll tiefer unentwickelter Bedeutung, ein einzig hoffnungsvoller Jüngling schienst du mir. Zu wem so laut das Schicksal spricht, der darf auch lauter sprechen mit dem Schicksal, sagt ich mir; je unergründlicher er leidet, um so unergründlich mächtiger ist er. Von dir, von dir nur hofft ich alle Genesung. Ich sah dich reisen. Ich sah dich wirken. O der Verwandlung! Von dir gestiftet, grünte wieder des Akademus Hain über den horchenden Schülern und heilige Gespräche hörte, wie einst, der Ahorn des Ilissus wieder.

Den Ernst der Alten gewann in deiner Schule der Genius unserer Jünglinge bald, und seine vergänglichen Spiele wurden unsterblicher, denn er schämte sich, hielt für Gefangenschaft den Schmetterlingsflug. –

Dem hätt, ein Roß zu lenken, genügt; nun ist er ein Feldherr. Allzugenügsam hätte der ein eitel Liedchen gesungen; nun ist er ein Künstler. Denn die Kräfte der Helden, die Kräfte der Welt hattest du aufgetan vor ihnen in offenem Kampf; die Rätsel deines Herzens hattest du ihnen zu lösen gegeben; so lernten die Jünglinge Großes vereinen, lernten verstehn das Spiel der Natur, das seelenvolle, und vergaßen den Scherz. – Hyperion! Hyperion! hast du nicht mich, die Unmündige, zur Muse gemacht? So erging's auch den andern.

Ach! nun verließen so leicht sich nicht die geselligen Menschen; wie der Sand im Sturme der Wildnis irrten sie untereinander nicht mehr, noch höhnte sich Jugend und Alter, noch fehlt' ein Gastfreund dem Fremden und die Vaterlandsgenossen sonderten nimmer sich ab und die Liebenden entleideten alle sich nimmer; an deinen Quellen, Natur, erfrischten sie sich, ach! an den heiligen Freuden, die geheimnisvoll aus deiner Tiefe quillen und den Geist erneun; und die Götter erheiterten wieder die verwelkliche Seele der Menschen; es bewahrten die herzerhaltenden Götter jedes freundliche Bündnis unter ihnen. Denn du, Hyperion! hattest deinen Griechen das Auge geheilt, daß sie das Lebendige sahn, und die in ihnen, wie Feuer im Holze schlief, die Begeisterung hattest du entzündet, daß sie fühlten die stille stete Begeisterung der Natur und ihrer reinen Kinder. Ach! nun nahmen die Menschen die schöne Welt nicht mehr, wie Laien des Künstlers Gedicht, wenn sie die Worte loben und den Nutzen drin ersehn. Ein zauberisch Beispiel wurdest du, lebendige Natur! den Griechen, und entzündet von der ewigjungen Götter Glück war alles Menschentun, wie einst, ein Fest; und zu Taten geleitete, schöner als Kriegsmusik, die jungen Helden Helios' Licht.

Stille! stille! Es war mein schönster Traum, mein erster und mein letzter. Du bist zu stolz, dich mit dem bübischen Geschlechte länger zu befassen. Du tust auch recht daran. Du führtest sie zur Freiheit und sie dachten an Raub. Du führst sie siegend in ihr altes Lazedämon ein und diese Ungeheuer plündern und verflucht bist du von deinem Vater, großer Sohn! und keine Wildnis, keine Höhle ist sicher genug für dich auf dieser griechischen Erde, die du, wie ein Heiligtum, geachtet, die du mehr, wie mich, geliebt.

O mein Hyperion! ich bin das sanfte Mädchen nicht mehr, seit ich das alles weiß. Die Entrüstung treibt mich aufwärts, daß ich kaum zur Erde sehen mag und unablässig zittert mein beleidigtes Herz.

Wir wollen uns trennen. Du hast recht. Ich will auch keine Kinder; denn ich gönne sie der Sklavenwelt nicht, und die armen Pflanzen welkten mir ja doch in dieser Dürre vor den Augen weg.

Lebe wohl! du teurer Jüngling! geh du dahin, wo es dir der Mühe wert scheint, deine Seele hinzugeben. Die Welt hat doch wohl *einen* Walplatz, eine Opferstätte, wo du dich entledigen magst. Es wäre schade, wenn die guten Kräfte alle, wie ein Traumbild, so vergingen. Doch wie du auch ein Ende nimmst, du kehrest zu den Göttern, kehrst ins heil'ge, freie, jugendliche Leben der Natur, wovon du ausgingst, und das ist ja dein Verlangen nur und auch das meine.

So schrieb sie mir. Ich war erschüttert bis ins Mark, voll Schrecken und Lust, doch sucht ich mich zu fassen, um Worte zur Antwort zu finden.

Du willigest ein, Diotima? schrieb ich, du billigest mein Entsagen? konntest es begreifen? – Treue Seele! darein konntest du dich schicken? Auch in meine finstern Irren konntest du dich schicken, himmlische Geduld! und gabst dich hin, verdüstertest dich aus Liebe, glücklich Schoßkind der Natur! und wardst mir gleich und heiligtest durch deinen Beitritt meine Trauer? Schöne Heldin! welche Krone verdientest du?

Aber nun sei es auch des Trauerns genug, du Liebe! Du bist mir nachgefolgt in meine Nacht, nun komm! und laß mich dir zu deinem Lichte folgen, zu deiner Anmut laß uns wiederkehren, schönes Herz! o deine Ruhe laß mich wiedersehen, selige Natur! vor deinem Friedensbilde meinen Übermut auf immer mir entschlummern.

Nicht wahr, du Teure! noch ist meine Rückkehr nicht zu spät, und du nimmst mich wieder auf und kannst mich wieder lieben, wie sonst? nicht wahr, noch ist das Glück vergangner Tage nicht für uns verloren?

Ich hab es bis aufs Äußerste getrieben. Ich habe sehr undankbar an der mütterlichen Erde gehandelt, habe mein Blut und alle Liebesgaben, die sie mir gegeben, wie einen Knechtlohn, weggeworfen und ach! wie tausendmal undankbarer an dir, du heilig Mädchen! das mich einst in seinen Frieden aufnahm, mich, ein scheu zerrißnes Wesen, dem aus tiefgepreßter Brust sich kaum ein Jugendschimmer stahl, wie hie und da ein Grashalm auf zertretnen Wegen. Hattest du mich nicht ins Leben gerufen? war ich nicht dein? wie konnt ich denn – o du weißt es, wie ich hoffe, noch nicht, hast noch den Unglücksbrief nicht in den Händen, den ich vor der letzten Schlacht dir schrieb? Da wollt ich sterben, Diotima, und ich glaubt, ein heilig Werk zu tun. Aber wie kann das heilig sein, was Liebende trennt? wie kann das heilig sein, was unsers Lebens frommes Glück zerrüttet? – Diotima! schöngebornes Leben! ich bin dir jetzt dafür in deinem Eigensten um so ähnlicher geworden, ich hab es endlich achten gelernt, ich hab es bewahren gelernt, was gut und innig ist auf Erden. O wenn ich auch dort oben landen könnte an den glänzenden Inseln des Himmels, fänd ich mehr, als ich bei Diotima finde?

Höre mich nun, Geliebte!

In Griechenland ist meines Bleibens nicht mehr. Das weißt du. Bei seinem Abschied hat mein Vater mir so viel von seinem Überflusse geschickt, als hinreicht, in ein heilig Tal der Alpen und Pyrenäen uns zu flüchten, und da ein freundlich Haus und auch von grüner Erde so viel zu kaufen, als des Lebens goldene Mittelmäßigkeit bedarf.

Willst du, so komm ich gleich und führ an treuem Arme dich und deine Mutter und wir küssen Kalaureas Ufer und trocknen die Tränen uns ab, und eilen über den Isthmus hinein ans Adriatische Meer, von wo ein sicher Schiff uns weiterbringt.

O komm! in den Tiefen der Gebirgswelt wird das Geheimnis unsers Herzens ruhn, wie das Edelgestein im Schacht, im Schoße der himmelragenden Wälder, da wird uns sein, wie unter den Säulen des innersten Tempels, wo die Götterlosen nicht nahn, und wir werden sitzen am Quell, in seinem Spiegel unsre Welt betrachten, den Himmel und Haus und Garten und uns. Oft werden wir in heiterer Nacht im Schatten unsers Obstwalds wandeln und den Gott in uns, den liebenden, belauschen, indes die Pflanze aus dem Mittagsschlummer ihr gesunken Haupt erhebt und deiner Blumen stilles Leben sich erfrischt, wenn sie im Tau die zarten Arme baden, und die Nachtluft kühlend sie umatmet und durchdringt, und über uns blüht die Wiese des Himmels mit all ihren funkelnden Blumen und seitwärts ahmt das Mondlicht hinter westlichem Gewölk den Niedergang des Sonnenjünglings, wie aus Liebe schüchtern nach – und dann des Morgens, wenn sich, wie ein Flußbett unser Tal mit warmem Lichte füllt, und still die goldne Flut durch unsre Bäume rinnt, und unser Haus umwallt und die lieblichen Zimmer, deine Schöpfung dir verschönt, und du in ihrem Sonnenglanze gehst und mir den Tag in deiner Grazie segnest, Liebe! wenn sich dann, indes wir so die Morgenwonne feiern, der Erde geschäftig Leben, wie ein Opferbrand, vor unsern Augen entzündet, und wir nun hingehn, um auch unser Tagwerk, um von uns auch einen Teil in die steigende Flamme zu werfen, wirst du da nicht sagen, wir sind glücklich, wir sind wieder, wie die alten Priester der Natur, die heiligen und frohen, die schon fromm gewesen, eh ein Tempel stand.

Hab ich genug gesagt? entscheide nun mein Schicksal, teures Mädchen, und bald! – Es ist ein Glück, daß ich noch halb ein Kranker bin, von der letzten Schlacht her, und daß ich noch aus meinem Dienste nicht entlassen bin; ich könnte sonst nicht bleiben, ich müßte selbst fort, müßte fragen, und das wäre nicht gut, das hieße dich bestürmen. –

Ach Diotima! bange törichte Gedanken fallen mir aufs Herz und doch – ich kann es nicht denken, daß auch diese Hoffnung scheitern soll.

Bist du denn nicht zu groß geworden, um noch wiederzukehren zu dem Glück der Erde? verzehrt die heftige Geistesflamme, die an deinem Leiden sich entzündete, verzehrt sie nicht alles Sterbliche dir?

Ich weiß es wohl, wer leicht sich mit der Welt entzweit, versöhnt auch leichter sich mit ihr. Aber du, mit deiner Kinderstille, du, so glücklich einst in deiner hohen Demut, Diotima! wer will dich versöhnen, wenn das Schicksal dich empört?

Liebes Leben! ist denn keine Heilkraft mehr für dich in mir? von allen Herzenslauten ruft dich keiner mehr zurück, ins menschliche Leben, wo du einst so lieblich mit gesenktem Fluge dich verweilt? o komm, o bleib in dieser Dämmerung! Dies Schattenland ist ja das Element der Liebe und hier nur rinnt der Wehmut stiller Tau vom Himmel deiner Augen.

Und denkst du unsrer goldenen Tage nicht mehr? der holdseligen, göttlichmelodischen? säuseln sie nicht aus allen Hainen von Kalaurea dich an?

Und sieh! es ist so manches in mir untergegangen, und ich habe der Hoffnungen nicht viele mehr. Dein Bild mit seinem Himmelssinne, hab ich noch, wie einen Hausgott, aus dem Brande gerettet. Unser Leben, unsers ist noch unverletzt in mir. Sollt ich nun hingehn und auch dies begraben? Soll ich ruhelos und ohne Ziel hinaus, von einer Fremde in die andre? Hab ich darum lieben gelernt?

O nein! du Erste und du Letzte! Mein warst du, du wirst die Meine bleiben.

Hyperion an Bellarmin

Ich saß mit Alabanda auf einem Hügel der Gegend, in lieblichwärmender Sonn, und um uns spielte der Wind mit abgefallenem Laube. Das Land war stumm; nur hie und da ertönt' im Wald ein stürzender Baum, vom Landmann gefällt, und neben uns murmelte der vergängliche Regenbach hinab ins ruhige Meer.

Ich war so ziemlich sorglos; ich hoffte, nun meine Diotima bald zu sehn, nun bald mit ihr in stillem Glücke zu leben. Alabanda hatte die Zweifel alle mir ausgeredet; so sicher war er selbst hierüber. Auch er war heiter; nur in andrem Sinne. Die Zukunft hatte keine Macht mehr über ihn. O ich wußt es nicht; er war am Ende seiner Freuden, sah mit allen seinen Rechten an die Welt, mit seiner ganzen siegrischen Natur sich unnütz, wirkungslos und einsam, und das ließ er so geschehn, als wär ein zeitverkürzend Spiel verloren.

Jetzt kam ein Bote auf uns zu. Er bracht uns die Entlassung aus dem Kriegsdienst, um die wir beide bei der russischen Flotte gebeten, weil für uns nichts mehr zu tun war, was der Mühe wert schien. Ich konnte nun Paros verlassen, wenn ich wollte. Auch war ich nun zur Reise gesund genug. Ich wollte nicht auf Diotimas Antwort warten, wollte fort zu ihr, es war, als wenn ein Gott nach Kalaurea mich triebe. Wie das Alabanda von mir hörte, veränderte sich seine Farbe und er sah wehmütig mich an. „So leicht wird's meinem Hyperion", rief er, „seinen Alabanda zu verlassen?"

„Verlassen?" sagt ich, „wie denn das?"

„O über euch Träumer!“ rief er, „siehest du denn nicht, daß wir uns trennen müssen?“

„Wie sollt ich's sehen?“ erwidert ich; „du sagst ja nichts davon; und was mir hie und da erschien an dir, das wie auf einen Abschied deutete, das nahm ich gerne für Laune, für Herzensüberfluß –.“

„O ich kenn es“, rief er, „dieses Götterspiel der reichen Liebe, die sich selber Not schafft, um sich ihrer Fülle zu entladen und ich wollt, es wäre so mit mir, du Guter! aber hier ist's Ernst!“

„Ernst?“ rief ich, „und warum denn?“

„Darum, mein Hyperion“, sagt' er sanft, „weil ich dein künftig Glück nicht gerne stören möchte, weil ich Diotimas Nähe fürchten muß. Glaube mir, es ist gewagt, um Liebende zu leben, und ein tatlos Herz, wie meines nun ist, hält es schwerlich aus.“

„Ach guter Alabanda!“ sagt ich lächelnd, „wie mißkennst du dich! Du bist so wächsern nicht und deine feste Seele springt so leicht nicht über ihre Grenzen. Zum ersten Mal in deinem Leben bist du grillenhaft. Du machtest hier bei mir den Krankenwärter und man sieht, wie wenig du dazu geboren bist. Das Stillesitzen hat dich scheu gemacht –.“

„Siehst du?“ rief er, „das ist's eben. Werd ich tätiger leben mit euch? und wenn es eine andre wäre! aber diese Diotima! kann ich anders? kann ich sie mit halber Seele fühlen? sie, die um und um so innig *eines* ist, *ein* göttlich ungeteiltes Leben? Glaube mir, es ist ein kindischer Versuch, dies Wesen sehn zu wollen ohne Liebe. Du blickst mich an, als kenntest du mich nicht? Bin ich doch selbst mir fremd geworden, diese letzten Tage, seit ihr Wesen so lebendig ist in mir.“

„O warum kann ich sie dir nicht schenken?“ rief ich.

„Laß das!“ sagt' er. „Tröste mich nicht, denn hier ist nichts zu trösten. Ich bin einsam, einsam, und mein Leben geht, wie eine Sanduhr, aus.“

„Große Seele!“ rief ich, „mußt es dahin mit dir kommen?“

„Sei zufrieden!“ sagt’ er. „Ich fing schon an zu welken, da wir in Smyrna uns fanden. Ja! da ich noch ein Schiffsjung war und stark und schnell der Geist und alle Glieder mir wurden bei rauher Kost, in mutiger Arbeit! Wenn ich da in heiterer Luft nach einer Sturmnacht oben am Gipfel des Masts hing, unter der wehenden Flagge, und dem Seegevögel nach hinaussah über die glänzende Tiefe, wenn in der Schlacht oft unsre zornigen Schiffe die See durchwühlten, wie der Zahn des Ebers die Erd, und ich an meines Hauptmanns Seite stand mit hellem Blick – da lebt ich, o da lebt ich! Und lange nachher, da der junge Tiniote mir nun am Smyrner Strande begegnete, mit seinem Ernste, seiner Liebe, und meine verhärtete Seele wieder aufgetaut war von den Blicken des Jünglings und lieben lernt’ und heilig halten alles, was zu gut ist, um beherrscht zu werden, da ich mit ihm ein neues Leben begann, und neue seelenvollere Kräfte mir keimten zum Genusse der Welt und zum Kampfe mit ihr, da hofft ich wieder – ach! und alles was ich hofft und hatte, war an dich gekettet; ich riß dich an mich, wollte mit Gewalt dich in mein Schicksal ziehn, verlor dich, fand dich wieder, unsre Freundschaft nur war meine Welt, mein Wert, mein Ruhm; nun ist’s auch damit aus, auf immer und all mein Dasein ist vergebens.“

„Ist denn das wahr?“ erwidert ich mit Seufzen.

„Wahr, wie die Sonne“, rief er, „aber laß das gut sein! es ist für alles gesorgt.“

„Wieso, mein Alabanda?“ sagt ich.

„Laß mich dir erzählen“, sagt’ er. „Ich habe noch nie dir ganz von einer gewissen Sache gesprochen. Und dann – so stillt es auch dich und mich ein wenig, wenn wir sprechen von Vergangenem.

Ich ging einst hülflos an dem Hafen von Triest. Das Kaperschiff, worauf ich diente, war einige Jahre zuvor gescheitert, und ich hatte kaum mit wenigen ans Ufer von Sevilla mich gerettet. Mein Hauptmann war ertrunken und mein Leben und mein triefend Kleid war alles, was mir blieb. Ich zog mich aus und ruht im Sonnenschein und trocknete die Kleider an den Sträuchen. Drauf ging ich weiter auf der Straße nach der Stadt. Noch vor den Toren sah ich heitere Gesellschaft in den Gärten, ging hinein, und sang ein griechisch lustig Lied. Ein trauriges kannt ich nicht. Ich glühte dabei vor Scham und Schmerz, mein Unglück so zur Schau zu tragen. Ich war ein achtzehnjähriger Knabe, wild und stolz, und haßt es wie den Tod, zum Gegenstande der Menschen zu werden. Vergebt mir, sagt ich, da ich fertig war mit meinem Liede; ich komme soeben aus dem Schiffbruch und weiß der Welt für heute keinen bessern Dienst zu tun, als ihr zu singen. Ich hatte das, so gut es ging, in spanischer Sprache gesagt. Ein Mann mit ausgezeichnetem Gesichte trat mir näher, gab mir Geld und sagt' in unserer Sprache mit Lächeln: Da! kauf einen Schleifstein dir dafür und lerne Messer schärfen und wandre so durchs feste Land. Der Rat gefiel mir. Herr! das will ich in der Tat; erwidert ich. Noch wurd ich reichlich von den übrigen beschenkt und ging und tat, wie mir der Mann geraten hatte, und trieb mich so in Spanien und Frankreich einige Zeit herum.

Was ich in dieser Zeit erfuhr, wie an der Knechtschaft tausendfältigen Gestalten meine Freiheitsliebe sich schärft' und wie aus mancher harten Not mir Lebensmut und kluger Sinn erwuchs, das hab ich oft mit Freude dir gesagt.

Ich trieb mein wandernd schuldlos Tagewerk mit Lust, doch wurd es endlich mir verbittert.

Man nahm es für Maske, weil ich nicht gemein genug daneben aussehn mochte, man bildete sich ein, ich treib im stillen ein gefährlicher Geschäft, und wirklich wurd ich zweimal in Verhaft genommen. Das bewog mich dann, es aufzugeben und ich trat mit wenig Gelde, das ich mir gewonnen, meine Rückkehr an zur Heimat, der ich einst entlaufen war. Schon war ich in Triest und wollte durch Dalmatien hinunter. Da befiel mich von der harten Reise eine Krankheit und mein kleiner Reichtum ging darüber auf. So ging ich halbgenesen traurig an dem Hafen von Triest. Mit einmal stand der Mann vor mir, der an dem Ufer von Sevilla meiner einst mich angenommen hatte. Er freute sich sonderbar, sich wieder zu sehen, sagte mir, daß er sich meiner oft erinnert und fragte mich, wie mir's indes ergangen sei. Ich sagt ihm alles. Ich sehe, rief er, daß es nicht umsonst war, dich ein wenig in die Schule des Schicksals zu schicken. Du hast dulden gelernt, du sollst nun wirken, wenn du willst.

Die Rede, sein Ton, sein Händedruck, seine Miene, sein Blick, das alles traf, wie eines Gottes Macht, mein Wesen, das von manchem Leiden jetzt gerad entzündbarer, als je, war, und ich gab mich hin.

Der Mann, Hyperion, von dem ich spreche, war von jenen einer, die du in Smyrna bei mir sahst. Er führte gleich die Nacht darauf in eine feierliche Gesellschaft mich ein. Ein Schauer überlief mich, da ich in den Saal trat und beim Eintritt mein Begleiter mir die ernsten Männer wies und sagte: Dies ist der Bund der Nemesis. Berauscht vom großen Wirkungskreise, der vor mir sich auftat, übermacht ich feierlich mein Blut und meine Seele diesen Männern. Bald nachher wurde die Versammlung aufgehoben, um in Jahren anderswo sich zu erneuern und ein jeder trat den angewiesenen Weg an, den er durch die Welt zu machen hatte. Ich wurde denen beigesellt, die du in Symrna einige Jahre nachher bei mir fandst.

Der Zwang, worin ich lebte, folterte mich oft, auch sah ich wenig von den großen Wirkungen des Bundes und meine Tatenlust fand kahle Nahrung. Doch all dies reichte nicht hin, um mich zu einem Abfall zu vermögen. Die Leidenschaft zu dir verleitete mich endlich. Ich hab's dir oft gesagt, ich war wie ohne Luft und Sonne, da du fort warst; und anders hatt ich keine Wahl; ich mußte dich aufgeben, oder meinen Bund. Was ich erwählte, siehst du.

Aber alles Tun des Menschen hat am Ende seine Strafe, und nur die Götter und die Kinder trifft die Nemesis nicht.

Ich zog das Götterrecht des Herzens vor. Um meines Lieblings willen brach ich meinen Eid. War das nicht billig?

muß das edelste Sehnen nicht das freieste sein? – Mein Herz hat mich beim Worte genommen; ich gab ihm Freiheit und du siehst, es braucht sie.

Huldige dem Genius *einmal* und er achtet dir kein sterblich Hindernis mehr und reißt dir alle Bande des Lebens entzwei.

Verpflichtung brach ich um des Freundes willen, Freundschaft würd ich brechen um der Liebe willen. Um Diotimas willen würd ich dich betrügen und am Ende mich und Diotima morden, weil wir doch nicht Eines wären. Aber es soll nicht seinen Gang gehn; soll ich büßen, was ich tat, so will ich es mit Freiheit; meine eignen Richter wähl ich mir; an denen ich gefehlt, die sollen mich haben."

„Sprichst du von deinen Bundesbrüdern?" rief ich; „o mein Alabanda! tue das nicht!"

„Was können sie mir nehmen, als mein Blut?" erwidert' er. Dann faßt' er sanft mich bei der Hand. „Hyperion!" rief er, „meine Zeit ist aus, und was mir übrig bleibt, ist nur ein edles Ende. Laß mich! mache mich nicht klein und fasse Glauben an mein Wort! Ich weiß so gut, wie du, ich könnte mir ein Dasein noch erkünsteln, könnte, weil des Lebens Mahl verzehrt ist, mit den Brosamen noch spielen, aber das ist meine Sache nicht; auch nicht die deine. Brauch ich mehr zu sagen? Sprech ich nicht aus deiner Seele dir? Ich dürste nach Luft, nach Kühlung, Hyperion! Meine Seele wallt mir über von selbst und hält im alten Kreise nicht mehr. Bald kommen ja die schönen Wintertage, wo die dunkle Erde nichts mehr ist, als die Folie des leuchtenden Himmels, da wär es gute Zeit, da blinken ohnedies gastfreundlicher die Inseln des Lichts! – dich wundert die Rede? Liebster! alle Scheidenden sprechen, wie Trunkne, und nehmen gerne sich festlich. Wenn der Baum zu welken anfängt, tragen nicht alle seine Blätter die Farbe des Morgenrots?"

„Große Seele", rief ich, „muß ich Mitleid für dich tragen?"

Ich fühlt an seiner Höhe, wie tief er litt. Ich hatte solches Weh im Leben nie erfahren. Und doch, o Bellarmin! doch fühlt ich auch die Größe aller Freuden, solch ein Götterbild in Augen und Armen zu haben. „Ja! stirb nur", rief ich, „stirb! Dein Herz ist herrlich genug, dein Leben ist reif, wie die Trauben am Herbsttag. Geh, Vollendeter! ich ginge mit dir, wenn es keine Diotima gäbe."

„Hab ich dich nun?" erwidert' Alabanda, „sprichst du so? wie tief, wie seelenvoll wird alles, wenn mein Hyperion es einmal faßt!" – „Er schmeichelt", rief ich, „um das unbesonnene Wort zum zweiten Male mir abzulocken! gute Götter! um von mir Erlaubnis zu gewinnen zu der Reise nach dem Blutgericht!"

„Ich schmeichle nicht", erwidert' er mit Ernst, „ich hab ein Recht, zu tun, was du verhindern willst, und kein gemeines! ehre das!"

Es war ein Feuer in seinen Augen, das, wie ein Göttergebot, mich niederschlug und ich schämte mich, nur ein Wort noch gegen ihn zu sagen.

Sie werden es nicht, dacht ich mitunter, sie können es nicht. Es ist zu sinnlos, solch ein herrlich Leben hinzuschlachten, wie ein Opfertier, und dieser Glaube machte mich ruhig.

Es war ein eigner Gewinn, ihn noch zu hören, in der Nacht darauf, nachdem ein jeder für seine eigne Reise gesorgt, und wir vor Tagesanbruch wieder hinausgegangen waren, um noch einmal allein zusammen zu sein.

„Weißt du", sagt' er unter andrem, „warum ich nie den Tod geachtet? Ich fühl in mir ein Leben, das kein Gott geschaffen, und kein Sterblicher gezeugt. Ich glaube, daß wir durch uns selber sind, und nur aus freier Lust so innig mit dem All verbunden."

„So etwas hab ich nie von dir gehört", erwidert ich.

„Was wär auch", fuhr er fort, „was wär auch diese Welt, wenn sie nicht wär ein Einklang freier Wesen? wenn nicht aus eignem frohem Triebe die Lebendigen von Anbeginn in ihr zusammenwirkten in *ein* vollstimmig Leben, wie hölzern wäre sie, wie kalt? welch herzlos Machwerk wäre sie?"

„So wär es hier im höchsten Sinne wahr", erwidert ich, „daß ohne Freiheit alles tot ist."

„Ja wohl", rief er, „wächst doch kein Grashalm auf, wenn nicht ein eigner Lebenskeim in ihm ist! wie viel mehr in mir! und darum, Lieber! weil ich frei im höchsten Sinne, weil ich anfangslos mich fühle, darum glaub ich, daß ich endlos, daß ich unzerstörbar bin. Hat mich eines Töpfers Hand gemacht, so mag er sein Gefäß zerschlagen, wie es ihm gefällt. Doch was da lebt, muß unerzeugt, muß göttlicher Natur in seinem Keime sein, erhaben über alle Macht, und alle Kunst, und darum unverletzlich, ewig.

Jeder hat seine Mysterien, lieber Hyperion! seine geheimern Gedanken; dies waren die meinen; seit ich denke.

Was lebt, ist unvertilgbar, bleibt in seiner tiefsten Knechtsform frei, bleibt *eins* und wenn du es scheidest bis auf den Grund, bleibt unverwundet und wenn du bis ins Mark es zerschlägst und sein Wesen entfliegt dir siegend unter den Händen. – Aber der Morgenwind regt sich; unsre Schiffe sind wach. O mein Hyperion! ich hab es überwunden; ich hab es über mich vermocht, das Todesurteil über mein Herz zu sprechen und dich und mich zu trennen, Liebling meines Lebens! schone mich nun! erspare mir den Abschied! laß uns schnell sein! komm! –"

Mir flog es kalt durch alle Gebeine, da er so begann.

„O um deiner Treue willen, Alabanda!" rief ich vor ihm niedergeworfen, „muß es, muß es denn sein? Du übertäubtest mich unredlicherweise, du rissest in einen Taumel mich hin. Bruder! nicht so viel Besinnung ließest du mir, um eigentlich zu fragen, wohin gehst du?"

„Ich darf den Ort nicht nennen, liebes Herz!" erwidert' er; „wir sehn vielleicht uns dennoch einmal wieder."

„Wiedersehn?" erwidert ich; „so bin ich ja um einen Glauben reicher! und so werd ich reicher werden und reicher an Glauben und am Ende wird mir alles Glaube sein."

„Lieber!" rief er, „laß uns still sein, wo die Worte nichts helfen! laß uns männlich enden! Du verderbst die letzten Augenblicke dir."

Wir waren so dem Hafen näher gekommen.

„Noch eines!" sagt' er, da wir nun bei seinem Schiffe waren. „Grüße deine Diotima! Liebt euch! werdet glücklich, schöne Seelen!"

„O mein Alabanda!" rief ich, „warum kann ich nicht an deiner Stelle gehn?"

„Dein Beruf ist schöner", erwidert' er; „behalt ihn! ihr gehörst du, jenes holde Wesen ist von nun an deine Welt – ach! weil kein Glück ist ohne Opfer, nimm als Opfer mich, o Schicksal, an, und laß die Liebenden in ihrer Freude! –"

Sein Herz fing an, ihn zu überwältigen und er riß sich von mir und sprang ins Schiff, um sich und mir den Abschied abzukürzen. Ich fühlte diesen Augenblick, wie einen Wetterschlag, dem Nacht und Totenstille folgte, aber mitten in dieser Vernichtung raffte meine Seele sich auf, ihn zu halten, den teuren Scheidenden und meine Arme zückten von selbst nach ihm. „Weh! Alabanda! Alabanda!" rief ich, und ein dumpfes Lebewohl hört ich vom Schiffe herüber.

Hyperion an Bellarmin

Zufällig hielt das Fahrzeug, das nach Kalaurea mich bringen sollte, noch bis zum Abend sich auf, nachdem Alabanda schon den Morgen seinen Weg gegangen war.

Ich blieb am Ufer, blickte still, von den Schmerzen des Abschieds müd, in die See, von einer Stunde zur andern. Die Leidenstage der langsamsterbenden Jugend überzählte mein Geist, und irre, wie die schöne Taube, schwebt' er über dem Künftigen. Ich wollte mich stärken, ich nahm mein längstvergessenes Lautenspiel hervor, um mir ein Schicksalslied zu singen, das ich einst in glücklicher unverständiger Jugend meinem Adamas nachgesprochen.

Ihr wandelt droben im Licht
Auf weichem Boden, selige Genien!
Glänzende Götterlüfte
Rühren euch leicht,
Wie die Finger der Künstlerin
Heilige Saiten.

Schicksallos, wie der schlafende
Säugling, atmen die Himmlischen;
Keusch bewahrt
In bescheidener Knospe,
Blühet ewig
Ihnen der Geist,
Und die seligen Augen
Blicken in stiller
Ewiger Klarheit.

Doch uns ist gegeben,
Auf keiner Stätte zu ruhn,
Es schwinden, es fallen
Die leidenden Menschen
Blindlings von einer
Stunde zur andern,
Wie Wasser von Klippe
Zu Klippe geworfen,
Jahr lang ins Ungewisse hinab.

So sang ich in die Saiten. Ich hatte kaum geendet, als ein Boot einlief, wo ich meinen Diener gleich erkannte, der mir einen Brief von Diotima überbrachte.

So bist du noch auf Erden? schrieb sie, und siehest das Tageslicht noch? Ich dachte dich anderswo zu finden, mein Lieber! Ich habe früher, als du nachher wünschtest, den Brief erhalten, den du vor der Schlacht bei Tschesme schriebst und so lebt ich eine Woche lang in der Meinung, du habst dem Tod dich in die Arme geworfen, ehe dein

Diener ankam mit der frohen Botschaft, daß du noch lebest. Ich hatt auch ohnedies noch einige Tage nach der Schlacht gehört, das Schiff, worauf ich dich wußte, sei mit aller Mannschaft in die Luft geflogen.

Aber o süße Stimme! noch hört ich dich wieder, noch einmal rührte, wie Mailuft, mich die Sprache des Lieben, und deine schöne Hoffnungsfreude, das holde Phantom unsers künftigen Glücks, hat einen Augenblick auch mich getäuscht.

Lieber Träumer, warum muß ich dich wecken? warum kann ich nicht sagen, komm, und mache wahr die schönen Tage, die du mir verheißen! Aber es ist zu spät, Hyperion, es ist zu spät. Dein Mädchen ist verwelkt, seitdem du fort bist, ein Feuer in mir hat mählich mich verzehrt, und nur ein kleiner Rest ist übrig. Entsetze dich nicht! Es läutert sich alles Natürliche, und überall windet die Blüte des Lebens freier und freier vom gröbern Stoffe sich los.

Liebster Hyperion! du dachtest wohl nicht, mein Schwanenlied in diesem Jahre zu hören.

Fortsetzung

Bald, da du fort warst, und noch in den Tagen des Abschieds fing es an. Eine Kraft im Geiste, vor der ich erschrak, ein innres Leben, vor dem das Leben der Erd erblaßt' und schwand, wie Nachtlampen im Morgenrot – soll ich's sagen? ich hätte mögen nach Delphi gehn und dem Gott der Begeisterung einen Tempel bauen unter den Felsen des alten Parnaß, und, eine neue Pythia, die schlaffen Völker mit Göttersprüchen entzünden, und meine Seele weiß, den Gottverlaßnen allen hätte der jungfräuliche Mund die Augen geöffnet und die dumpfen Stirnen entfaltet, so mächtig war der Geist des Lebens in mir! Doch müder und müder wurden die sterblichen Glieder und die ängstigende Schwere zog mich unerbittlich hinab. Ach! oft in meiner stillen Laube hab ich um der Jugend Rosen geweint!

sie welkten und welkten, und nur von Tränen färbte deines Mädchens Wange sich rot. Es waren die vorigen Bäume noch, es war die vorige Laube – da stand einst deine Diotima, dein Kind, Hyperion, vor deinen glücklichen Augen, eine Blume unter den Blumen und die Kräfte der Erde und des Himmels trafen sich friedlich zusammen in ihr; nun ging sie, eine Fremdlingin unter den Knospen des Mais, und ihre Vertrauten, die lieblichen Pflanzen, nickten ihr freundlich, sie aber konnte nur trauern; doch ging ich keine vorüber, doch nahm ich einen Abschied um den andern von all den Jugendgespielen, den Hainen und Quellen und säuselnden Hügeln.

Ach! oft mit schwerer süßer Mühe bin ich noch, so lang ich's konnte, auf die Höhe gegangen, wo du bei Notara gewohnt, und habe von dir mit dem Freunde gesprochen, so leichten Sinns, als möglich war, damit er nichts von mir dir schreiben sollte; bald aber, wenn das Herz zu laut ward, schlich die Heuchlerin sich hinaus in den Garten, und da war ich nun am Geländer, über dem Felsen, wo ich einst mit dir hinabsah, und hinaus in die offne Natur, ach! wo ich stand, von deinen Händen gehalten, von deinen Augen umlauscht, im ersten schaudernden Erwarmen der Liebe und die überwallende Seele auszugießen wünschte, wie einen Opferwein, in den Abgrund des Lebens, da wankt ich nun umher und klagte dem Winde mein Leid, und wie ein scheuer Vogel, irrte mein Blick und wagt' es kaum, die schöne Erde anzusehn, von der ich scheiden sollte.

Fortsetzung

So ist's mit deinem Mädchen geworden, Hyperion. Frage nicht wie? erkläre diesen Tod dir nicht! Wer solch ein Schicksal zu ergründen denkt, der flucht am Ende sich und allem, und doch hat keine Seele Schuld daran.

Soll ich sagen, mich habe der Gram um dich getötet? o nein! o nein! er war mir ja willkommen, dieser Gram, er gab dem Tode, den ich in mir trug, Gestalt und Anmut; deinem Lieblinge zur Ehre stirbst du, konnt ich nun mir sagen. –

Oder ist mir meine Seele zu reif geworden in all den Begeisterungen unserer Liebe und hält sie darum mir nun, wie ein übermütiger Jüngling, in der bescheidenen Heimat nicht mehr? sprich! war es meines Herzens Üppigkeit, die mich entzweite mit dem sterblichen Leben? ist die Natur in mir durch dich, du Herrlicher! zu stolz geworden, um sich's länger gefallen zu lassen auf diesem mittelmäßigen Sterne? Aber hast du sie fliegen gelehrt, warum lehrst du meine Seele nicht auch, dir wiederzukehren? Hast du das ätherliebende Feuer angezündet, warum hütest du mir es nicht? – Höre mich, Lieber! um deiner schönen Seele willen! klage du dich über meinem Tode nicht an!

Konntest du denn mich halten, als dein Schicksal dir denselben Weg wies? und, hättst du im Heldenkampfe deines Herzens mir geprediget – laß dir genügen, Kind! und schick in die Zeit dich – wärst du nicht der eitelste von allen Eiteln gewesen?

Fortsetzung

Ich will es dir gerade sagen, was ich glaube. Dein Feuer lebt' in mir, dein Geist war in mich übergegangen; aber das hätte schwerlich geschadet, und nur dein Schicksal hat mein neues Leben mir tödlich gemacht. Zu mächtig war mir meine Seele durch dich, sie wäre durch dich auch wieder stille geworden. Du entzogst mein Leben der Erde, du hättest auch Macht gehabt, mich an die Erde zu fesseln, du hättest meine Seele, wie in einen Zauberkreis, in deine umfangenden Arme gebannt; ach! *einer* deiner Herzensblicke hätte mich fest gehalten, *eine* deiner Liebesreden hätte mich wieder zum frohen gesunden Kinde gemacht; doch da dein eigen Schicksal dich in Geisteseinsamkeit, wie Wasserflut auf Bergesgipfel trieb, o da erst, als ich vollends meinte, dir habe das Wetter der Schlacht den Kerker gesprengt und mein Hyperion sei aufgeflogen in die alte Freiheit, da entschied sich es mit mir und wird nun bald sich enden.

Ich habe viele Worte gemacht, und stillschweigend starb die große Römerin doch, da im Todeskampf ihr Brutus und das Vaterland rang. Was konnt ich aber bessers in den besten meiner letzten Lebenstage tun? – Auch treibt mich's immer, mancherlei zu sagen. Stille war mein Leben; mein Tod ist beredt. Genug!

Fortsetzung

Nur eines muß ich dir noch sagen.

Du müßtest untergehn, verzweifeln müßtest du, doch wird der Geist dich retten. Dich wird kein Lorbeer trösten und kein Myrtenkranz; der Olymp wird's, der lebendige, gegenwärtige, der ewig jugendlich um alle Sinne dir blüht. Die schöne Welt ist mein Olymp; in diesem wirst du leben, und mit den heiligen Wesen der Welt, mit den Göttern der Natur, mit diesen wirst du freudig sein.

O seid willkommen, ihr Guten, ihr Treuen! ihr Tiefvermißten, Verkannten! Kinder und Älteste! Sonn und Erd und Äther mit allen lebenden Seelen, die um euch spielen, die ihr umspielt, in ewiger Liebe! o nimmt die allesversuchenden Menschen, nimmt die Flüchtlinge wieder in die Götterfamilie, nimmt in die Heimat der Natur sie auf, aus der sie entwichen! –

Du kennst dies Wort, Hyperion! Du hast es angefangen in mir. Du wirst's vollenden in dir, und dann erst ruhn.

Ich habe genug daran, um freudig, als ein griechisch Mädchen zu sterben.

Die Armen, die nichts kennen, als ihr dürftig Machwerk, die der Not nur dienen und den Genius verschmähn, und dich nicht ehren, kindlich Leben der Natur! die mögen vor dem Tode sich fürchten. Ihr Joch ist ihre Welt geworden; Besseres, als ihren Knechtsdienst, kennen sie nicht; scheun die Götterfreiheit, die der Tod uns gibt?

Ich aber nicht! ich habe mich des Stückwerks überhoben, das die Menschenhände gemacht, ich hab es gefühlt, das Leben der Natur, das höher ist, denn alle Gedanken – wenn ich auch zur Pflanze würde, wäre denn der Schade so groß? – Ich werde sein. Wie sollt ich mich verlieren aus der Sphäre des Lebens, worin die ewige Liebe, die allen gemein ist, die Naturen alle zusammenhält? wie sollt ich scheiden aus dem Bunde, der die Wesen alle verknüpft? Der bricht so leicht nicht, wie die losen Bande dieser Zeit. Der ist nicht, wie ein Markttag, wo das Volk zusammenläuft und lärmt und auseinandergeht. Nein! bei dem Geiste, der uns einiget, bei dem Gottesgeiste, der jedem eigen ist und allen gemein! nein! nein! im Bunde der Natur ist Treue kein Traum. Wir trennen uns nur, um inniger einig zu sein, göttlicher friedlich mit allem, mit uns. Wir sterben, um zu leben.

Ich werde sein; ich frage nicht, was ich werde. Zu sein, zu leben, das ist genug, das ist die Ehre der Götter; und darum ist sich alles gleich, was nur ein Leben ist, in der göttlichen Welt, und es gibt in ihr nicht Herren und Knechte. Es leben umeinander die Naturen, wie Liebende; sie haben alles gemein, Geist, Freude und ewige Jugend.

Beständigkeit haben die Sterne gewählt, in stiller Lebensfülle wallen sie stets und kennen das Alter nicht. Wir stellen im Wechsel das Vollendete dar; in wandelnde Melodien teilen wir die großen Akkorde der Freude. Wie Harfenspieler um die Thronen der Ältesten, leben wir, selbst göttlich, um die stillen Götter der Welt, mit dem flüchtigen Lebensliede mildern wir den seligen Ernst des Sonnengotts und der andern.

Sieh auf in die Welt! Ist sie nicht, wie ein wandelnder Triumphzug, wo die Natur den ewigen Sieg über alle Verderbnis feiert? und führt nicht zur Verherrlichung das Leben den Tod mit sich, in goldenen Ketten, wie der Feldherr einst die gefangenen Könige mit sich geführt? und wir, wir sind wie die Jungfrauen und die Jünglinge, die mit Tanz und Gesang, in wechselnden Gestalten und Tönen den majestätischen Zug geleiten.

Nun laß mich schweigen. Mehr zu sagen, wäre zu viel. Wir werden wohl uns wieder begegnen. –

Trauernder Jüngling! bald, bald wirst du glücklicher sein. Dir ist dein Lorbeer nicht gereift und deine Myrten verblühten, denn Priester sollst du sein der göttlichen Natur, und die dichterischen Tage keimen dir schon.

O könnt ich dich sehn in deiner künftigen Schöne! Lebe wohl.

Zugleich erhielt ich einen Brief von Notara, worin er mir schrieb:

Den Tag, nachdem sie dir zum letzten Mal geschrieben, wurde sie ganz ruhig, sprach noch wenig Worte, sagte dann auch, daß sie lieber möcht im Feuer von der Erde scheiden, als begraben sein, und ihre Asche sollten wir in eine Urne sammeln, und in den Wald sie stellen, an den Ort, wo du, mein Teurer! ihr zuerst begegnet wärst. Bald darauf, da es anfing, dunkel zu werden, sagte sie uns gute Nacht, als wenn sie schlafen möcht, und schlug die Arme um ihr schönes Haupt; bis gegen Morgen hörten wir sie atmen. Da es dann ganz stille wurde und ich nichts mehr hörte, ging ich hin zu ihr und lauschte.

O Hyperion! was soll ich weiter sagen? Es war aus und unsre Klagen weckten sie nicht mehr.

Es ist ein furchtbares Geheimnis, daß ein solches Leben sterben soll und ich will es dir gestehn, ich selber habe weder Sinn noch Glauben, seit ich das mit ansah.

Doch immer besser ist ein schöner Tod, Hyperion! denn solch ein schläfrig Leben, wie das unsre nun ist.

Die Fliegen abzuwehren, das ist künftig unsre Arbeit und zu nagen an den Dingen der Welt, wie Kinder an der dürren Feigenwurzel, das ist endlich unsre Freude. Alt zu werden unter jugendlichen Völkern, scheint mir eine Lust, doch alt zu werden, da wo alles alt ist, scheint mir schlimmer, denn alles. –

Ich möchte fast dir raten, mein Hyperion! daß du nicht hieher kommst. Ich kenne dich. Es würde dir die Sinne nehmen. Überdies bist du nicht sicher hier. Mein Teurer! denk an Diotimas Mutter, denk an mich und schone dich!

Ich will es dir gestehn, mir schaudert, wenn ich dein Schicksal überdenke. Aber ich meine doch auch, der brennende Sommer trockne nicht die tiefern Quellen, nur den seichten Regenbach aus. Ich habe dich in Augenblicken gesehn, Hyperion! wo du mir ein höher Wesen schienst. Du bist nun auf der Probe, und es muß sich zeigen, wer du bist. Leb wohl.

So schrieb Notara; und du fragst, mein Bellarmin! wie jetzt mir ist, indem ich dies erzähle?

Bester! ich bin ruhig, denn ich will nichts Bessers haben, als die Götter. Muß nicht alles leiden? Und je trefflicher es ist, je tiefer! Leidet nicht die heilige Natur? O meine Gottheit! daß du trauern könntest, wie du selig bist, das konnt ich lange nicht fassen. Aber die Wonne, die nicht leidet, ist Schlaf, und ohne Tod ist kein Leben. Solltest du ewig sein, wie ein Kind und schlummern, dem Nichts gleich? den Sieg entbehren? nicht die Vollendungen alle durchlaufen? Ja! ja! wert ist der Schmerz, am Herzen der Menschen zu liegen, und dein Vertrauter zu sein, o Natur! Denn er nur führt von einer Wonne zur andern, und es ist kein andrer Gefährte, denn er. –

Damals schrieb ich an Notara, als ich wieder anfing aufzuleben, von Sizilien aus, wohin ein Schiff von Paros mich zuerst gebracht:

Ich habe dir gehorcht, mein Teurer! bin schon weit von euch und will dir nun auch Nachricht geben; aber schwer wird mir das Wort; das darf ich wohl gestehen. Die Seligen, wo Diotima nun ist, sprechen nicht viel; in meiner Nacht, in der Tiefe der Traurenden, ist auch die Rede am Ende.

Einen schönen Tod ist meine Diotima gestorben; da hast

du recht; das ist's auch, was mich aufweckt, und meine Seele mir wiedergibt.

Aber es ist die vorige Welt nicht mehr, zu der ich wiederkehre. Ein Fremdling bin ich, wie die Unbegrabnen, wenn sie herauf vom Acheron kommen, und wär ich auch auf meiner heimatlichen Insel, in den Gärten meiner Jugend, die mein Vater mir verschließt, ach! dennoch, dennoch, wär ich auf der Erd ein Fremdling und kein Gott knüpft ans Vergangne mich mehr.

Ja! es ist alles vorbei. Das muß ich nur recht oft mir sagen, muß damit die Seele mir binden, daß sie ruhig bleibt, sich nicht erhitzt in ungereimten kindischen Versuchen.

Es ist alles vorbei; und wenn ich gleich auch weinen könnte, schöne Gottheit, wie du um Adonis einst geweint, doch kehrt mir meine Diotima nicht wieder und meines Herzens Wort hat seine Kraft verloren, denn es hören mich die Lüfte nur.

O Gott! und daß ich selbst nichts bin, und der gemeinste Handarbeiter sagen kann, er habe mehr getan, denn ich! daß sie sich trösten dürfen, die Geistesarmen, und lächeln und Träumer mich schelten, weil meine Taten mir nicht reiften, weil meine Arme nicht frei sind, weil meine Zeit dem wütenden Prokrustes gleicht, der Männer, die er fing, in eine Kinderwiege warf, und daß sie paßten in das kleine Bett, die Glieder ihnen abhieb.

Wär es nur nicht gar zu trostlos, allein sich unter die närrische Menge zu werfen und zerrissen zu werden von ihr! oder müßt ein edel Blut sich nur nicht schämen, mit dem Knechtsblut sich zu mischen! o gäb es eine Fahne, Götter! wo mein Alabanda dienen möcht, ein Thermopylä, wo ich mit Ehren sie verbluten könnte, all die einsame Liebe, die mir nimmer brauchbar ist! Noch besser wär es freilich, wenn ich leben könnte, leben, in den neuen Tempeln, in der neuversammelten Agora unsers Volks mit großer Lust den großen Kummer stillen; aber davon schweig ich, denn ich weine nur die Kraft mir vollends aus, wenn ich an alles denke.

Ach Notara! auch mit mir ist's aus; verleidet ist mir meine eigne Seele, weil ich ihr's vorwerfen muß, daß Diotima tot ist, und die Gedanken meiner Jugend, die ich groß geachtet, gelten mir nichts mehr. Haben sie doch meine Diotima mir vergiftet!

Und nun sage mir, wo ist noch eine Zuflucht? – Gestern war ich auf dem Ätna droben. Da fiel der große Sizilianer mir ein, der einst des Stundenzählens satt, vertraut mit der Seele der Welt, in seiner kühnen Lebenslust sich da hinabwarf in die herrlichen Flammen, denn der kalte Dichter hätte müssen am Feuer sich wärmen, sagt' ein Spötter ihm nach.

O wie gerne hätt ich solchen Spott auf mich geladen! aber man muß sich höher achten, denn ich mich achte, um so ungerufen der Natur ans Herz zu fliegen, oder wie du es sonst noch heißen magst, denn wirklich! wie ich jetzt bin, hab ich keinen Namen für die Dinge und es ist mir alles ungewiß.

Notara! und nun sage mir, wo ist noch Zuflucht?

In Kalaureas Wäldern? – Ja! im grünen Dunkel dort, wo unsre Bäume, die Vertrauten unsrer Liebe stehn, wo, wie ein Abendrot, ihr sterbend Laub auf Diotimas Urne fällt und ihre schönen Häupter sich auf Diotimas Urne neigen, mählich alternd, bis auch sie zusammensinken über der geliebten Asche – da, da könnt ich wohl nach meinem Sinne wohnen!

Aber du rätst mir, wegzubleiben, meinst, ich sei nicht sicher in Kalaurea und das mag so sein.

Ich weiß es wohl, du wirst an Alabanda mich verweisen. Aber höre nur! zertrümmert ist er! verwittert ist der feste, schlanke Stamm, auch er, und die Buben werden die Späne auflesen und damit ein lustig Feuer sich machen. Er ist fort; er hat gewisse gute Freunde, die ihn erleichtern werden, die ganz eigentlich geschickt sind, jedem abzuhelfen, dem das Leben etwas schwer aufliegt; zu diesen ist er auf Besuch gegangen, und warum? weil sonst nichts für ihn zu tun ist, oder, wenn du alles wissen willst, weil eine Leidenschaft am Herzen ihm nagt, und weißt du auch für wen? für Diotima, die er noch im Leben glaubt, vermählt mit mir und glücklich – armer Alabanda! nun gehört sie dir und mir!

Er fuhr nach Osten hinaus und ich, ich schiffe nach Nordwest, weil es die Gelegenheit so haben will. –

Und nun lebt wohl, ihr alle! all ihr Teuern, die ihr mir am Herzen gelegen, Freunde meiner Jugend und ihr Eltern und ihr lieben Griechen all, ihr Leidenden!

Ihr Lüfte, die ihr mich genährt, in zarter Kindheit, und ihr dunkeln Lorbeerwälder und ihr Uferfelsen und ihr majestätischen Gewässer, die ihr Großes ahnen meinen Geist gelehrt – und ach! ihr Trauerbilder, ihr, wo meine Schwermut anhub, heilige Mauern, womit die Heldenstädte sich umgürtet und ihr alten Tore, die manch schöner Wanderer durchzog, ihr Tempelsäulen und du Schutt der Götter! und du, o Diotima! und ihr Täler meiner Liebe, und ihr Bäche, die ihr sonst die selige Gestalt gesehn, ihr Bäume, wo sie sich erheitert, ihr Frühlinge, wo sie gelebt, die Holde mit den Blumen, scheidet, scheidet nicht aus mir! doch, soll es sein, ihr süßen Angedenken! so erlöscht auch ihr und laßt mich, denn es kann der Mensch nichts ändern und das Licht des Lebens kommt und scheidet, wie es will.

Hyperion an Bellarmin

So kam ich unter die Deutschen. Ich foderte nicht viel und war gefaßt, noch weniger zu finden. Demütig kam ich, wie der heimatlose blinde Ödipus zum Tore von Athen, wo ihn der Götterhain empfing; und schöne Seelen ihm begegneten –.

Wie anders ging es mir!

Barbaren von alters her, durch Fleiß und Wissenschaft und selbst durch Religion barbarischer geworden, tiefunfähig jedes göttlichen Gefühls, verdorben bis ins Mark zum Glück der heiligen Grazien, in jedem Grad der Übertreibung und der Ärmlichkeit beleidigend für jede gutgeartete

Seele, dumpf und harmonielos, wie die Scherben eines weggeworfenen Gefäßes – das, mein Bellarmin! waren meine Tröster.

Es ist ein hartes Wort und dennoch sag ich's, weil es Wahrheit ist: ich kann kein Volk mir denken, das zerrißner wäre, wie die Deutschen. Handwerker siehst du, aber keine Menschen, Denker, aber keine Menschen, Priester, aber keine Menschen, Herrn und Knechte, Jungen und gesetzte Leute, aber keine Menschen – ist das nicht, wie ein Schlachtfeld, wo Hände und Arme und alle Glieder zerstükkelt untereinanderliegen, indessen das vergoßne Lebensblut im Sande zerrinnt?

Ein jeder treibt das Seine, wirst du sagen, und ich sag es auch. Nur muß er es mit ganzer Seele treiben, muß nicht jede Kraft in sich ersticken, wenn sie nicht gerade sich zu seinem Titel paßt, muß nicht mit dieser kargen Angst, buchstäblich heuchlerisch das, was er heißt, nur sein, mit Ernst, mit Liebe muß er das sein, was er ist, so lebt ein Geist in seinem Tun, und ist er in ein Fach gedrückt, wo gar der Geist nicht leben darf, so stoß er's mit Verachtung weg und lerne pflügen! Deine Deutschen aber bleiben gerne beim Notwendigsten, und darum ist bei ihnen auch so viele Stümperarbeit und so wenig Freies, Echterfreuliches. Doch das wäre zu verschmerzen, müßten solche Menschen nur nicht fühllos sein für alles schöne Leben, ruhte nur nicht überall der Fluch der gottverlaßnen Unnatur auf solchem Volke. –

Die Tugenden der Alten sei'n nur glänzende Fehler, sagt' einmal, ich weiß nicht, welche böse Zunge; und es sind doch selber ihre Fehler Tugenden, denn da noch lebt' ein kindlicher, ein schöner Geist, und ohne Seele war von allem, was sie taten, nichts getan. Die Tugenden der Deutschen aber sind ein glänzend Übel und nichts weiter; denn Notwerk sind sie nur, aus feiger Angst, mit Sklavenmühe, dem wüsten Herzen abgedrungen, und lassen trostlos jede reine Seele, die von Schönem gern sich nährt, ach! die verwöhnt vom heiligen Zusammenklang in edleren Naturen, den Mißlaut nicht erträgt, der schreiend ist in all der toten Ordnung dieser Menschen.

Ich sage dir: es ist nichts Heiliges, was nicht entheiligt, nicht zum ärmlichen Behelf herabgewürdigt ist bei diesem Volk, und was selbst unter Wilden göttlichrein sich meist erhält, das treiben diese allberechnenden Barbaren, wie man so ein Handwerk treibt, und können es nicht anders, denn wo einmal ein menschlich Wesen abgerichtet ist, da dient es seinem Zweck, da sucht es seinen Nutzen, es schwärmt nicht mehr, bewahre Gott! es bleibt gesetzt, und wenn es feiert und wenn es liebt und wenn es betet und selber, wenn des Frühlings holdes Fest, wenn die Versöhnungszeit der Welt die Sorgen alle löst, und Unschuld zaubert in ein schuldig Herz, wenn von der Sonne warmem Strahle berauscht, der Sklave seine Ketten froh vergißt und von der gottbeseelten Luft besänftiget, die Menschenfeinde friedlich, wie die Kinder, sind – wenn selbst die Raupe sich beflügelt und die Biene schwärmt, so bleibt der Deutsche doch in seinem Fach und kümmert sich nicht viel ums Wetter!

Aber du wirst richten, heilige Natur! Denn, wenn sie nur bescheiden wären, diese Menschen, zum Gesetze nicht sich machten für die Bessern unter ihnen! wenn sie nur nicht lästerten, was sie nicht sind, und möchten sie doch lästern, wenn sie nur das Göttliche nicht höhnten! –

Oder ist nicht göttlich, was ihr höhnt und seellos nennt? Ist besser, denn euer Geschwätz, die Luft nicht, die ihr trinkt? der Sonne Strahlen, sind sie edler nicht, denn all ihr Klugen? der Erde Quellen und der Morgentau erfrischen euern Hain; könnt ihr das auch? ach! töten könnt ihr, aber nicht lebendig machen, wenn es die Liebe nicht tut, die nicht von euch ist, die ihr nicht erfunden. Ihr sorgt und sinnt, dem Schicksal zu entlaufen und begreift es nicht, wenn eure Kinderkunst nichts hilft; indessen wandelt harmlos droben das Gestirn. Ihr entwürdiget, ihr zerreißt, wo sie euch duldet, die geduldige Natur, doch lebt sie fort, in unendlicher Jugend, und ihren Herbst und ihren Frühling könnt ihr nicht vertreiben, ihren Äther, den verderbt ihr nicht.

O göttlich muß sie sein, weil ihr zerstören dürft, und dennoch sie nicht altert und trotz euch schön das Schöne bleibt! –

Es ist auch herzzerreißend, wenn man eure Dichter, eure Künstler sieht, und alle, die den Genius noch achten, die das Schöne lieben und es pflegen. Die Guten! Sie leben in der Welt, wie Fremdlinge im eigenen Hause, sie sind so recht, wie der Dulder Ulyß, da er in Bettlersgestalt an seiner Türe saß, indes die unverschämten Freier im Saale lärmten und fragten, wer hat uns den Landläufer gebracht?

Voll Lieb und Geist und Hoffnung wachsen seine Musenjünglinge dem deutschen Volk heran; du siehst sie sieben Jahre später, und sie wandeln, wie die Schatten, still und kalt, sind, wie ein Boden, den der Feind mit Salz besäete, daß er nimmer einen Grashalm treibt; und wenn sie sprechen, wehe dem! der sie versteht, der in der stürmenden Titanenkraft, wie in ihren Proteuskünsten den Verzweiflungskampf nur sieht, den ihr gestörter schöner Geist mit den Barbaren kämpft, mit denen er zu tun hat.

Es ist auf Erden alles unvollkommen, ist das alte Lied der Deutschen. Wenn doch einmal diesen Gottverlaßnen einer sagte, daß bei ihnen nur so unvollkommen alles ist, weil sie nichts Reines unverdorben, nichts Heiliges unbetastet lassen mit den plumpen Händen, daß bei ihnen nichts gedeiht, weil sie die Wurzel des Gedeihns, die göttliche Natur nicht achten, daß bei ihnen eigentlich das Leben schal und sorgenschwer und übervoll von kalter stummer Zwietracht ist, weil sie den Genius verschmähn, der Kraft und Adel in ein menschlich Tun, und Heiterkeit ins Leiden und Lieb und Brüderschaft den Städten und den Häusern bringt.

Und darum fürchten sie auch den Tod so sehr, und leiden, um des Austernlebens willen, alle Schmach, weil Höhers sie nicht kennen, als ihr Machwerk, das sie sich gestoppelt.

O Bellarmin! wo ein Volk das Schöne liebt, wo es den Genius in seinen Künstlern ehrt, da weht, wie die Lebensluft, ein allgemeiner Geist, da öffnet sich der scheue Sinn, der Eigendünkel schmilzt, und fromm und groß sind alle Herzen und Helden gebiert die Begeisterung. Die Heimat aller Menschen ist bei solchem Volk und gerne mag der Fremde sich verweilen. Wo aber so beleidigt wird die göttliche Natur und ihre Künstler, ach! da ist des Lebens beste Lust hinweg, und jeder andre Stern ist besser, denn die Erde. Wüster immer, öder werden da die Menschen, die doch alle schöngeboren sind; der Knechtsinn wächst, mit ihm der grobe Mut, der Rausch wächst mit den Sorgen, und mit der Üppigkeit der Hunger und die Nahrungsangst; zum Fluche wird der Segen jedes Jahrs und alle Götter fliehn.

Und wehe dem Fremdling, der aus Liebe wandert, und zu solchem Volke kömmt, und dreifach wehe dem, der, so wie ich, von großem Schmerz getrieben, ein Bettler meiner Art, zu solchem Volke kömmt! –

Genug! du kennst mich, wirst es gut aufnehmen, Bellarmin! Ich sprach in deinem Namen auch, ich sprach für alle, die in diesem Lande sind und leiden, wie ich dort gelitten.

Hyperion an Bellarmin

Ich wollte nun aus Deutschland wieder fort. Ich suchte unter diesem Volke nichts mehr, ich war genug gekränkt, von unerbittlichen Beleidigungen, wollte nicht, daß meine Seele vollends unter solchen Menschen sich verblute.

Aber der himmlische Frühling hielt mich auf; er war die einzige Freude, die mir übrig war, er war ja meine letzte Liebe, wie konnt ich noch an andre Dinge denken und das Land verlassen, wo auch er war?

Bellarmin! Ich hatt es nie so ganz erfahren, jenes alte feste Schicksalswort, daß eine neue Seligkeit dem Herzen aufgeht, wenn es aushält und die Mitternacht des Grams durchduldet, und daß, wie Nachtigallgesang im Dunkeln, göttlich erst in tiefem Leid das Lebenslied der Welt uns tönt. Denn, wie mit Genien, lebt ich itzt mit den blühenden Bäumen, und die klaren Bäche, die darunter flossen, säuselten, wie Götterstimmen, mir den Kummer aus dem Busen. Und so geschah mir überall, du Lieber! – wenn ich im Grase ruht, und zartes Leben mich umgrünte, wenn ich hinauf, wo wild die Rose um den Steinpfad wuchs, den warmen Hügel ging, auch wenn ich des Stroms Gestade, die luftigen umschifft' und alle die Inseln, die er zärtlich hegt.

Und wenn ich oft des Morgens, wie die Kranken zum Heilquell, auf den Gipfel des Gebirgs stieg, durch die schlafenden Blumen, aber vom süßen Schlummer gesättiget, neben mir die lieben Vögel aus dem Busche flogen, im Zwielicht taumelnd und begierig nach dem Tag, und die regere Luft nun schon die Gebete der Täler, die Stimmen der Herde und die Töne der Morgenglocken herauftrug, und jetzt das hohe Licht, das göttlichheitre den gewohnten Pfad daherkam, die Erde bezaubernd mit unsterblichem Leben, daß ihr Herz erwarmt' und all ihre Kinder wieder sich fühlten – o wie der Mond, der noch am Himmel blieb, die Lust des Tags zu teilen, so stand ich Einsamer dann auch über den Ebnen und weinte Liebestränen zu den Ufern hinab und den glänzenden Gewässern und konnte lange das Auge nicht wenden.

Oder des Abends, wenn ich fern ins Tal hinein geriet, zur Wiege des Quells, wo rings die dunkeln Eichhöhn mich umrauschten, mich, wie einen Heiligsterbenden, in ihren Frieden die Natur begrub, wenn nun die Erd ein Schatte war, und unsichtbares Leben durch die Zweige säuselte, durch die Gipfel, und über den Gipfeln still die Abendwolke stand, ein glänzend Gebirg, wovon herab zu mir des Himmels Strahlen, wie die Wasserbäche flossen, um den durstigen Wanderer zu tränken –.

„O Sonne, o ihr Lüfte", rief ich dann, „bei euch allein noch lebt mein Herz, wie unter Brüdern!"

So gab ich mehr und mehr der seligen Natur mich hin und fast zu endlos. Wär ich so gerne doch zum Kinde geworden, um ihr näher zu sein, hätt ich so gern doch weniger gewußt und wäre geworden, wie der reine Lichtstrahl, um ihr näher zu sein! o einen Augenblick in ihrem Frieden, ihrer Schöne mich zu fühlen, wie viel mehr galt es vor mir, als Jahre voll Gedanken, als alle Versuche der allesversuchenden Menschen! Wie Eis, zerschmolz, was ich gelernt, was ich getan im Leben, und alle Entwürfe der Jugend verhallten in mir; und o ihr Lieben, die ihr ferne seid, ihr Toten und ihr Lebenden, wie innig eines waren wir!

Einst saß ich fern im Feld, an einem Brunnen, im Schatten efeugrüner Felsen und überhängender Blütenbüsche. Es war der schönste Mittag, den ich kenne. Süße Lüfte wehten und in morgendlicher Frische glänzte noch das Land und still in seinem heimatlichen Äther lächelte das Licht. Die Menschen waren weggegangen, am häuslichen Tische von der Arbeit zu ruhn; allein war meine Liebe mit dem Frühling, und ein unbegreiflich Sehnen war in mir. „Diotima", rief ich, „wo bist du, o wo bist du?" Und mir war, als hört ich Diotimas Stimme, die Stimme, die mich einst erheitert in den Tagen der Freude –.

„Bei den Meinen", rief sie, „bin ich, bei den Deinen, die der irre Menschengeist mißkennt!"

Ein sanfter Schrecken ergriff mich und mein Denken entschlummerte in mir.

„O liebes Wort aus heil'gem Munde", rief ich, da ich wieder erwacht war, „liebes Rätsel, faß ich dich?"

Und *einmal* sah ich noch in die kalte Nacht der Menschen zurück und schauert und weinte vor Freuden, daß ich so selig war und Worte sprach ich, wie mir dünkt, aber sie waren, wie des Feuers Rauschen, wenn es auffliegt und die Asche hinter sich läßt –.

O du, so dacht ich, mit deinen Göttern, Natur! ich hab ihn ausgeträumt, von Menschendingen den Traum und sage, nur du lebst, und was die Friedenslosen erzwungen, erdacht, es schmilzt, wie Perlen von Wachs, hinweg von deinen Flammen!

Wie lang ist's, daß sie dich entbehren? o wie lang ist's, daß ihre Menge dich schilt, gemein nennt dich und deine Götter, die Lebendigen, die Seligstillen!

Es fallen die Menschen, wie faule Früchte von dir, o laß sie untergehn, so kehren sie zu deiner Wurzel wieder, und ich, o Baum des Lebens, daß ich wieder grüne mit dir und deine Gipfel umatme mit all deinen knospenden Zweigen! friedlich und innig, denn alle wuchsen wir aus dem goldnen Samkorn herauf!

Ihr Quellen der Erd! ihr Blumen! und ihr Wälder und ihr Adler und du brüderliches Licht! wie alt und neu ist unsere Liebe! – Frei sind wir, gleichen uns nicht ängstig von außen; wie sollte nicht wechseln die Weise des Lebens? wir lieben den Äther doch all und innigst im Innersten gleichen wir uns.

Auch wir, auch wir sind nicht geschieden, Diotima, und die Tränen um dich verstehen es nicht. Lebendige Töne sind wir, stimmen zusammen in deinem Wohllaut, Natur! wer reißt den? wer mag die Liebenden scheiden? –

O Seele! Seele! Schönheit der Welt! du unzerstörbare! du entzückende! mit deiner ewigen Jugend! du bist; was ist denn der Tod und alles Wehe der Menschen? – Ach! viel der leeren Worte haben die Wunderlichen gemacht. Geschiehet doch alles aus Lust, und endet doch alles mit Frieden.

Wie der Zwist der Liebenden, sind die Dissonanzen der Welt. Versöhnung ist mitten im Streit und alles Getrennte findet sich wieder.

Es scheiden und kehren im Herzen die Adern und einiges, ewiges, glühendes Leben ist alles.

So dacht ich. Nächstens mehr.

EMILIE
VOR IHREM BRAUTTAG

EMILIE AN KLARA

Ich bin im Walde mit dem Vater draus
Gewesen, diesen Abend, auf dem Pfade,
Du kennest ihn, vom vor'gen Frühlinge.
Es blühten wilde Rosen nebenan,
Und von der Felswand überschattet' uns
Der Eichenbüsche sonnenhelles Grün;
Und oben durch der Buchen Dunkel quillt
Das klare flüchtige Gewässer nieder.
Wie oft, du Liebe! stand ich dort und sah
Ihm nach aus seiner Bäume Dämmerung
Hinunter in die Ferne, wo zum Bach
Es wird, zum Strome, sehnte mich mit ihm
Hinaus – wer weiß, wohin?

Das hast du oft
Mir vorgeworfen, daß ich immerhin
Abwesend bin mit meinem Sinne, hast
Mir's oft gesagt, ich habe bei den Menschen
Kein friedlich Bleiben nicht, verschwende
Die Seele an die Lüfte, lieblos sei
Ich öfters bei den Meinen. Gott! ich lieblos?

Wohl mag es freudig sein und schön, zu bleiben,
Zu ruhn in einer lieben Gegenwart,
Wenn eine große Seele, die wir kennen,
Vertraulich nahe waltet über uns,
Sich um uns schließt, daß wir, die Heimatlosen,
Doch wissen, wo wir wohnen.

Gute! Treue!
Doch hast du recht. Bist du denn nicht mir eigen?
Und hab ich ihn, den teuern Vater, nicht,
Den Heiligjugendlichen, Vielerfahrnen,
Der, wie ein stiller Gott auf dunkler Wolke,
Verborgenwirkend über seiner Welt
Mit freiem Auge ruht, und wenn er schon
Ein Höhers weiß, und ich des Mannes Geist
Nur ahnen kann, doch ehrt er liebend mich,
Und nennt mich seine Freude, ja! und oft
Gibt eine neue Seele mir sein Wort.

Dann möcht ich wohl den Segen, den er gab,
Mit einem, das ich liebte, gerne teilen,
Und bin allein – ach! ehemals war ich's nicht!

Mein Eduard! mein Bruder! denkst du sein
Und denkst du noch der frommen Abende,
Wenn wir im Garten oft zusammensaßen
Nach schönem Sommertage, wenn die Luft
Um unsre Stille freundlich atmete,
Und über uns des Äthers Blumen glänzten;
Wenn von den Alten er, den Hohen, uns
Erzählte, wie in Freude sie und Freiheit
Aufstrebten, seine Meister; tönender
Hub dann aus seiner Brust die Stimme sich,
Und zürnend war und liebend oft voll Tränen
Das Auge meinem Stolzen! ach! den letzten
Der Abende, wie nun, da Großes ihm
Bevorstand, ruhiger der Jüngling war,
Noch mit Gesängen, die wir gerne hörten,
Und mit der Zithar uns, die Trauernden,
Vergnügt'!

Ich seh ihn immer, wie er ging.
Nie war er schöner, kühn, die Seele glänzt'

Ihm auf der Stirne, dann voll Andacht trat
Er vor den alten Vater. „Kann ich Glück
Von dir empfangen“, sprach er, „heil’ger Mann!
So wünsche lieber mir das größte, denn
Ein anders“, und betroffen schien der Vater.
„Wenn’s sein soll, wünsch ich dir’s“, antwortet’ er.
Ich stand beiseit, und wehemütig sah
Der Scheidende mich an und rief mich laut;
Mir bebt’ es durch die Glieder, und er hielt
Mich zärtlich fest, in seinen Armen stärkte
Der Starke mir das Herz, und da ich aufsah
Nach meinem Lieben, war er fortgeeilt.

Ein edel Volk ist hier auf Korsika;
Schrieb freudig er im letzten Briefe mir,
Wie wenn ein zahmer Hirsch zum Walde kehrt
Und seine Brüder trifft, so bin ich hier,
Und mir bewegt im Männerkriege sich
Die Brust, daß ich von allem Weh genese.

Wie lebst du, teure Seele! und derVater?
Hier unter frohem Himmel, wo zu schnell
Die Frühlinge nicht altern, und der Herbst
Aus lauer Luft dir goldne Früchte streut,
Auf dieser guten Insel werden wir
Uns wiedersehen; dies ist meine Hoffnung.

Ich lobe mir den Feldherrn. Oft im Traum
Hab ich ihn fast gesehen, wie er ist,
Mein Paoli, noch eh er freundlich mich
Empfing und zärtlich vorzog, wie der Vater
Den Jüngstgebornen, der es mehr bedarf.

Und schämen muß ich vor den andern mich,
Den furchtbarstillen, ernsten Jünglingen.
Sie dünken traurig dir bei Ruh und Spiel;

Unscheinbar sind sie, wie die Nachtigall,
Wenn von Gesang sie ruht; am Ehrentag
Erkennst du sie. Ein eigen Leben ist's! –
Wenn mit der Sonne wir, mit heil'gen Lied
Heraufgehn übern Hügel, und die Fahnen
Ins Tal hinab im Morgenwinde wehn,
Und drunten auf der Ebne fernher sich,
Ein gärend Element, entgegen uns
Die Menge regt und treibt, da fühlen wir
Frohlockender, wie wir uns herrlich lieben;
Denn unter unsern Zelten und auf Wogen
Der Schlacht begegnet uns der Gott, der uns
Zusammenhält.

Wir tun, was sich gebührt,
Und führen wohl das edle Werk hinaus.
Dann küßt ihr noch den heimatlichen Boden,
Den trauernden, und kommt und lebt mit uns,
Emilie! – Wie wird's dem alten Vater
Gefallen, bei den Lebenden noch *einmal*
Zum Jüngling aufzuleben und zu ruhn
In unentweihter Erde, wenn er stirbt.

Denkst du des tröstenden Gesanges noch,
Emilie, den seiner teuern Stadt
In ihrem Fall der stille Römer sang,
Noch hab ich einiges davon im Sinne.

Klagt nicht mehr! kommt in neues Land! so sagt' er.
Der Ozean, der die Gefild umschweift,
Erwartet uns. Wir suchen selige
Gefilde, reiche Inseln, wo der Boden
Noch ungepflügt die Früchte jährlich gibt,
Und unbeschnitten noch der Weinstock blüht,
Wo der Olivenzweig nach Wunsche wächst,
Und ihren Baum die Feige keimend schmückt,

Wo Honig rinnt aus hohler Eich und leicht
Gewässer rauscht von Bergeshöhn. – Noch manches
Bewundern werden wir, die Glücklichen. –
Es sparte für ein frommes Volk Saturnus' Sohn
Dies Ufer auf, da er die goldne Zeit
Mit Erze mischte. – Lebe wohl, du Liebe!

Der Edle fiel des Tags darauf im Treffen
Mit seiner Liebsten einem, ruht mit ihn
In *einem* Grab.

In deinem Schoße ruht
Er, schönes Korsika! und deine Wälder
Umschatten ihn, und deine Lüfte wehn
Am milden Herbsttag freundlich über ihm,
Dein Abendlicht vergoldet seinen Hügel.

Ach! dorthin möcht ich wohl, doch hälf es nicht.
Ich sucht ihn, so wie hier. Ich würde fast
Dort weniger, wie hier, mich sein entwöhnen.
So wuchs ich auf mit ihm, und weinen muß ich
Und lächeln, denk ich, wie mir's ehemals oft
Beschwerlich ward, dem Wilden nachzukommen,
Wenn nirgend er beim Spiele bleiben wollte.
Nun bist du dennoch fort und lässest mich
Allein, du Lieber! und ich habe nun
Kein Bleiben auch, und meine Augen sehn
Das Gegenwärtige nicht mehr, o Gott!
Und mit Phantomen peiniget und tröstet
Nun meine Seele sich, die einsame.
Das weißt du, gutes Mädchen! nicht, wie sehr
Ich unvernünftig bin. Ich will dir's all
Erzählen. Morgen! Mich besucht doch immer
Der süße Schlaf, und wie die Kinder bin ich,
Die besser schlummern, wenn sie ausgeweint.

EMILIE AN KLARA

Der Vater schwieg im Leide tagelang,
Da er's erfuhr; und scheuen mußt ich mich,
Mein Weh ihn sehn zu lassen; lieber ging
Ich dann hinaus zum Hügel und das Herz
Gewöhnte mir zum freien Himmel sich.
Ich tadelt oft ein wenig mich darüber,
Daß nirgend mehr im Hause mir's gefiel.
Vergnügt mit allem war ich ehmals da,
Und leicht war alles mir. Nun ängstigt' es
Mich oft; noch trieb ich mein Geschäft, doch
leblos,
Bis in die Seele stumm in meiner Trauer.

Es war, wie in der Schattenwelt, im Hause.
Der stille Vater und das stumme Kind!

Wir wollen fort auf eine Reise, Tochter!
Sagt' eines Tags mein Vater, und wir gingen,
Und kamen dann zu dir. In diesem Land,
An deines Neckars friedlichschönen Ufern,
Da dämmert' eine stille Freude mir
Zum ersten Male wieder auf. Wie oft
Im Abendlichte stand ich auf dem Hügel
Mit dir, und sah das grüne Tal hinauf,
Wo zwischen Bergen, da die Rebe wächst,
An manchem Dorf vorüber, durch die Wiesen
Zu uns herab, von luft'ger Weid umkränzt,
Das goldne ruhige Gewässer wallte!
Mir bleibt die Stelle lieb, wo ich gelebt.

Ihr heiterfreien Ebenen des Mains,
Ihr reichen, blühenden! wo nahe bald
Der frohe Strom, des stolzen Vaters Liebling,
Mit offnem Arm ihn grüßt, den alten Rhein!

Auch ihr! Sie sind wie Freunde mir geworden,
Und aus der Seele mir vergehen soll
Kein frommer Dank, und trag ich Leid im Busen,
So soll mir auch die Freude lebend bleiben.

Erzählen wollt ich dir, doch hell ist nie
Das Auge mir, wenn dessen ich gedenke.
Vor seinen kindischen, geliebten Träumen
Bebt immer mir das Herz.

Wir reisten dann
Hinein in andre Gegenden, ins Land
Des Varustals, dort bei den dunkeln Schatten
Der wilden heil'gen Berge lebten wir,
Die Sommertage durch, und sprachen gern
Von Helden, die daselbst gewohnt, und Göttern.

Noch gingen wir des Tages, ehe wir
Vom Orte schieden, in den Eichenwald
des herrlichen Gebirgs hinaus, und standen
In kühler Luft auf hoher Heide nun.

„Hier unten in dem Tale schlafen sie
Zusammen", sprach mein Vater, „lange schon,
Die Römer mit den Deutschen, und es haben
Dir Freigebornen sich, die stolzen, stillen,
Im Tode mit den Welteroberern
Versöhnt, und Großes ist und Größeres
Zusammen in der Erde Schoß gefallen.
Wo seid ihr, meine Toten all? Es lebt
Der Menschengenius, der Sprache Gott,
Der alte Braga noch, und Hertha grünt
Noch immer ihren Kindern, und Walhalla
Blaut über uns, der heimatliche Himmel;
Doch euch, ihr Heldenbilder, find ich nicht."

Ich sah hinab und leise schauerte
Mein Herz, und bei den Starken war mein Sinn,
Den Guten, die hier unten vormals lebten.

Itzt stand ein Jüngling, der, uns ungesehn,
Am einsamen Gebüsch beiseit gesessen,
Nicht ferne von mir auf. „O Vater!“ mußt
Ich rufen, „das ist Eduard!“ – „Du bist
Nicht klug, mein Kind!“ erwidert' er und sah
Den Jüngling an; es mocht ihn wohl auch treffen,
Er faßte schnell mich bei der Hand und zog
Mich weiter. Einmal mußt ich noch mich umsehn.
Derselbe war's und nicht derselbe! Stolz und groß,
Voll Macht war die Gestalt, wie des Verlornen,
Und Aug und Stirn und Locke; schärfer blickt'
Er nur, und um die seelenvolle Miene
War, wie ein Schleier, ihm ein stiller Ernst
Gebreitet. Und er sah mich an. Es war,
Als sagt' er, gehe nur auch du, so geht
Mir alles hin, doch duld ich aus und bleibe.

Wir reisten noch desselben Abends ab,
Und langsamtraurig fuhr der Wagen weiter
Und weiter durchs unwegsame Gebirg.
Es wechselten in Nebel und in Regen
Die Bäum und des Gebüsches dunkle Bilder
Im Walde nebenan. Der Vater schlief,
In dumpfem Schmerze träumt ich hin, und kaum
Nur eben noch, die lange Zeit zu zählen,
War mir die Seele wach.

Ein schöner Strom
Erweckt' ein wenig mir das Aug; es standen
Im breiten Boot die Schiffer am Gestad;
Die Pferde traten folgsam in die Fähre,
Und ruhig schifften wir. Erheitert war

Die Nacht, und auf die Wellen leuchtet'
Und Hütten, wo der fromme Landmann schlief,
Aus blauer Luft das stille Mondlicht nieder;
Und alles dünkte friedlich mir und sorglos,
In Schlaf gesungen von des Himmels Sternen.

Und ich sollt ohne Ruhe sein von nun an,
Verloren ohne Hoffnung mir an Fremdes
Die Seele meiner Jugend! Ach! ich fühlt
Es itzt, wie es geworden war mit mir.
Dem Adler gleich, der in der Wolke fliegt,
Erschien und schwand mir aus dem Auge wieder,
Und wieder mir des hohen Fremdlings Bild,
Daß mir das Herz erhebt' und ich umsonst
Mich fassen wollte. „Schliefst du gut, mein Kind!"
Begrüßte nun der gute Vater mich,
Und gerne wollt ich auch ein Wort ihm sagen.
Die Tränen doch erstickten mir die Stimme,
Und in den Strom hinunter mußt ich sehn,
Und wußte nicht, wo ich mein Angesicht
Verbergen sollte.

Glückliche! die du
Dies nie erfahren, überhebe mein
Dich nicht. Auch du, und wer von allen mag
Sein eigen bleiben unter dieser Sonne?
Oft meint ich schon, wir leben nur, zu sterben,
Uns opfernd hinzugeben für ein anders.
O schön zu sterben, edel sich zu opfern,
Und nicht so fruchtlos, so vergebens, Liebe!
Das mag die Ruhe der Unsterblichen
Dem Menschen sein.

Bedaure du mich nur!
Doch tadeln, Gute, sollst du mir es nicht!
Nennst du sie Schatten, jene, die ich liebe?

Da ich kein Kind mehr war, da ich ins Leben
Erwachte, da aufs neu mein Auge sich
Dem Himmel öffnet' und dem Licht, da schlug
Mein Herz dem Schönen; und ich fand es nah;
Wie soll ich's nennen, nun es nicht mehr ist
Für mich? O laßt! Ich kann die Toten lieben,
Die Fernen; und die Zeit bezwingt mich nicht.
Mein oder nicht! du bist doch schön, ich diene
Nicht Eitlem, was der Stunde nur gefällt,
Dem Täglichen gehör ich nicht; es ist
Ein anders, was ich lieb; unsterblich
Ist, was du bist, und du bedarfst nicht meiner,
Damit du groß und gut und liebenswürdig
Und herrlich seist, du edler Genius!

Laßt nur mich stolz in meinem Leide sein,
Und zürnen, wenn ich ihn verleugnen soll;
Bin ich doch sonst geduldig, und nicht oft
Aus meinem Munde kömmt ein Männerwort.
Demütigt mich's doch schon genug, daß ich,
Was ich dir lang verborgen, nun gesagt.

EMILIE AN KLARA

Wie dank ich dir, du Liebe, daß du mir
Vertrauen abgewonnen, daß ich dir
Mein still Geheimnis endlich ausgesprochen.

Ich bin nun ruhiger – wie nenn ich's dir?
Und an die schönen Tage denk ich, wenn ich oft
Hinausging mit dem Bruder, und wir oben
Auf unserm Hügel beieinander saßen,
Und ich den Lieben bei den Händen hielt,
Und mir's gefallen ließ am offnen Feld
Und an der Straß, und ins Gewölb hinauf

Des grünen Ahorns staunt, an dem wir lagen.
Ein Sehnen war in mir, doch war ich still.
Es blühten uns der ersten Hoffnung Tage,
Die Tage des Erwachens.

Holde Dämmerung!
So schön ist's, wenn die gütige Natur
Ins Leben lockt ihr Kind. Es singen nur
Den Schlummersang am Abend unsre Mütter.
Sie brauchen nie das Morgenlied zu singen.
Dies singt die andre Mutter uns, die gute,
Die wunderbare, die uns Lebenslust
In unsern Busen atmet, uns mit süßen
Verheißungen erweckt.

Wie ist mir, Liebe!
Ich kann an Jugend heute nur, und nur
An Jugend denken.

Sieh! ein heitrer Tag
Ist's eben auch. Seit frühem Morgen sitz ich
Am lieben Fenster, und es wehn die Lüfte,
Die zärtlichen, herein, mir blickt das Licht
Durch meine Bäume, die zu nahe mir
Gewachsen sind, und mählich mit den Blüten
Das ferne Land verhüllen, daß ich mich
Bescheiden muß, und hie und da noch kaum
Hinaus mich find aus diesem freundlichen
Gefängnis; und es fliegen über ihnen
Die Schwalben und die Lerchen, und es singen
Die Stunde durch genug die Nachtigallen,
Und wie sie heißen, all die Lieblinge
Der schönen Jahrszeit; eigne Namen möcht
Ich ihnen geben, und den Blume auch,
Den stillen, die aus dunklem Beeten duften,
Zu mir herauf wie junge Sterne glänzend.

Und wie es lebt und glücklich ist im Wachstum,
Und seiner Reife sich entgegenfreut!

Es findet jedes seine Stelle doch,
Sein Haus, die Speise, die das Herz ihm sättigt,
Und jedes segnest du mit eignem Segen,
Natur! und gibst dich ihnen zum Geschäft,
Und trägst und nährst zu ihrer Blütenfreud
Und ihrer Frucht sie fort, du Gütige!

Und klagtest du doch öfters, trauernd Herz!
Vergaßest mir den Glauben, danktest nicht,
Und dachtest nicht, wenn dir dein Tun zu wenig
Bedeuten wollt, es sei ein frommes Opfer,
Das du, wie andre, vor das Leben bringest,
Wohlmeinend, wie der Lerche Lied, das sie
Den Lüften singt, den freudegebenden. –

Nun geh ich noch hinaus und hole Blumen
Dem Vater aus dem Feld, und bind ihm sie
In *einen* Strauß, die drunten in dem Garten,
Und die der Bach erzog; ich will's schon richten,
Daß ihm's gefallen soll. Und dir? dir bring ich
Genug des Neuen. Da ist's immer anders.
Itzt blühn die Weiden; itzt vergolden sich
Die Wiesen; itzt beginnt der Buche Grün,
Und itzt der Eiche – nun! leb wohl indessen!

EMILIE AN KLARA

Ihr Himmlischen! das war er. Kannst du mir
Es glauben? – Beste! – wärst du bei mir! – Er!
Der Hohe, der Gefürchtete, Geliebte! –
Mein bebend Herz, hast du so viel gewollt?

Da ging ich so zurück mit meinen Blumen,
Sah auf den Pfad, den abendrötlichen,
In meiner Stille nieder, und es schlief
Mir sanft im Busen das Vergangene,
Ein kindlich Hoffen atmete mir auf;
Wie wenn uns zwischen süßem Schlaf und Wachen
Die Augen halb geöffnet sind, so war
Ich Blinde. Sieh! da stand er vor mir, mein
Heroe, und ich Arme war, wie tot,
Und ihm, dem Brüderlichen, überglänzte
Das Angesicht, wie einem Gott, die Freude.

„Emilie!“ – das war sein frommer Gruß.
Ach! alles Sehnen weckte mir und all
Das liebe Leiden, so ich eingewiegt,
Der goldne Ton des Jünglings wieder auf!
Nicht aufstehn durft ich! keine Silbe durft
Ich sagen! Oh, was hätt ich ihm gesagt!

Was wein ich denn, du Gute! – laß mich nur!
Nun darf ich ja, nun ist's so töricht nimmer,
Und schön ist's, wenn der Schmerz mit seiner Schwester,
Der Wonne, sich versöhnt, noch eh er weggeht.

O Wiedersehn! das ist noch mehr, du Liebe!
Als wenn die Bäume wieder blühn, und Quellen
Von neuem fröhlich rauschen –

Ja! ich hab
Ihn oft gesucht und ernstlich oft es mir
Versagt, doch wollt ich sein Gedächtnis ehren.

Die Bilder der Gespielen, die mit mir
Auf grüner Erd in stummer Kindheit saßen,
Sie dämmern ja um meine Seele mir,
Und dieser edle Schatte, sollt er nicht?

Das Herz im Busen, das unsterbliche,
Kann nicht vergessen, sieh! und öfters bringt
Ein guter Genius die Liebenden
Zusammen, daß ein neuer Tag beginnt,
Und ihren Mai die Seele wieder feiert.

O wunderbar ist mir! auch er! – daß du
Hinunter mußtest, Lieber! ehe dir
Das Deine ward, und dich die frohe Braut
Zum Männerruhme segnete! Doch starbst
Du schön, und oft hab ich gehört, es fallen
Die Lieblinge des Himmels früh, damit
Sie sterblich Glück und Leid und Alter nicht
Erfahren. Nimmermehr vergeß ich dich,
Und ehren soll er dich. Dein Bild will ich
Ihm zeigen, wenn er kömmt; und wenn der Stolze
Sich dann verwundert, daß er sich bei mir
Gefunden, sag ich ihm, es sei ein andrer,
Und den er lieben müsse. Oh, er wird's!

EMILIE AN KLARA

Da schrieb er mir. Ja! teures Herz! er ist's,
Den ich gesucht. Wie dieser Jünglich mich
Demütiget und hebt! Nun! lies es nur!
„So bist du's wieder, und ich habe dich
Gegrüßt, gefunden, habe dich noch *einmal*
In deiner frommen Ruh gestört, du Kind
Des Himmels! – Nein Emilie! du kanntest
Mich ja. Ich kann nicht fragen. Wir sind's,
Die Längstverwandten, die der Gott getraut,
Und bleiben wird es, wie die Sonne droben.
Ich bin voll Freude, schöne Seele! bin
Der neuen Melodien ungewohnt.
Es ist ein anders Lied, als jenes, so

Dem Jünglinge die Parze lehrend singt,
Bis ihm, wie Wohllaut, ihre Weise tönt;
Dann gönnt sie ihm, du Friedliche! von dir
Den süßern Ton, den liebsten, einzigen
Zu hören. Mein? o sieh! du wirst in Lust
Die Mühe mir und was mein Herz gebeut,
Du wirst es all in heil'ge Liebe wandeln.
Und hab ich mit Unmöglichem gerungen,
Und mir die Brust zu Treu und Ruh gehärtet,
Du wärmest sie mit frommer Hoffnung mir,
Daß sie vertrauter mit dem Siege schlägt.
Und wenn das Urbild, das, wie Morgenlicht,
Mir aus des Lebens dunkler Wolke stieg,
Das himmlische, mir schwindet, seh ich *dich*,
Und eine schöne Götterbotin, mahnst
Du lächelnd mich an meinen Phöbus wieder;
Und wenn ich zürne, sänftigest du mich.
Dein Schüler bin ich dann, und lausch und lerne.
Von deinem Munde nehm ich, Zauberin,
Des Überredens süße Gabe mir,
Daß sie die Geister freundlich mir bezwingt,
Und wenn ich ferne war von dir, und wund
Und müd dir wiederkehre, heilst du mich
Und singst in Ruhe mich, du holde Muse!

Emilie! daß wir uns wiedersahn!
Daß wir uns einst gefunden, und du nun
Mich nimmer fliehst und nahe bist! Zu gern,
Zu gern entwich dein stolzes Bild dem Wandrer,
Das zarte, reine, da du ferne warst,
Du Heiligschönes! Doch ich sah dich oft,
Wenn ich des Tags allein die Pfade ging,
Und abends in der fremden Hütte schwieg.

O heute! grüße, wenn du willst, den Vater!
Ich kenn ihn wohl; auch meinen Namen kennt er;

Und seiner Freunde Freund bin ich. Ich wußte nicht,
Daß er es war, da wir zuerst einander
Begegneten, und lang erfuhr ich's nicht.
Bald grüß ich schöner dich. – Armenion."

EMILIE AN KLARA

Er woll ihn morgen sprechen, sagte mir
Mein Vater, morgen! und er schien nicht freundlich.
Nun sitz ich hier und meine Augen ruhn
Und schlummern nicht – ach! schämen muß ich mich,
Es dir zu klagen – will ich stille werden,
So regt ein Laut mich auf; ich sinn und bitte,
Und weiß nicht, was? und sagen möcht ich viel,
Doch ist die Seele stumm – o fragen möcht ich
Die sorgenfreien Bäume hier, die Strahlen
Der Nacht und ihre Schatten, wie es nun
Mir endlich werden wird.

Zu still ist's mir
In dieser schönen Nacht, und ihre Lüfte
Sind mir nicht hold, wie sonst. Die Törin!
Solang er ferne war, so liebt ich ihn;
Nun bin ich kalt, und zag und zürne mir
Und andern. – Auch die Worte, so ich dir
In dieser bösen Stunde schreibe, lieb
Ich nicht, und was ich sonst von ihm geschrieben,
Unleidlich ist es mir. Was ist es denn?
Ich wünsche fast, ich hätt ihn nie gesehn.
Mein Friede war doch schöner. Teures Herz!
Ich bin betrübt, und anders, wenn ich's war,
Da ich um den Verlornen trauerte.
Ich bin es nimmer, nein! ich bin es nicht.
Ich bin nicht gut, und seellos bin ich auch.
Mich läßt die Furcht, die häßliche, nicht ruhn.

O daß der goldne Tag die Ruhe mir,
Mein eigen Leben wiederbrächt! –

Ich will
Geduldig sein, und wenn der Vater ihn
Nicht ehrt, mir ihn versagt, den Teuren,
So schweig ich lieber, und es soll mir nicht
Zu sehr die Seele kränken; kann ich still
Ihn ehren doch, und bleiben, wie ich bin.

EMILIE AN KLARA

Nun muß ich lächeln über alles Schlimme,
Was ich die vor'ge Nacht geträumt; und hab
Ich dir es gar geschrieben? Anders bin
Ich itzt gesinnt.

Er kam und mir frohlockte
Das Herz, wie er herab die Straße ging,
Und mir das Volk den fremden Herrlichen
Bestaunt'! und lobend über ihn geheim
Die Nachbarn sich besprachen, und er itzt
Den Knaben, der an ihm vorüberging,
Nach meinem Hause fragt'; ich sahe nicht
Hinaus, ich konnt, an meinem Tische sitzend,
Ihn ohne Scheue sehn – wie red ich viel?
Und da er nun herauf die Treppe kam,
Und ich die Tritte hört und seine Türe
Mein Vater öffnete, sie draußen sich
Stillschweigend grüßten, daß ich nicht
Ein Wort vernehmen konnt, ich Unvernünft'ge,
Wie ward mir bange wieder? Und sie blieben
Nicht kurze Zeit allein im andern Zimmer,
Daß ich es länger nicht erdulden konnt,
Und dacht: ich könnte wohl den Vater fragen

Um dies und jenes, was ich wissen mußte.
Dann hätt ich's wohl gesehn in ihren Augen,
Wie mir es werden sollte. Doch ich kam
Bis an die Schwelle nur, ging lieber doch
In meinen Garten, wo die Pflanzen sonst,
In andrer Zeit, die Stunde mir gekürzt.

Und fröhlich glänzten, von des Morgens Tau
Gesättiget, im frischen Lichte sie
Ins Auge mir, wie liebend sich das Kind
An die betrübte Mutter drängt, so waren
Die Blumen und die Blüten um mich rings,
Und schöne Pforten wölbten über mir
Die Bäume.

Doch ich konnt es itzt nicht achten,
Nur ernster ward und schwerer nur, und bänger
Das Herz mir Armen immer, und ich sollte
Wie eine Dienerin von ferne lauschen,
Ob sie vielleicht mich riefen, diese Männer.
Ich wollte nun auch nimmer um mich sehn,
Und barg in meiner Laube mich und weinte,
Und hielt die Hände vor das Auge mir.

Da hört ich sanft des Vaters Stimme nah,
Und lächelnd traten, da ich noch die Tränen
Mir trocknete, die beiden in die Laube:
„Hast du dich so geängstiget, mein Kind!
Und zürnst du", sprach der Vater, „daß ich erst
Vor mich den edeln Gast behalten wollt?
Ihn hast du nun. Er mag die Zürnende
Mit mir versöhnen, wenn ich Unrecht tat."

So sprach er; und wir reichten alle drei
Die Händ einander, und der Vater sah
Mit stiller Freud uns an –

„Ein Trefflicher
Ist dein geworden, Tochter!“ sprach er itzt,
„Und dein, o Sohn! dies heiligliebend Weib.
Ein freudig Wunder, daß die alten Augen
Mir übergehen, seid ihr mir, und blüht,
Wie eine seltne Blume, mir, ihr beiden!

Denn nicht gelingt es immerhin den Menschen,
Das Ihrige zu finden. Großes Glück
Zu tragen und zu opfern gibt der Gott
Den einen, weniger gegeben ist
Den andern; aber hoffend leben sie.

Zwei Genien geleiten auf und ab
Uns Lebende, die Hoffnung und der Dank.
Mit Einsamen und Armen wandelt jene,
Die Immerwache; dieser führt aus Wonne
Die Glücklichen des Weges freundlich weiter,
Vor bösem Schicksal sie bewahrend. Oft,
Wenn er entfloh, erhuben sich zu sehr
Die Freudigen, und rächend traf sie bald
Das ungebetne Weh.

Doch gerne teilt
Das freie Herz von seinen Freuden aus,
Der Sonne gleich, die liebend ihre Strahlen
An ihrem Tag aus goldner Fülle gibt;
Und um die Guten dämmert oft und glänzt
Ein Kreis voll Licht und Lust, solang sie leben.

O Frühling meiner Kinder, blühe nun,
Und altre nicht zu bald, und reife schön!“

So sprach der gute Vater. Vieles wollt
Er wohl noch sagen, denn die Seele war
Ihm aufgegangen; aber Worte fehlten ihm.

Er gab ihn mir und segnet' uns und ging
Hinweg.

Ihr Himmelslüfte, die ihr oft
Mich tröstend angeweht, nun atmetet
Ihr heiligend um unser goldnes Glück!

Wie anders war's, wie anders, da mit ihm,
Dem Liebenden, dem Freudigen, ich itzt,
Ich Freudige, zu unsrer Mutter auf,
Zur schönen Sonne sah! nun dämmert' es
Im Auge nicht, wie sonst im sehnenden,
Nun grüßt ich helle dich, du stolzes Licht!
Und lächelnd weiltest du, und kamst und schmücktest
Den Lieben mir, und kränztest ihm mit Rosen
Die Schläfe, Freundliches!

Und meine Bäume,
Sie streuten auch ein hold Geschenk herab,
Zu meinem Fest, vom Überfluß der Blüten!

Da ging ich sonst; ach! zu den Pflanzen flüchtet
Ich oft mein Herz, bei ihnen weilt ich oft
Und hing an ihnen; dennoch ruht ich nie,
Und meine Seele war nicht gegenwärtig.

Wie eine Quelle, wenn die jugendliche
Dem heimatlichen Berge nun entwich,
Die Pfade bebend sucht, und flieht und zögert,
Und durch die Wiesen irrt und bleiben möcht,
Und sehnend, hoffend immer doch enteilt;
So war ich; aber liebend hat der stolze,
Der schöne Strom die Flüchtige genommen,
Und ruhig wall ich nun, wohin der Sichre
Mich bringen will, hinab am heitern Ufer.

EPIGRAMME UND APHORISMEN

GUTER RAT

Hast du Verstand und Herz, so zeige nur eines von beiden,
Beides verdammen sie dir, zeigest du beides zugleich.

ADVOCATUS DIABOLI

Tief im Herzen haß ich den Troß der Despoten und Pfaffen,
Aber noch mehr das Genie, macht es gemein sich damit.

[LIEBEN BRÜDER ...]

Lieben Brüder! versucht es nur nicht, vortrefflich zu werden,
Ehrt das Schicksal und tragt's, Stümper auf Erden zu sein;
Denn ist einmal der Kopf voran, so folget der Schweif auch
Und die klassische Zeit deutscher Poeten ist aus.

DIE BESCHREIBENDE POESIE

Wißt! Apoll ist der Gott der Zeitungsschreiber geworden.
Und sein Mann ist, wer ihm treulich das Faktum erzählt.

FALSCHE POPULARITÄT

O der Menschenkenner! er stellt sich kindisch mit Kindern;
Aber der Baum und das Kind suchet, was über ihm ist.

ΠΡΟΣ ΕΑΥΤΟΝ

Lern im Leben die Kunst, im Kunstwerk lerne das Leben,
Siehst du das eine recht, siehst du das andere auch.

SOPHOKLES

Viele versuchten umsonst das Freudigste freudig zu sagen,
Hier spricht endlich es mir, hier in der Trauer sich aus.

[FÜRCHTET DEN DICHTER NICHT ...]

Fürchtet den Dichter nicht, wenn er edel zürnt, sein Buchstabe
Tötet, aber es macht Geister lebendig der Geist.

[IMMER SPIELT IHR UND SCHERZT ...]

Immer spielt ihr und scherzt? Ihr müßt! o Freunde! mir geht dies
In die Seele, denn dies müssen Verzweifelte nur.

WURZEL ALLES ÜBELS

Einig zu sein, ist göttlich und gut; woher ist die Sucht denn
Unter den Menschen, daß nur *einer* und *eines* nur sei?

Es gibt Grade der Begeisterung. Von der Lustigkeit an, die wohl der unterste ist, bis zur Begeisterung des Feldherrn, der mitten in der Schlacht unter Besonnenheit den Genius mächtig erhält, gibt es eine unendliche Stufenleiter. Auf dieser auf- und abzusteigen, ist Beruf und Wonne des Dichters.

Man hat Inversionen der Worte in der Periode. Größer und wirksamer muß aber dann auch die Inversion der Perioden selbst sein. Die logische Stellung der Perioden, wo dem Grunde (der Grundperiode) das Werden, dem Werden das Ziel, dem Ziele der Zweck folgt und die Nebensätze immer nur hinten angehängt sind an die Hauptsätze, worauf sie sich zunächst beziehen – ist dem Dichter gewiß nur höchst selten brauchbar.

Das ist das Maß Begeisterung, das jedem einzelnen gegeben ist, daß der eine bei größerem, der andere nur bei schwächerem Feuer die Besinnung noch im nötigen Grade behält. Da wo die Nüchternheit dich verläßt, da ist die Grenze deiner Begeisterung. Der große Dichter ist niemals von sich selbst verlassen, er mag sich so weit über sich selbst erheben, als er will. Man kann auch in die Höhe *fallen*, so wie in die Tiefe. Das letztere verhindert der elastische Geist, das erstere die Schwerkraft, die in nüchternem Besinnen liegt. Das Gefühl ist aber wohl die beste Nüchternheit und Besinnung des Dichters, wenn es richtig und warm und klar und kräftig ist. Es ist Zügel und Sporn dem Geist. Durch Wärme treibt es den Geist weiter, durch Zartheit und Richtigkeit und Klarheit schreibt es ihm die Grenze vor und hält ihn, daß er sich nicht verliert; und so ist es Verstand und Wille zugleich. Ist es aber zu zart und weichlich, so wird es tötend, ein nagender Wurm. Begrenzt sich der Geist, so fühlt es zu ängstlich die augenblickliche Schranke, wird zu warm, verliert die Klarheit und treibt den Geist mit einer unverständlichen Unruhe ins Grenzenlose; ist der Geist freier und hebt er sich augenblicklich über Regel und Stoff, so fürchtet es ebenso ängstlich die Gefahr, daß er sich verliere, so wie es zuvor die Eingeschränktheit fürchtete, es wird frostig und dumpf und ermattet den Geist, daß er sinkt und stockt und an überflüssigem Zweifel sich abarbeitet. Ist einmal das Gefühl so krank, so kann der Dichter nichts Bessers, als daß er, weil er es kennt, sich, in keinem Falle, gleich schrecken läßt von ihm und es nur so weit achtet, daß er etwas gehaltner fortfährt und so leicht wie möglich sich des Verstands bedient, um das Gefühl, es seie beschränkend oder befreiend, augenblicklich zu berichtigen und, wenn er so sich mehrmal durchgeholfen hat, dem Gefühle die natürliche Sicherheit und Konsistenz wiederzugeben. Überhaupt muß er sich gewöhnen, nicht in den einzelnen Momenten das Ganze, das er vorhat, erreichen zu wollen und das augenblicklich Unvollständige zu ertragen; seine Lust muß sein, daß er sich von einem Augenblicke zum andern selber übertrifft, *in dem Maße und in der Art, wie es die Sache erfordert*, bis am Ende der Hauptton seines Ganzen gewinnt. Er muß aber ja nicht denken, daß er nur im crescendo vom Schwächern zum Stärkern sich selber übertreffen könne, so wird er unwahr werden und sich überspannen; er muß fühlen, daß er an Leichtigkeit gewinnt, was er an Bedeutsamkeit verliert, daß Stille die Heftigkeit und das Sinnige den Schwung gar schön ersetzt, und so wird es im Fortgang seines Werks nicht einen notwendigen Ton geben, der nicht den vorhergehenden gewissermaßen überträfe, und der herrschende Ton wird es nur darum sein, weil das Ganze auf diese und keine andere Art komponiert ist.

Nur das ist die wahrste Wahrheit, in der auch der Irrtum, weil sie ihn im Ganzen ihres Systems in seine Zeit und seine Stelle setzt, zur Wahrheit wird. Sie ist das Licht, das sich selber und auch die Nacht erleuchtet. Dies ist auch die höchste Poesie, in der auch das Unpoetische, weil es zu rechter Zeit und am rechten Orte im Ganzen des Kunstwerks gesagt ist, poetisch wird. Aber hiezu ist schneller Begriff am nötigsten. Wie kannst du die Sache am rechten Ort brauchen, wenn du noch scheu darüber verweilst und nicht weißt, wieviel an ihr ist, wieviel oder wenig daraus zu machen. Das ist ewige Heiterkeit, ist Gottesfreude, daß man alles Einzelne in die Stelle des Ganzen setzt, wohin es gehört; deswegen ohne Verstand oder ohne ein durch und durch organisiertes Gefühl keine Vortrefflichkeit, kein Leben.

Muß denn der Mensch an Gewandtheit der Kraft und des Sinnes verlieren, was er an vielumfassendem Geiste gewinnt? Ist doch keines nichts ohne das andere!

Aus Freude mußt du das Reine überhaupt, die Menschen und andern Wesen verstehen, „alles Wesentliche und Bezeichnende“ derselben auffassen und alle Verhältnisse nacheinander erkennen und ihre Bestandteile in ihrem Zusammenhange so lange dir wiederholen, bis wieder die lebendige Anschauung *objektiver* aus dem Gedanken hervorgeht, aus Freude, ehe die Not eintritt; der Verstand, der bloß aus Not kommt, ist immer einseitig schief.

Dahingegen die Liebe gerne zart entdeckt (wenn nicht Gemüt und Sinne scheu und trüb geworden sind durch harte Schicksale und Mönchsmoral) und nichts übersehen mag und, wo sie sogenannte Irren oder Fehler findet (Teile, die in dem, was sie sind, oder durch ihre Stellung und Bewegung aus dem Tone des Ganzen augenblicklich abweichen), das Ganze nur desto inniger fühlt und anschaut. Deswegen sollte alles Erkennen vom Studium des Schönen anfangen. Denn der hat viel gewonnen, der das Leben verstehen kann, ohne zu trauern. Übrigens ist auch Schwärmerei und Leidenschaft gut, Andacht, die das Leben nicht berühren, nicht erkennen mag, und dann Verzweiflung, wenn das Leben selber aus seiner Unendlichkeit hervorgeht. Das tiefe Gefühl der Sterblichkeit, des Veränderns, seiner zeitlichen Beschränkungen entflammt den Menschen, daß er viel versucht, übt alle seine Kräfte und läßt ihn nicht in Müßiggang geraten, und man ringt so lange um Chimären, bis sich endlich wieder etwas Wahres und Reelles findet zur Erkenntnis und Beschäftigung. In guten Zeiten gibt es selten Schwärmer. Aber wenn's dem Menschen an großen, reinen Gegenständen fehlt, dann schafft er irgendein Phantom aus dem und jenem und drückt die Augen zu, daß er dafür sich interessieren kann und dafür leben.

Es kommt alles darauf an, daß die Vortrefflichen das Inferieure, die Schönern das Barbarische nicht zu sehr von sich ausschließen, sich aber auch nicht zu sehr damit vermischen, *daß sie die Distanz, die zwischen ihnen und den andern ist, bestimmt und leidenschaftlos erkennen und aus dieser Erkenntnis wirken und dulden.* Isolieren sie sich zu sehr, so ist die Wirksamkeit verloren, und sie gehen in ihrer Einsamkeit unter. Vermischen sie sich zu sehr, so ist auch wieder keine rechte Wirksamkeit möglich, denn entweder sprechen und handeln sie gegen die andern wie gegen ihresgleichen und übersehen den Punkt, wo diesen es fehlt und wo sie zunächst ergriffen werden müssen, oder sie richten sich zu sehr nach diesen und wiederholen die Unart, die sie reinigen sollten; in beiden Fällen wirken sie nichts und müssen vergehen, weil sie entweder immer ohne Widerklang sich in den Tag hinein äußern und einsam bleiben mit allem Ringen und Bitten oder auch, weil sie das Fremde, Gemeinere zu dienstbar in sich aufnehmen und sich damit erstikken.

DER TOD DES EMPEDOKLES

[FRANKFURTER PLAN]

EMPEDOKLES

Ein Trauerspiel in fünf Akten

ERSTER AKT

Empedokles, durch sein Gemüt und seine Philosophie schon längst zu Kulturhaß gestimmt, zu Verachtung alles sehr bestimmten Geschäfts, alles nach verschiedenen Gegenständen gerichteten Interesses, ein Todfeind aller einseitigen Existenz und deswegen auch in wirklich schönen Verhältnissen unbefriedigt, unstet, leidend, bloß weil sie besondere Verhältnisse sind und nur im großen Akkord mit allem Lebendigen empfunden ganz ihn erfüllen, bloß weil er nicht mit allgegenwärtigem Herzen innig, wie ein Gott, und frei und ausgebreitet, wie ein Gott, in ihnen leben und lieben kann, bloß weil er, sobald sein Herz und sein Gedanke das Vorhandene umfaßt, ans Gesetz der Sukzession gebunden ist –

Empedokles nimmt ein besonderes Ärgernis an einem Feste der Agrigentiner, wird darüber von seinem Weibe, die von dem Einfluß dieses viel gehofft und gutmütig ihn überredet hatte, daran teilzunehmen, etwas empfindlich und sarkastisch getadelt und nimmt von jenem Ärgernis und diesem häuslichen Zwist Veranlassung, seinem geheimen Hange zu folgen, aus der Stadt und seinem Hause zu gehen und sich in eine einsame Gegend des Ätna zu begeben.

Erster Auftritt

Einige Schüler des Empedokles mit einigen vom Volk. Jene wollen diese bewegen, auch in Empedokles' Schule zu treten. Einer der Schüler des Empedokles, sein Liebling, kommt dazu[1], verweist ihnen die Proselytenmacherei und heißt sie weggehn, weil der Meister um diese Zeit allein in seinem Garten seiner Andacht pflege.

Zweiter Auftritt

Monolog des Empedokles.
Gebet an die Natur.

Dritter Auftritt

Empedokles mit Weib und Kindern.[2]
Zärtliche Klagen des Weibs über Empedokles' Mißmut. Herzliche Entschuldigungen des Empedokles. Bitte des Weibs, bei dem großen Feste mit zu sein und da vielleicht sich zu erheitern.

Vierter Auftritt

Fest der Agrigentiner.[3] Ärgernis des Empedokles.

Fünfter Auftritt

Häuslicher Zwist. Abschied des Empedokles,[4] ohne zu sagen, was seine Absicht ist, wohin er geht.

1 Geht! ruft er den andern zu, indem er hereintritt.

2 Eines der Kleinen ruft vom Hause herunter: Vater! Vater! hörst du denn nicht! Drauf kömmt die Mutter herab, ihn zum Frühstück zu holen, und entspinnt sich das Gespräch.

3 Ein Kaufmann, ein Arzt, ein Priester, ein Feldherr, ein junger Herr, ein altes Weib.

4 Er sagt, daß er sein Weib und seine Kinder mit sich nehme, daß er sie am Herzen trage, nur, meint er, können sie nicht ihn behalten. Der Horizont sei ihm nur zu enge, meint er, er müsse fort, um höher sich zu stellen, um aus der Ferne sie mit allem, was da lebe, anzublicken, anzulächeln.

ZWEITER AKT

Empedokles wird von seinen Schülern auf dem Ätna besucht, zuerst von seinem Liebling, der ihn wirklich bewegt und fast aus seiner Herzenseinsamkeit zurückzieht, dann auch von den übrigen, die ihn von neuem mit Entrüstung gegen menschliche Dürftigkeit erfüllen, so daß er sie alle feierlich verabschiedet und am Ende auch noch seinem Liebling ratet, ihn zu verlassen.

Erster Auftritt

Empedokles auf dem Ätna.

Monolog. Entschiednere Devotion des Empedokles gegen die Natur.

Zweiter Auftritt

Empedokles und der Liebling.

Dritter Auftritt

Empedokles und seine Schüler.

Vierter Auftritt

Empedokles und der Liebling.

DRITTER AKT

Empedokles wird auf dem Ätna von seinem Weib und seinen Kindern besucht. Ihren zärtlichen Bitten setzt das Weib die Nachricht hinzu, daß an demselben Tage die Agrigentiner ihm eine Statue errichten. Ehre und Liebe, die einzigen Bande, die ihn ans Wirkliche knüpfen, bringen ihn zurück. Seine Schüler kommen voll Freude in sein Haus. Der Liebling stürzt ihm an den Hals. Er siehet seine Statue errichtet. Dankt öffentlich dem Volke, das ihm Beifall zuruft.

VIERTER AKT

Seine Neider erfahren von einigen seiner Schüler die harten Reden, die er auf dem Ätna vor diesen gegen das Volk ausgestoßen, benützen es, um das Volk gegen ihn aufzuhetzen, das auch wirklich seine Statue umwirft und ihn aus der Stadt jagt. Nun reift sein Entschluß, der längst schon in ihm dämmerte, durch freiwilligen Tod sich mit der unendlichen Natur zu vereinen. Er nimmt in diesem Vorsatz den zweiten, tieferen, schmerzlicheren Abschied von Weib und Kindern und geht wieder auf den Ätna. Seinem jungen Freunde weicht er aus, weil er diesem zutraut, daß er sich nicht werde täuschen lassen mit den Tröstungen, mit denen er sein Weib besänftigt, und daß dieser sein eigentlich Vorhaben ahnden möchte.

FÜNFTER AKT

Empedokles bereitet sich zu seinem Tode vor. Die zufälligen Veranlassungen zu seinem Entschlusse fallen nun ganz für ihn weg, und er betrachtet ihn als eine Notwendigkeit, die aus seinem innersten Wesen folge. In den kleinen Szenen, die er noch hie und da mit den Bewohnern der Gegend hat, findet er überall Bestätigung seiner Denkart, seines Entschlusses. Sein Liebling kömmt noch, hat das Wahre geahndet, wird aber von dem Geist und von den großen Bewegungen in dem Gemüte seines Meisters so sehr überwältigt, daß er dem Befehle desselben blindlings gehorcht und geht. Bald drauf stürzt sich Empedokles in den lodernden Ätna. Sein Liebling, der unruhig und bekümmert in dieser Gegend umherirrt, findet bald drauf die eisernen Schuhe des Meisters, die der Feuerauswurf aus dem Abgrund geschleudert hatte, erkennt sie, zeigt sie der Familie des Empedokles, seinen Anhängern im Volke und versammelt sich mit diesen an dem Vulkan, um Leid zu tragen und den Tod des großen Mannes zu feiern.

DER TOD DES EMPEDOKLES

Erste Fassung

ERSTER AKT

[ERSTER AUFTRITT]

Panthea. Delia.

PANTHEA:
Dies ist sein Garten! Dort im geheimen
Dunkel, wo die Quelle springt, dort stand er
Jüngst, als ich vorüberging – du
Hast ihn nie gesehn?

DELIA:
O Panthea! Bin ich doch erst seit gestern mit dem
Vater in Sizilien. Doch ehmals, da
Ich noch ein Kind war, sah ich
Ihn auf einem Kämpfer-
Wagen bei den Spielen in Olympia.
Sie sprachen damals viel von ihm, und immer
Ist sein Name mir geblieben.

PANTHEA:
Du mußt ihn jetzt sehn! jetzt!
Man sagt, die Pflanzen merkten auf
Ihn, wo er wandre, und die Wasser unter der Erde
Strebten herauf da, wo sein Stab den Boden berühre!
Das all mag wahr sein!
Und wenn er bei Gewittern in den Himmel blicke,
Teile die Wolke sich und hervorschimmre der
Heitere Tag. –
Doch was sagt's? Du mußt ihn selbst sehn! einen
Augenblick! und dann hinweg! ich meid ihn selbst –
Ein furchtbar allverwandelnd Wesen ist in ihm.
– –

DELIA:
Wie lebt er mit andern? Ich begreife nichts
Von diesem Manne,
Hat er wie wir auch seine leeren Tage,
Wo man sich alt und unbedeutend dünkt?
Und gibt es auch ein menschlich Leid für ihn?
PANTHEA:
Ach! da ich ihn zum letzten Male dort
Im Schatten seiner Bäume sah, da hatt er wohl
Sein eigen tiefes Leid – der Göttliche.
Mit wunderbarem Sehnen, traurigforschend,
Wie wenn er viel verloren, blickt' er bald
Zur Erd hinab, bald durch die Dämmerung
Des Hains hinauf, als wär ins ferne Blau
Das Leben ihm entflogen, und die Demut
Des königlichen Angesichts ergriff
Mein ringend Herz – auch du mußt untergehn,
Du schöner Stern! und lange währet's nicht mehr.
Das ahnte mir –
DELIA: Hast du mit ihm auch schon
Gesprochen, Panthea?
PANTHEA:
O daß du daran mich erinnerst! Es ist nicht lange,
Daß ich todeskrank daniederlag. Schon dämmerte
Der klare Tag vor mir, und um die Sonne
Wankte, wie ein seellos Schattenbild, die Welt.
Da rief mein Vater, wenn er schon
Ein arger Feind des hohen Mannes ist, am hoff-
nungslosen Tage den Vertrauten der Natur,
Und als der Herrliche den Heiltrank mir
Gereicht, da schmolz in zaubrischer Versöhnung
Mir mein kämpfend Leben ineinander, und wie
Zurückgekehrt in süße sinnenfreie
Kindheit, schlief ich wachend viele Tage fort,
Und kaum bedurft ich eines Othemzugs – wie
Nun in frischer Lust mein Wesen sich zum ersten Male

Wieder der langentbehrten Welt entfaltete, mein
Auge sich in jugendlicher Neugier dem Tag er-
schloß, da stand er, Empedokles! o wie göttlich
Und wie gegenwärtig mir! am Lächeln seiner Augen
Blühte mir das Leben wieder auf! ach
Wie ein Morgenwölkchen floß mein Herz dem
Hohen süßen Licht entgegen, und ich war der zarte
Widerschein von ihm.

DELIA:
O Panthea!

PANTHEA:
Der Ton aus seiner Brust! in jede Silbe
Klangen alle Melodien! und der
Geist in seinem Wort! – zu seinen Füßen
Möcht ich sitzen, stundenlang, als seine Schülerin,
Sein Kind, in seinen Äther schaun und
Zu ihm auf frohlocken, bis in seines Himmels
Höhe sich mein Sinn verirrte.

DELIA:
Was würd er sagen, Liebe, wenn er's wüßte!

PANTHEA:
Er weiß es nicht. Der Unbedürft'ge wandelt
In seiner eignen Welt; in leiser Götterruhe geht
Er unter seinen Blumen, und es scheun
Die Lüfte sich, den Glücklichen zu stören,
und aus sich selber wächst
In steigendem Vergnügen die Begeisterung
Ihm auf, bis aus der Nacht des schöpfrischen
Entzückens, wie ein Funke, der Gedanke springt
Und heiter sich die Geister künft'ger Taten
In seiner Seele drängen und die Welt,
Der Menschen gärend Leben und die größre
Natur um ihn erscheint – hier fühlt er wie ein Gott
In seinen Elementen sich, und seine Lust
Ist himmlischer Gesang, dann tritt er auch
Heraus ins Volk, an Tagen, wo die Menge

Sich überbraust und eines Mächtigern
Der unentschlossene Tumult bedarf,
Da herrscht er dann, der herrliche Pilot,
Und hilft hinaus, und wenn sie dann erst recht
Genug ihn sehn, des immerfremden Manns sich
Gewöhnen möchten, ehe sie's gewahren,
Ist er hinweg – ihn zieht in seine Schatten
Die stille Pflanzenwelt, wo er sich schöner findet,
Und ihr geheimnisvolles Leben, das vor ihm
In seinen Kräften allen gegenwärtig ist.

Delia:
O Sprecherin! wie weißt du denn das alles?

Panthea:
Ich sinn ihm nach – wie viel ist über ihn
Mir noch zu sinnen? ach! und hab ich ihn
Gefaßt; was ist's? Er selbst zu sein, das ist
Das Leben, und wir andern sind der Traum davon. –
Sein Freund Pausanias hat auch von ihm
Schon manches mir erzählt – der Jüngling sieht
Ihn Tag vor Tag, und Jovis Adler ist wohl
Nicht stolzer denn Pausanias – ich glaub es!

Delia:
Ich kann nicht tadeln, Liebe, was du sagst,
Doch trauert meine Seele wunderbar
Darüber, und ich möchte sein wie du,
Und möcht es wieder nicht. Seid ihr denn all
Auf dieser Insel so? Wir haben auch
An großen Männern unsre Lust, und einer
Ist itzt die Sonne der Athenerinnen,
Sophokles! dem von allen Sterblichen
Zuerst der Jungfraun herrlichste Natur
Erschien und sich zu reinem Angedenken
In seine Seele gab –
jede wünscht sich, ein Gedanke
Des Herrlichen zu sein, und möchte gern
Die immerschöne Jugend, eh sie welkt,

Hinüber in des Dichters Seele retten
Und frägt und sinnet, welche von den Jungfraun
Der Stadt die zärtlichernste Heroide sei,
Die er Antigone genannt; und helle wird's
Um unsre Stirne, wenn der Götterfreund
Am heitern Festtag ins Theater tritt,
Doch kummerlos ist unser Wohlgefallen,
Und nie verliert das liebe Herz sich so
In schmerzlich fortgerißner Huldigung –.
Du opferst dich – ich glaub es wohl, er ist
Zu übergroß, um ruhig dich zu lassen,
Den Unbegrenzten liebst du unbegrenzt.
Was hilft es ihm? Dir selbst, dir ahndete
Sein Untergang, du gutes Kind, und du
Sollst untergehn mit ihm?

PANTHEA: O mache mich
Nicht stolz, und fürchte, wie für ihn, für mich nicht!
Ich bin nicht er, und wenn er untergeht,
So kann sein Untergang der meinige
Nicht sein, denn groß ist auch der Tod der Großen
was diesem Manne widerfährt,
Das, glaube mir, das widerfährt nur ihm,
Und hätt er gegen alle Götter sich
Versündiget und ihren Zorn auf sich
Geladen und ich wollte sündigen
Wie er, um gleiches Los mit ihm zu leiden,
So wär's, wie wenn ein Fremder in den Streit
Der Liebenden sich mischt. – Was willst du? sprächen
Die Götter nur, du Törin kannst uns nicht
Beleidigen wie er.

DELIA: Du bist vielleicht
Ihm gleicher als du denkst, wie fändst du sonst
An ihm ein Wohlgefallen?

PANTHEA: Liebes Herz!
Ich weiß es selber nicht, warum ich ihm
Gehöre – sähst du ihn! – Ich dacht, er käme

Vielleicht heraus,
du hättest dann im Weggehn ihn
Gesehn – es war ein Wunsch! nicht wahr? ich sollte
Der Wünsche mich entwöhnen, denn es scheint,
Als liebten unser ungeduldiges
Gebet die Götter nicht, sie haben recht!
Ich will auch nimmer – aber hoffen muß
Ich doch, ihr guten Götter, und ich weiß
Nicht anderes denn ihn –
Ich bäte gleich den übrigen von euch
Nur Sonnenlicht und Regen, könnt ich nur!
O ewiges Geheimnis, was wir sind
Und suchen, können wir nicht finden; was
Wir finden, sind wir nicht – wieviel ist wohl
Die Stunde, Delia?

DELIA: Dort kommt dein Vater.
Ich weiß nicht, bleiben oder gehen wir?

PANTHEA:
Wie sagtest du? mein Vater? komm! hinweg!

[ZWEITER AUFTRITT]

Kritias, Archon. Hermokrates, Priester.

HERMOKRATES:
Wer geht dort?

KRITIAS: Meine Tochter, wie mir dünkt,
Und Delia, des Gastfreunds Tochter, der
In meinem Hause gestern eingekehrt ist.

HERMOKRATES:
Ist's Zufall? oder suchen sie ihn auch
Und glauben, wie das Volk, er sei entschwunden?

KRITIAS:
Die wunderbare Sage kam bis itzt wohl nicht
Vor meiner Tochter Ohren. Doch sie hängt
An ihm wie alle; wär er nur hinweg

In Wälder oder Wüsten, übers Meer
Hinüber oder in die Erd hinab – wohin
Ihn treiben mag der unbeschränkte Sinn.

HERMOKRATES:
Mitnichten! Denn sie müßten noch ihn sehn,
Damit der wilde Wahn von ihnen weicht.

KRITIAS:
Wo ist er wohl?

HERMOKRATES: Nicht fern von hier. Da sitzt
Er seelenlos im Dunkel. Denn es haben
Die Götter seine Kraft von ihm genommen,
Seit jenem Tage, da der trunkne Mann
Vor allem Volk sich einen Gott genannt.

KRITIAS:
Das Volk ist trunken, wie er selber ist.
Sie hören kein Gesetz und keine Not
Und keinen Richter; die Gebräuche sind
Von unverständlichem Gebrause gleich
Den friedlichen Gestaden überschwemmt.
Ein wildes Fest sind alle Tage worden,
Ein Fest für alle Feste und der Götter
Bescheidne Feiertage haben sich
In eins verloren, allverdunkelnd hüllt
Der Zauberer den Himmel und die Erd
Ins Ungewitter, das er uns gemacht,
Und siehet zu und freut sich seines Geists
In seiner stillen Halle.

HERMOKRATES: Mächtig war
Die Seele dieses Mannes unter euch.

KRITIAS:
Ich sage dir: sie wissen nichts denn ihn
Und wünschen alles nur von ihm zu haben,
Er soll ihr Gott, er soll ihr König sein.
Ich selber stand in tiefer Scham vor ihm,
Da er vom Tode mir mein Kind gerettet.
Wofür erkennst du ihn, Hermokrates?

Hermokrates:

Es haben ihn die Götter sehr geliebt.
Doch nicht ist er der erste, den sie drauf
Hinab in sinnenlose Nacht verstoßen
Vom Gipfel ihres gütigen Vertrauns,
Weil er des Unterschieds zu sehr vergaß
Im übergroßen Glück und sich allein
Nur fühlte; so erging es ihm, er ist
Mit grenzenloser Öde nun gestraft –
Doch ist die letzte Stunde noch für ihn
Nicht da; denn noch erträgt der Langverwöhnte
Die Schmach in seiner Seele nicht, sorg ich,
Und sein entschlafner Geist entzündet
Nun neu an seiner Rache sich,
Und halberwacht, ein fürchterlicher Träumer, spricht
Er gleich den alten Übermütigen,
Die mit dem Schilfrohr Asien durchwandern,
Durch sein Wort sein die Götter einst geworden.
Dann steht die weite lebensreiche Welt
Wie sein verlornes Eigentum vor ihm,
Und ungeheure Wünsche regen sich
In seiner Brust, und wo sie hin sich wirft,
Die Flamme, macht sie eine freie Bahn.
Gesetz und Kunst und Sitt und heil'ge Sage
Und was vor ihm in guter Zeit gereift,
Das stört er auf, und Lust und Frieden kann
Er nimmer dulden bei den Lebenden.
Er wird der Friedliche nun nimmer sein.
Wie alles sich verlor, so nimmt
Er alles wieder, und den Wilden hält
Kein Sterblicher in seinem Toben auf.

Kritias:

O Greis! du siehest namenlose Dinge.
Dein Wort ist wahr, und wenn es sich erfüllt,
Dann wehe dir, Sizilien, so schön
Du bist mit deinen Hainen, deinen Tempeln.

HERMOKRATES:
Der Spruch der Götter trifft ihn, eh sein Werk
Beginnt. Versammle nur das Volk, damit ich
Das Angesicht des Mannes ihnen zeige,
Von dem sie sagen, daß er aufgeflohn
Zum Äther sei. Sie sollen Zeugen sein
Des Fluches, den ich ihm verkündige,
Und ihn verstoßen in die öde Wildnis,
Damit er nimmerwiederkehrend dort
Die böse Stunde büße, da er sich
Zum Gott gemacht.
KRITIAS: Doch wenn des schwachen Volks
Der Kühne sich bemeistert, fürchtest du
Für mich und dich und deine Götter nicht?
HERMOKRATES:
Das Wort des Priesters bricht den kühnen Sinn.
KRITIAS:
Und werden sie den Langgeliebten dann,
Wenn schmählich er vom heil'gen Fluche leidet,
Aus seinen Gärten, wo er gerne lebt,
Und aus der heimatlichen Stadt vertreiben?
HERMOKRATES:
Wer darf den Sterblichen im Lande dulden,
Den so der wohlverdiente Fluch gezeichnet?
KRITIAS:
Doch wenn du wie ein Lästerer erscheinst
Vor denen, die als einen Gott ihn achten?
HERMOKRATES:
Der Taumel wird sich ändern, wenn sie erst
Mit Augen wieder sehen, den sie jetzt schon
Entschwunden in die Götterhöhe wähnen!
Sie haben schon zum Bessern sich gewandt.
Denn trauernd irrten gestern sie hinaus
Und gingen hier umher und sprachen viel
Von ihm, da ich desselben Weges kam.
Drauf sagt ich ihnen, daß ich heute sie

Zu ihm geleiten wollt; indessen soll
In seinem Hause jeder ruhig weilen.
Und darum bat ich dich, mit mir heraus
Zu kommen, daß wir sähen, ob sie mir
Gehorcht. Du findest keinen hier. Nun komm.

KRITIAS:
Hermokrates!

HERMOKRATES: Was ist's?

KRITIAS: Dort seh ich ihn
Wahrhaftig.

HERMOKRATES: Laß uns gehen, Kritias!
Daß er in seine Rede nicht uns zieht.

[DRITTER AUFTRITT]

EMPEDOKLES:
In meine Stille kamst du leise wandelnd,
Fandst drunten in der Grotte Dunkel mich aus,
Du Freundlicher! du kamst nicht unverhofft
Und fernher, oben über der Erde vernahm
Ich wohl dein Wiederkehren, schöner Tag.
Und meine Vertrauten, euch, ihr schnellgeschäft'gen
Kräfte der Höh! und nahe seid ihr
Mir wieder, seid wie sonst, ihr Glücklichen,
Ihr irrelosen Bäume meines Hains!
Ihr wuchst indessen fort, und täglich tränkte
Des Himmels Quelle die Bescheidenen
Mit Licht, und Lebensfunken säte
Befruchtend auf die Blühenden der Äther. –
O innige Natur! ich habe dich
Vor Augen, kennest du den Freund noch,
Den Hochgeliebten, kennest du mich nimmer?
Den Priester, der lebendigen Gesang
Wie frohvergoßnes Opferblut dir brachte?
O bei den heil'gen Brunnen, wo sich still

Die Wasser sammeln und die Dürstenden
Am heißen Tage sich verjüngen! in mir,
In mir, ihr Quellen des Lebens, strömtet ihr einst
Aus Tiefen der Welt zusammen, und es kamen
Die Dürstenden zu mir – vertrocknet bin
Ich nun, und nimmer freun die Sterblichen
Sich meiner – Bin ich ganz allein? und ist
Es Nacht hier oben auch am Tage? Weh!
Der höhers denn ein sterblich Auge sah,
Der Blindgeschlagne tastet nun umher –
Wo seid ihr, meine Götter? weh, ihr laßt
Wie einen Bettler mich, und diese Brust,
Die liebend euch geahndet, stießt ihr mir
Hinab und schloßt in schmählichenge Bande
Die Freigeborne, die aus sich allein
Und keines andern ist? Und dulden sollt ich's
Wie die Schwächlinge, die im scheuen Tartarus
Geschmiedet sind ans alte Tagewerk?
Ich habe mich erkannt; ich will es! Luft will ich
Mir schaffen, ha! und tagen soll's! hinweg!
Bei meinem Stolz! ich werde nicht den Staub
Von diesem Pfade küssen, wo ich einst
In einem schönen Traume ging – es ist vorbei!
Ich war geliebt, geliebt von euch, ihr Götter,
Ich erfuhr euch, ich kannt euch, ich wirkte mit euch,
wie ihr
Die Seele mir bewegt, so kannt ich euch,
So lebtet ihr in mir – o nein! es war
Kein Traum, an diesem Herzen fühlt ich dich,
Du stiller Äther! wenn der Sterblichen Irrsal
Mir an die Seele ging und heilend du
Die liebeswunde Brust umatmetest,
Du Allversöhner! und dieses Auge sah
Dein göttlich Wirken, allentfaltend Licht!
Und euch, ihr andern Ewigmächtigen –
O Schattenbild! Es ist vorbei,

Und du, verbirg dir's nicht! du hast
Es selbst verschuldet, armer Tantalus,
Das Heiligtum hast du geschändet, hast
Mit frechem Stolz den schönen Bund entzweit,
Elender! Als die Genien der Welt
Voll Liebe sich in dir vergaßen, dachtst du
An dich und wähntest, karger Tor, an dich
Die Gütigen verkauft, daß sie dir,
Die Himmlischen, wie blöde Knechte dienten!
Ist nirgends ein Rächer,
Und muß ich denn allein den Hohn und Fluch
In meine Seele rufen? Und es reißt
Die delphische Krone mir kein Beßrer
Denn ich vom Haupt und nimmt die Locken hinweg,
Wie es dem kahlen Seher gebührt –

[VIERTER AUFTRITT]

Empedokles. Pausanias.

PAUSANIAS: O all
Ihr himmlischen Mächte, was ist das?
EMPEDOKLES: Hinweg!
Wer hat dich hergesandt? willst du das Werk
Verrichten an mir? Ich will dir alles sagen,
Wenn du's nicht weißt; dann richte, was du tust,
Danach – Pausanias! o suche nicht
Den Mann, an dem dein Herz gehangen, denn
Er ist nicht mehr, und gehe, guter Jüngling!
Dein Angesicht entzündet mir den Sinn,
Und sei es Segen oder Fluch, von dir
Ist beedes mir zuviel. Doch wie du willst!
PAUSANIAS:
Was ist geschehn? Ich habe lange dein
Geharrt und dankte, da ich von ferne
Dich sah, dem Tageslicht, da find ich so,

Du hoher Mann! ach! wie die Eiche, die Zeus erschlug,
Vom Haupte bis zur Sohle dich zerschmettert.
Warst du allein? Die Worte hört ich nicht,
Doch schallt mir noch der fremde Todeston.

EMPEDOKLES:
Es war des Mannes Stimme, der sich mehr
Denn Sterbliche gerühmt, weil ihn zu viel
Beglückt die gütige Natur.

PAUSANIAS: Wie du
Vertraut zu sein mit allen Göttlichen
Der Welt, ist nie zuviel.

EMPEDOKLES: So sagt ich auch,
Du Guter, da der heil'ge Zauber noch
Aus meinem Geiste nicht gewichen war
Und da sie mich, den Innigliebenden,
Noch liebten, sie, die Genien der Welt.
O himmlisch Licht! – es hatten mich's
Die Menschen nicht gelehrt – schon lange, da
Mein sehnend Herz die Allebendige
Nicht finden konnte, da wandt ich mich zu dir,
Hing, wie die Pflanze dir mich anvertrauend,
In frommer Lust dir lange blindlings nach,
Denn schwer erkennt der Sterbliche die Reinen,
Doch als
der Geist mir blühte, wie du selber blühst,
Da kannt ich dich, da rief ich es: Du lebst!
Und wie du heiter wandelst um die Sterblichen
Und himmlischjugendlich den holden Schein
Von dir auf jedes eigen überstrahlst,
Daß alle deines Geistes Farbe tragen,
So ward auch mir das Leben zum Gedicht.
Denn deine Seele war in mir, und offen gab
Mein Herz, wie du, der ernsten Erde sich,
Der Leidenden, und oft in heil'ger Nacht
Gelobt ich's ihr, bis in den Tod
Die Schicksalvolle furchtlos treu zu lieben

Und ihrer Rätsel keines zu verschmähn.
Da rauscht' es anders denn zuvor im Hain,
Und zärtlich tönten ihrer Berge Quellen.
All deine Freuden, Erde! nicht wie du
Sie lächelnd reichst den Schwächern, herrlich, wie sie
sind
Und warm und wahr aus Müh und Liebe reifen –
Sie alle gabst du mir, und wenn ich oft
Auf ferner Bergeshöhe saß und staunend
Des Lebens heilig Irrsal übersann,
Zu tief von deinen Wandlungen bewegt
Und eignes Schicksal ahndend,
Dann atmete der Äther, so wie dir,
Mir heilend um die liebeswunde Brust,
Und zauberisch in seine Tiefe lösten
Sich meine Rätsel auf –

PAUSANIAS: Du Glücklicher!

EMPEDOKLES:
Ich war's! o könnt ich's sagen, wie es war,
Es nennen – das Wandeln und Wirken deiner
Geniuskräfte,
Der Herrlichen, deren Genoß ich war, o Natur!
Könnt ich's noch einmal vor die Seele rufen,
Daß mir die stumme, todesöde Brust
Von deinen Tönen allen widerklänge!
Bin ich es noch? o Leben! und rauschten sie mir,
All deine geflügelten Melodien, und hört
Ich deinen alten Einklang, große Natur?
Ach! ich, der Allverlassene, lebt ich nicht
Mit dieser heil'gen Erd und diesem Licht
Und dir, von dem die Seele nimmer läßt,
O Vater Äther! und allen Lebenden
In einigem gegenwärtigem Olymp? –
Nun wein ich, wie ein Ausgestoßener,
Und nirgend mag ich bleiben, ach, und du
Bist auch von mir genommen – sage nichts!

Die Liebe stirbt, sobald die Götter fliehn,
Das weißt du wohl, verlaß mich nun, ich bin
Es nimmer, und ich hab an dir nichts mehr.

PAUSANIAS:
Du bist es noch, so wahr du es gewesen.
Und laß mich's sagen, unbegreiflich ist
Es mir, wie du dich selber so vernichtest.
Ich glaub es wohl, es schlummert deine Seele
Dir auch, zu Zeiten, wenn sie sich genug
Der Welt geöffnet, wie die Erde, die
Du liebst, sich oft in tiefe Ruhe schließt.
Doch nennest du sie tot, die Ruhende?

EMPEDOKLES:
Wie du mit lieber Mühe Trost ersinnst!

PAUSANIAS:
Du spottest wohl des Unerfahrenen
Und denkest, weil ich deines Glücks, wie du,
Nicht inne ward, so sag ich, da du leidest,
Nur ungereimte Dinge dir? Sah ich nicht dich
In deinen Taten, da der wilde Staat von dir
Gestalt und Sinn gewann? In seiner Macht
Erfuhr ich deinen Geist und seine Welt, wenn oft
Ein Wort von dir im heil'gen Augenblick
Das Leben vieler Jahre mir erschuf,
Daß eine neue schöne Zeit von da
Dem Jünglinge begann; wie zahmen Hirschen,
Wenn ferne rauscht der Wald und sie der Heimat denken,
So schlug mir oft das Herz, wenn du vom Glück
Der alten Urwelt sprachst; und zeichnetest
Du nicht der Zukunft große Linien
Vor mir, so wie des Künstlers sichrer Blick
Ein fehlend Glied zum ganzen Bilde reiht?
Liegt nicht vor dir der Menschen Schicksal offen?
Und kennst du nicht die Kräfte der Natur,

Daß du vertraulich, wie kein Sterblicher,
Sie, wie du willst, in stiller Herrschaft lenkst?

EMPEDOKLES:
Genug! du weißt es nicht, wie jedes Wort,
So du gesprochen, mir ein Stachel ist.

PAUSANIAS:
So mußt du denn im Unmut alles hassen?

EMPEDOKLES:
O ehre, was du nicht verstehst!

PAUSANIAS: Warum
Verbirgst du mir's und machst dein Leiden mir
Zum Rätsel? Glaube! schmerzlicher ist nichts.

EMPEDOKLES:
Und nichts ist schmerzlicher, Pausanias!
Denn Leiden zu enträtseln. Siehest du denn nicht?
Ach! lieber wäre mir's, du wüßtest nicht
Von mir und aller meiner Trauer. Nein!
Ich sollt es nicht aussprechen, heil'ge Natur!
Jungfräuliche, die dem rohen Sinn entflieht!
Verachtet hab ich dich und mich allein
Zum Herrn gesetzt, ein übermütiger
Barbar! an eurer Einfalt hielt ich euch,
Ihr reinen immerjugendlichen Mächte!
Die mich mit Freud erzogen, mich mit Wonne genährt,
Und weil ihr immergleich mir wiederkehrtet,
Ihr Guten, ehrt ich eure Seele nicht!
Ich kannt es ja, ich hatt es ausgelernt,
Das Leben der Natur, wie sollt es mir
Noch heilig sein, wie einst! Die Götter waren
Mir dienstbar nun geworden, ich allein
War Gott und sprach's im frechen Stolz heraus.
O glaub es mir, ich wäre lieber nicht
Geboren!

PAUSANIAS: Was? um eines Wortes willen?
Wie kannst so du verzagen, kühner Mann!

Empedokles:
Um eines Wortes willen? ja. Und mögen
Die Götter mich zernichten, wie sie mich
Geliebt.

Pausanias: So sprechen andre nicht, wie du.

Empedokles:
Die andern! wie vermöchten sie's?

Pausanias: Ja wohl,
Du wunderbarer Mann! So innig liebt'
Und sah kein anderer die ew'ge Welt
Und ihre Genien und Kräfte nie,
Wie du, und darum sprachst das kühne Wort
Auch du allein, und darum fühlst du auch
So sehr, wie du mit einer stolzen Silbe
Vom Herzen aller Götter dich gerissen,
Und opferst liebend ihnen dich dahin,
O Empedokles! –

Empedokles: Siehe! was ist das?
Hermokrates, der Priester, und mit ihm
Ein Haufe Volks! und Kritias, der Archon.
Was suchen sie bei mir?

Pausanias: Sie haben lang
Geforschet, wo du wärst.

[FÜNFTER AUFTRITT]

Empedokles. Pausanias.
Hermokrates. Kritias. Agrigentiner.

Hermokrates:
Hier ist der Mann, von dem ihr sagt, er sei
Lebendig zum Olymp empor gegangen.

Kritias:
Und traurig sieht er, gleich den Sterblichen.

Empedokles:
Ihr armen Spötter! ist's erfreulich euch,

Wenn einer leidet, der euch groß geschienen?
Und achtet ihr, wie leichterworbnen Raub,
Den Starken, wenn er schwach geworden ist?
Euch reizt die Frucht, die reif zur Erde fällt,
Doch glaubt es mir, nicht alles reift für euch.

EIN AGRIGENTINER:
Was hat er da gesagt?

EMPEDOKLES: Ich bitt euch, geht,
Besorgt, was euer ist, und menget euch
Ins Meinige nicht ein –

HERMOKRATES: Doch hat ein Wort
Der Priester dir dabei zu sagen?

EMPEDOKLES: Weh!
Ihr reinen Götter! ihr lebendigen!
Muß dieser Heuchler meine Trauer mir
Vergiften? Geh! ich schonte ja dich oft,
So ist es billig, daß du meiner schonst.
Du weißt es ja, ich hab es dir bedeutet,
Ich kenne dich und deine schlimme Zunft.
Und lange war's ein Rätsel mir, wie euch
In ihrem Runde duldet die Natur.
Ach! als ich noch ein Knabe war, da mied
Euch Allverderber schon mein frommes Herz,
Das unbestechbar innigliebend hing
An Sonn und Äther und den Boten allen
Der großen ferngeahndeten Natur.
Denn wohl hab ich's gefühlt, in meiner Furcht,
Daß ihr des Herzens freie Götterliebe
Bereden möchtet zu gemeinem Dienst,
Und daß ich's treiben sollte so wie ihr.
Hinweg! ich kann vor mir den Mann nicht sehn,
Der Heiliges wie ein Gewerbe treibt.
Sein Angesicht ist falsch und kalt und tot,
Wie seine Götter sind. Was stehet ihr
Betroffen? Gehet nun!

KRITIAS: Nicht eher, bis

Der heil'ge Fluch die Stirne dir gezeichnet,
Schamloser Lästerer!

HERMOKRATES: Sei ruhig, Freund!
Ich hab es dir gesagt, es würde wohl
Der Unmut ihn ergreifen. – Mich verschmäht
Der Mann, das hörtet ihr, ihr Bürger
Von Agrigent! und harte Worte mag
Ich nicht mit ihm in wildem Zanke wechseln.
Es ziemt dem Greise nicht. Ihr möget nur
Ihn selber fragen, wer er sei?

EMPEDOKLES: O laßt!
Ihr seht es ja, es frommet keinem nichts,
Ein blutend Herz zu reizen. Gönnet mir's,
Den Pfad, worauf ich wandle, still zu gehn,
Den heil'gen stillen Todespfad hinfort.
Ihr spannt das Opfertier vom Pfluge los,
Und nimmer trifft's der Stachel seines Treibers.
So schonet meiner auch; entwürdiget
Mein Leiden mir mit böser Rede nicht,
Denn heilig ist's; und laßt die Brust mir frei
Von eurer Not; ihr Schmerz gehört den Göttern.

ERSTER AGRIGENTINER:
Was ist es denn, Hermokrates, warum
Der Mann die wunderlichen Worte spricht?

ZWEITER AGRIGENTINER:
Er heißt uns gehn, als scheut' er sich vor uns.

HERMOKRATES:
Was dünket euch? der Sinn ist ihm verfinstert,
Weil er zum Gott sich selbst vor euch gemacht.
Doch weil ihr nimmer meiner Rede glaubt,
So fragt nur ihn darum. Er soll es sagen.

DRITTER AGRIGENTINER:
Wir glauben dir es wohl.

PAUSANIAS: Ihr glaubt es wohl?
Ihr Unverschämten? – Euer Jupiter
Gefällt euch heute nicht; er siehet trüb;

Der Abgott ist euch unbequem geworden,
Und darum glaubt ihr's wohl? Da stehet er
Und trauert und verschweigt den Geist, wonach
In heldenarmer Zeit die Jünglinge
Sich sehnen werden, wenn er nimmer ist,
Und ihr, ihr kriecht und zischet um ihn her,
Ihr dürft es? und ihr seid so sinnengrob,
Daß euch das Auge dieses Manns nicht warnt?
Und weil er sanft ist, wagen sich an ihn
Die Feigen. – Heilige Natur! wie duldest
Du auch in deinem Runde dies Gewürm? –
Nun sehet ihr mich an und wisset nicht,
Was zu beginnen ist mit mir; ihr müßt
Den Priester fragen, ihn, der alles weiß.

HERMOKRATES:

O hört, wie euch und mich ins Angesicht
Der freche Knabe schilt? Wie sollt er nicht?
Er darf es, da sein Meister alles darf.
Wer sich das Volk gewonnen, redet, was
Er will; das weiß ich wohl und strebe nicht
Aus eignem Sinn entgegen, weil es noch
Die Götter dulden. Vieles dulden sie
Und schweigen, bis ans Äußerste gerät
Der wilde Mut. Dann aber muß der Frevler
Rücklings hinab ins bodenlose Dunkel.

DRITTER AGRIGENTINER:

Ihr Bürger! ich mag nichts mit diesen zween
Inskünftige zu schaffen haben.

ERSTER AGRIGENTINER: Sagt,

Wie kam es denn, daß dieser uns betört?

ZWEITER AGRIGENTINER:

Sie müssen fort, der Jünger und der Meister.

HERMOKRATES:

So ist es Zeit! – Euch fleh ich an, ihr Furchtbarn!
Ihr Rachegötter! – Wolken lenket Zeus
Und Wasserwogen zähmt Posidaon,

Doch euch, ihr Leisewandelnden, euch ist
Zur Herrschaft das Verborgene gegeben,
Und wo ein Eigenmächtiger der Wieg
Entsprossen ist, da seid ihr auch und geht,
Indes er üppig auf zum Frevel wächst,
Stillsinnend fort mit ihm, hinunterhorchend
In seine Brust, wo euch den Götterfeind
Die unbesorgt geschwätzige verrät –
Auch den, ihr kanntet ihn, den heimlichen
Verführer, der die Sinne nahm dem Volk
Und mit dem Vaterlandsgesetze spielt'
Und sie, die alten Götter Agrigents,
Und ihre Priester niemals achtete
Und nicht verborgen war vor euch, ihr Furchtbarn!
Solang er schwieg, der ungeheure Sinn;
Er hat's vollbracht. Verruchter! wähntest du,
Sie müßten's nachfrohlocken, da du jüngst
Vor ihnen einen Gott dich selbst genannt?
Dann hättest du geherrscht in Agrigent,
Ein einziger allmächtiger Tyrann,
Und dein gewesen wäre, dein allein
Das gute Volk und dieses schöne Land.
Sie schwiegen nur; erschrocken standen sie;
Und du erblaßtest, und es lähmte dich
Der böse Gram in deiner dunkeln Halle,
Wo du hinab dem Tageslicht entflohst.
Und kömmst du nun und gießest über mich
Den Unmut aus und lästerst unsre Götter?

Erster Agrigentiner:
Nun ist es klar! er muß gerichtet werden.

Kritias:
Ich hab es euch gesagt; ich traute nie
Dem Träumer.

Empedokles: O ihr Rasenden!

Hermokrates: Und sprichst
Du noch und ahndest nicht, du hast mit uns

Nichts mehr gemein, ein Fremdling bist du worden
Und unerkannt bei allen Lebenden.
Die Quelle, die uns tränkt, gebührt dir nicht
Und nicht die Feuerflamme, die uns frommt,
Und was den Sterblichen das Herz erfreut,
Das nehmen die heil'gen Rachegötter von dir.
Für dich ist nicht das heitre Licht hier oben,
Nicht dieser Erde Grün und ihre Frucht,
Und ihren Segen gibt die Luft dir nicht,
Wenn deine Brust nach Kühlung seufzt und dürstet.
Es ist umsonst, du kehrest nicht zurück
Zu dem, was unser ist; denn du gehörst
Den Rächenden, den heil'gen Todesgöttern.
Und wehe dem, von nun an, wer ein Wort
Von dir in seine Seele freundlich nimmt,
Wer dich begrüßt und seine Hand dir beut,
Wer einen Trunk am Mittag dir gewährt
Und wer an seinem Tische dich erduldet,
Dir, wenn du nachts an seine Türe kömmst,
Den Schlummer unter seinem Dache schenkt
Und, wenn du stirbst, die Grabesflamme dir
Bereitet, wehe dem, wie dir! – Hinaus!
Es dulden die Vaterlandsgötter länger nicht,
Wo ihre Tempel sind, den Allverächter.

AGRIGENTINER:

Hinaus, damit sein Fluch uns nicht beflecke!

PAUSANIAS:

O komm! du gehest nicht allein. Es ehrt
Noch einer dich, wenn's schon verboten ist,
Du Lieber! und du weißt, des Freundes Segen
Ist kräftiger denn dieses Priesters Fluch.
O komm in fernes Land! wir finden dort
Das Licht des Himmels auch, und bitten will ich,
Daß freundlich dir's in deiner Seele scheine.
Im heiter stolzen Griechenlande drüben,
Da grünen Hügel auch, und Schatten gönnt

Der Ahorn dir, und milde Lüfte kühlen
Den Wanderern die Brust; und wenn du müd
Vom heißen Tag an fernem Pfade sitzest,
Mit diesen Händen schöpf ich dann den Trunk
Aus frischer Quelle dir und sammle Speisen,
Und Zweige wölb ich über deinem Haupt,
Und Moos und Blätter breit ich dir zum Lager,
Und wenn du schlummerst, so bewach ich dich;
Und muß es sein, bereit ich dir auch wohl
Die Grabesflamme, die sie dir verwehren,
Die Schändlichen!

EMPEDOKLES: Oh! treues Herz! – Für mich,
Ihr Bürger! bitt ich nichts; es sei geschehn!
Ich bitt euch nur um dieses Jünglings willen.
O wendet nicht das Angesicht von mir!
Bin ich es nicht, um den ihr liebend sonst
Euch sammeltet? Ihr selber reichtet da
Mir auch die Hände nicht, unziemlich dünkt'
Es euch, zum Freund euch wild heranzudrängen.
Doch schicktet ihr die Knaben, daß sie mir
Die Hände reichten, diese Friedlichen,
Und auf den Schultern brachtet ihr die Kleinern
Und hubt mit euern Armen sie empor –
Bin ich es nicht? und kennt ihr nicht den Mann,
Dem ihr gesagt, ihr könntet, wenn er's wollte,
Von Land zu Land mit ihm als Bettler gehn,
Und wenn es möglich wäre, folgtet ihr
Ihm auch hinunter in den Tartarus?
Ihr Kinder! alles wolltet ihr mir schenken
Und zwangt mich töricht oft, von euch zu nehmen,
Was euch das Leben heitert' und erhielt,
Dann gab ich euch's vom Meinigen zurück,
Und mehr, denn Eures, achtetet ihr dies.
Nun geh ich fort von euch; versagt mir nicht
Die eine Bitte: schonet dieses Jünglings!
Er tat euch nichts zuleid; er liebt mich nur,

Wie ihr mich auch geliebt, und saget selbst,
Ob er nicht edel ist und schön! und wohl
Bedürft ihr künftig seiner, glaubt es mir!
Oft sagt ich euch's: es würde nacht und kalt
Auf Erden und in Not verzehrte sich
Die Seele, sendeten zu Zeiten nicht
Die guten Götter solche Jünglinge,
Der Menschen welkend Leben zu erfrischen.
Und heilig halten, sagt ich, solltet ihr
Die heitern Genien – o schonet sein
Und rufet nicht das Weh! versprecht es mir!

DRITTER AGRIGENTINER:
Hinweg! wir hören nichts von allem, was
Du sagst.

HERMOKRATES:
Dem Knaben muß geschehn, wie er's
Gewollt. Er mag den frechen Mutwill büßen.
Er geht mit dir, und dein Fluch ist der seine.

EMPEDOKLES:
Du schweigest, Kritias! verbirg es nicht,
Dich trifft es auch; du kanntest ihn, nicht wahr,
Die Sünde löschten Ströme nicht von Blut
Der Tier'? Ich bitte, sag es ihnen, Lieber!
Sie sind wie trunken, sprich ein ruhig Wort,
Damit der Sinn den Armen wiederkehre!

ZWEITER AGRIGENTINER:
Noch schilt er uns? Gedenke deines Fluchs
Und rede nicht und geh! wir möchten sonst
An dich die Hände legen.

KRITIAS: Wohl gesagt,
Ihr Bürger!

EMPEDOKLES: So! – und möchtet ihr an mich
Die Hände legen? was? gelüstet es
Bei meinem Leben schon die hungernden
Harpyen? und könnt ihr's nicht erwarten, bis
Der Geist entflohn ist, mir die Leiche zu schänden?

Heran! Zerfleischt und teilet die Beut, und es segne
Der Priester euch den Genuß, und seine Vertrauten,
Die Rachegötter, lad er zum Mahl! – Dir bangt,
Heilloser! kennst du mich? und soll ich dir
Den bösen Scherz verderben, den du treibst?
Bei deinem grauen Haare, Mann! du solltest
Zu Erde werden, denn du bist sogar
Zum Knecht der Furien zu schlecht. O sieh!
So schändlich stehst du da und durftest doch
An mir zum Meister werden? Freilich ist's
Ein ärmlich Werk, ein blutend Wild zu jagen!
Ich trauerte, das wußte der, da wuchs
Der Mut dem Feigen; da erhascht er mich
Und hetzt des Pöbels Zähne mir aufs Herz.
O wer, wer heilt den Geschändeten nun, wer nimmt
Ihn auf, der heimatlos der Fremden Häuser
Mit den Narben seiner Schmach umirrt, die Götter
Des Hains fleht, ihn zu bergen – komme, Sohn!
Sie haben wehe mir getan, doch hätt
Ich's wohl vergessen, aber dich? – Ha geht
Nun immerhin zu Grund, ihr Namenlosen!
Sterbt langsamen Tods, und euch geleite
Des Priesters Rabengesang! und weil sich Wölfe
Versammeln da, wo Leichname sind, so finde sich
Dann einer auch für euch; der sättige
Von eurem Blute sich, der reinige
Sizilien von euch; es stehe dürr
Das Land, wo sonst die Purpurtraube gern
Dem bessern Volke wuchs und goldne Frucht
Im dunkeln Hain und edles Korn, und fragen
Wird einst der Fremde, wenn er auf den Schutt
Von euern Tempeln tritt, ob da die Stadt
Gestanden? Gehet nun! Ihr findet mich
In einer Stunde nimmer. – *Indem sie abgehn.* Kritias!
Dir möcht ich wohl ein Wort noch sagen.

PAUSANIAS *nachdem Kritias zurück ist:* Laß

Indessen mich zum alten Vater gehn
Und Abschied nehmen.
EMPEDOKLES: O warum? was tat
Der Jüngling euch, ihr Götter! Gehe denn,
Du Armer! Draußen wart ich, auf dem Wege
Nach Syrakus; dann wandern wir zusammen.
Pausanias geht auf der andern Seite ab.

[SECHSTER AUFTRITT]

Empedokles. Kritias.

KRITIAS:
Was ist's?
EMPEDOKLES: Auch du verfolgest mich?
KRITIAS: Was soll
Mir das?
EMPEDOKLES:
Ich weiß es wohl! Du möchtest gern
Mich hassen, dennoch hassest du mich nicht:
Du fürchtest nur; du hattest nichts zu fürchten.
KRITIAS:
Es ist vorbei. Was willst du noch?
EMPEDOKLES: Du hättst
Es selber nie gedacht, der Priester zog
In seinen Willen dich, du klage dich
Nicht an; o hättst du nur ein treues Wort
Für ihn gesprochen, doch du scheuetest
Das Volk.
KRITIAS: Sonst hattest du mir nichts
Zu sagen? Überflüssiges Geschwätz
Hast du von je geliebt.
EMPEDOKLES: O rede sanft,
Ich habe deine Tochter dir gerettet.
KRITIAS:
Das hast du wohl.

EMPEDOKLES: Du sträubst und schämest dich,
Mit dem zu reden, dem das Vaterland geflucht;
Ich will es gerne glauben. Denke dir,
Es rede nun mein Schatte, der geehrt
Vom heitern Friedenslande wiederkehre –
KRITIAS:
Ich wäre nicht gekommen, da du riefst,
Wenn nicht das Volk zu wissen wünschte, was
Du noch zu sagen hättest.
EMPEDOKLES: Was ich dir
Zu sagen habe, geht das Volk nichts an.
KRITIAS:
Was ist es dann?
EMPEDOKLES:
Du mußt hinweg aus diesem Land; ich sag
Es dir um deiner Tochter willen.
KRITIAS: Denk an dich
Und sorge nicht für anders!
EMPEDOKLES: Kennest du
Sie nicht? Und ist dir's unbewußt, wie viel
Es besser ist, daß eine Stadt voll Toren
Versinkt, denn ein Vortreffliches?
KRITIAS: Was kann
Ihr fehlen?
EMPEDOKLES: Kennest du sie nicht?
Und tastest wie ein Blinder an, was dir
Die Götter gaben? und es leuchtet dir
In deinem Haus umsonst das holde Licht?
Ich sag es dir: bei diesem Volke findet
Das fromme Leben seine Ruhe nicht,
Und einsam bleibt es dir, so schön es ist,
Und stirbt dir freudenlos, denn nie begibt
Die zärtlichernste Göttertochter sich,
Barbaren an das Herz zu nehmen, glaub
Es mir! Es reden wahr die Scheidenden.
Und wundere des Rats dich nicht!

KRITIAS: Was soll
Ich nun dir sagen?
EMPEDOKLES: Gehe hin mit ihr
In heil'ges Land, nach Elis oder Delos,
Wo jene wohnen, die sie liebend sucht,
Wo stillvereint die Bilder der Heroen
Im Lorbeerwalde stehn. Dort wird sie ruhn,
Dort bei den schweigenden Idolen wird
Der schöne Sinn, der zartgenügsame,
Sich stillen, bei den edeln Schatten wird
Das Leid entschlummern, das geheim sie hegt
In frommer Brust. Wenn dann am heitern Festtag
Sich Hellas' schöne Jugend dort versammelt,
Und um sie her die Fremdlinge sich grüßen
Und hoffnungsfrohes Leben überall
Wie goldenes Gewölk das stille Herz
Umglänzt, dann weckt dies Morgenrot
Zur Lust wohl auch die fromme Träumerin,
Und von den Besten einen, die Gesang
Und Kranz in edlem Kampf gewannen, wählt
Sie sich, daß er den Schatten sie entführe,
Zu denen sie zu frühe sich gesellt.
Gefällt dir das, so folge mir –
KRITIAS:
Hast du der goldnen Worte noch so viel
In deinem Elend übrig?
EMPEDOKLES:
Spotte nicht!
Die Scheidenden verjüngen alle sich
Noch einmal gern. Der Sterbeblick ist's nur
Des Lichts, das freudig einst in seiner Kraft
Geleuchtet unter euch. Es lösche freundlich,
Und hab ich euch geflucht, so mag dein Kind
Den Segen haben, wenn ich segnen kann.
KRITIAS:
O laß, und mache mich zum Knaben nicht.

EMPEDOKLES:
Versprich es mir und tue, was ich riet,
Und geh aus diesem Land. Verweigerst du's,
So mag die Einsame den Adler bitten,
Daß er hinweg von diesen Knechten sie
Zum Äther rette! Bessers weiß ich nicht.
KRITIAS:
O sage, haben wir nicht recht an dir
Getan?
EMPEDOKLES:
Wie fragst du nun? Ich hab es dir
Vergeben. Aber folgst du mir?
KRITIAS: Ich kann
So schnell nicht wählen.
EMPEDOKLES:
Wähle gut,
Sie soll nicht bleiben, wo sie untergeht.
Und sag es ihr, sie soll des Mannes denken,
Den einst die Götter liebten. Willst du das?
KRITIAS:
Wie bittest du? Ich will es tun. Und geh
Du deines Weges nun, du Armer!
Geht ab.

[SIEBENTER AUFTRITT]

EMPEDOKLES: Ja!
Ich gehe meines Weges, Kritias,
Und weiß, wohin? Und schämen muß ich mich,
Daß ich gezögert bis zum Äußersten.
Was mußt ich auch so lange warten,
Bis Glück und Geist und Jugend wich und nichts
Wie Torheit überblieb und Elend.
Wie oft, wie oft hat dich's gemahnt! Da wär
Es schön gewesen. Aber nun ist's not!
O stille! gute Götter! immer eilt

Den Sterblichen das ungeduld'ge Wort
Voraus und läßt die Stunde des Gelingens
Nicht unbetastet reifen. Manches ist
Vorbei; und leichter wird es schon. Es hängt
An allem fest der alte Tor! und da
Er einst gedankenlos, ein stiller Knab,
Auf seiner grünen Erde spielte, war
Er freier, denn er ist; o scheiden! – selbst
Die Hütte, die mich hegte, lassen sie
Mir nicht. – Auch dies noch? Götter!

[ACHTER AUFTRITT]

[Empedokles.] Drei Sklaven des Empedokles.

ERSTER SKLAVE: Gehst du, Herr?
EMPEDOKLES:
Ich gehe freilich, Guter,
Und hole mir das Reisgerät, soviel
Ich selber tragen kann, und bring es noch
Mir auf die Straße dort hinaus – es ist
Dein letzter Dienst!
ZWEITER SKLAVE: O Götter!
EMPEDOKLES: Immer seid
Ihr gern um mich gewesen, denn ihr wart's
Gewohnt, von lieber Jugend her, wo wir
Zusammen auf in diesem Hause wuchsen,
Das meinem Vater war und mir, und fremd
Ist meiner Brust das herrischkalte Wort.
Ihr habt der Knechtschaft Schicksal nie gefühlt.
Ich glaub es euch, ihr folgtet gerne mir,
Wohin ich muß. Doch kann ich es nicht dulden,
Daß euch der Fluch des Priesters ängstige.
Ihr wißt ihn wohl? Die Welt ist aufgetan
Für euch und mich, ihr Kinder, und es sucht
Nun jeder sich sein eigen Glück –

DRITTER SKLAVE: O nein!
Wir lassen nicht von dir. Wir können's nicht.

ZWEITER SKLAVE:
Was weiß der Priester, wie du lieb uns bist.
Verbiet er's andern! uns verbeut er's nicht.

ERSTER SKLAVE:
Gehören wir zu dir, so laß uns auch
Bei dir! Ist's doch von gestern nicht, daß wir
Mit dir zusammen sind, du sagst es selber.

EMPEDOKLES:
O Götter! bin ich kinderlos und leb
Allein mit diesen drein, und dennoch häng
Ich hingebannt an dieser Ruhestätte,
Gleich Schlafenden, und ringe, wie im Traum,
Hinweg? Es kann nicht anders sein, ihr Guten!
O sagt mir nun nichts mehr, ich bitt euch das,
Und laßt uns tun, als wären wir es nimmer.
Ich will es ihm nicht gönnen, daß der Mann
Mir alles noch verfluche, was mich liebt –
Ihr gehet nicht mit mir; ich sag es euch.
Hinein und nimmt das Beste, was ihr findet,
Und zaudert nicht und flieht; es möchten sonst
Die neuen Herrn des Hauses euch erhaschen,
Und eines Feigen Knechte würdet ihr.

ZWEITER SKLAVE:
Mit harter Rede schickest du uns weg?

EMPEDOKLES:
Ich tu es dir und mir, ihr Freigelaßnen!
Ergreift mit Mannes Kraft das Leben, laßt
Die Götter euch mit Ehre trösten; ihr
Beginnt nun erst. Es gehen Menschen auf
Und nieder. Weilet nun nicht länger! Tut,
Was ich gesagt.

ERSTER SKLAVE: Herr meines Herzens! leb
Und geh nicht unter!

DRITTER SKLAVE: Sage, werden wir
Dich nimmer sehn?
EMPEDOKLES: O fraget nicht, es ist
Umsonst. *Mit Macht gebietend.*
ZWEITER SKLAVE *im Abgehn*:
Ach! wie ein Bettler soll er nun das Land
Durchirren und des Lebens nirgend sicher sein?
EMPEDOKLES *siehet ihnen schweigend nach*:
Lebt wohl! ich hab
Euch schnöd hinweggeschickt, lebt wohl, ihr Treuen.
Und du, mein väterliches Haus, wo ich erwuchs
Und blüht! – ihr lieben Bäume! vom Freudengesang
Des Götterfreunds geheiligt, ruhige
Vertraute meiner Ruh! o sterbt und gebt
Den Lüften zurück das Leben, denn es scherzt
Das rohe Volk in eurem Schatten nun,
Und wo ich selig ging, da spotten sie meiner.
Weh! ausgestoßen, ihr Götter? und ahmte,
Was ihr mir tut, ihr Himmlischen, der Priester,
Der Unberufene, seellos nach? Ihr ließt
Mich einsam, mich, der euch geschmäht, ihr Lieben!
Und dieser wirft zur Heimat mich hinaus,
Und der Fluch hallt, den ich selber mir gesprochen,
Mir ärmlich aus des Pöbels Munde wider?
Ach, der einst innig mit euch, ihr Seligen,
Gelebt, und sein die Welt genannt aus Freude,
Hat nun nicht, wo er seinen Schlummer find',
Und in sich selber kann er auch nicht ruhn.
Wohin nun, ihr Pfade der Sterblichen? viel
Sind euer, wo ist der meine, der kürzeste? wo?
Der schnellste? denn zu zögern ist Schmach.
Ha! meine Götter! im Stadium lenkt ich den Wagen
Einst unbekümmert auf rauchendem Rad, so will
Ich bald zu euch zurück, ist gleich die Eile gefährlich.
Geht ab.

[NEUNTER AUFTRITT]

Panthea. Delia.

DELIA: Stille, liebes Kind!
Und halt den Jammer! daß uns niemand höre.
Ich will hinein ins Haus. Vielleicht, er ist
Noch drinnen und du siehst noch einmal ihn.
Nur bleibe still indessen – kann ich wohl
Hinein?

PANTHEA: O tu es, liebe Delia.
Ich bet indes um Ruhe, daß mir nicht
Das Herz vergeht, wenn ich den hohen Mann
In dieser bittern Schicksalsstunde sehe.

DELIA:
O Panthea!

PANTHEA *allein, nach einigem Stillschweigen*:
Ich kann nicht – ach, es wär
Auch Sünde, da gelassener zu sein!
Verflucht? Ich faß es nicht, und wirst auch wohl
Die Sinne mir zerreißen, schwarzes Rätsel!
Wie wird er sein?
Pause. Erschrocken zu Delia, die wieder zurückkömmt.
Wie ist's?

DELIA: Ach! alles tot
Und öde?

PANTHEA: Fort?

DELIA: Ich fürcht es. Offen sind
Die Türen; aber niemand ist zu sehn.
Ich rief, da hört ich nur den Widerhall
Im Hause; länger bleiben mocht ich nicht –
Ach! stumm und blaß ist sie und siehet fremd
Mich an, die Arme. Kennest du mich nimmer?
Ich will es mit dir dulden, liebes Herz!

PANTHEA:
Nun! komme nur!

DELIA: Wohin?

PANTHEA: Wohin? ach! das,
Das weiß ich freilich nicht, ihr guten Götter!
Weh! keine Hoffnung! und du leuchtest mir
Umsonst, o goldnes Licht dort oben? Fort
Ist er – wie soll die Einsame denn wissen,
Warum ihr noch die Augen helle sind.
Es ist nicht möglich, nein! zu frech
Ist diese Tat, zu ungeheuer, und ihr habt
Es doch getan. Und leben muß ich noch
Und stille sein bei diesen? weh! und weinen,
Nur weinen kann ich über alles das!

DELIA:
O weine nur! du Liebe, besser ist's
Denn schweigen oder reden.

PANTHEA: Delia!
Da ging er sonst! und dieser Garten war
Um seiner willen mir so wert. Ach oft,
Wenn mir das Leben nicht genügt' und ich,
Die Ungesellige, betrübt mit andern
Um unsre Hügel irrte, sah ich her
Nach dieser Bäume Gipfeln, dachte, dort
Ist einer doch! – Und meine Seele richtet'
An ihm sich auf. Ich lebte gern mit ihm
In meinem Sinn und wußte seine Stunden.
Vertraulicher gesellte da zu ihm
Sich mein Gedank und teilte mit dem Lieben
Das kindliche Geschäft – ach! grausam haben sie's
Zerschlagen, auf die Straße mir's geworfen,
Mein Heldenbild, ich hätt es nie gedacht.
Ach! hundertjähr'gen Frühling wünscht ich oft,
Ich Törige, für ihn und seine Gärten!

DELIA:
O konntet ihr die zarte Freude nicht
Ihr lassen, gute Götter!

PANTHEA: Sagst du das?
Wie eine neue Sonne kam er uns

Und strahlt' und zog das ungereifte Leben
An goldnen Seilen freundlich zu sich auf,
Und lange hatt auf ihn Sizilien
Gewartet. Niemals herrscht' auf dieser Insel
Ein Sterblicher wie er, sie fühlten's wohl,
Er lebe mit den Genien der Welt
Im Bunde. Seelenvoller! und du nahmst
Sie all ans Herz, weh! mußt du nun dafür
Geschändet fort von Land zu Lande ziehn,
Das Gift im Busen, das sie mitgegeben?

Das habt ihr ihm getan! o laßt nicht mich,
Ihr weisen Richter! ungestraft entkommen.
Ich ehr ihn ja, und wenn ihr es nicht wißt,
So will ich es ins Angesicht euch sagen,
Dann stoßt mich auch zu eurer Stadt hinaus.
Und hat er ihm geflucht, der Rasende,
Mein Vater, ha! so fluch er nun auch mir.

Ihr Blumen
Des Himmels! schöne Sterne, werdet ihr
Denn auch verblühn? und wird es Nacht alsdenn
In deiner Seele werden, Vater Äther!
Wenn deine Jünglinge, die Glänzenden
Erloschen sind vor dir? Ich weiß, es muß,
Was göttlich ist, hinab. Zur Seherin
Bin ich geworden über seinem Fall,
Und wo mir noch ein schöner Genius
Begegnet, nenn er Mensch sich oder Gott,
Ich weiß die Stunde, die ihm nicht gefällt –

DELIA:

O Panthea! mich schröckt es, wenn du so

Dich deiner Klagen überhebst. Ist er
Denn auch wie du, daß er den stolzen Geist
Am Schmerze nährt und heft'ger wird im Leiden?
Ich mag's nicht glauben, denn ich fürchte das.
Was müßt er auch beschließen?

PANTHEA: Ängstigest
Du mich? Was hab ich denn gesagt? Ich will
Auch nimmer – ja geduldig will ich sein,
Ihr Götter! will vergebens nun nicht mehr
Erstreben, was ihr ferne mir gerückt,
Und was ihr geben mögt, das will ich nehmen.
Du Heiliger! und find ich nirgends dich,
So kann ich mich auch freuen, daß du da
Gewesen. Ruhig will ich sein, es möcht
Aus wildem Sinne mir das edle Bild
Entfliehn, und daß mir nur der Tageslärm
Den brüderlichen Schatten nicht verscheuche,
Der, wo ich leise wandle, mich geleitet.

DELIA:
Du liebe Träumerin! er lebt ja noch.

PANTHEA:
Er lebt? Jawohl! er lebt! er geht
Im weiten Felde Nacht und Tag. Sein Dach
Sind Wetterwolken, und der Boden ist
Sein Lager. Winde krausen ihm das Haar,
Und Regen träuft mit seinen Tränen ihm
Vom Angesicht, und seine Kleider trocknet
Am heißen Mittag ihm die Sonne wieder,
Wenn er im schattenlosen Sande geht.
Gewohnte Pfade sucht er nicht; im Fels
Bei denen, die von Beute sich ernähren,
Die fremd, wie er, und allverdächtig sind,
Da kehrt er ein, die wissen nichts vom Fluch,
Die reichen ihm von ihrer rohen Speise,
Daß er zur Wanderung die Glieder stärkt.
So lebt er! weh! und das ist nicht gewiß!

DELIA:
Ja! es ist schröcklich, Panthea.
PANTHEA: Ist's schröcklich?
Du arme Trösterin, vielleicht, es währt
Nicht lange mehr, so kommen sie und sagen
Einander sich's, wenn es die Rede gibt,
Daß er erschlagen auf dem Wege liege.
Es dulden's wohl die Götter, haben sie
Doch auch geschwiegen, da man ihn mit Schmach
Ins Elend fort aus seiner Heimat warf.
O du! – wie wirst du enden? Müde ringst
Du schon am Boden fort, du stolzer Adler!
Und zeichnest deinen Pfad mit Blut, und es
Erhascht der feigen Jäger einer dich,
Zerschlägt am Felsen dir dein sterbend Haupt,
Und Jovis Liebling nanntet ihr ihn doch?
DELIA:
Ach lieber schöner Geist! nur so nicht!
Nur solche Worte nicht! Wenn du es wüßtest,
Wie mich die Sorg um dich ergreift! Ich will
Auf meinen Knien dich bitten, wenn es hilft.
Besänftige dich nur. Wir wollen fort.
Es kann noch viel sich ändern, Panthea.
Vielleicht bereut es bald das Volk. Du weißt
Es ja, wie sie ihn liebten. Komm! ich wend
An deinen Vater mich und helfen sollst
Du mir. Wir können ihn vielleicht gewinnen.
PANTHEA:
O wir, wir sollten das, ihr Götter!

ZWEITER AKT

Gegend am Ätna, Bauerhütte

[ERSTER AUFTRITT]

Empedokles. Pausanias.

EMPEDOKLES:
Wie ist's mit dir?
PAUSANIAS: O das ist gut,
Daß du ein Wort doch redest, Lieber –
Denkst du es auch? hier oben waltet wohl
Der Fluch nicht mehr und unser Land ist ferne.
Auf diesen Höhen atmet leichter sich's,
Und auf zum Tage darf das Auge doch
Nun wieder blicken, und die Sorge wehrt
Den Schlaf uns nicht, es reichen auch vielleicht
Gewohnte Kost uns Menschenhände wieder.
Du brauchst der Pflege, Lieber! und es nimmt
Der heil'ge Berg, der väterliche, wohl
In seine Ruh die umgetriebnen Gäste.
Willst du, so bleiben wir auf eine Zeit
In dieser Hütte – darf ich rufen, ob
Sie uns vielleicht den Aufenthalt vergönnen?
EMPEDOKLES:
Versuch es nur! sie kommen schon heraus.

[ZWEITER AUFTRITT]

[Die Vorigen. Ein] Bauer.

BAUER:
Was wollt ihr? Dort hinunter geht
Die Straße.
PAUSANIAS: Gönn uns Aufenthalt bei dir
Und scheue nicht das Aussehn, guter Mann.
Denn schwer ist unser Weg und öfters scheint
Der Leidende verdächtig – mögen dir's
Die Götter sagen, welcher Art wir sind.
BAUER:
Es stand wohl besser einst mit euch denn itzt;
Ich will es gerne glauben. Doch es liegt
Die Stadt nicht fern; ihr solltet doch daselbst
Auch einen Gastfreund haben. Besser wär's,
Zu dem zu kommen, denn zu Fremden.
PAUSANIAS: Ach!
Es schämte leicht der Gastfreund unser sich,
Wenn wir zu ihm in unsrem Unglück kämen.
Und gibt uns doch der Fremde nicht umsonst
Das Wenige, warum wir ihn gebeten.
BAUER:
Wo kommt ihr her?
PAUSANIAS: Was nützt es, das zu wissen?
Wir geben Gold und du bewirtest uns.
BAUER:
Wohl öffnet manche Türe sich dem Golde,
Nur nicht die meine.
PAUSANIAS: Was ist das? So reich
Uns Brot und Wein und fodre, was du willst.
BAUER:
Das findet ihr an andrem Orte besser.
PAUSANIAS:
O das ist hart! Doch gibst du mir vielleicht
Ein wenig Leinen, daß ich's diesem Mann

Um seine Füße winde, blutend sind
Vom Felsenpfade sie – o siehe nur
Ihn an! der gute Geist Siziliens ist's
Und mehr denn eure Fürsten! und er steht
Vor deiner Türe kummerbleich und bettelt
Um deiner Hütte Schatten und um Brot,
Und du versagst es ihm? und todesmüd
Und dürstend lässest du ihn draußen stehn
An diesem Tage, wo das harte Wild
Zur Höhle sich vorm Sonnenbrande flüchtet?

BAUER:
Ich kenn euch. Wehe! das ist der Verfluchte
Von Agrigent. Es ahndete mir gleich.
Hinweg!

PAUSANIAS:
Beim Donnerer! nicht hinweg! – er soll
Für dich mir bürgen, lieber Heiliger!
Indes ich geh und Nahrung suche. Ruh
An diesem Baum – und höre du! wenn ihm
Ein Leid geschieht, es sei, von wem es wolle,
So komm ich über Nacht und brenne dir,
Eh du es denkst, dein strohern Haus zusammen!
Erwäge das!

[DRITTER AUFTRITT]

Empedokles. Pausanias.

EMPEDOKLES: Sei ohne Sorge, Sohn!

PAUSANIAS:
Wie sprichst du so? ist doch dein Leben mir
Der lieben Sorge wert! und dieser denkt,
Es wäre nichts am Manne zu verderben,
Dem solch ein Wort gesprochen ward wie uns,
Und leicht gelüstet sie's, und wär es nur
Um seines Mantels wegen, ihn zu töten,
Denn ungereimt ist's ihnen, daß er noch

Gleich Lebenden umhergeht; weißt du das
Denn nicht?
EMPEDOKLES: O ja, ich weiß es.
PAUSANIAS: Lächelnd sagst
Du das? o Empedokles!
EMPEDOKLES: Treues Herz!
Ich habe wehe dir getan. Ich wollt
Es nicht.
PAUSANIAS: Ach! ungeduldig bin ich nur.
EMPEDOKLES:
Sei ruhig meinetwegen, Lieber! bald
Ist dies vorüber.
PAUSANIAS: Sagst du das?
EMPEDOKLES: Du wirst
Es sehn.
PAUSANIAS:
Wie ist dir? soll ich nun ins Feld
Nach Speise gehn? Wenn du es nicht bedarfst,
So bleib ich lieber, oder besser ist's,
Wir gehn und suchen einen Ort zuvor
Für uns im Berge.
EMPEDOKLES: Siehe! nahe blinkt
Ein Wasserquell; der ist auch unser. Nimm
Dein Trinkgefäß, die hohle Kürbis, daß der
Trank
Die Seele mir erfrische.
PAUSANIAS *an der Quelle*: Klar und kühl
Und rege sproßt's aus dunkler Erde, Vater!
EMPEDOKLES:
Erst trinke du. Dann schöpf und bring es mir.
PAUSANIAS *indem er ihm es reicht*:
Die Götter segnen dir's.
EMPEDOKLES: Ich trink es euch!
Ihr alten Freundlichen! ihr meine Götter!
Und meiner Wiederkehr, Natur. Schon ist
Es anders. O ihr Gütigen! und eh

Ich komme, seid ihr da? und blühen soll
Es, eh es reift! – sei ruhig Sohn! und höre,
Wir sprechen vom Geschehenen nicht mehr.

PAUSANIAS:
Du bist verwandelt und dein Auge glänzt
Wie eines Siegenden. Ich faß es nicht.

EMPEDOKLES:
Wir wollen noch, wie Jünglinge, den Tag
Zusammensein und vieles reden. Findet
Doch leicht ein heimatlicher Schatte sich,
Wo unbesorgt die treuen Langvertrauten
Beisammen sind in liebendem Gespräch –
Mein Liebling! haben wir, wie gute Knaben
An einer Traub, am schönen Augenblick
Das liebe Herz so oft gesättiget
Und mußtest du bis hier mich her geleiten,
Daß unsrer Feierstunden keine sich,
Auch diese nicht, uns ungeteilt verlöre?
Wohl kauftest du um schwere Mühe sie,
Doch geben mir's auch nicht umsonst die Götter.

PAUSANIAS:
O sage mir es ganz, daß ich wie du
Mich freue.

EMPEDOKLES: Siehest du denn nicht? Es kehrt
Die schöne Zeit von meinem Leben heute
Noch einmal wieder und das Größre steht
Bevor; hinauf, o Sohn, zum Gipfel
Des alten heil'gen Ätna wollen wir.
Denn gegenwärt'ger sind die Götter auf den
Höhn.
Da will ich heute noch mit diesen Augen
Die Ströme sehn und Inseln und das Meer.
Da segne zögernd über goldenen
Gewässern mich das Sonnenlicht beim Scheiden,
Das herrlich jugendliche, das ich einst
Zuerst geliebt. Dann glänzt um uns und schweigt

Das ewige Gestirn, indes herauf
Der Erde Glut aus Bergestiefen quillt,
Und zärtlich rührt der Allbewegende,
Der Geist, der Äther uns an, o dann!

PAUSANIAS: Du schröckst
Mich nur; denn unbegreiflich bist du mir.
Du siehest heiter aus und redest herrlich,
Doch lieber wär es mir, du trauertest.
Ach! brennt dir doch die Schmach im Busen, die
Du littst, und achtest selber dich für nichts,
So viel du bist.

EMPEDOKLES: O Götter, läßt auch der
Zuletzt die Ruh mir nicht und regt den Sinn
Mir auf mit roher Rede, willst du das,
So geh. Bei Tod und Leben! nicht ist dies
Die Stunde mehr, viel Worte noch davon
Zu machen, was ich leid' und was ich bin.
Besorgt ist das; ich will es nimmer wissen.
Hinweg! Es sind die Schmerzen nicht, die lächelnd,
Die fromm genährt an traurigfroher Brust
Wie Kinder liegen – Natterbisse sind's
Und nicht der erste bin ich, dem die Götter
Solch gift'ge Rächer auf das Herz gesandt.
Ich hab's verdient? ich kann dir's wohl verzeihn,
Der du zur Unzeit mich gemahnt; es ist
Der Priester dir vor Augen, und es gellt
Im Ohre dir des Pöbels Hohngeschrei,
Die brüderliche Nänie, die uns
Zur lieben Stadt hinausgeleitete.
Ha! mir – bei allen Göttern, die mich sehn –
Sie hätten's nicht getan, wär ich
Der Alte noch gewesen. Was? o schändlich
Verriet ein Tag von meinen Tagen mich
An diese Feigen – still! hinunter soll's,
Begraben soll es werden tief, so tief,
Wie noch kein Sterbliches begraben ist.

PAUSANIAS:
Ach! häßlich stört ich ihm das heitre Herz,
Das herrliche, und bänger denn zuvor
Ist jetzt die Sorge.

EMPEDOKLES:
Laß die Klage nun
Und störe mich nicht weiter; mit der Zeit
Ist alles gut, mit Sterblichen und Göttern
Bin ich ja bald versöhnt, ich bin es schon.

PAUSANIAS:
Ist's möglich? – heilt der furchtbar trübe Sinn,
Und wähnst du dich nicht mehr allein und arm,
Du hoher Mann, und dünkt der Menschen Tun
Unschuldig wie des Herdes Flamme dir?
So sprachst du sonst, ist's wieder wahr geworden?
O sieh! dann segn ich ihn, den klaren Quell,
An dem das neue Leben dir begann,
Und fröhlich wandern morgen wir hinab
Ans Meer, das uns an sichres Ufer bringt.
Was achten wir der Reise Not und Mühn!
Ist heiter doch der Geist und seiner Götter!

EMPEDOKLES:
O Kind! – Pausanias, hast du dies vergessen?
Umsonst wird nichts den Sterblichen gewährt.
Und eines hilft. – O heldenmüt'ger Jüngling!
Erblasse nicht! sieh, was mein altes Glück,
Das unersinnbare, mir wiedergibt,
Mit Götterjugend mir, dem Welkenden,
Die Wange rötet, kann nicht übel sein.
Geh, Sohn ⌣ –! ich möchte meinen Sinn
Und meine Lust nicht gerne ganz verraten.
Für dich ist's nicht – so mache dir's nicht eigen,
Und lasse mir's, ich lasse deines dir.
Was ist's?

PAUSANIAS: Ein Haufe Volks! Dort kommen sie
Herauf.

EMPEDOKLES:
Erkennst du sie?
PAUSANIAS: Ich traue nicht
Den Augen.
EMPEDOKLES: Was? soll ich zum Rasenden
Noch werden – was? in sinnenlosem Weh
Und Grimm hinab, wohin ich friedlich wollte?
Agrigentiner sind's!
PAUSANIAS: Unmöglich!
EMPEDOKLES: Träum
Ich denn? Mein edler Gegner ist's, der Priester,
Und sein Gefolge – pfui! so heillos ist,
In dem ich Wunden sammelte, der Kampf,
Und würdigere Kräfte gab es nicht
Zum Streite gegen mich? O schröcklich ist's
Zu hadern mit Verächtlichen, und noch?
In dieser heil'gen Stunde noch! wo schon
Zum Tone sich der allverzeihenden
Natur die Seele vorbereitend stimmt!
Da fällt die Rotte mich noch einmal an
Und mischt ihr wütend sinnenlos Geschrei
In meinen Schwanensang. Heran! es sei!
Ich will es euch verleiden! schont ich doch
Von je zu viel des schlechten Volks und nahm
An Kindes Statt der falschen Bettler gnug.
Habt ihr es mir noch immer nicht vergeben,
Daß ich euch wohlgetan? Ich will es nun
Auch nicht. O kommt, Elende! muß es sein,
So kann ich auch im Zorne zu den Göttern.
PAUSANIAS:
Wie wird das endigen?

[VIERTER AUFTRITT]

Die Vorigen. Hermokrates. Kritias. Volk.

HERMOKRATES: Befürchte nichts!
Und laß der Männer Stimme dich nicht schröcken,
Die dich vertrieben. Sie verzeihen dir.

EMPEDOKLES:
Ihr Unverschämten! anders wißt ihr nicht?
Was wollt ihr auch? ihr kennt mich ja! ihr habt
Mich ja gezeichnet, aber hadert
Das lebenslose Volk, damit sich's fühl?
Und haben sie hinausgeschmäht den Mann,
Den sie gefürchtet, suchen sie ihn wieder,
Den Sinn an seinem Schmerze zu erfrischen?
O tut die Augen auf und seht, wie klein
Ihr seid, daß euch das Weh die närrische,
Verruchte Zunge lähme; könnt ihr nicht
Erröten? o ihr Armen! schamlos läßt
Den schlechten Mann mitleidig die Natur,
Daß ihn der Größre nicht zu Tode schröcke.
Wie könnt er sonst vor Größerem bestehn?

HERMOKRATES:
Was du verbrochen, büßtest du; genug
Vom Elend ist dein Angesicht gezeichnet,
Genes und kehre nun zurück; dich nimmt
Das gute Volk in seine Heimat wieder.

EMPEDOKLES:
Wahrhaftig! großes Glück verkündet mir
Der fromme Friedensbote; Tag für Tag
Den schauerlichen Tanz mit anzusehn,
Wo ihr euch jagt und äfft, wo ruhelos
Und irr und bang, wie unbegrabne Schatten,
Ihr umeinander rennt, ein ärmliches
Gemeng in eurer Not, ihr Gottverlaßnen,
Und eure lächerlichen Bettlerkünste,
Die nah zu haben, ist der Ehre wert.

Ha! wüßt ich Bessers nicht, ich lebte lieber
Sprachlos und fremde mit des Berges Wild
In Regen und in Sonnenbrand und teilte
Die Nahrung mit dem Tier, als daß ich noch
In euer blindes Elend wiederkehrte.

HERMOKRATES:
So dankst du uns?

EMPEDOKLES:
O sprich es einmal noch
Und siehe, wenn du kannst, zu diesem Licht,
Dem Allesschauenden, empor! Doch warum bliebst
Du auch nicht fern und kamst mir frech vors Aug
Und nötigest das letzte Wort mir ab,
Damit es dich zum Acheron geleite.
Weißt du, was du getan? was tat ich dir?
Es warnte dich, und lange fesselte
Die Furcht die Hände dir, und lange grämt'
In seinen Banden sich dein Grimm; ihn hielt
Mein Geist gefangen, konntest du nicht ruhn,
Und peinigte dich so mein Leben? Freilich mehr
Wie Durst und Hunger quält das Edlere
Den Feigen; konntest du nicht ruhn? und mußtest
Dich an mich wagen, Ungestalt, und wähntest,
Ich würde dir, wenn du mit deiner Schmach
Das Angesicht mir übertünchtest, gleich?
Das war ein alberner Gedanke, Mann!
Und könntest du dein eigen Gift im Tranke
Mir reichen, dennoch paarte sich mit dir
Mein lieber Geist nicht, und er schüttete
Mit diesem Blut, das du entweiht, dich aus.
Es ist umsonst; wir gehn verschiednen Weg.
Stirb du gemeinen Tod, wie sich's gebührt,
Am seelenlosen Knechtsgefühl, mir ist
Ein ander Los beschieden, andern Pfad
Weissagtet einst, da ich geboren ward,
Ihr Götter mir, die gegenwärtig waren –

Was wundert sich der allerfahrne Mann?
Dein Werk ist aus, und deine Ränke reichen
An meine Freude nicht. Begreifest du das doch!

HERMOKRATES:
Den Rasenden begreif ich freilich nicht.

KRITIAS:
Genug ist's nun, Hermokrates! du reizest
Zum Zorne nur den Schwerbeleidigten.

PAUSANIAS:
Was nimmt ihr auch den kalten Priester mit,
Ihr Toren, wenn um Gutes euch zu tun ist?
Und wählt   zum Versöhner
Den Gottverlaßnen, der nicht lieben kann.
Zu Zwist und Tod ist der und seinesgleichen
Ins Leben ausgesäet, zum Frieden nicht!
Jetzt seht ihr's ein, o hättet ihr's vor Jahren!
Es wäre manches nicht in Agrigent
Geschehen. Viel hast du getan, Hermokrates,
Solang du lebst, hast manche liebe Lust
Den Sterblichen hinweg geängstiget,
Hast manches Heldenkind in seiner Wieg
Erstickt, und gleich der Blumenwiese fiel
Und starb die jugendkräftige Natur
Vor deiner Sense. Manches sah ich selbst,
Und manches hört ich. Soll ein Volk vergehn,
So schicken nur die Furien einen Mann,
Der täuschend überall der Missetat
Die lebensreichen Menschen überführe.
Zuletzt, der Kunst erfahren, machte sich
An einen Mann der heiligschlaue Würger,
Und herzempörend glückt es ihm, damit
Das Göttergleichste durch Gemeinstes falle.
Mein Empedokles! – gehe du des Wegs,
Den du erwählt. Ich kann's nicht hindern, sengt
Es gleich das Blut in meinen Adern weg.
Doch diesen, der das Leben dir geschändet,

Den Allverderber, such ich auf, wenn ich
Verlassen bin von dir, ich such ihn, flöh
Er zum Altar, es hilft ihm nichts, mit mir
Muß er, mit mir, ich weiß sein eigen Element.
Zum toten Sumpfe schlepp ich ihn – und wenn
Er flehend wimmert, so erbarmt ich mich
Des grauen Haars, wie er der andern sich
Erbarmt; hinab!
Zu Hermokrates. Hörst du? Ich halte Wort.

ERSTER BÜRGER:
Es braucht des Wartens nicht, Pausanias!

HERMOKRATES:
Ihr Bürger!

ZWEITER BÜRGER:
Regst du noch die Zunge? Du,
Du hast uns schlecht gemacht; hast allen Sinn
Uns weggeschwatzt; hast uns des Halbgotts Liebe
Gestohlen, du! er ist's nicht mehr. Er kennt
Uns nicht; ach! ehmals sah mit sanften Augen
Auf uns der königliche Mann; nun kehrt
Sein Blick das Herz mir um.

DRITTER BÜRGER:
Weh! waren wir
Doch gleich den Alten zu Saturnus' Zeit,
Da freundlich unter uns der Hohe lebt',
Und jeder hatt in seinem Hause Freude,
Und alles war genug. Was ludst du denn
Den Fluch auf uns, den unvergeßlichen,
Den er gesprochen? Ach! er mußte wohl,
Und sagen werden unsre Söhne, wenn
Sie groß geworden sind, ihr habt den Mann,
Den uns die Götter sandten, uns gemordet.

ZWEITER BÜRGER:
Er weint! – o größer noch und lieber
Denn vormals dünkt er mir. Und sträubst
Du noch dich gegen ihn, und stehest da,

Als sähst du nicht, und brechen dir vor ihm
Die Kniee nicht? Zu Boden, Mensch!

ERSTER BÜRGER: Und spielst
Du noch den Götzen, was? und möchtest gern
So fort es treiben? Nieder mußt du mir!
Und auf den Nacken setz ich dir den Fuß,
Bis du mir sagst, du habest endlich dich
Bis an den Tartarus hinabgelogen.

DRITTER BÜRGER:
Weißt du, was du getan? Dir wär es besser,
Du hättest Tempelraub begangen, ha!
Wir beteten ihn an, und billig war's;
Wir wären götterfrei mit ihm geworden,
Da wandelt unverhofft, wie eine Pest,
Dein böser Geist uns an, und uns verging
Das Herz und Wort und alle Freude, die
Er uns geschenkt, in widerwärt'gem Taumel.
Ha Schande! Schande! wie die Rasenden
Frohlockten wir, da du zum Tode schmähtest
Den hochgeliebten Mann. Unheilbar ist's,
Und stürbst du siebenmal, du könntest doch,
Was du an ihm und uns getan, nicht ändern.

EMPEDOKLES:
Die Sonne neigt zum Untergange sich,
Und weiter muß ich diese Nacht, ihr Kinder.
Laßt ab von ihm! es ist zu lange schon,
Daß wir gestritten. Was geschehen ist,
Vergehet all, und künftig lassen wir
In Ruh einander.

PAUSANIAS: Gilt denn alles gleich?

DRITTER BÜRGER:
O lieb uns wieder!

ZWEITER BÜRGER: Komm und leb
In Agrigent; es hat's ein Römer
Gesagt, durch ihren Numa wären sie
So groß geworden. Komme, Göttlicher!

Sei unser Numa. Lange dachten wir's,
Du solltest König sein. O sei es! sei's!
Ich grüße dich zuerst, und alle wollen's.

EMPEDOKLES:
Dies ist die Zeit der Könige nicht mehr.

DIE BÜRGER *erschrocken*:
Wer bist du, Mann?

PAUSANIAS: So lehnt man Kronen ab,
Ihr Bürger.

ERSTER BÜRGER:
Unbegreiflich ist das Wort,
So du gesprochen, Empedokles.

EMPEDOKLES: Hegt
Im Neste denn die Jungen immerdar
Der Adler? Für die Blinden sorgt er wohl,
Und unter seinen Flügeln schlummern süß
Die Ungefiederten ihr dämmernd Leben.
Doch haben sie das Sonnenlicht erblickt,
Und sind die Schwingen ihnen reif geworden,
So wirft er aus der Wiege sie, damit
Sie eignen Flug beginnen. Schämet euch,
Daß ihr noch einen König wollt; ihr seid
Zu alt; zu eurer Väter Zeiten wär's
Ein anderes gewesen. Euch ist nicht
Zu helfen, wenn ihr selber euch nicht helft.

KRITIAS:
Vergib! bei allen Himmlischen! du bist
Ein großer Mann, Verratener!

EMPEDOKLES: Es war
Ein böser Tag, der uns geschieden, Archon.

ZWEITER BÜRGER:
Vergib und komm mit uns! Dir scheinet doch
Die heimatliche Sonne freundlicher
Denn anderswo, und willst du schon die Macht,
Die dir gebührte, nicht, so haben wir
Der Ehrengaben manche noch für dich,

Für Kränze grünes Laub und schöne Namen
Und für die Säule nimmeralternd Erz.
O komm! es sollen unsre Jünglinge,
Die Reinen, die dich nie beleidiget,
Dir dienen – wohnst du nahe nur, so ist's
Genug, und dulden müssen wir's, wo du
Uns meidst und einsam bleibst in deinen Gärten,
Bis du vergessen hast, was dir geschehn.

EMPEDOKLES:
O einmal noch! du heimatliches Licht,
Das mich erzog, ihr Gärten meiner Jugend
Und meines Glücks, noch soll ich eurer denken,
Ihr Tage meiner Ehre, wo ich rein
Und ungekränkt mit diesem Volke war.
Wir sind versöhnt, ihr Guten! – laßt mich nur,
Viel besser ist's, ihr seht das Angesicht,
Das ihr geschmäht, nicht mehr, so denkt ihr lieber
Des Manns, den ihr geliebt, und irre wird
Dann euch der ungetrübte Sinn nicht mehr.
In ew'ger Jugend lebt mit euch mein Bild,
Und schöner tönen, wenn ich ferne bin,
Die Freudensänge, so ihr mir versprochen.
O laßt uns scheiden, ehe Torheit uns
Und Alter scheidet, sind wir doch gewarnt,
Und eines bleiben, die zu rechter Zeit
Aus eigner Kraft die Trennungsstunde wählten.

DRITTER BÜRGER:
So ratlos lässest du uns stehn?

EMPEDOKLES: Ihr botet
Mir eine Kron, ihr Männer! nimmt von mir
Dafür mein Heiligtum. Ich spart es lang.
In heitern Nächten oft, wenn über mir
Die schöne Welt sich öffnet' und die heil'ge Luft
Mit ihren Sternen allen als ein Geist
Voll freudiger Gedanken mich umfing,
Da wurd es oft lebendiger in mir;

Mit Tagesanbruch dacht ich euch das Wort,
Das ernste, langverhaltene, zu sagen.
Und freudig ungeduldig rief ich schon
Vom Orient die goldne Morgenwolke
Zum neuen Fest, an dem mein einsam Lied
Mit euch zum Freudenchore würd, herauf.
Doch immer schloß mein Herz sich wieder, hofft'
Auf seine Zeit, und reifen sollte mir's.
Heut ist mein Herbsttag, und es fällt die Frucht
Von selbst.

PAUSANIAS: O hätt er früher nur gesprochen,
Vielleicht, dies alles wär ihm nicht geschehn.

EMPEDOKLES:
Nicht ratlos stehen laß ich euch,
Ihr Lieben! aber fürchtet nichts! Es scheun
Die Erdenkinder meist das Neu und Fremde,
Daheim in sich zu bleiben strebet nur
Der Pflanze Leben und das frohe Tier.
Beschränkt im Eigentume sorgen sie,
Wie sie bestehn, und weiter reicht ihr Sinn
Im Leben nicht. Doch müssen sie zuletzt,
Die Ängstigen, heraus, und sterbend kehrt
Ins Element ein jedes, daß es da
Zu neuer Jugend, wie im Bade, sich
Erfrische. Menschen ist die große Lust
Gegeben, daß sie selber sich verjüngen.
Und aus dem reinigenden Tode, den
Sie selber sich zu rechter Zeit gewählt,
Erstehn, wie aus dem Styx Achill, die Völker.
O gebt euch der Natur, eh sie euch nimmt! –
Ihr dürstet längst nach Ungewöhnlichem,
Und wie aus krankem Körper sehnt der Geist
Von Agrigent sich aus dem alten Gleise.
So wagt's! was ihr geerbt, was ihr erworben,
Was euch der Väter Mund erzählt, gelehrt,
Gesetz und Brauch, der alten Götter Namen,

Vergeßt es kühn und hebt, wie Neugeborne,
Die Augen auf zur göttlichen Natur,
Wenn dann der Geist sich an des Himmels Licht
Entzündet, süßer Lebensothem euch
Den Busen wie zum ersten Male tränkt
Und goldner Früchte voll die Wälder rauschen
Und Quellen aus dem Fels, wenn euch das Leben
Der Welt ergreift, ihr Friedensgeist, und euch's
Wie heil'ger Wiegensang die Seele stillet,
Dann aus der Wonne schöner Dämmerung
Der Erde Grün von neuem euch erglänzt
Und Berg und Meer und Wolken und Gestirn,
Die edeln Kräfte, Heldenbrüdern gleich,
Vor euer Auge kommen, daß die Brust,
Wie Waffenträgern, euch nach Taten klopft
Und eigner schöner Welt, dann reicht die Hände
Euch wieder, gebt das Wort und teilt das Gut,
O dann, ihr Lieben, teilet Tat und Ruhm
Wie treue Dioskuren; jeder sei
Wie alle – wie auf schlanken Säulen, ruh
Auf richt'gen Ordnungen das neue Leben,
Und euern Bund befest'ge das Gesetz.
Dann, o ihr Genien der wandelnden
Natur! dann ladet euch, ihr heitern,
Die ihr aus Tiefen und aus Höhn die Freude nimmt
Und sie wie Müh und Glück und Sonnenschein und Regen
Den engbeschränkten Sterblichen ans Herz
Aus ferner fremder Welt herbeibringt,
Das freie Volk zu seinen Festen ein,
Gastfreundlich! fromm! denn liebend gibt
Der Sterbliche vom Besten, schließt und engt
Den Busen ihm die Knechtschaft nicht –

PAUSANIAS: O Vater!

EMPEDOKLES:
Von Herzen nennt man, Erde, dann dich wieder,
Und wie die Blum aus deinem Dunkel sproßt,

Blüht Wangenrot der Dankenden für dich
Aus lebensreicher Brust und selig Lächeln.
Und

Beschenkt mit Liebeskränzen rauschet dann
Der Quell hinab, wächst unter Segnungen
Zum Strom, und mit dem Echo bebender Gestade
Tönt, deiner wert, o Vater Ozean,
Der Lobgesang aus freier Wonne wider.
Es fühlt sich neu in himmlischer Verwandtschaft,
O Sonnengott! der Menschengenius
Mit dir, und dein wie sein ist, was er bildet.
Aus Lust und Mut und Lebensfülle gehn
Die Taten leicht, wie deine Strahlen, ihm,
Und Schönes stirbt in traurigstummer Brust
Nicht mehr. Oft schläft, wie edles Samenkorn,
Das Herz der Sterblichen in toter Schale,
Bis ihre Zeit gekommen ist; es atmet
Der Äther liebend immerdar um sie,

und mit den Adlern trinkt
Ihr Auge Morgenlicht, doch Segen gibt
Es nicht den Träumenden, und kärglich nährt
Vom Nektar, den die Götter der Natur
Alltäglich reichen, sich ihr schlummernd Wesen.
Bis sie des engen Treibens müde sind
Und sich die Brust in ihrer kalten Fremde,
Wie Niobe, gefangen und der Geist
Sich kräftiger denn alle Sage fühlt
Und seines Ursprungs eingedenk das Leben
Lebend'ge Schöne sucht und gerne sich
Entfaltet' an der Gegenwart des Reinen,

Dann glänzt ein neuer Tag herauf, ach! anders
Denn sonst, die Natur

und staunend
Unglaubig, wie nach hoffnungsloser Zeit
Beim heil'gen Wiedersehn Geliebtes hängt
Am totgeglaubten Lieben, hängt das Herz
An

sie sind's!
Die langentbehrten, die lebendigen,
Die guten Götter,

mit des Lebens Stern hinab!
Lebt wohl! Es war das Wort des Sterblichen,
Der diese Stunde liebend zwischen euch
Und seinen Göttern zögert, die ihn riefen.
Am Scheidetage weissagt unser Geist,
Und Wahres reden, die nicht wiederkehren.

KRITIAS:
Wohin? o beim lebendigen Olymp,
Den du mir alten Manne noch zuletzt,
Mir Blinden aufgeschlossen, scheide nicht,
Nur wenn du nahe bist, gedeiht im Volk
Und dringt in Zweig' und Frucht die neue Seele.

EMPEDOKLES:
Es sprechen, wenn ich ferne bin, statt meiner
Des Himmels Blumen, blühendes Gestirn
Und die der Erde tausendfach entkeimen,
Die göttlichgegenwärtige Natur
Bedarf der Rede nicht; und nimmer läßt
Sie einsam euch, wo einmal sie genaht,

Denn unauslöschlich ist der Augenblick
Von ihr; und siegend wirkt durch alle Zeiten
Beseligend hinab sein himmlisch Feuer.
Wenn dann die glücklichen Saturnustage,
Die neuen, männlichern gekommen sind,
Dann denkt vergangner Zeit, dann leb, erwärmt
Am Genius, der Väter Sage wieder!
Zum Feste komme, wie vom Frühlingslicht
Emporgesungen, die vergessene
Heroenwelt vom Schattenreich herauf,
Und mit der goldnen Trauerwolke lagre
Erinnrung sich, ihr Freudigen! um euch. –

PAUSANIAS:

Und du? und du? ach nennen will ich's nicht
Vor diesen Glücklichen

Daß sie nicht ahnden, was geschehen wird,
Nein! – ⏑ – du kannst es nicht.

EMPEDOKLES:

O Wünsche! Kinder seid ihr, und doch wollt
Ihr wissen, was begreiflich ist und recht,
Du irrest! sprecht, ihr Törigen! zur Macht,
Die mächt'ger ist denn ihr, doch hilft es nicht,
Und wie die Sterne geht unaufgehalten
Das Leben im Vollendungsgange weiter.
Kennt ihr der Götter Stimme nicht? Noch eh
Als ich der Eltern Sprache lauschend lernt,
Im ersten Othemzug, im ersten Blick
Vernahm ich jene schon, und immer hab
Ich höher sie denn Menschenwort geachtet.
Hinauf! sie riefen mich, und jedes Lüftchen
Regt mächtiger die bange Sehnsucht auf,
Und wollt ich hier noch länger weilen, wär's,
Wie wenn der Jüngling unbeholfen sich
Am Spiele seiner Kinderjahre letzte.

Ha! seellos wie die Knechte wandelt ich
In Nacht und Schmach vor euch und meinen Göttern.

Gelebt hab ich; wie aus der Bäume Wipfel
Die Blüte regnet und die goldne Frucht
Und Blum und Korn aus dunklem Boden quillt,
So kam aus Müh und Not die Freude mir,
Und freundlich stiegen Himmelskräfte nieder,
Es sammeln in der Tiefe sich, Natur,
Die Quellen deiner Höhn und deine Freuden,
Sie kamen all in meiner Brust zu ruhn,
Sie waren eine Wonne; wenn ich dann
Das schöne Leben übersann, da bat
Ich herzlich oft um eines nur die Götter:
Sobald ich einst mein heilig Glück nicht mehr
In Jugendstärke taumellos ertrüg
Und wie des Himmels alten Lieblingen
Zur Torheit mir des Geistes Fülle würde,
Dann mich zu mahnen, dann nur schnell ins Herz
Ein unerwartet Schicksal mir zu senden,
Zum Zeichen, daß die Zeit der Läuterung
Gekommen sei, damit bei guter Stund
Ich fort zu neuer Jugend noch mich rettet
Und unter Menschen nicht der Götterfreund
Zum Spiel und Spott und Ärgernisse würde.

Sie haben mir's gehalten; mächtig warnt'
Es mich; zwar einmal nur, doch ist's genug.
Und so ich's nicht verstände, wär ich gleich
Gemeinem Rosse, das den Sporn nicht ehrt
Und noch der nötigenden Geißel wartet.
Drum fordert nicht die Wiederkehr des Manns,
Der euch geliebt, doch wie ein Fremder war
Mit euch und nur für kurze Zeit geboren,
O fodert nicht, daß er an Sterbliche
Sein Heil'ges noch und seine Seele wage!

Ward doch ein schöner Abschied uns gewährt,
Und konnt ich noch mein Liebstes euch zuletzt,
Mein Herz hinweg aus meinem Herzen geben.
Drum vollends nicht! Was sollt ich noch bei euch?

ERSTER BÜRGER:
Wir brauchen deines Rats.

EMPEDOKLES:
Fragt diesen Jüngling! schämet des euch nicht.
Aus frischem Geiste kommt das Weiseste,
Wenn ihr um Großes ihn im Ernste fraget.
Aus junger Quelle nahm die Priesterin,
Die alte Pythia, die Göttersprüche.
Und Jünglinge sind selber eure Götter. –
Mein Liebling! gerne weich ich, lebe du
Nach mir, ich war die Morgenwolke nur,
Geschäftslos und vergänglich! und es schlief,
Indes ich einsam blühte, noch die Welt,
Doch du, du bist zum klaren Tag geboren.

PAUSANIAS:
Oh! schweigen muß ich!

KRITIAS: Überrede dich
Nicht, bester Mann! und uns mit dir. Mir selbst
Ist's vor dem Auge dunkel, und ich kann
Nicht sehn, was du beginnst, und kann nicht sagen,
bleibe!
Verschieb es einen Tag. Der Augenblick
Faßt wunderbar uns oft; so gehen wir,
Die Flücht'gen, mit dem Flüchtigen dahin.
Oft dünkt das Wohlgefallen einer Stund
Uns lange vorbedacht, und doch ist's nur
Die Stunde, die uns blendet, daß wir s i e
Nur sehen in Vergangenem. Vergib!
Ich will den Geist des Mächtigern nicht schmähn,
Nicht diesen Tag; ich seh es wohl, ich muß
Dich lassen, kann nur zusehn, wenn es schon
Mich in der Seele kümmert –

Dritter Bürger: Nein! o nein! –
Er gehet zu den Fremden nicht, nicht übers Meer,
Nach Hellas' Ufern oder nach Ägyptos,
Zu seinen Brüdern, die ihn lange nicht
Gesehn, den hohen Weisen – bittet ihn,
O bittet, daß er bleib! es ahndet mir,
Und Schauer gehn von diesem stillen Mann,
Dem Heiligfurchtbaren, mir durch das Leben,
Und heller wird's in mir und finstrer auch
Denn in der vor'gen Zeit – wohl trägst und siehst
Ein eigen großes Schicksal du in dir
Und trägst es gern, und was du denkst, ist herrlich.
Doch denke derer, die dich lieben, auch,
Der Reinen, und der andern, die gefehlt,
Der Reuigen. Du Gütiger, du hast
Uns viel gegeben, was ist's ohne dich?
O möchtest du uns nicht dich selber auch
Noch eine Weile gönnen, Gütiger!

Empedokles:
O lieber Undank! gab ich doch genug,
Wovon ihr leben möget. Ihr dürft leben,
Solang ihr Othem habt: ich nicht. Es muß
Beizeiten weg, durch wen der Geist geredet.
Es offenbart die göttliche Natur
Sich göttlich oft durch Menschen, so erkennt
Das vielversuchende Geschlecht sie wieder.
Doch hat der Sterbliche, dem sie das Herz
Mit ihrer Wonne füllte, sie verkündet,
O laßt sie dann zerbrechen das Gefäß,
Damit es nicht zu andrem Brauche dien
Und Göttliches zum Menschenwerke werde.
Laßt diese Glücklichen doch sterben, laßt,
Eh sie in Eigenmacht und Tand und Schmach
Vergehn, die Freien sich bei guter Zeit
Den Göttern liebend opfern. Mein ist dies.
Und wohlbewußt ist mir mein Los, und längst

Am jugendlichen Tage hab ich mir's
Geweissagt; ehret mir's! und wenn ihr morgen
Mich nimmer findet, sprecht: veralten sollt
Er nicht und Tage zählen, dienen nicht
Der Sorg und Krankheit,

ungesehen ging
Er weg, und keines Menschen Hand begrub ihn,
Und keines Auge weiß von seiner Asche,
Denn anders ziemt es nicht für ihn, vor dem
In todesfroher Stund am heil'gen Tage
Das Göttliche den Schleier abgeworfen –
Den Licht und Erde liebten, dem der Geist,
Der Geist der Welt den eignen Geist erweckte,
In dem sie sind, zu dem ich sterbend kehre.

KRITIAS:
Weh! unerbittlich ist er, und es schämt
Das Herz sich selbst, ein Wort noch ihm zu sagen.

EMPEDOKLES:
Komm reiche mir die Hände, Kritias!
Und ihr, ihr all. – Du bleibest, Liebster, noch
Bei mir, du immertreuer guter Jüngling!
Beim Freunde, bis zum Abend – trauert nicht!
Denn heilig ist mein End und schon – o Luft,
Luft, die den Neugeborenen umfängt,
Wenn droben er die neuen Pfade wandelt,
Dich ahnd ich, wie der Schiffer, wenn er nah
Dem Blütenwald der Mutterinsel kömmt,
Schon atmet liebender die Brust ihm auf,
Und sein gealtert Angesicht verklärt
Erinnerung der ersten Wonne wieder!
Und oh, Vergessenheit! Versöhnerin! –
Voll Segens ist die Seele mir, ihr Lieben!
Geht nur und grüßt die heimatliche Stadt

Und ihr Gefild! am schönen Tage, wenn
Den Göttern der Natur ein Fest zu bringen,
Vom Tagewerk das Auge zu befrein,
Ihr einst heraus zum heil'gen Haine geht,
Und wie mit freundlichen Gesängen euch's
Empfängt, antwortet aus den heitern Höhn,
Dann wehet wohl ein Ton von mir im Liede,
Des Freundes Wort, verhüllt ins Liebeschor
Der schönen Welt, vernimmt ihr liebend wieder,
Und herrlicher ist's so. Was ich gesagt,
Dieweil ich hie noch weile, wenig ist's,
Doch nimmt's der Strahl vielleicht des Lichtes zu
Der stillen Quelle, die euch segnen möchte,
Durch dämmernde Gewölke mit hinab.
Und ihr gedenket meiner!

KRITIAS: Heiliger!
Du hast mich überwunden, heil'ger Mann!
Ich will es ehren, was mit dir geschieht,
Und einen Namen will ich ihm nicht geben.
O mußt es sein? es ist so eilend all
Geworden. Da du noch in Agrigent
Stillherrschend lebtest, achteten wir's nicht,
Nun bist du uns genommen, eh wir's denken.
Es kommt und geht die Freude, doch gehört
Sie Sterblichen nicht eigen, und der Geist
Eilt ungefragt auf seinem Pfade weiter.
Ach! können wir denn sagen, daß du da
Gewesen?

[FÜNFTER AUFTRITT]

Empedokles. Pausanias.

PAUSANIAS:
Es ist geschehen, schicke nun auch mich
Hinweg! Dir wird es leicht!

EMPEDOKLES: O nicht!

PAUSANIAS:
Ich weiß es wohl, ich sollte so nicht reden
Zum heil'gen Fremdlinge, doch will ich nicht
Das Herz im Busen bändigen. Du hast's
Verwöhnt, du hast es selber dir erzogen –
Und meinesgleichen dünkte mir noch, da
Ein roher Knab ich war, der Herrliche,
Wenn er mit Wohlgefallen sich zu mir
Im freundlichen Gespräche neigt' und mir
Wie längstbekannt des Mannes Worte waren.
Das ist vorbei! vorbei! O Empedokles!
Noch nenn ich dich mit Namen, halte noch
Bei seiner treuen Hand den Fliehenden,
Und sieh! mir ist, noch immer ist es mir,
Als könntst du mich nicht lassen, Liebender!
Geist meiner glücklichen Jugend, hast du mich
Umsonst umfangen, hab ich dir umsonst
Entfaltet dieses Herz in Siegeslust
Und großen Hoffnungen? Ich kenne dich
Nicht mehr. Es ist ein Traum. Ich glaub es nicht.

EMPEDOKLES:
Verstandest du es nicht?

PAUSANIAS: Mein Herz versteh ich,
Das treu und stolz für deines zürnt und schlägt.

EMPEDOKLES:
So gönn ihm seine Ehre doch, dem meinen.

PAUSANIAS:
Ist Ehre nur im Tod?

EMPEDOKLES: Du hast's gehört,
Und deine Seele zeugt es mir, für mich
Gibt's andre nicht.

PAUSANIAS: Ach! ist's denn wahr?

EMPEDOKLES: Wofür
Erkennst du mich?

PAUSANIAS *innig*: O Sohn Uraniens!
Wie kannst du fragen?

EMPEDOKLES *mit Liebe*: Dennoch soll ich Knechten gleich
Den Tag der Unehr überleben?
PAUSANIAS: Nein!
Bei deinem Zaubergeiste, Mann, ich will nicht,
Will nicht dich schmähn, geböt es auch die Not
Der Liebe mir, du Lieber! stirb denn nur
Und zeuge so von dir. Wenn's sein muß.
EMPEDOKLES: Hab
Ich's doch gewußt, daß du nicht ohne Freude
Mich gehen ließest, Heldenmütiger!
PAUSANIAS:
Wo ist denn nun das Leid? umwallt das Haupt
Dir doch ein Morgenrot und einmal schenkt
Dein Auge noch mir seine kräft'gen Strahlen.
EMPEDOKLES:
Und ich, ich küsse dir Verheißungen
Auf deine Lippen: mächtig wirst du sein,
Wirst leuchten, jugendliche Flamme, wirst,
Was sterblich ist, in Seel und Flamme wandeln,
Daß es mit dir zum heil'gen Äther steigt.
Ja! Liebster! nicht umsonst hab ich mit dir
Gelebt, und unter mildem Himmel ist
Viel einzig Freudiges vom ersten goldnen
Gelungnen Augenblick uns aufgegangen,
Und oft wird dessen dich mein stiller Hain
Und meine Halle mahnen, wenn du dort
Vorüberkömmst, des Frühlings, und der Geist,
Der zwischen mir uns dir gewesen, dich
Umwaltet, dank ihm dann, und dank ihm itzt!
O Sohn! Sohn meiner Seele!
PAUSANIAS: Vater! danken
Will ich, wenn wieder erst das Bitterste
Von mir genommen ist.
EMPEDOKLES: Doch, Lieber, schön
Ist auch der Dank, solange noch die Freude,
Die Scheidende, verzieht bei Scheidenden.

PAUSANIAS:
O muß sie denn dahin? ich faß es nicht,
Und du? was hülf es dir

EMPEDOKLES:
Bin ich durch Sterbliche doch nicht bezwungen
Und geh in meiner Kraft furchtlos hinab
Den selbsterkornen Pfad; mein Glück ist dies,
Mein Vorrecht ist's.

PAUSANIAS: O laß und sprich nicht so
Das Schröckliche mir aus! Noch atmest du
Und hörest Freundeswort, und rege quillt
Das teure Lebensblut vom Herzen dir,
Du stehst und blickst, und hell ist rings die Welt,
Und klar ist dir dein Auge vor den Göttern.
Der Himmel ruht auf freier Stirne dir,
Und, freudig aller Menschen, überglänzt,
Du Herrlicher! dein Genius die Erd,
Und alles soll vergehn!

EMPEDOKLES: Vergehn? Ist doch
Das Bleiben gleich dem Strome, den der Frost
Gefesselt. Töricht Wesen! schläft und hält
Der heil'ge Lebensgeist denn irgendwo,
Daß du ihn binden möchtest, du den Reinen?
Es ängstiget der Immerfreudige
Dir niemals in Gefängnissen sich ab
Und zaudert hoffnungslos auf seiner Stelle,
Frägst du, wohin? Die Wonnen einer Welt
Muß er durchwandern, und er endet nicht. –
O Jupiter Befreier! – gehe nun hinein,
Bereit ein Mahl, daß ich des Halmes Frucht
Noch e i n m a l koste und der Rebe Kraft
Und dankesfroh mein Abschied sei; und wir
Den Musen auch, den holden, die mich liebten,
Den Lobgesang noch singen – tu es, Sohn!

PAUSANIAS:
Mich meistert wunderbar dein Wort, ich muß
Dir weichen, muß gehorchen, will's und will
Es nicht. *Geht ab.*

[SECHSTER AUFTRITT]

EMPEDOKLES *allein*:
Ha! Jupiter Befreier! näher tritt
Und näher meine Stund, und vom Geklüfte
Kömmt schon der traute Bote meiner Nacht,
Der Abendwind, zu mir, der Liebesbote.
Es wird! gereift ist's! o nun schlage, Herz,
Und rege deine Wellen, ist der Geist
Doch über dir wie leuchtendes Gestirn,
Indes des Himmels heimatlos Gewölk,
Das immer flüchtige, vorüberwandelt.
Wie ist mir? staunen muß ich noch, als fing'
Ich erst zu leben an, denn all ist's anders,
Und jetzt erst bin ich, bin – und darum war's,
Daß in der frommen Ruhe dich so oft,
Du Müßiger, ein Sehnen überfiel?
O darum ward das Leben dir so leicht,
Daß du des Überwinders Freuden all
In einer vollen Tat am Ende fändest?
Ich komme. Sterben? nur ins Dunkel ist's
Ein Schritt, und sehen möchtst du doch, mein Auge!
Du hast mir ausgedient, dienstfertiges!
Es muß die Nacht itzt eine Weile mir
Das Haupt umschatten. Aber freudig quillt
Aus mut'ger Brust die Flamme. Schauderndes
Verlangen! Was? am Tod entzündet mir
Das Leben sich zuletzt? und reichest du
Den Schreckensbecher mir, den gärenden,
Natur! damit dein Sänger noch aus ihm

Die letzte der Begeisterungen trinke!
Zufrieden bin ich's, suche nun nichts mehr
Denn meine Opferstätte. Wohl ist mir.
O Iris Bogen über stürzenden
Gewässern, wenn die Wog in Silberwolken
Auffliegt, wie du bist, so ist meine Freude.

[SIEBENTER AUFTRITT]

[Panthea. Delia.]

DELIA:
Sie sagten mir: es denken anders Götter
Denn Sterbliche. Was Ernst den einen dünk,
Es dünke Scherz den andern. Göttterernst
Sei Geist und Tugend, aber Spiel vor ihnen sei
Die lange Zeit der vielgeschäft'gen Menschen.
Und mehr wie Götter, denn wie Sterbliche,
Scheint euer Freund zu denken.

PANTHEA: Nein! Mich wundert nicht,
Daß er sich fort zu seinen Göttern sehnt.
Was gaben ihm die Sterblichen? Hat ihm
Sein töricht Volk genährt den hohen Sinn,
Ihr unbedeutend Leben, hat ihm dies
Das Herz verwöhnt,
Nimm ihn, du gabst ihm alles, gabst
Ihn uns, o nimm ihn nur hinweg, Natur!
Vergänglicher sind deine Lieblinge,
Das weiß ich wohl, sie werden groß,
Und sagen können's andre nicht, wie sie's
Geworden, ach! und so entschwinden sie,
Die Glücklichen, auch wieder!

DELIA: Sieh! mir dünkt es
Doch glücklicher, bei Menschen froh zu weilen.
Verzeih es mir der Unbegreifliche.
Und ist die Welt doch hier so schön.

PANTHEA: Ja schön
Ist sie, und schöner itzt denn je. Es darf
Nicht unbeschenkt von ihr ein Kühner gehn.
Sieht er noch auf zu dir, o himmlisch Licht?
Und siehest du ihn, den ich nun vielleicht
Nicht wiedersehe? Delia! so blicken
Sich Heldenbrüder inniger ins Aug,
Eh sie vom Mahl zur Schlummerstunde scheiden,
Und sehn sie nicht des Morgens sich aufs neu?
O Worte! freilich schaudert mir, wie dir,
Das Herz, du gutes Kind! und gerne möcht
Ich's anders, doch ich schäme dessen mich.
Tut er es doch! ist's so nicht heilig?

DELIA:
Wer ist der fremde Jüngling, der herab
Vom Berge kömmt!

PANTHEA: Pausanias. Ach müssen
Wir so uns wiederfinden, Vaterloser?

[ACHTER AUFTRITT]

Pausanias. Panthea. Delia.

PAUSANIAS:
Ist Empedokles hier? O Panthea,
Du ehrest ihn, du kömmst herauf, du kömmst
Noch einmal, ihn, den ernsten Wanderer,
Auf seinem dunkeln Pfad zu sehn!

PANTHEA: Wo ist er?

PAUSANIAS:
Ich weiß es nicht. Er sandte mich hinweg,
Und da ich , sah ich ihn nicht wieder.
Ich rief ihn im Gebürge, doch ich fand
Ihn nicht. Er kehrt gewiß. Versprach
Er freundlich doch, bis in die Nacht zu weilen.
O käm er nur! Die liebste Stunde flieht

Geschwinder, denn die Pfeile sind, vorüber.
Noch einmal soll ich freudig sein mit ihm,
Und du auch wirst es, Panthea! und sie,
Die edle Fremdlingin, die ihn nur einmal,
Nur wie ein herrlich Traumbild sieht. Euch schreckt
Sein Ende, das vor aller Augen ist,
Doch keiner nennen mag; ich glaub es wohl,
Doch werdet ihr's vergessen, sehet ihr
In seiner Blüte den Lebendigen.
Denn wunderbar vor diesem Manne schwindet,
Was traurig Sterblichen und furchtbar dünkt.
Und vor dem sel'gen Aug ist alles licht.

DELIA:
Wie liebst du ihn? und dennoch batest du
Umsonst, du hast ihn wohl genug gebeten,
Den Ernsten, daß er bleib und länger noch
Bei Menschen wohne.

PAUSANIAS: Konnt ich viel?
Er greift in meine Seele, wenn er mir
Antwortet, was sein Will ist. O das ist's!
Daß er nur Freude gibt, wenn er versagt,
Und tiefer nur das Herz ihm widerklingt
Und einig ist mit ihm, je mehr auf Seinem
Der Nieergründete besteht. Es ist
Nicht eitel Überredung, glaub es mir,
Wenn er des Lebens sich bemächtiget,
Oft, wenn er stille war in seiner Welt,
Der Stolzgenügsame, dann sah ich ihn
In dunkler Ahnung, voll und rege war
Die Seele mir, doch konnt ich sie nicht fühlen.
Mich ängstigte die Gegenwart des Reinen,
Des Unberührbaren; doch wenn das Wort
Entscheidend ihm von seinen Lippen kam,
Dann war's, als tönt' ein Freudenhimmel wider
In ihm und mir, und ohne Widerred
Ergriff es mich, doch fühlt ich nur mich freier.

Ach! könnt er irren, um so tiefer nur
Erkennt ich ihn, den Unerschöpflichwahren,
Und wenn er stirbt, so flammt aus seiner Asche
Mir heller nur der Genius empor.

DELIA:

Ha! große Seele! dich erhebt der Tod
Des Großen, mich zerreißt er nur. Was soll
Es mir's gedenken, hat der Sterbliche
Der Welt sich aufgetan, der kindlich fremde,
Und kaum erwarmt und frohvertraut geworden,
Bald stößt ihn dann ein kaltes Schicksal wieder,
Den Kaumgeborenen,   zurück,
Und ungestört in seiner Freude bleiben
Darf auch das Liebste nicht, ach! und die Besten,
Sie treten auf der Todesgötter Seit,
Auch sie, und gehn dahin, mit Lust, und machen
Es uns zur Schmach, bei Sterblichen zu bleiben.

PAUSANIAS:

O bei den Seligen! verdamme nicht
Den Herrlichen, dem seine Ehre so
Zum Unglück ward
Der sterben muß, weil er zu schön gelebt,
Weil ihn zu sehr die Götter alle liebten.
Denn wird ein anderer denn er geschmäht,
So ist's zu tilgen, aber er, wenn ihm

                                was kann der Göttersohn?
Unendlich trifft es den Unendlichen.
Ach niemals ward ein edler Angesicht
Empörender beleidiget! Ich mußt
Es sehn,

DER TOD DES EMPEDOKLES

Ein Trauerspiel in fünf Akten

Zweite Fassung

PERSONEN

Empedokles
Pausanias
Panthea
Delia
Hermokrates
Mekades
Amphares | *Agrigentiner*
Demokles |
Hylas |

Der Schauplatz ist teils in Agrigent,
teils am Ätna.

ERSTER AKT

ERSTER AUFTRITT

Chor der Agrigentiner in der Ferne.
Mekades. Hermokrates.

MEKADES:
Hörst du das trunkne Volk?
HERMOKRATES:
Sie suchen ihn.
MEKADES:
Der Geist des Manns
Ist mächtig unter ihnen.
HERMOKRATES:
Ich weiß, wie dürres Gras
Entzünden sich die Menschen.
MEKADES:
Daß e i n e r so die Menge bewegt, mir ist's,
Als wie wenn Jovis Blitz den Wald
Ergreift, und furchtbarer.
HERMOKRATES:
Drum binden wir den Menschen auch
Das Band ums Auge, daß sie nicht
Zu kräftig sich am Lichte nähren.
Nicht gegenwärtig werden
Darf Göttliches vor ihnen.
Es darf ihr Herz
Lebendiges nicht finden.
Kennst du die Alten nicht,

Die Lieblinge des Himmels man nennt?
Sie nährten die Brust
An Kräften der Welt,
Und den Hellaufblickenden war
Unsterbliches nahe,
Drum beugten die Stolzen
Das Haupt auch nicht,
Und vor den Gewaltigen konnt
Ein anderes nicht bestehn,
Es ward verwandelt vor ihnen.

MEKADES:
Und er?

HERMOKRATES:
Das hat zu mächtig ihn
Gemacht, daß er vertraut
Mit Göttern worden ist.
Es tönt sein Wort dem Volk,
Als käm es vom Olymp;
Sie danken's ihm,
Daß er vom Himmel raubt
Die Lebensflamm und sie
Verrät den Sterblichen.

MEKADES:
Sie wissen nichts denn ihn,
Er soll ihr Gott,
Er soll ihr König sein.
Sie sagen, es hab Apoll
Die Stadt gebaut den Trojern,
Doch besser sei, es helf
Ein hoher Mann durchs Leben.
Noch sprechen sie viel Unverständiges
Von ihm und achten kein Gesetz
Und keine Not und keine Sitte.
Ein Irrgestirn ist unser Volk
Geworden, und ich fürcht,
Es deute dieses Zeichen

Zukünft'ges noch, das er
Im stillen Sinne brütet.

HERMOKRATES:
Sei ruhig, Mekades!
Er wird nicht.

MEKADES:
Bist du denn mächtiger?

HERMOKRATES:
Der sie versteht,
Ist stärker denn die Starken.
Und wohlbekannt ist dieser Seltne mir.
Zu glücklich wuchs er auf;
Ihm ist von Anbeginn
Der eigne Sinn verwöhnt, daß ihn
Geringes irrt; er wird es büßen,
Daß er zu sehr geliebt die Sterblichen.

MEKADES:
Mir ahndet selbst,
Es wird mit ihm nicht lange dauern,
Doch ist es lang genug,
So er erst fällt, wenn ihm's gelungen ist.

HERMOKRATES:
Und schon ist er gefallen.

MEKADES:
Was sagst du?

HERMOKRATES:
Siehst du denn nicht? es haben
Den hohen Geist die Geistesarmen
Geirrt, die Blinden den Verführer.
Die Seele warf er vor das Volk, verriet
Der Götter Gunst gutmütig den Gemeinen,
Doch rächend äffte leeren Widerhalls
Genug denn auch aus toter Brust den Toren.
Und eine Zeit ertrug er's, grämte sich
Geduldig, wußte nicht,
Wo es gebrach; indessen wuchs

Die Trunkenheit dem Volke; schaudernd
Vernahmen sie's, wenn ihm vom eignen Wort
Der Busen bebt', und sprachen:
So hören wir nicht die Götter!
Und Namen, so ich dir nicht nenne, gaben
Die Knechte dann dem stolzen Trauernden.
Und endlich nimmt der Durstige das Gift,
Der Arme, der mit seinem Sinne nicht
Zu bleiben weiß und Ähnliches nicht findet,
Er tröstet mit der rasenden
Anbetung sich, verblindet, wird wie sie,
Die seelenlosen Aberglaubigen;
Die Kraft ist ihm entwichen,
Er geht in einer Nacht und weiß sich nicht
Herauszuhelfen, und wir helfen ihm.

MEKADES:
Des bist du so gewiß?

HERMOKRATES:
Ich kenn ihn.

MEKADES:
Ein übermütiges Gerede fällt
Mir bei, das er gemacht, da er zuletzt
Auf der Agora war. Ich weiß es nicht,
Was ihm das Volk zuvor gesagt; ich kam
Nur eben, stand von fern – Ihr ehret mich,
Antwortet' er, und tuet recht daran;
Denn stumm ist die Natur,
Es leben Sonn und Luft und Erd und ihre Kinder
Fremd umeinander,
Die Einsamen, als gehörten sie sich nicht.
Wohl wandeln immerkräftig
Im Göttergeiste die freien,
Unsterblichen Mächte der Welt
Rings um der andern
Vergänglich Leben,
Doch wilde Pflanzen

Auf wilden Grund,
Sind in den Schoß der Götter
Die Sterblichen alle gesäet,
Die Kärglichgenährten, und tot
Erschiene der Boden, wenn einer nicht
Des wartete, lebenerweckend,
Und mein ist das Feld. Mir tauschen
Die Kraft und Seele zu einem
Die Sterblichen und die Götter.
Und wärmer umfangen die ewigen Mächte
Das strebende Herz, und kräft'ger gedeihn
Vom Geiste der Freien die fühlenden Menschen,
Und wach ist's! Denn ich
Geselle das Fremde,
Das Unbekannte nennet mein Wort,
Und die Liebe der Lebenden trag
Ich auf und nieder; was einem gebricht,
Ich bring es vom andern und binde
Beseelend und wandle
Verjüngend die zögernde Welt
Und gleiche keinem und allen.
So sprach der Übermütige.

HERMOKRATES:
Das ist noch wenig. Ärgers schläft in ihm.
Ich kenn ihn, kenne sie, die überglücklichen
Verwöhnten Söhne des Himmels,
Die anders nicht denn ihre Seele fühlen.
Stört einmal sie der Augenblick heraus –
Und leichtzerstörbar sind die Zärtlichen –,
Dann stillet nichts sie wieder, brennend
Treibt eine Wunde sie, unheilbar gärt
Die Brust. Auch er! so still er scheint,
So glüht ihm doch, seit ihm das Volk
        mißfällt,
Im Busen die tyrannische Begierde;
Er oder wir! Und Schaden ist es nicht,

So wir ihn opfern. Untergehen muß
Er doch!

MEKADES:
O reiz ihn nicht! schaff ihr nicht Raum und laß
Sie sich ersticken, die verschloßne Flamme!
Laß ihn! gib ihm nicht Anstoß! findet den
Zu frecher Tat der Übermüt'ge nicht
Und kann er nur im Worte sündigen,
So stirbt er als ein Tor und schadet uns
Nicht viel. Ein kräft'ger Gegner macht ihn
furchtbar.
Sieh nur, dann erst, dann fühlt er seine Macht.

HERMOKRATES:
Du fürchtest ihn und alles, armer Mann!

MEKADES:
Ich mag die Reue nur mir gerne sparen,
Mag gerne schonen, was zu schonen ist.
Das braucht der Priester nicht, der alles weiß,
Der Heil'ge, der sich alles heiliget.

HERMOKRATES:
Begreife mich, Unmündiger! eh du
Mich lästerst. Fallen muß der Mann; ich sag
Es dir, und glaube mir, wär er zu schonen,
Ich würd es mehr wie du. Denn näher ist
Er mir wie dir. Doch lerne dies:
Verderblicher denn Schwert und Feuer ist
Der Menschengeist, der götterähnliche,
Wenn er nicht schweigen kann und sein Geheimnis
Unaufgedeckt bewahren. Bleibt er still
In seiner Tiefe ruhn und gibt, was not ist,
Wohltätig ist er dann, ein fressend Feuer,
Wenn er aus seiner Fessel bricht.
Hinweg mit ihm, der seine Seele bloß
Und ihre Götter gibt, verwegen
Aussprechen will Unauszusprechendes
Und sein gefährlich Gut, als wär es Wasser,

Verschüttet und vergeudet; schlimmer ist's
Wie Mord, und du, du redest für diesen?
Bescheide dich! Sein Schicksal ist's. Er hat
Es sich gemacht, und leben soll
Wie er und vergehn wie er in Weh und Torheit
jeder,
Der Göttliches verrät und allverkehrend
Verborgenherrschendes
In Menschenhände liefert!
Er muß hinab!

MEKADES:
So teuer büßen muß er, der sein Bestes
Aus voller Seele Sterblichen vertraut?

HERMOKRATES:
Er mag es, doch es bleibt die Nemesis nicht aus,
Mag große Worte sagen, mag
Entwürdigen das keuschverschwiegne Leben,
Ans Tageslicht das Gold der Tiefe ziehn.
Er mag es brauchen, was zum Brauche nicht
Den Sterblichen gegeben ist, ihn wird's
Zuerst zu Grunde richten – hat es ihm
Den Sinn nicht schon verwirrt, ist ihm
Bei seinem Volke denn die volle Seele,
Die Zärtliche, wie ist sie nun verwildert?
Wie ist denn nun ein Eigenmächtiger
Geworden dieser Allmitteilende?
Der güt'ge Mann! wie ist er so verwandelt
Zum Frechen, der wie seiner Hände Spiel
Die Götter und die Menschen achtet.

MEKADES:
Du redest schröcklich, Priester, und es dünkt
Dein dunkel Wort mir wahr. Es sei!
Du hast zum Werke mich. Nur weiß ich nicht,
Wo er zu fassen ist. Es sei der Mann,
So groß er will, zu richten ist nicht schwer.
Doch mächtig sein des Übermächtigen,

Der, wie ein Zauberer, die Menge leitet,
Es dünkt ein anders mir, Hermokrates.

HERMOKRATES:
Gebrechlich ist sein Zauber, Kind, und leichter,
Denn nötig ist, hat er es uns bereitet.
Es wandte zur gelegnen Stunde sich
Sein Unmut um, der stolze, stillempörte Sinn
Befeindet itzt sich selber, hätt er auch
Die Macht, er achtet's nicht, er trauert nur
Und siehet seinen Fall, er sucht
Rückkehrend das verlorne Leben,
Den Gott, den er aus sich
Hinweggeschwätzt.
Versammle mir das Volk; ich klag ihn an,
Ruf über ihn den Fluch, erschrecken sollen sie
Vor ihrem Abgott, sollen ihn
Hinaus verstoßen in die Wildnis,
Und nimmer wiederkehrend soll er dort
Mir's büßen, daß er mehr, wie sich gebührt,
Verkündiget den Sterblichen.

MEKADES:
Doch wes beschuldigest du ihn?

HERMOKRATES:
Die Worte, so du mir genannt,
Sie sind genug.

MEKADES: Mit dieser schwachen Klage
Willst du das Volk ihm von der Seele ziehn?

HERMOKRATES:
Zu rechter Zeit hat jede Klage Kraft,
Und nicht gering ist diese.

MEKADES:
Und klagtest du des Mords ihn an vor ihnen,
Es wirkte nichts.

HERMOKRATES:
Dies eben ist's! Die offenbare Tat
Vergeben sie, die Abergläubigen,

Unsichtbar Ärgernis für sie,
Unheimlich muß es sein! ins Auge muß es
Sie treffen, das bewegt die Blöden.

MEKADES:
Es hängt ihr Herz an ihm, das bändigest,
Das lenkst du nicht so leicht! Sie lieben ihn!

HERMOKRATES:
Sie lieben ihn? Ja wohl! solang er blüht'
Und glänzt'
naschen sie.
Was sollen sie mit ihm, nun er
Verdüstert ist, verödet? Da ist nichts,
Was nützen könnt und ihre lange Zeit
Verkürzen, abgeerntet ist das Feld.
Verlassen liegt's, und nach Gefallen gehn
Der Sturm und unsre Pfade drüber hin.

MEKADES:
Empör ihn nur! empör ihn! siehe zu!

HERMOKRATES:
Ich hoffe, Mekades! er ist geduldig.

MEKADES:
So wird sie der Geduldige gewinnen!

HERMOKRATES:
Nichts weniger!

MEKADES:
Du achtest nichts, wirst dich
Und mich und ihn und alles verderben.

HERMOKRATES:
Das Träumen und das Schäumen
Der Sterblichen, ich acht es wahrlich nicht!
Sie möchten Götter sein und huldigen
Wie Göttern sich, und eine Weile dauert's!
Sorgst du, es möchte sie der Leidende
Gewinnen, der Geduldige?
Empören wird er gegen sich die Toren,
An seinem Leide werden sie den teuern

Betrug erkennen, werden unbarmherzig
Ihm's danken, daß der Angebetete
Doch auch ein Schwacher ist, und ihm
Geschiehet recht, warum bemengt er sich
Mit ihnen,

MEKADES:
Ich wollt, ich wär aus dieser Sache, Priester!

HERMOKRATES:
Vertraue mir und scheue nicht, was not ist.

MEKADES:
Dort kömmt er. Suche nur dich selbst,
Du irrer Geist! indes verlierst du alles.

HERMOKRATES:
Laß ihn! hinweg!

[ZWEITER AUFTRITT]

EMPEDOKLES *allein*:
In meine Stille kamst du leise wandelnd,
Fandst drinnen in der Halle Dunkel mich aus,
Du Freundlicher! du kamst nicht unverhofft
Und fernher, wirkend über der Erde vernahm
Ich wohl dein Wiederkehren, schöner Tag,
Und meine Vertrauten, euch, ihr schnellgeschäft'gen
Kräfte der Höh! – und nahe seid auch ihr
Mir wieder, seid wie sonst, ihr Glücklichen,
Ihr irrelosen Bäume meines Hains!
Ihr ruhetet und wuchst, und täglich tränkte
Des Himmels Quelle die Bescheidenen
Mit Licht, und Lebensfunken säte
Befruchtend auf die Blühenden der Äther. –
O innige Natur! ich habe dich
Vor Augen, kennest du den Freund noch,
Den Hochgeliebten, kennest du mich
nimmer?

Den Priester, der lebendigen Gesang
Wie frohvergoßnes Opferblut dir brachte?

O bei den heil'gen Brunnen,
Wo Wasser aus Adern der Erde
Sich sammeln und
Am heißen Tag
Die Dürstenden erquicken! in mir,
In mir, ihr Quellen des Lebens, strömtet
Aus Tiefen der Welt ihr einst
Zusammen, und es kamen
Die Dürstenden zu mir – wie ist's denn nun?
Vertrauert? bin ich ganz allein?
Und ist es Nacht hier außen auch am Tage?
Der höhers denn ein sterblich Auge sah,
Der Blindgeschlagene tastet nun umher –
Wo seid ihr, meine Götter?
Weh! laßt ihr nun
Wie einen Bettler mich,
Und diese Brust,
Die liebend euch geahndet,
Was stoßt ihr sie hinab
Und schließt sie mir in schmählichenge Bande,
Die Freigeborene, die aus sich
Und keines andern ist? Und wandeln soll
Er nun so fort, der Langverwöhnte,
Der selig oft mit allen Lebenden
Ihr Leben, ach, in heiligschöner Zeit,
Sie wie das Herz gefühlt von einer Welt
Und ihren königlichen Götterkräften,
Verdammt in seiner Seele soll er so
Da hingehn, ausgestoßen? freundlos er,
Der Götterfreund? an seinem Nichts
Und seiner Nacht sich weiden immerdar
Unduldbares duldend gleich den Schwächlingen, die

Ans Tagewerk im scheuen Tartarus
Geschmiedet sind. Was, daherab
Gekommen? um nichts? Ha! eines,
Eins mußtet ihr mir lassen! Tor! bist du
Derselbe doch und träumst, als wärest du
Ein Schwacher. Einmal noch! noch einmal
Soll mir's lebendig werden, und ich will's!
Fluch oder Segen! täusche nun die Kraft,
Demütiger! dir nimmer aus dem Busen!
Weit will ich's um mich machen, tagen soll's
Von eigner Flamme mir! Du sollst
Zufrieden werden, armer Geist,
Gefangener! sollst frei und groß und reich
In eigner Welt dich fühlen –
Und wieder einsam, weh! und wieder einsam?

Weh! einsam! einsam! einsam!
Und nimmer find ich
Euch, meine Götter,
Und nimmer kehr ich
Zu deinem Leben, Natur!
Dein Geächteter! – weh! hab ich doch auch
Dein nicht geachtet, dein
Mich überhoben, hast du
Umfangend doch mit den warmen Fittichen einst,
Du Zärtliche! mich vom Schlafe gerettet?
Den Törigen, ihn, den Nahrungsscheuen,
Mitleidig schmeichelnd zu deinem Nektar
Gelockt, damit er trank und wuchs
Und blüht' und, mächtig geworden und trunken,
Dir ins Angesicht höhnt' – o Geist,
Geist, der mich großgenährt, du hast
Dir deinen Herrn, hast, alter Saturn,
Dir einen neuen Jupiter
Gezogen, einen schwächern nur und frechern.

Denn schmähen kann die böse Zunge dich nur,
Ist nirgend ein Rächer, und muß ich denn allein
Den Hohn und Fluch in meine Seele sagen?
Muß einsam sein auch so?

[DRITTER AUFTRITT]

Pausanias. Empedokles.

EMPEDOKLES:
Ich fühle nur des Tages Neige, Freund!
Und dunkel will es werden mir und kalt!
Es gehet rückwärts, Lieber! nicht zur Ruh,
Wie wenn der beutefrohe Vogel sich
Das Haupt verhüllt zu frischer erwachendem
Zufriednem Schlummer, anders ist's mit mir!
Erspare mir die Klage! laß es mir!

PAUSANIAS:
Sehr fremde bist du mir geworden,
Mein Empedokles! kennest du mich nicht?
Und kenn ich nimmer dich, du Herrlicher? –
Du konntst dich so verwandeln, konntest so
Zum Rätsel werden, edel Angesicht,
Und so zur Erde beugen darf der Gram
Die Lieblinge des Himmels? Bist du denn
Es nicht? Und sieh! wie danken dir es all,
Und so in goldner Freude mächtig war
Kein anderer, wie du, in seinem Volke.

EMPEDOKLES:
Sie ehren mich? O sag es ihnen doch,
Sie sollen's lassen. – Übel steht
Der Schmuck mir an, und welkt
Das grüne Laub doch auch
Dem ausgerißnen Stamme!

PAUSANIAS:
Noch stehst du ja, und frisch Gewässer spielt

Um deine Wurzel dir, es atmet mild
Die Luft um deine Gipfel, nicht von Vergänglichem
Gedeiht dein Herz; es walten über dir
Unsterblichere Kräfte.

EMPEDOKLES:
Du mahnest mich der Jugendtage, Lieber!

PAUSANIAS:
Noch schöner dünkt des Lebens Mitte mir.

EMPEDOKLES:
Und gerne sehen, wenn es nun
Hinab sich neigen will, die Augen
Der Schnellhinschwindenden noch einmal
Zurück, der Dankenden. O jene Zeit!
Ihr Liebeswonnen, da die Seele mir
Von Göttern, wie Endymion, geweckt,
Die kindlich schlummernde sich öffnete,
Lebendig sie, die Immerjugendlichen,
Des Lebens große Genien
Erkannte. – Schöne Sonne! Menschen
hatten mich
Es nicht gelehrt, mich trieb mein eigen Herz
Unsterblich liebend zu Unsterblichen,
Zu dir, zu dir, ich konnte Göttlichers
Nicht finden, stilles Licht! und so wie du
Das Leben nicht an deinem Tage sparst
Und sorgenfrei der goldnen Fülle dich
Entledigest, so gönnt auch ich, der Deine,
Den Sterblichen die beste Seele gern,
Und furchtlosoffen gab
Mein Herz, wie du, der ernsten Erde sich,
Der schicksalvollen; ihr in Jünglingsfreude
Das Leben so zu eignen bis zuletzt,
Ich sagt ihr's oft in trauter Stunde zu,
Band so den teuern Todesbund mit ihr.
Da rauscht' es anders denn zuvor im Hain,
Und zärtlich tönten ihrer Berge Quellen –

All deine Freuden, Erde! wahr, wie sie,
Und warm und voll, aus Müh und Liebe reifen,
Sie alle gabst du mir. Und wenn ich oft
Auf stiller Bergeshöhe saß und staunend
Der Menschen wechselnd Irrsal übersann,
Zu tief von deinen Wandlungen ergriffen,
Und nah mein eignes Welken ahndete,
Dann atmete der Äther, so wie dir,
Mir heilend um die liebeswunde Brust,
Und wie Gewölk der Flamme löseten
Im hohen Blau die Sorgen mir sich auf.

PAUSANIAS:

O Sohn des Himmels!

EMPEDOKLES:

Ich war es! ja! und möcht es nun erzählen,
Ich Armer! möcht es einmal noch
Mir in die Seele rufen,
Das Wirken deiner Geniuskräfte,
Der Herrlichen, deren Genoß ich war, o Natur,
Daß mir die stumme todesöde Brust
Von deinen Tönen allen widerklänge.
Bin ich es noch? o Leben! und rauschten sie mir,
All deine geflügelten Melodien, und hört
Ich deinen alten Einklang, große Natur?
Ach! ich, der Einsame, lebt ich nicht
Mit dieser heil'gen Erd und diesem Licht
Und dir, von dem die Seele nimmer läßt,
O Vater Äther, und mit allen Lebenden,
Der Götter Freund, im gegenwärtigen
Olymp? Ich bin herausgeworfen, bin
Ganz einsam, und das Weh ist nun
Mein Tagsgefährt' und Schlafgenosse mir.
Bei mir ist nicht der Segen, geh!
Geh! frage nicht! denkst du, ich träum?
O sieh mich an! und wundre des dich nicht,
Du Guter, daß ich daherab

Gekommen bin; des Himmels Söhnen ist,
Wenn überglücklich sie geworden sind,
Ein eigner Fluch beschieden.

PAUSANIAS:
Ich duld es nicht,
Weh! solche Reden! du? ich duld es nicht.
Du solltest so die Seele dir und mir
Nicht ängstigen. Ein böses Zeichen dünkt
Es mir, wenn so der Geist, der immerfrohe, sich
Der Mächtigen umwölket.

EMPEDOKLES:
Fühlst du's? Es deutet, daß er bald
Zur Erd hinab im Ungewitter muß.

PAUSANIAS:
O laß den Unmut, Lieber!
O dieser, was tat er euch, dieser Reine,
Daß ihm die Seele so verfinstert ist,
Ihr Todesgötter! haben die Sterblichen denn
Kein Eigenes nirgendswo, und reicht
Das Furchtbare denn ihnen bis ans Herz,
Und herrscht es in der Brust den Stärkeren noch,
Das ewige Schicksal? Bändige den Gram
Und übe deine Macht, bist du es doch,
Der mehr vermag denn andere, o sieh
An meiner Liebe, wer du bist,
Und denke dein, und lebe!

EMPEDOKLES:
Du kennest mich und dich und Tod und Leben nicht.

PAUSANIAS:
Den Tod, ich kenn ihn wenig nur,
Denn wenig dacht ich seiner.

EMPEDOKLES:
Allein zu sein,
Und ohne Götter, ist der Tod.

PAUSANIAS:
Laß ihn, ich kenne dich, an deinen Taten

Erkannt ich dich, in seiner Macht
Erfuhr ich deinen Geist und seine Welt,
Wenn oft ein Wort von dir
Im heil'gen Augenblick
Das Leben vieler Jahre mir erschuf,
Daß eine neue große Zeit von da
Dem Jünglinge begann. Wie zahmen Hirschen,
Wenn ferne rauscht der Wald und sie
Der Heimat denken, schlug das Herz mir oft,
Wenn du vom Glück der alten Urwelt sprachst,
Der reinen Tage kundig, und dir lag
Das ganze Schicksal offen, zeichnetest
Du nicht der Zukunft große Linien
Mir vor das Auge, sichern Blicks, wie Künstler
Ein fehlend Glied zum ganzen Bilde reihn?
Und kennst du nicht die Kräfte der Natur,
Daß du vertraulich wie kein Sterblicher
Sie, wie du willst, in stiller Herrschaft lenkest?

EMPEDOKLES:

Recht! alles weiß ich, alles kann ich meistern.
Wie meiner Hände Werk, erkenn ich es
Durchaus und lenke, wie ich will,
Ein Herr der Geister, das Lebendige.
Mein ist die Welt, und untertan und dienstbar
Sind alle Kräfte mir,

zur Magd ist mir
Die herrnbedürftige Natur geworden.
Und hat sie Ehre noch, so ist's von mir.
Was wäre denn der Himmel und das Meer
Und Inseln und Gestirn, und was vor Augen
Den Menschen alles liegt, was wär es,
Dies tote Saitenspiel, gäb ich ihm Ton
Und Sprach und Seele nicht? Was sind
Die Götter und ihr Geist, wenn ich sie nicht
Verkündige? Nun! sage, wer bin ich?

PAUSANIAS:
Verhöhne nur im Unmut dich und alles,
Was Menschen herrlich macht,
Ihr Wirken und ihr Wort, verleide mir
Den Mut im Busen, schröcke mich zum Kinde
Zurück. O sprich es nur heraus! du hassest dich
Und was dich liebt und was dir gleichen möcht;
Ein anders willst du, denn du bist, genügst dir
In deiner Ehre nicht und opferst dich an Fremdes.
Du willst nicht bleiben, willst
Zu Grunde gehen. Ach! in deiner Brust
Ist minder Ruhe denn in mir.
EMPEDOKLES:
Unschuldiger!
PAUSANIAS: Und dich verklagst du?
Was ist es denn? O mache mir dein Leiden
Zum Rätsel länger nicht! mich peiniget's!
EMPEDOKLES:
Mit Ruhe wirken soll der Mensch,
Der sinnende, soll entfaltend
Das Leben um ihn fördern und heitern
denn hoher Bedeutung voll,
Voll schweigender Kraft umfängt
Den ahnenden, daß er bilde die Welt,
Die große Natur,
Daß ihren Geist hervor er rufe, strebt
Tief wurzelnd
Das gewaltige Sehnen ihm auf.
Und viel vermag er, und herrlich ist
Sein Wort, es wandelt die Welt
Und unter den Händen

[DER SCHLUSS DES ZWEITEN AKTES (ZWEITER FASSUNG)]

PANTHEA:

Hast du doch, menschlich Irrsal!
Ihm nicht das Herz verwöhnt,
Du Unbedeutendes! was gabst
Du Armes ihm? Nun da der Mann
Zu seinen Göttern fort sich sehnt,
Wundern sie sich, als hätten sie
Die Törigen ihm, die hohe Seele, geschaffen.
Umsonst nicht sind, oh, die du alles ihm
Gegeben, Natur!
Vergänglicher deine Liebsten, denn andre!
Ich weiß es wohl!
Sie kommen und werden groß, und keiner sagt,
Wie sie's geworden, so entschwinden sie auch,
Die Glücklichen! wieder, ach! laßt sie doch.

DELIA:
Ist's denn nicht schön,
Bei Menschen wohnen; es weiß
Mein Herz von andrem nicht, es ruht
In diesem e i n e n, aber traurig dunkel droht
Vor meinem Auge das Ende
Des Unbegreiflichen, und du heißest ihn auch
Hinweggehn, Panthea?

PANTHEA:
Ich muß. Wer will ihn binden?
Ihm sagen, mein bist du,
Ist doch sein eigen der Lebendige
Und nur sein Geist ihm Gesetz,
Und soll er, die Ehre der Sterblichen
Zu retten, die ihn geschmäht,
Verweilen, wenn ihm

Der Vater die Arme
Der Äther öffnet?

DELIA:
Sieh! herrlich auch
Und freundlich ist die Erde.

PANTHEA:
Ja herrlich, und herrlicher itzt.
Es darf nicht unbeschenkt
Von ihr ein Kühner scheiden.
Noch weilt er wohl
Auf deiner grünen Höhen einer, o Erde,
Du Wechselnde!
Und siehet über die wogenden Hügel
Hinab ins freie Meer! und nimmt
Die letzte Freude sich. Vielleicht sehn wir
Ihn nimmer. Gutes Kind!
Mich trifft es freilich auch, und gerne möcht
Ich's anders, doch ich schäme dessen mich.
Tut er es ja! Ist's so nicht heilig?

DELIA:
Wer ist der Jüngling, der
Vom Berge dort herabkömmt?

PANTHEA:
Pausanias. Ach! müssen wir so
Uns wiederfinden, Vaterloser?

[LETZTER AUFTRITT DES ZWEITEN AKTES]

Pausanias. Panthea. Delia.

PAUSANIAS:
Wo ist er? O Panthea!
Du ehrst ihn, suchest ihn auch,
Willst einmal noch ihn sehn,
Den furchtbarn Wanderer, ihn, dem allein

Beschieden ist, den Pfad zu gehen mit Ruhm,
Den ohne Fluch betritt kein anderer.

PANTHEA:

Ist's fromm von ihm und groß
Das Allgefürchtete?
Wo ist er?

PAUSANIAS:

Er sandte mich hinweg, indessen sah
Ich ihn nicht wieder. Droben rief
Ich im Gebürg ihn, doch ich fand ihn nicht.
Er kehrt gewiß. Bis in die Nacht
Versprach er freundlich mir zu bleiben.
O käm er! Es flieht, geschwinder wie Pfeile,
Die liebste Stunde vorüber.
Denn freuen werden wir uns noch mit ihm,
Du wirst es, Panthea, und sie,
Die edle Fremdlingin, die ihn
Nur einmal sieht, ein herrlich Meteor.
Von seinem Tode, ihr Weinenden,
Habt ihr gehört?
Ihr Trauernden! o sehet ihn
In seiner Blüte, den Hohen,
Ob Trauriges nicht,
Und was den Sterblichen schröcklich dünkt,
Sich sänftige vor seligem Auge.

DELIA:

Wie liebst du ihn! und batest umsonst
Den Ernsten? Mächt'ger ist denn er
Die Bitte, Jüngling! und ein schöner Sieg
Wär's dir gewesen!

PAUSANIAS:

Wie konnt ich? trifft
Er doch die Seele mir, wenn er
Antwortet, was sein Will ist.
Denn Freude nur gibt sein Versagen.
Dies ist's, und es tönt, je mehr auf Seinem

Der Wunderbare besteht,
Nur tiefer das Herz ihm wider. Es ist
Nicht eitel Überredung, glaub es mir,
Wenn er des Lebens sich
Bemächtiget.
Oft, wenn er stille war
In seiner Welt,
Der Hochgenügsame, sah ich ihn
Nur dunkel ahnend, rege war
Und voll die Seele mir, doch konnt ich nicht
Sie fühlen, und es ängstigte mich fast
Die Gegenwart des Unberührbaren.
Doch kam entscheidend von seiner Lippe das Wort,
Dann tönt' ein Freudenhimmel nach in ihm
Und mir, und ohne Widerred
Ergriff es mich, doch fühlt ich nur mich freier.
Ach, könnt er irren, inniger
Erkennt ich daran den unerschöpflich Wahren,
Und stirbt er, so flammt aus seiner Asche nur heller
Der Genius mir empor.

Delia:

Dich entzündet, große Seele! der Tod
Des Großen, aber es sonnen
Die Herzen der Sterblichen auch
An mildem Lichte sich gern und heften
Die Augen an Bleibendes. O sage, was soll
Noch leben und dauern? Die Stillsten reißt
Das Schicksal doch hinaus, und haben
Sie ahnend sich gewagt, verstößt
Es bald die Trauten wieder, und es stirbt
An ihren Hoffnungen die Jugend.
In seiner Blüte bleibt
Kein Lebendes – ach! und die Besten,
Noch treten zur Seite der tilgenden,
Der Todesgötter, auch sie und gehen dahin

Mit Lust und machen zur Schmach es uns,
Bei Sterblichen zu weilen!

PAUSANIAS:

Verdammest du

DELIA:

O warum lässest du
Zu sterben deinen Helden
So leicht es werden, Natur?
Zu gern nur, Empedokles,
Zu gerne opferst du dich;
Die Schwachen wirft das Schicksal um, und die andern,
Die Starken, achten es gleich, zu fallen, zu stehn,
Und werden wie die Gebrechlichen.
Du Herrlicher! was du littest,
Das leidet kein Knecht,
Und ärmer denn die andern Bettler
Durchwandertest du das Land,
Ja! freilich wahr ist's,
Nicht die Verworfensten
Sind elend, wie eure Lieben, wenn einmal
Schmähliches sie berührt, ihr Götter.
Schön hat er's genommen.

PANTHEA:

O nicht wahr?
Wie sollt er auch nicht?
Muß immer und immer doch,
Was übermächtig ist,
Der Genius überleben – gedachtet ihr,
Es halte der Stachel ihn auf? es beschleunigen ihm
Die Schmerzen den Flug, und wie der Wagenlenker,
Wenn ihm das Rad in der Bahn
Zu rauchen beginnt, eilt
Der Gefährdete nur schneller zum Kranze!

DELIA:

So freudig bist du, Panthea?

PANTHEA:
Nicht in der Blüt und Purpurtraub
Ist heil'ge Kraft allein, es nährt
Das Leben vom Leide sich, Schwester!
Und trinkt, wie mein Held, doch auch
Am Todeskelche sich glücklich!
DELIA:
Weh! mußt du so
Dich trösten, Kind?
PANTHEA:
O nicht! es freuet mich nur,
Daß heilig, wenn es geschehn muß,
Das Gefürchtete, daß es herrlich geschieht.
Sind nicht, wie er, auch
Der Heroen einige zu den Göttern gegangen?
Erschrocken kam, lautweinend
Vom Berge das Volk, ich sah
Nicht einen, der's ihm hätte gelästert,
Denn nicht wie die Verzweifelnden
Entfliehet er heimlich, sie hörten es all,
Und ihnen glänzt' im Leide das Angesicht
Vom Worte, das er gesprochen –
PAUSANIAS:
So gehet festlich hinab
Das Gestirn, und trunken
Von seinem Lichte glänzen die Täler?
PANTHEA:
Wohl geht er festlich hinab –
Der Ernste, dein Liebster, Natur!
Dein treuer, dein Opfer!
O die Todesfürchtigen lieben dich nicht,
Täuschend fesselt ihnen die Sorge
Das Aug, an deinem Herzen
Schlägt dann nicht mehr ihr Herz, sie verdorren
Geschieden von dir – o heilig All!
Lebendiges! inniges! Dir zum Dank

Und daß er zeuge von dir, du Todesloses!
Wirft lächelnd seine Perlen ins Meer,
Aus dem sie kamen, der Kühne.
So mußt es geschehn.
So will es der Geist
Und die reifende Zeit,
Denn einmal bedurften
Wir Blinden des Wunders.

[PLAN DER DRITTEN FASSUNG]

Ätna.

1.

Empedokles.

2.

Empedokles. Pausanias.

Abschied

3.

Empedokles. Der Greis.
Erzählung seiner Geschichte.

Weiser. Ich fürchte den Mann, der Göttern

Was zürnest du der Zeit, die mich gebar,
Dem Element, das mich erzog
Empedokles geht.
o lerne sie verstehn, die Pfade, so ich wandle,

Pausanias. Der Gegner. Dieser ist vorzüglich, um einen Anfang seiner Versuche zu haben, und durch die Unentschiedenheit der Lage nach dem Zerfall des

Volks mit Empedokles, freilich auch durch den Haß seiner Superiorität zu dem übertriebenen Schritte verleitet worden, das Volk zu seiner Verbannung zu bereden; nun da ihn das Volk zu vermissen scheint und ihm selbst sein größtes Objekt fehlt, das er gerne, als inferiores, bei sich hätte, auch das geheime Band, das ihn und Empedokles bindet, das Gefühl der ursprünglichen ungewöhnlichen Anlage und einer beiderseitigen tragischen Bestimmung läßt es ihn wirklich bereuen; er macht also bei dem ersten Laut der Unzufriedenheit, den das Volk über Empedokles' Verbannung äußert, selber den Vorschlag, ihn wieder zurückzurufen. Es dürfe nichts für immer geschehen bleiben, sagt er, es sei nicht immer Tag und auch nicht Nacht; nachdem der stolze Mann das Los der Sterblichen versucht, so mög er wieder leben. Pausanias.

Der Greis. Der König.

Greis.
reflektierend idealisch.

König heroisch reflektierend.

Bote.
Greis.
Der König bittet seinen Bruder p. p.
König, überwältiget, bejaht es.

Aber er will auch nicht mehr beraten sein, will keinen Mittler zwischen sich und seinem Bruder haben, und der Alte soll hinweg.

Nun geh, ich brauche keinen Mittler.

Dieser geht denn auch.

Monolog des Königs. Begeisterung des Schicksalsohns.

Empedokles und König.

Empedokles
mein ist diese Region p. p.

laßt den Rasenden. p. p.
kluger Mann
Empedokles
Doch hat *eine* Mutter uns gesäugt.
König
Wie lang ist's schon?
Empedokles
Wer mag die Jahre zählen – aber

Übergang
vom Subjektiven zum Objektiven.

Da der König abgehn will, begegnet ihm ein Bote, der das herannahende Volk verkündiget. In seiner Erschütterung spricht er den Glückseligkeitsgesang, geht dann in Entrüstung über und befiehlt, daß die Bewaffneten sich verbergen sollen, um aufs erste Zeichen, das er geben werde, p. p. – am Ende wird ihm die Ankunft der Schwester und des Pausanias verkündiget.

Die Schwester. Pausanias.

Schwester naiv idealisch

Sie sucht Empedokles.
Pausanias

Empedokles
naiv idealisch

Schwester fragt den König,
will beide versöhnen,
spricht vom Volk.
Bittet Empedokles zurückzukehren.
Wunden, Vergessenheit.
Empedokles
heroisch idealisch

Vergeben ist alles.
Pausanias sieht die Abgesandten des Volks nahn. Schwester fürchtet den Ausgang – die zweideutige Menge, den Zwist des Empedokles mit dieser und des andern Bruders mit ihr, den Zwist, der nun erst zwischen beiden Brüdern ganz zu beginnen scheint.
Empedokles bleibt ruhig, tröstet sie. Friedlich, sagt er, soll dieser Abend sein, kühle Lüfte wehn, die Liebesboten, und freundlich von den Himmelshöhn herabgestiegen, singt der Sonnenjüngling dort sein Abendlied, und goldner Töne voll ist seine Leier.

Abgesandte des Volks.
Sie begegnen ihm in ihrer wahrsten Gestalt, so wie er sie selber sah, wie sie in ihm sich spiegelten, ganz um ihn, dessen Tod seine Liebe, seine Innigkeit ist, so fest an sich zu ketten, wie er es sonst war, aber je näher sie ihm mit ihrem Geiste kommen, je mehr er sich selbst in ihnen siehet, um so mehr wird er in dem Sinne, der nun schon herrschend in ihm geworden ist, bestärkt.

DER TOD DES EMPEDOKLES

Dritte Fassung

PERSONEN

EMPEDOKLES
PAUSANIAS, *sein Freund*
MANES, *ein Ägyptier*
STRATO, *Herr von Agrigent, Bruder des Empedokles*
PANTHEA, *seine Schwester*
GEFOLGE
CHOR *der Agrigentiner*

[ERSTER AKT]

[ERSTER AUFTRITT]

EMPEDOKLES *vom Schlaf erwachend*:
Euch ruf ich über das Gefild herein
Vom langsamen Gewölk, ihr heißen Strahlen
Des Mittags, ihr Gereiftesten, daß ich
An euch den neuen Lebenstag erkenne.
Denn anders ist's wie sonst! vorbei, vorbei
Das menschliche Bekümmernis! Als wüchsen
Mir Schwingen an, so ist mir wohl und leicht
Hier oben, hier, und reich genug und froh
Und herrlich wohn ich, wo den Feuerkelch,
Mit Geist gefüllt bis an den Rand, bekränzt
Mit Blumen, die er selber sich erzog,
Gastfreundlich mir der Vater Ätna beut.
Und wenn das unterirdische Gewitter
Itzt festlich auferwacht zum Wolkensitz
Des nahverwandten Donnerers hinauf
Zur Freude fliegt, da wächst das Herz mir auch.
Mit Adlern sing ich hier Naturgesang.
Das dacht er nicht, daß in der Fremde mir
Ein anders Leben blühte, da er mich
Mit Schmach hinweg aus unsrer Stadt verwies,
Mein königlicher Bruder. Ach! er wußt es nicht,
Der Kluge, welchen Segen er bereitete,
Da er vom Menschenbande los, da er mich frei
Erklärte, frei, wie Fittiche des Himmels.
Drum galt es auch! drum ward es auch erfüllt!

Mit Hohn und Fluch drum waffnete das Volk,
Das mein war, gegen meine Seele sich
Und stieß mich aus, und nicht vergebens gellt'
Im Ohre mir das hundertstimmige,
Das nüchterne Gelächter, da der Träumer,
Der närrische, des Weges weinend ging.
Beim Totenrichter! wohl hab ich's verdient!
Und heilsam war's; die Kranken heilt das Gift,
Und eine Sünde straft die andere.
Denn viel gesündiget hab ich von Jugend auf,
Die Menschen menschlich nie geliebt, gedient,
Wie Wasser nur und Feuer blinder dient,
Darum begegneten auch menschlich mir
Sie nicht, o darum schändeten sie mir
Mein Angesicht und hielten mich wie dich
Allduldende Natur! du hast mich auch,
Du hast mich, und es dämmert zwischen dir
Und mir die alte Liebe wieder auf,
Du rufst, du ziehst mich nah und näher an.
Vergessenheit – o wie ein glücklich Segel
Bin ich vom Ufer los, des Lebens Welle
mich von selbst,
Und wenn die Woge wächst und ihren Arm
Die Mutter um mich breitet, o was möcht
Ich auch, was möcht ich fürchten. Andre mag
Es freilich schröcken. Denn es ist ihr Tod.
O du, mir wohlbekannt, du zauberische
Furchtbare Flamme! wie so stille wohnst
Du da und dort, wie scheuest du dich selbst
Und fliehest dich, du Seele des Lebendigen!
Lebendig wirst du mir und offenbar,
Mir birgst du dich, gebundner Geist, nicht länger,
Mir wirst du helle, denn ich fürcht es nicht.
Denn sterben will ja ich. Mein Recht ist dies.
Ha! Götter, schon wie Morgenrot ringsum,
Und drunten tost der alte Zorn vorüber!

Hinab, hinab ihr klagenden Gedanken!
Sorgfältig Herz! ich brauche nun dich nimmer.
Und hier ist kein Bedenken mehr. Es ruft
Der Gott –
da er den Pausanias gewahr wird –,
und diesen Allzutreuen muß
Ich auch befrein, mein Pfad ist seiner nicht.

[ZWEITER AUFTRITT]

Pausanias. Empedokles.

PAUSANIAS:
Du scheinest freudig auferwacht, mein Wanderer.
EMPEDOKLES:
Schon hab ich, Lieber, und vergebens nicht,
Mich in der neuen Heimat umgesehn.
Die Wildnis ist mir hold, auch dir gefällt
die edle Burg,
unser Ätna.
PAUSANIAS:
Sie haben uns verbannt, sie haben dich,
Du Gütiger! geschmäht, und glaub es mir,
Unleidlich warst du ihnen längst, und innig
In ihre Trümmer schien, in ihre Nacht
Zu helle den Verzweifelten das Licht.
Nun mögen sie vollenden, ungestört
Im uferlosen Sturm, indes den Stern
Die Wolke birgt, ihr Schiff im Kreise treiben.
Das wußt ich wohl, du Göttlicher, an dir
Entweicht der Pfeil, der andre trifft und wirft.
Und ohne Schaden, wie am Zauberstab
Die zahme Schlange, spielt' um dich von je
Die ungetreue Menge, die du zogst,
Die du am Herzen hegtest, Liebender!
Nun! laß sie nur! sie mögen ungestalt,

Lichtscheu am Boden taumeln, der sie trägt,
Und allbegehrend, allgeängstiget
Sich müde rennen, brennen mag der Brand,
Bis er erlischt – wir wohnen ruhig hier!

EMPEDOKLES:
Ja! ruhig wohnen wir; es öffnen groß
Sich hier vor uns die heil'gen Elemente.
Die Mühelosen regen immergleich
In ihrer Kraft sich freudig hier um uns.
An seinen festen Ufern wallt und ruht
Das alte Meer, und das Gebirge steigt
Mit seiner Ströme Klang, es wogt und rauscht
Sein grüner Wald von Tal zu Tal hinunter.
Und oben weilt das Licht, der Äther stillt
Den Geist und das geheimere Verlangen.
Hier wohnen ruhig wir!

PAUSANIAS: So bleibst du wohl
Auf diesen Höhn und lebst in deiner Welt,
Ich diene dir und sehe, was uns not ist.

EMPEDOKLES:
Nur weniges ist not, und selber mag
Ich gerne dies von jetzt an mir besorgen.

PAUSANIAS:
Doch, Lieber! hab ich schon für einiges,
Was du zuerst bedarfst, zuvorgesorgt.

EMPEDOKLES:
Weißt du, was ich bedarf?

PAUSANIAS: Als wüßt ich nicht,
Womit genügt dem Hochgenügsamen.
Und wie das Leben, das zu lieber Not
Der innigen Natur geworden ist,
Das kleinste, dem Vertrauten viel bedeutet.
Indes du gut auf kahler Erde hier
In heißer Sonne schliefst, gedacht ich doch,
Ein weicher Boden und die kühle Nacht
In einer sichern Halle wäre besser.

Auch sind wir hier, die Allverdächtigen,
Den Wohnungen der andern fast zu nah.
Nicht lange wollt ich ferne sein von dir
Und eilt hinauf, und glücklich fand ich bald,
Für dich und mich gebaut, ein ruhig Haus.
Ein tiefer Fels, von Eichen dicht umschirmt,
Dort in der dunkeln Mitte des Gebirgs,
Und nah entspringt ein Quell, es grünt umher
Die Fülle guter Pflanzen, und zum Bett
Ist Überfluß von Laub und Gras bereitet.
Da lassen sie dich ungeschmäht, und tief und still
Ist's, wenn du sinnst und wenn du schläfst, um dich,
Ein Heiligtum ist mir mit dir die Grotte.
Komm, siehe selbst, und sage nicht, ich tauge
Dir künftig nicht, wem taugt ich anders denn?

EMPEDOKLES:
Du taugst zu gut.

PAUSANIAS: Wie könnt ich dies?

EMPEDOKLES: Auch du
Bist allzutreu, du bist ein töricht Kind.

PAUSANIAS:
Das sagst du wohl, doch klügers weiß ich nicht,
Wie des zu sein, dem ich geboren bin.

EMPEDOKLES:
Wie bist du sicher?

PAUSANIAS: Warum denn nicht?
Wofür denn hättest du auch einst, da ich,
Der Waise gleich, am heldenarmen Ufer
Mir einen Schutzgott sucht und traurig irrte,
Du Gütiger, die Hände mir gereicht?
Wofür mit irrelosem Auge wärst du
Auf deiner stillen Bahn, du edles Licht,
In meiner Dämmerung mir aufgegangen?
Seitdem bin ich ein anderer, und dein
Und näher dir und einsamer mit dir,
Wächst froher nur die Seele mir und freier.

EMPEDOKLES:
O still davon!
PAUSANIAS: Warum? Was ist's? Wie kann
Ein freundlich Wort dich irren, teurer Mann?
EMPEDOKLES:
Geh! folge mir, und schweig und schone mich
Und rege du nicht auch das Herz mir auf. –
Habt ihr zum Dolche die Erinnerung
Nicht mir gemacht? Nun wundern sie sich noch
Und treten vor das Auge mir und fragen.
Nein! du bist ohne Schuld – nur kann ich, Sohn!
Was mir zu nahe kömmt, nicht wohl ertragen.
PAUSANIAS:
Und mich, mich stößest du von dir? O denk an dich,
Sei, der du bist, und siehe mich, und gib,
Was ich nun weniger entbehren kann,
Ein gutes Wort aus reicher Brust mir wieder.
EMPEDOKLES:
Erzähle, was dir wohlgefällt, dir selbst,
Für mich ist, was vorüber ist, nicht mehr.
PAUSANIAS:
Ich weiß es wohl, was dir vorüber ist,
Doch du und ich, wir sind uns ja geblieben.
EMPEDOKLES:
Sprich lieber mir von anderem, mein Sohn!
PAUSANIAS:
Was hab ich sonst?
EMPEDOKLES: Verstehest du mich auch?
Hinweg! ich hab es dir gesagt und sag
Es dir, es ist nicht schön, daß du dich
So ungefragt mir an die Seele dringest,
An meine Seite stets, als wüßtest du
Nichts anders mehr, mit armer Angst dich hängst.
Du mußt es wissen, dir gehör ich nicht
Und du nicht mir, und deine Pfade sind
Die meinen nicht; mir blüht es anderswo.

Und was ich mein', es ist von heute nicht,
Da ich geboren wurde, war's beschlossen.
Sieh auf und wag's! was eines ist, zerbricht,
Die Liebe stirbt in ihrer Knospe nicht,
Und überall in freier Freude teilt
Des Lebens luft'ger Baum sich auseinander.
Kein zeitlich Bündnis bleibet, wie es ist,
Wir müssen scheiden, Kind! und halte nur
Mein Schicksal mir nicht auf und zaudre nicht.

O sieh! es glänzt der Erde trunknes Bild,
Das göttliche, dir gegenwärtig, Jüngling,
Es rauscht und regt durch alle Lande sich
Und wechselt, jung und leicht, mit frommem Ernst
Der geschäft'ge Reigentanz, womit den Geist
Die Sterblichen, den alten Vater, feiern.
Da gehe du und wandle taumellos
Und menschlich mit und denk am Abend mein.
Mir aber ziemt die stille Halle, mir
Die hochgelegene, geräumige,
Denn Ruhe brauch ich wohl, zu träge sind,
Zum schnellgeschäftigen Spiel der Sterblichen,
Die Glieder mir, und hab ich sonst dabei
Ein feiernd Lied in Jugendlust gesungen,
Zerschlagen ist das zarte Saitenspiel.
O Melodien über mir! es war ein Scherz!
Und kindisch wagt ich sonst euch nachzuahmen,
Ein fühllos leichtes Echo tönt' in mir,
Und unverständlich, nach –
Nun hör ich ernster euch, ihr Götterstimmen.

PAUSANIAS:

Ich kenne nimmer dich, nur traurig ist
Mir, was du sagst, doch alles ist ein Rätsel.
Was hab ich auch, was hab ich dir getan,
Daß du mich so, wie dir's gefällt, bekümmerst

Und namenlos dein Herz, des einen noch,
Des Letzten los zu sein, sich freut und müht.
Das hofft ich nicht, da wir Geächtete
Den Wohnungen der Menschen scheu vorüber
Zusammen wandelten in wilder Nacht,
Und darum, Lieber! war ich nicht dabei,
Wenn mit den Tränen dir des Himmels Regen
Vom Angesichte troff, und sah es an,
Wenn lächelnd du das rauhe Sklavenkleid
Mittags an heißer Sonne trocknetest
Auf schattenlosem Sand, wenn du die Spuren
Wohl manche Stunde wie ein wundes Wild
Mit deinem Blute zeichnetest, das auf
Den Felsenpfad von nackter Sohle rann.
Ach! darum ließ ich nicht mein Haus und lud
Des Volkes und des Vaters Fluch mir auf,
Daß du mich, wo du wohnen willst und ruhn,
Wie ein verbraucht Gefäß beiseite werfest.
Und willst du weit hinweg? wohin? wohin?
Ich wandre mit, zwar steh ich nicht wie du
Mit Kräften der Natur in trautem Bunde,
Mir steht wie dir Zukünftiges nicht offen,
Doch freudig in der Götter Nacht hinaus
Schwingt seine Fittiche mein Sinn und fürchtet
Noch immer nicht die mächtigeren Blicke.
Ja! wär ich auch ein Schwacher, dennoch wär
Ich, weil ich so dich liebe, stark wie du.
Beim göttlichen Herakles! stiegst du auch,
Um die Gewaltigen, die drunten sind,
Versöhnend die Titanen heimzusuchen,
Ins bodenlose Tal, vom Gipfel dort,
Und wagtest dich ins Heiligtum des Abgrunds,
Wo duldend vor dem Tage sich das Herz
Der Erde birgt und ihre Schmerzen dir
Die dunkle Mutter sagt, o du der Nacht,
Des Äthers Sohn! ich folge dir hinunter.

EMPEDOKLES:
So bleib!
PAUSANIAS: Wie meinst du dies?
EMPEDOKLES: Du gabst
Dich mir, bist mein; so frage nicht!
PAUSANIAS: Es sei!
EMPEDOKLES:
Und sagst du mir's noch einmal, Sohn, und gibst
Dein Blut und deine Seele mir für immer?
PAUSANIAS:
Als hätt ich so ein loses Wort gesagt
Und zwischen Schlaf und Wachen dir's versprochen?
Unglaubiger! ich sag's und wiederhol es:
Auch dies, auch dies, es ist von heute nicht,
Da ich geboren wurde, war's beschlossen.
EMPEDOKLES:
Ich bin nicht, der ich bin, Pausanias,
Und meines Bleibens ist auf Jahre nicht,
Ein Schimmer nur, der bald vorüber muß,
Im Saitenspiel ein Ton –
PAUSANIAS: So tönen sie,
So schwinden sie zusammen in die Luft!
Und freundlich spricht der Widerhall davon.
Versuche nun mich länger nicht und laß
Und gönne du die Ehre mir, die mein ist!
Hab ich nicht Leid genug, wie du, in mir?
Wie möchtest du mich noch beleidigen!
EMPEDOKLES:
O allesopfernd Herz! und dieser gibt
Schon mir zulieb die goldne Jugend weg!
Und ich! o Erd und Himmel! siehe! noch,
Noch bist du nah, indes die Stunde flieht,
Und blühest mir, du Freude meiner Augen.
Noch ist's wie sonst, ich halt im Arme,
Als wärst du mein, wie meine Beute dich,
Und mich betört der holde Traum noch einmal.

Ja! herrlich wär's, wenn in die Grabesflamme
So Arm in Arm statt eines Einsamen
Ein festlich Paar am Tagesende ging',
Und gerne nähm ich, was ich hier geliebt,
Wie seine Quellen all ein edler Strom,
Der heil'gen Nacht zum Opfertrank, hinunter.
Doch besser ist's, wir gehen unsern Pfad
Ein jeder, wie der Gott es ihm beschied.
Unschuldiger ist dies und schadet nicht.
Und billig ist's und recht, daß überall
Des Menschen Sinn sich eigen angehört.
Und dann – es trägt auch leichter seine Bürde
Und sicherer der Mann, wenn er allein ist.
So wachsen ja des Waldes Eichen auch,
Und keines kennt, so alt sie sind, das andre.

PAUSANIAS:
Wie du es willst! Ich widerstrebe nicht.
Du sagst es mir und wahr ist's wohl, und lieb
Ist billig mir dies letzte Wort von dir.
So geh ich denn! und störe deine Ruhe
Dir künftig nicht, auch meinest du es gut,
Daß meinem Sinne nicht die Stille tauge.

EMPEDOKLES:
Doch, Lieber, zürnst du nicht?

PAUSANIAS: Mit dir? Mit dir?

EMPEDOKLES:
Was ist es denn? ja! weißt du nun, wohin?

PAUSANIAS:
Gebiet es mir.

EMPEDOKLES: Es war mein letzt Gebot,
Pausanias! die Herrschaft ist am Ende.

PAUSANIAS:
Mein Vater! rate mir!

EMPEDOKLES: Wohl manches sollt
Ich sagen, doch verschweig ich dir's,
Es will zum sterblichen Gespräche fast

Und eitlem Wort die Zunge nimmer dienen.
Sieh! Liebster! anders ist's und leichter bald
Und freier atm' ich auf, und wie der Schnee
Des hohen Ätna dort am Sonnenlichte
Erwarmt und schimmert und zerrinnt und los
Vom Berge wogt und Iris froher Bogen sich,
Der blühende, beim Fall der Wogen schwingt,
So rinnt und wogt vom Herzen mir es los,
So hallt es weg, was mir die Zeit gehäuft,
Die Schwere fällt und fällt, und helle blüht
Das Leben, das ätherische, darüber.
Nun wandre mutig, Sohn, ich geb und küsse
Verheißungen auf deine Stirne dir,
Es dämmert dort Italiens Gebirg,
Das Römerland, das tatenreiche, winkt,
Dort wirst du wohlgedeihn, dort, wo sich froh
Die Männer in der Kämpferbahn begegnen,
O Heldenstädte dort! und du, Tarent!
Ihr brüderlichen Hallen, wo ich oft
Lichttrunken einst mit meinem Plato ging
Und immerneu uns Jünglingen das Jahr
Und jeder Tag erschien in heil'ger Schule.
Besuch ihn auch, o Sohn, und grüß ihn mir,
Den alten Freund, an seiner Heimat Strom,
Am blumigen Ilissus, wo er wohnt.
Und will die Seele dir nicht ruhn, so geh
Und frage sie, die Brüder in Ägyptos.
Dort hörest du das ernste Saitenspiel
Uraniens und seiner Töne Wandel.
Dort öffnen sie das Buch des Schicksals dir.
Geh! fürchte nichts! es kehret alles wieder.
Und was geschehen soll, ist schon vollendet.
Pausanias geht ab.

[DRITTER AUFTRITT]

Manes. Empedokles.

MANES:
Nun! säume nicht! bedenke dich nicht länger.
Vergeh! vergeh! damit es ruhig bald
Und helle werde, Trugbild!
EMPEDOKLES: Was? woher?
Wer bist du, Mann!
MANES: Der Armen einer auch
Von diesem Stamm, ein Sterblicher wie du.
Zu rechter Zeit gesandt, dir, der du dich
Des Himmels Liebling dünkst, des Himmels Zorn,
Des Gottes, der nicht müßig ist, zu nennen.
EMPEDOKLES:
Ha! kennst du den?
MANES: Ich habe manches dir
Am fernen Nil gesagt.
EMPEDOKLES:
Und du? du hier?
Kein Wunder ist's! Seit ich den Lebenden
Gestorben bin, erstehen mir die Toten.
MANES:
Die Toten reden nicht, wo du sie fragst.
Doch wenn du eines Worts bedarfst, vernimm.
EMPEDOKLES:
Die Stimme, die mich ruft, vernehm ich schon.
MANES:
So redet es mit dir?
EMPEDOKLES: Was soll die Rede, Fremder!
MANES:
Ja! fremde bin ich hier und unter Kindern.
Das seid ihr Griechen all. Ich hab es oft
Vormals gesagt. Doch wolltest du mir nicht,
Wie dir's erging bei deinem Volke, sagen?

EMPEDOKLES:
Was mahnst du mich? Was rufst du mir noch einmal?
Mir ging es, wie es soll.
MANES:
Ich wußt es auch
Schon längst voraus, ich hab es dir geweissagt.
EMPEDOKLES:
Nun denn! was hältst du es noch auf? was drohst
Du mit der Flamme mir des Gottes, den
Ich kenne, dem ich gern zum Spiele dien,
Und richtest mir mein heilig Recht, du Blinder!
MANES:
Was dir begegnen muß, ich ändr' es nicht.
EMPEDOKLES:
So kamst du her, zu sehen, wie es wird?
MANES:
O scherze nicht, und ehre doch dein Fest,
Umkränze dir dein Haupt, und schmück es aus,
Das Opfertier, das nicht vergebens fällt.
Der Tod, der jähe, er ist ja von Anbeginn,
Das weißt du wohl, den Unverständigen,
Die deinesgleichen sind, zuvorbeschieden.
Du willst es, und so sei's! Doch sollst du mir
Nicht unbesonnen, wie du bist, hinab,
Ich hab ein Wort, und dies bedenke, Trunkner!
Nur einem ist es Recht in dieser Zeit,
Nur einen adelt deine schwarze Sünde.
Ein Größrer ist's, denn ich! denn wie die Rebe
Von Erd und Himmel zeugt, wenn sie getränkt
Von hoher Sonn aus dunklem Boden steigt,
So wächst er auf, aus Licht und Nacht geboren.
Es gärt um ihn die Welt, was irgend nur
Beweglich und verderbend ist im Busen
Der Sterblichen, ist aufgeregt von Grund aus.
Der Herr der Zeit, um seine Herrschaft bang,
Thront finster blickend über der Empörung.

Sein Tag erlischt, und seine Blitze leuchten,
Doch was von oben flammt, entzündet nur,
Und was von unten strebt, die wilde Zwietracht.
Der Eine doch, der neue Retter, faßt
Des Himmels Strahlen ruhig auf, und liebend
Nimmt er, was sterblich ist, an seinen Busen,
Und milde wird in ihm der Streit der Welt.
Die Menschen und die Götter söhnt er aus,
Und nahe wieder leben sie, wie vormals.
Und daß, wenn er erschienen ist, der Sohn
Nicht größer denn die Eltern sei und nicht
Der heil'ge Lebensgeist gefesselt bleibe,
Vergessen über ihm, dem Einzigen,
So lenkt er aus, der Abgott seiner Zeit,
Zerbricht, er selbst, damit durch reine Hand
Dem Reinen das Notwendige geschehe,
Sein eigen Glück, das ihm zu glücklich ist,
Und gibt, was er besaß, dem Element,
Das ihn verherrlichte, geläutert wieder.
Bist du der Mann? derselbe? bist du dies?

EMPEDOKLES:

Ich kenne dich im finstern Wort, und du,
Du Alleswissender, erkennst mich auch.

MANES:

O sage, wer du bist! und wer bin ich?

EMPEDOKLES:

Versuchst du noch, noch immer mich und kömmst,
Mein böser Geist, zu mir in solcher Stunde?
Was lässest du mich nicht stille gehen, Mann?
Und wagst dich hier an mich und reizest mich,
Daß ich im Zorn die heil'gen Pfade wandle?
Ein Knabe war ich, wußte nicht, was mir
Ums Auge fremd am Tage sich bewegt',
Und wunderbar umfingen mir die großen
Gestalten dieser Welt, die freudigen,
Mein unerfahren schlummernd Herz im Busen.

Und staunend hört ich oft die Wasser gehn
Und sah die Sonne blühn und sich an ihr
Den Jugendtag der stillen Erd entzünden.
Da ward in mir Gesang, und helle ward
Mein dämmernd Herz im dichtenden Gebete,
Wenn ich die Fremdlinge, die gegenwärt'gen,
Die Götter der Natur mit Namen nannt
Und mir der Geist im Wort, im Bilde sich,
Im seligen, des Lebens Rätsel löste.
So wuchs ich still herauf, und anderes
War schon bereitet. Denn gewaltsamer,
Wie Wasser, schlug die wilde Menschenwelle
Mir an die Brust, und aus dem Irrsal kam
Des armen Volkes Stimme mir zum Ohre.
Und wenn, indes ich in der Halle schwieg,
Um Mitternacht der Aufruhr weheklagt'
Und durchs Gefilde stürzt' und lebensmüd
Mit eigner Hand sein eignes Haus zerbrach,
Und die verleideten verlaßnen Tempel,
Wenn sich die Brüder flohn und sich die Liebsten
Vorübereilten und der Vater nicht
Den Sohn erkannt und Menschenwort nicht mehr
Verständlich war und menschliches Gesetz,
Da faßte mich die Deutung schaudernd an:
Es war der scheidende Gott meines Volks!
Den hört ich, und zum schweigenden Gestirn
Sah ich hinauf, wo er herabgekommen.
Und ihn zu sühnen, ging ich hin. Noch wurden uns
Der schönen Tage viel. Noch schien es sich
Am Ende zu verjüngen; und es wich,
Der goldnen Zeit, der allvertrauenden,
Des hellen kräft'gen Morgens eingedenk,
Der Unmut mir, der furchtbare, vom Volk,
Und freie feste Bande knüpften wir
Und riefen die lebend'gen Götter an.
Doch oft, wenn mich des Volkes Dank bekränzte,

Wenn näher immer mir, und mir allein,
Des Volkes Seele kam, befiel es mich,
Denn wo ein Land ersterben soll, da wählt
Der Geist noch einen sich zuletzt, durch den
Sein Schwanensang, das letzte Leben tönet.
Wohl ahndet ich's, doch dient ich willig ihm.
Es ist geschehn. Den Sterblichen gehör ich
Nun nimmer an. O Ende meiner Zeit!
O Geist, der uns erzog, der du geheim
Am hellen Tag und in der Wolke waltest,
Und du, o Licht! und du, du Mutter Erde!
Hier bin ich, ruhig, denn es wartet mein
Die längstbereitete, die neue Stunde.
Nun nicht im Bilde mehr und nicht, wie sonst,
Bei Sterblichen, im kurzen Glück, ich find,
Im Tode find ich den Lebendigen,
Und heute noch begegn' ich ihm, denn heute
Bereitet er, der Herr der Zeit, zur Feier,
Zum Zeichen ein Gewitter mir und sich.
Kennst du die Stille rings? kennst du das Schweigen
Des schlummerlosen Gotts? Erwart ihn hier!
Um Mitternacht wird er es uns vollenden.
Und wenn du, wie du sagst, des Donnerers
Vertrauter bist und eines Sinns mit ihm,
Dein Geist mit ihm, der Pfade kundig, wandelt,
So komm mit mir; wenn itzt, zu einsam sich,
Das Herz der Erde klagt und, eingedenk
Der alten Einigkeit, die dunkle Mutter
Zum Äther aus die Feuerarme breitet
Und itzt der Herrscher kömmt in seinem Strahl,
Dann folgen wir, zum Zeichen, daß wir ihm
Verwandte sind, hinab in heil'ge Flammen.
Doch wenn du lieber ferne bleibst, für dich,
Was gönnst du mir es nicht? Wenn dir es nicht
Beschieden ist zum Eigentum, was nimmst
Und störst du mir's! O euch, ihr Genien,

Die ihr, da ich begann, mir nahe waret,
Ihr Fernentwerfenden! euch dank ich, daß ihr mir's
Gegeben habt, die lange Zahl der Leiden
Zu enden hier, befreit von andrer Pflicht,
In freiem Tod, nach göttlichem Gesetze!
Dir ist's verbotne Frucht! drum laß und geh,
Und kannst du mir nicht nach, so richte nicht!

MANES:
Dir hat der Schmerz den Geist entzündet, Armer.

EMPEDOKLES:
Was heilst du denn, Unmächtiger, ihn nicht?

MANES:
Wie ist's mit uns? siehst du es so gewiß?

EMPEDOKLES:
Das sage du mir, der du alles siehst!

MANES:
Laß still uns sein, o Sohn! und immer lernen.

EMPEDOKLES:
Du lehrtest mich, heut lerne du von mir.

MANES:
Hast du nicht alles mir gesagt?

EMPEDOKLES: O nein!

MANES:
So gehst du nun?

EMPEDOKLES: Noch geh ich nicht, o Alter!
Von dieser grünen, guten Erde soll
Mein Auge mir nicht ohne Freude gehen.
Und denken möcht ich noch vergangner Zeit,
Der Freunde meiner Jugend noch, der Teuern,
Die fern in Hellas' frohen Städten sind,
Des Bruders auch, der mir geflucht, so mußt
Es werden; laß mich itzt, wenn dort der Tag
Hinunter ist, so siehest du mich wieder.

[ENTWURF ZUM SCHLUSSCHOR DES ERSTEN AKTES]

Neue Welt

und es hängt, ein ehern Gewölbe,
der Himmel über uns, es lähmt Fluch
die Glieder den Menschen, und die stärkenden, die
erfreuenden
Gaben der Erde sind wie Spreu, es
spottet unser, mit ihren Geschenken, die Mutter,
und alles ist Schein –
O wann, wann
schon öffnet sie sich
die Flut über die Dürre.

Aber wo ist er?

Daß er beschwöre den lebendigen Geist

[ENTWURF ZUR FORTSETZUNG DER DRITTEN FASSUNG]

[...]

FÜNFTER AKT

Manes. Pausanias. Panthea. Strato. Agrigentiner. Gefolge des Strato.

Manes, der Allerfahrne, der Seher, erstaunt über den Reden des Empedokles und seinem Geiste, sagt, er sei der Berufene, der töte und belebe, in dem und durch den eine Welt sich zugleich auflöse und erneue. Auch der Mensch, der seines Landes Untergang so tödlich fühlte, könnte so sein neues Leben ahnen. Des Tags darauf, am Saturnusfeste, will er ihnen verkünden, was der letzte Wille des Empedokles war [...]

Editorische Notiz

Die vorliegende Ausgabe wurde so konzipiert, daß sie dem Leser ein möglichst umfassendes Bild von Hölderlins poetischem Werk vermitteln kann. Sie enthält deshalb nicht nur den weitaus größten Teil seiner Lyrik und den Roman „Hyperion", sondern auch das unvollendet gebliebene Drama „Der Tod des Empedokles" sowie eine Reihe von Epigrammen und Aphorismen, wodurch ein Blick in die Werkstatt des Dichters und seine ästhetischen Überlegungen ermöglicht wird. Verzichtet werden mußte auf die unvollendet gebliebenen oder nur fragmentarisch überlieferten Gedichte und auf Hölderlins Übersetzungen.

Die Anordnung der Texte erfolgte chronologisch. Zum Zwecke einer besseren Benutzbarkeit der Ausgabe wurden bei den Gedichten – innerhalb der durch Überschriften gekennzeichneten Entwicklungsphasen – Gruppen gebildet und voneinander durch * * * abgesetzt, wodurch sich allerdings geringfügige Abweichungen von der sonst streng gehandhabten Chronologie ergeben. – Als Textgrundlage diente die 1970 im Aufbau-Verlag erschienene Edition Friedrich Hölderlin. Sämtliche Werke und Briefe. Hrsg. v. Günter Mieth. Neu revidiert wurde der Text der Gedichte mit Hilfe des „Marbacher Quartheftes" (Friedrich Hölderlin. Die Maulbronner Gedichte. 1786–1788. Faksimile des „Marbacher Quartheftes". Hrsg. v. Werner Volke, Marbach am Neckar 1977) und des „Homburger Foliohefts" (Friedrich Hölderlin. Sämtliche Werke. Frankfurter Ausgabe. Supplement III. Homburger Folioheft. Hrsg. v. Dieter E. Sattler u. Emery E. George. Frankfurt a. M. 1986). Zum Vergleich herangezogen wurden auch die Bände 2 bis 6 der von Dieter E. Sattler herausgegebenen Frankfurter Ausgabe.

•

ANMERKUNGEN

Hyperion oder Der Eremit in Griechenland

Mit dem „Hyperion" hat sich Hölderlin über Jahre hin – etwa von 1792 bis 1798 – intensiv beschäftigt. In die Entstehungszeit fallen die Aufenthalte in Jena (1794–1795), wo er Schiller und Fichte kennenlernte, und Frankfurt am Main (1796–1798), wo ihm Susette Gontard begegnete, sowie die letzte Phase der Französischen Revolution (1793–1794) und der erste Revolutionskrieg (1792–1797). Individuelle, geistig-philosophische und zeitgeschichtliche Erlebnisse wirkten auf Hölderlins Arbeit am Roman ein und erzwangen immer wieder Neuformungen von Stoff, Gehalt und Gestalt.

Folgende Fassungen sind nachweisbar:

1. Die Tübinger Fassung (1792–1793) = Ur-Hyperion
2. Die Waltershäuser Fassung (1794) = Thalia-Fragment
3. Die metrische Fassung (Ende 1794–Anfang 1795)
4. „Hyperions Jugend" (1795)
5. Die vorletzte Fassung (1795)
6. Die endgültige Fassung (1796–1798).

Wahrscheinlich Anfang April 1794 schrieb Hölderlin aus Waltershausen an Neuffer, ihn beschäftige „jetzt beinahe einzig" sein Roman und er hoffe, „mehr Einheit" in das Ganze zu bringen.

Obwohl vom Ur-Hyperion, der Tübinger Fassung des Romans, nichts erhalten geblieben ist, lassen sich aus brieflichen Äußerungen darüber wesentliche Schlüsse ziehen: Hölderlin hatte den Plan eines „griechischen Romans", in dessen Mittelpunkt er statt der „wort- und abenteuerreichen Ritter" (an Neuffer im Juli 1793) einen „freiheitsliebenden Helden" und „echten Griechen" stellte (so lautete das Urteil Magenaus aus dem Herbst 1792). Der Titel „Hyperion" war ein Programm, und zwar in dem Sinne, wie es die erste Erwähnung dieses Namens in der zweiten „Hymne an die Freiheit" vom Frühjahr 1792 zeigt:

(...)
Wenn ihr Haupt die bleichen Sterne neigen,
Strahlt Hyperion im Heldenlauf –
Modert, Knechte! freie Tage steigen
Lächelnd über euern Gräbern auf.

Bekundet ist das zunehmende politische Engagement Hölderlins für „die Franzosen, die Verfechter der menschlichen Rechte" (Brief an die Schwester vom 19. oder 20. Juni 1792), und gegen die „Willkür" in seinem „Vaterlande" (ebenfalls an seine Schwester im Februar oder Anfang März 1792). Die inhaltliche Spannweite des Romanvorhabens aber war noch größer. Nicht nur von Rousseaus „Gesellschaftsvertrag" genährte kämpferische Zuversicht, sondern auch ein „Funken" der „Götterstunden" im „Schoße der beseligenden Natur" und unter „Schülern Platons" sollte Teil des „Hyperion" sein – ein geistiger Raum, der sich etwa durch die beiden Gedichte „Griechenland. An Stäudlin" und „Dem Genius der Kühnheit" abstecken läßt. Darüber hinaus verfolgte Hölderlin die Absicht, in die „terra incognita im Reiche der Poesie" vorzustoßen: „Vorgänger genug, wenige, die auf neues, schönes Land gerieten, und noch eine Unermessenheit zur Entdeckung und Bearbeitung!" Seinen hohen Anspruch an die künstlerische Form wollte er durch ein „Gemälde von Ideen und Empfindungen (zu ästhetischem Genusse)" und die „überdachte Entwicklung eines festgefaßten Charakters" verwirklichen (aus dem Brief an Neuffer zwischen dem 21. und 23. Juli 1793).

Die „Einheit" all dessen herzustellen war Hölderlin in Tübingen offenbar nicht gelungen. In Waltershausen, wo er seit Ende 1793 durch Schillers Vermittlung Hofmeister bei Charlotte von Kalb war, schien ihm „das Ganze tiefer in den Menschen hineinzugehen" und aus der „Region des Abstrakten", in die er sich mit seinem „ganzen Wesen verloren hatte", herauszuführen (an Neuffer im April 1794). Möglicherweise erhielt der Stoff in dieser Arbeitsphase die Form des Briefromans. Die Umgestaltung war so radikal, daß von den alten Papieren „fast keine Zeile blieb", wie er Neuffer im Oktober 1794 versicherte. In demselben Brief formulierte Hölderlin als Thema des Romans: „Der große Übergang aus der Jugend in das Wesen des Mannes, vom Affekte zur Vernunft, aus dem Reiche der Phantasie ins Reich der Wahrheit und Freiheit." Dieses Thema, das ihn als temporäres Problem seines eigenen Lebens sehr beschäftigte, steht in engem Zusammenhang mit dem intensiven Studium von Kants „Kritik der Urteilskraft", der Lektüre von Platons Dialog „Phaidros" und Schillers Abhandlung „Über Anmut und Würde" sowie der Bekanntschaft mit den Schriften Herders.

Wie dies einander durchdringt und zu einer neuen Einheit wird, zeigen die Vorrede und – besonders eindringlich – das Gespräch zwischen Hyperion, Adamas und Melite in der Grotte Homers.

Lebendigen Anteil am Gelingen des „Hyperion“ scheint Charlotte von Kalb genommen zu haben. Sie unterrichtete im Spätsommer 1794 Schiller von Hölderlins Arbeit, und nicht zuletzt ihrer Vermittlung ist es zu danken, daß Schiller das „Fragment“ im November 1794 in die „Neue Thalia“ aufnahm.

Die vor der endgültigen Fassung nachweisbaren Zwischenstufen des Romans brachten im wesentlichen folgendes Neue: Hölderlins Begegnung mit der Persönlichkeit und Weltanschauung Fichtes in Jena, insbesondere dessen revolutionär-demokratische Auffassung vom Sinn des menschlichen Daseins – gipfelnd in der Aufforderung, sich mit der gegebenen gesellschaftlichen und natürlichen Realität nicht abzufinden, sondern umgestaltend auf sie einzuwirken – führten zu einer Konzeption, die vor allem in der Figur des Alabanda künstlerische Gestalt gewann. Formal suchte Hölderlin den Stoff zunächst im Metrum des Blankverses (November 1794–Januar 1795), danach, im Februar 1795, in der Prosa einer Rahmenerzählung zu fassen. Die vorletzte Stufe schließlich – zurückgeführt wiederum zur Form des Briefromans – bedeutete insofern nochmals eine ideelle Neubearbeitung, als Hölderlin über den subjektiven Idealismus Kants, Fichtes und Schillers hinausging und zu einer pantheistischen Auffassung der Wirklichkeit gelangte. Diese philosophisch-ästhetische Position ist am ehesten mit der gegen Ende 1795 niedergeschriebenen „Vorrede“ zum Hyperion sowie mit dem wahrscheinlich im April 1795 entstandenen Aufsatzfragment „Urteil und Sein“ zu begreifen.

Im Dezember 1795 hatte Hölderlin die vorletzte Fassung – oder zumindest einen Teil davon – an den Verleger Cotta gesandt, der an die Zustimmung zur Veröffentlichung die Bitte knüpfte, das Manuskript zu kürzen. Hölderlin, mittlerweile bei den Gontards in Frankfurt lebend, glaubte zunächst, dieses Vorhaben in kurzer Zeit ausführen zu können. Doch zu stark war der ganze Roman auf die künstlerische Bewältigung der individuellen Erfahrungen und der historischen Realitäten angelegt, als daß die neuen politischen und sozialen Erlebnisse der Jahre 1796/97 und die Liebe zu Susette Gontard eine einfache Kürzung zugelassen hätten. Ein Vergleich der Entwürfe zur endgültigen Fassung mit dem gedruckten Text läßt erkennen, daß Hölderlin bis zuletzt darum rang, die historische Problematik des Koalitionskrieges adäquat zu erfassen. Erst im November 1797 kann er Susette Gontard auch den zweiten Band des Romans zusenden: „Hier *unsern* ‚Hyperion‘, Liebe! Ein wenig Freude wird diese Frucht unserer seelenvollen Tage Dir doch geben. Verzeih mir's, daß Diotima stirbt. Du erinnerst Dich, wir haben uns ehmals nicht ganz darüber vereinigen konnen. Ich glaubte, es wäre, der ganzen Anlage nach, notwendig. Liebste! alles, was von ihr und uns, vom Leben unseres Lebens hie und da gesagt ist, nimm es wie einen Dank, der öfters um so wahrer ist, je ungeschickter er sich ausdrückt."

Zwei Quellenwerke sind es vor allem, die Hölderlins Vorstellung von der griechischen Landschaft prägten und ihn mit den geschichtlichen Ereignissen des Jahres 1770 vertraut machten: 1. Richard Chandler: Travels in Asia Minor and Greece; or An Account of a Tour, Made at the Expense of the Society of Dilettanti, Oxford 1775/76. – Wahrscheinlich benutzte Hölderlin dieses Werk in der anonymen deutschen Übersetzung: Reisen in Kleinasien, unternommen auf Kosten der Gesellschaft der Dilettanti und beschrieben von Richard Chandler, Leipzig, bei Weidmanns Erben und Reich, 1776; Reisen in Griechenland (unter den gleichen Angaben) 1777. 2. Choiseul-Gouffier: Voyage pittoresque de la Grèce, Paris 1782 und 1809. – Die ersten Lieferungen dieses Werkes dienten Hölderlin ebenfalls in einer deutschen Übersetzung (von Heinrich August Ottokar Reichard) als Quelle. Allerdings ist Reichard in der Schilderung des griechischen Aufstandes vom französischen Original abgewichen und ließ die Rolle der Griechen noch negativer als in Wirklichkeit erscheinen.

Unter Berücksichtigung anderer Darstellungen ergibt sich etwa folgender Verlauf der historischen Ereignisse: Die erfolgreichen Kampfhandlungen der russischen Truppen während des russisch-türkischen Krieges von 1768 bis 1774 brachten die Balkanvölker, die in Rußland ihren Befreier sahen, in Bewegung, und Katharina II. rief sie auf, sich gegen die seit dem 15. Jahrhundert bestehende türkische Fremdherrschaft zu erheben. Im Jahre 1770 wurde die baltische Flotte in das Ägäische Meer entsandt. Ihre Operationen hatten das Ziel, die Griechen zum Aufstand zu ermutigen, die Kräfte der türkischen Armee vom Hauptkriegsschauplatz, dem Donauraum, abzuziehen sowie Konstantinopel vom Ägäischen Meer und vom Mittelmeer abzuschneiden. Gegen Ende Februar erreichte eine kleine Flottenabteilung unter Theodor Orlow mit fünfhundert Russen die Maina, die mittlere der drei südlichen Halbinseln des Peloponnes, konnte jedoch erst am 10. März an Land gehen. Die Bewohner dieser Halbinsel, die Mainoten (oder Magnotten), auf die die Russen vor allem rechneten, wurden zum gemeinsamen Handeln aufgerufen. Nach und nach sollen sich 50000 erhoben haben. Die fünfhundert Russen und mehrere tausend Mainoten belagerten zunächst die Hafenfestung Koron (am Messenischen Golf), zogen jedoch im April erfolglos ab. Erfolgreicher war der Kampf mit Unterstützung einer anderen, erst im April gelandeten russischen Abteilung, der sich gegen die Hafenstädte Patras und Navarino (an der Nordküste des Peloponnes) richtete. Mit dieser zweiten Abteilung war der Graf Alexei Orlow, ein Bruder von Theodor Orlow und Befehlshaber der gesamten Expedition, gelandet. Als sich Navarino wohl gegen Ende April ergeben hatte, wurden die Türken von den Mainoten ermordet, und die Stadt ging in Flammen auf. Unterdessen waren von russischen Offizieren begleitete Mainoten gegen Misistra (bei Sparta) und gegen Tripolizza (im Zentrum des Peloponnes) vorgegangen. Zu Misistra verübten die Mainoten nach der Kapitulation der Stadt abscheuliche Greuel (sie sollen vierhundert Türken erwürgt und eingeborene Kinder grausam umgebracht haben). Bei Tripolizza erlitten sie im April eine Niederlage; die überlebenden Mainoten flüchteten sich in die Berge, alle griechischen Bürger der Stadt wurden niedergemetzelt. Als keine Hoffnung mehr bestand, das Innere des Peloponnes zu beherrschen, richteten die Russen ihre Kräfte gegen Modon (westlich Koron an der Westküste des Peloponnes). Ende April wurde die Stadt von achthundert Russen und dreitausend Mainoten eingeschlossen, jedoch Anfang Mai wieder entsetzt. Auf das erste Feuer hin ergriffen die Griechen die Flucht. Mit Hilfe einer abermaligen russischen Verstärkung wurden nochmals Koron und Modon zugleich belagert. Bei Modon unterlagen die Russen gegen die Übermacht der Türken am 18. Mai, nachdem sie empfindliche Verluste erlitten hatten. Diese Niederlage und das unrühmliche Verhalten der Griechen nahmen die Russen zum Anlaß, die Belagerungen aufzuheben, Navarino zu räumen und sich – wohl Anfang Juni – wieder einzuschiffen. Über 150 000 Albanesen überschritten bald den Isthmos und richteten unter den Griechen ein furchtbares Blutbad an. Die russische Flotte verfolgte die der Türken und schlug sie in der Nacht zum 26. Juni (6. Juli) 1770 vernichtend.

7 *Grabschrift des Loyola* – Vgl. die Anm. zu S. 37.
mein Ionien – Hyperions Heimat ist hier noch Ionien, nicht wie in der endgültigen Fassung die Insel Tina (Tenos).
8 *Wolken, und keine Juno* – Anspielung auf den Ixion-Mythos: Ixion, Tischgenosse der Götter, belästigt Hera (Juno) und wird von Zeus u.a. durch ein Trugbild Heras, eine Wolke, bestraft.
10 *sonderbare Erwartungen* – besondere, ungewöhnliche Erwartungen.
Chierwein – Wein von der Insel Chios.
Gorgonda Notara – Vgl. die Anm. zu S. 90.
11 *Melite* – In der antiken Literatur (Homer, Hesiod) mehrfach überlieferter Name, dessen Betonung ungewiß ist.

12 *ein sonderbarer Mann* – Vgl. die erste Anm. zu S. 10.

13 *Phalanx der Sparter* – Der feste Zusammenschluß der Linien in der Schlacht und damit der Übergang vom Einzelkampf zur Phalanx (Schlachtreihe) erfolgte zuerst in Sparta um 600 v. u. Z.

wo man die Waffen tauschte – Vgl. die Hymne „Das Schicksal", Band 1 dieser Ausgabe, S. 101 ff., sowie die Anm. dazu.

„Ihr Griechen seid alle Zeit Jünglinge" – Von Planton im „Timaios" überlieferter Ausspruch.

18 *Bogen des Friedens* – Der Regenbogen.

Das alles ging mir, wie ein Schwert, durch die Seele. – Vgl. Neues Testament, Lukas 2,35.

19 *sonderbar* – Vgl. die erste Anm. zu S. 10.

21 *Tschakal* – Schakal.

Tiniote – Bewohner der Insel Tina (Tenos).

22 *die Abkunft Homers* – Mehr als sieben Städte stritten um die Ehre, Geburtsstadt Homers zu sein, darunter Smyrna und Athen.

23 *Schatten des lieben blinden Mannes* – Die Blindheit Homers, wie sie die klassischen und hellenistischen Bildnisse zeigen, ist vermutlich Legende.

Totenopfer – Daß die Nachlebenden den Toten ihre abgeschnittenen Locken opfern, ist fast nur in der Dichtung bezeugt. Nach dem Mythos wurde das Haar oder eine Locke auf dem Leichnam oder dem Grab niedergelegt.

27 *Kastri* – Dorf; auf der Schuttschicht von Delphi gegründet (vor den Ausgrabungen verlegt).

Sigäisches Vorgebirge – Am südlichen Eingang des Hellespont.

Helden des Sternenhimmels – Wie z. B. die Dioskuren Kastor und Pollux.

28 *Inbat* – An der kleinasiatischen Küste landwärts wehender Wind.

32 *Aber es muß ja Ärgernis kommen.* – Vgl. Neues Testament, Matthäus 18,7.

Εν χαι Παν – (Hen kai pan; griech.) Eines und Alles: Das Eine (Gott) ist mit dem All (der Welt) identisch. Friedrich Heinrich Jacobi hatte in seiner Schrift „Über die Lehre des Spinoza in Briefen an den Herrn Moses Mendelssohn" (1785) Lessings Bekenntnis zu Spinoza mitgeteilt: „Die orthodoxen Begriffe von der Gottheit sind nicht mehr für mich; ich kann sie nicht genießen. *Εν χαι παν!* Ich weiß nichts anders." Im Anschluß an die Veröffentlichung, die Hölderlin exzerpierte, konzentrierte sich in dieser Formel die Weltanschauung des Pantheismus. Hölderlins lebendige Anteilnahme am Pantheismusstreit wird überdies dadurch belegt, daß er auch Mendelssohns Antwort im Besitz hatte: „Moses Mendelssohn an die Freunde Lessings" (1786). Er verwendet die Formel „Eines und Alles", die allerdings bei Spinoza selbst nicht vorkommt und die wahrscheinlich von Lessing stammt, nochmals wörtlich in der Wilhelm Heinse gewidmeten Elegie „Brot und Wein". Heinse vertrat in seinem Roman „Ardinghello und die glückseligen Inseln" ebenfalls pantheistisches Gedankengut (vgl. auch die vierte Anm. zu S. 230).

32 *Frieden alles Friedens, ...* – Vgl. Neues Testament, Brief des Paulus an die Philipper 4,7.

33 *die bestimmte Linie ...* – Die Asymptote, die Gerade, nähert sich der Hyperbel, der Kurve, unbegrenzt, ohne sie im Endlichen zu erreichen.

37 *Non coerceri ...* – „Nicht eingeschränkt werden vom Größten und doch umschlossen werden vom Kleinsten ist göttlich." Sentenz aus der Grabschrift des Ignatius von Loyola (1491 oder 1495–1556), Gründer des Jesuitenordens. Etwas variiert und ohne den Schluß des Satzes steht der Denkspruch im Hyperion-Fragment.

39 *fabula docet* – (lat.) (das, was) die Fabel lehrt.

40 *Bellarmin* – Namensentlehnung von Robert Bellarmin, einem deutschen Kardinal mit italienischem Namen. Von besonderem Interesse mag für Hölderlin die im Namen vorhandene Synthese von (ital.) „bello" (schön) und „Arminius" (Hermann) gewesen sein.
der eine der beeden Meerbusen – Der Golf von Korinth.
Jakal – Schakal.

41 *Pfenning* – Mundartform.

44 *Tina* – Tenos (von Hölderlin fehlerhaft übernommen).

45 *Schöpfer des Himmels ... und der Erde* – Vgl. den Anfang des Apostolischen Glaubensbekenntnisses.
Plato und sein Stella – In einigen Epigrammen Platons heißt ein von ihm geliebter Schüler Aster (Stern, lat.: stella).

46 *Adamas* – Der väterliche Freund und Lehrer Hyperions.
traurender Halbgott – Adamas.

48 *Lorbeerrosen* – Oleander.
Piedestal – Fußgestell, Sockel.
Architrav – Unterster Balken des Tempelgebälks, der unmittelbar auf den Säulenkapitellen ruht.
Lazerte – Eidechse.

50 *Irrstern* – Die Sonne.

53 *prüfe alles und wähle das Beste* – Nach dem 1. Brief an die Thessalonicher 5,21.

54 *Ladanstrauch* – Ein Strauch, der ein im Altertum als Heilmittel verwendetes wohlriechendes Harz gibt.
55 *der Strom* – Der Paktol.
57 *mein Geschlecht* – Hier wohl: Generation, Gesamtheit der gleichzeitig lebenden Menschen.
58 *Schon damals kannt ich dich* – Nämlich Diotima. Vgl. in Platons „Phaidros" die Lehre von der Anamnesis (der Erkenntnis als Wiedererinnerung an Ideen, die die Seele im Zustand der Präexistenz geschaut hat).
59 *karabornische Räuber* – Karabornu (heute Karaburun): Ort und Vorgebirge der westlich von Smyrna gelegenen Halbinsel, deren Bewohner – nach Chandler – als Korsaren und Räuber gefürchtet waren.
60 *gingen uns vorüber* – gingen an uns vorüber, vorbei.
Khan – Türkische Herberge.
62 *Plato, wo er ... vom Altern und Verjüngen spricht* – In dem Mythos, den er in seinen Dialog „Politikos" (Der Staatsmann) eingeschoben hat.
67 *die neue Kirche* – Vgl. die Einleitung, Band 1 dieser Ausgabe, S. XXXVII.
Krankenhäuser ... Kerker – Im übertragenen Sinne gemeint: der Körper als Wohnsitz der Seele.
das in die Seele ging, wie ein Schwert ... – Vgl. die zweite Anm. zu S. 18.
70 *eingelegtes Feuer* – (mundartlich) Brandstiftung.
71 *Gelust* – Verlangen.
läßt ihnen gar gut – steht ihnen gar gut.
74 *Plane* – Im 18. Jahrhundert übliche Pluralform.
75 *müßt* – Diese dreimal gebrauchte Verbalform hat wahrscheinlich konjunktivische Bedeutung.
76 *hinzuflog ... wie der Vogel nach der gemalten Traube* – Bei einem Wettstreit zwischen den griechischen Malern Parrhasios und Zeuxis (um 420 v. u. Z.) soll dieser ein Bild mit Trauben gemalt haben, die so echt wirkten, daß Vögel nach ihnen pickten.
77 *Ehle* – (mundartlich) Elle.
79 *Zukunft* – Hier: das Herannahen.
81 *Herling* – Nachgewachsene, unausgereifte, saure und harte Weinbeere.
82 *wo sind denn deine hundert Arme, Titan ...* – Anspielung auf die gigantenähnlichen Aloaden (Söhne des Aloeus), die die Götter bedrohten, indem sie die ostgriechischen Gebirgszüge Ossa und Pelion auf den Olymp türmen wollten, um den Himmel zu erstürmen.

83 *Mastixzweige* – Immergrünes im Mittelmeergebiet heimisches Strauchgewächs.
aus der Schale der Vergessenheit zu trinken – Anspielung auf den Unterweltfluß Lethe.
89 *Diotima* – Diesen (auf der vorletzten Silbe zu betonenden) Namen, den Hölderlin später auf Susette Gontard übertrug, entlehnte er dem „Symposion" des Platon.
90 *Notara* – Den Namen entnahm Hölderlin dem erwähnten Werk Chandlers (vgl. die einleitenden Bemerkungen).
93 *entgegenkömmt* – Möglicher Lesefehler des Setzers statt „entgegentönt" (so in der Vorstufe der endgültigen Fassung).
94 *die getrockneten gepflückten Beere* – Alte Pluralform.
95 *Kinder des Hauses* – Vgl. dazu in Schillers Abhandlung „Über Anmut und Würde": „Womit aber hatten es die Kinder des Hauses verschuldet, daß er nur für die Knechte sorgte?"
96 *Knäblein, die ... eine Wölfin gesäugt* – Römischer Sage nach werden die Zwillinge Romulus und Remus auf dem Tiber ausgesetzt, jedoch gerettet, von einer Wölfin gesäugt und von einem Hirten aufgezogen.
98 *Palliative* – Hier: Notbehelfe.
Schwestern des Schicksals – Die Parzen.
107 *meine Perlen will ich vor die alberne Menge nicht werfen* – Vgl. Neues Testament, Matthäus 7,6.
108 *Vorelysium* – Nach Platon wird das gegenwärtige Dasein der Seele von einer unbegrenzten Präexistenz und einer ebensolchen Postexistenz umschlossen.
Sirius ... Arktur – Fixsterne.
115 *Athen war Alexanders Dirne* – Nach dem Sieg der Makedonier in der Schlacht bei Chaironeia (338 v. u. Z.).
119 *Goten* – Hier: die Völker des Nordens.
120 *Irisbogen* – Regenbogen.
121 *Isis* – Ägyptische Göttin, die die Griechen mit Demeter und Aphrodite verglichen. Sie galt als besonders zauberreich und wurde als Schicksalsbeherrscherin verehrt.
123 *zu deinen Füßen liegt das Reich des Neptun, wie ein bezwungener Löwe* – Vielleicht Anspielung auf den Kampf zwischen Poseidon (Neptun) und Athene um den Besitz Attikas, aus dem Athene siegreich hervorging.
125 *die Stelle des alten Bacchustheaters* – Das große Dionysos-Theater befand sich am Südabhang des Burgberges.
Theseustempel – Der am Nordende des Markthügels liegende, die Agora überragende Tempel galt früher als Heiligtum des attischen Heros Theseus. Jetzt nimmt man an, daß es sich um das Hephaiateon, den Tempel des Hephaistos, handelt.

125 *das alte Tor* – Das unmittelbar westlich des Olympieions stehende Hadrianstor, ein großer Ehrenbogen römischer Form, der laut Inschrift die Grenze zwischen der alten „Stadt des Theseus" und der neuen „Stadt des Hadrian" bezeichnen soll.

Kleopatra, da sie die geschmolzenen Perlen trank – Vgl. Band 1 dieser Ausgabe, S. 133 („Empedokles"-Ode).

126 *Haine von Angele* – Östlich von Athen.

127 *schöne Menschheit* – Hier: Menschentum, menschlicher Art, menschliches Wesen.

128 *der arabische Kaufmann* – Der Begründer des Islams, Mohammed (um 570–632), lebte vor seinem prophetischen Wirken als Kaufmann. Der Koran, zusammengestellt nach Mohammeds Tod, enthält die Reden, die er als göttliche Offenbarung verkündigte.

131 *μη φυναι* ... – „Nicht geboren sein – *schönster* Wunsch! / Führte aber der Weg ins Licht, / Dann aufs schnellste den Weg *zurück*, / Das ist das Beste *danach*, bei weitem." (Übersetzung von Rudolf Schottlaender.) Das Motto entstammt Sophokles' „Ödipus auf Kolonos".

149 *kein Posse* – Hier die ursprünglich schwache maskuline Form und in der älteren Bedeutung: komisches Bildwerk.

151 *in leichter Nerve* – Dieses Substantiv erscheint auch sonst im 18. Jahrhundert als Femininum.

153 *klimmt* – Vereinzelt statt „glimmen" gebraucht.

154 *in mazedonischer Reih* – Die berühmte makedonische Phalanx, eine bis zu sechzehn Mann tiefe, festgeschlossene Masse schwerbewaffneter Fußtruppen.

155 *Panacee* – Allheilmittel; nach Panakeia, der Personifikation der Heilkunst in der griechischen Mythologie.

157 *wie eine Katarakte* – wie ein Wasserfall.

166 *Tschesme* – Stadt an der kleinasiatischen Küste gegenüber der Insel Chios. Die Seeschlacht fand am 5. Juli 1770 statt.

173 *der Ahorn des Ilissus* – Vgl. die Eingangsszene von Platons Dialog „Phaidros": Das „heilige Gespräch" zwischen Sokrates und Phaidros hört der dort gepriesene Baum am Ilissus.

180 *der junge Tiniote* – Hyperion.

182 *sonderbar* – Hier: ungewöhnlich, ausnehmend.

184 *Größe* – Nach Christoph Schwab muß es „größte" heißen.

186 *wie die schöne Taube* – Anspielung auf die Taube, die Noah ausfliegen ließ, um zu erfahren, ob die Wasser der Sintflut sich verlaufen hätten (Altes Testament, 1. Mose 8,8 ff.).

189 *ging ich keine vorüber* – ging ich an keiner vorüber. Vgl. die erste Anm. zu S. 60.

191 *stillschweigend starb die große Römerin* – Porcia, glühende Anhängerin der alten römischen Republik, folgte nach der Niederlage der Römer bei Philippi (42 v. u. Z.) dem Beispiel ihres Gatten Brutus und gab sich den Tod. Wie Plutarch berichtet, wurde sie daran von ihren Freunden zunächst gehindert. Porcia habe deshalb Kohlen aus dem Feuer herausgerissen und verschluckt und sei mit geschlossenem Mund gestorben.
nimmt – (mundartlich) nehmt.

192 *Thronen* – Throne.

193 *Feigenwurzel* – Veilchenwurzel: Den wegen seines Veilchengeruchs so benannten Wurzelstock der Schwertlilien gab man zahnenden Kindern zu kauen.

194 *Solltest du ewig sein, wie ein Kind* – Solltest du ewig (wie) ein Kind sein.

195 *wie die Unbegrabnen, wenn sie herauf vom Acheron kommen* – Hölderlin mag hier an den 11. Gesang von Homers „Odyssee" gedacht haben.
schöne Gottheit – Aphrodite.

196 *die Gedanken meiner Jugend, die ich groß geachtet* – Vgl. Schillers „Don Karlos", Vers 4289–4291: „Sagen Sie / Ihm, daß er für die Träume seiner Jugend / Soll Achtung tragen."
der große Sizilianer – Empedokles von Agrigent (um 490 bis um 430 v. u. Z.). Sein Freitod im Ätna ist eine Legende.
ein Spötter – Wohl Horaz, der in der „Ars poetica" schreibt: „Weil Empedokles als unsterblicher Gott gelten wollte, sprang er kaltblütig in den glühenden Ätna."

200 *Ulyß* – Odysseus.
Landläufer – Landstreicher, Bettler.
Um des Austernlebens willen – Um des beschränkten, eingeschlossenen Lebens willen.

204 *wer reißt den?* – wer zerreißt den?

Emilie vor ihrem Brauttag

Diese Idylle schrieb Hölderlin auf die Bitte des Stuttgarter Verlegers Johann Friedrich Steinkopf, der wie Neuffer Mitglied einer revolutionär-demokratischen „Gesellschaft" war und dessen jährlich erscheinendes „Taschenbuch für Frauenzimmer von Bildung" verlegte. Es trug im Jahre 1799 ein Bildnis Emiliens als Titelkupfer, und Hölderlin sollte dazu eine kleine Erzählung schreiben. Sein Gedicht wurde in Neuffers Taschenbuch auf das Jahr 1800 veröffentlicht.

208 *Eduard* – Vgl. die an Sinclair gerichtete Ode „An Eduard" (Band 1 dieser Ausgabe, S. 154f.).

209 *Korsika* – Das unter der Herrschaft Genuas stehende Korsika erhob sich 1755 und versuchte sich unter Führung Pasquale Paolis (1725–1807) zu befreien; an seinem Kampf nahm die Öffentlichkeit großen Anteil.

210 *den heimatlichen Boden/Den trauernden* – Gemeint ist der Boden Deutschlands, der noch nicht frei ist, wie es Korsika sein wird.

der stille Römer – Horaz (65–8 v. u. Z.), der die Römer in der 16. Epode aufforderte, die durch die Bürgerkriege im unaufhaltsamen Verfall begriffene Stadt zu verlassen und nach paradiesischen Gefilden, den Inseln der Seligen, auszuwandern.

211 *Saturnus' Sohn* – Zeus (Jupiter), der nach dem antiken Weltaltermythos das durch Kronos (Saturnus) repräsentierte Goldene Weltalter ablöste. Es währte jedoch auf den Inseln der Seligen fort. (Vgl. auch die Ode „Natur und Kunst oder Saturn und Jupiter", Band 1 dieser Ausgabe, S. 155f.)

213 *Varustal* – Der römische Heerführer Varus wurde im Jahre 9 im Teutoburger Wald von dem Cheruskerfürsten Arminius (Hermann) vernichtend geschlagen. Hölderlin verlegte, wohl einer lokalpatriotischen Version folgend, die umstrittene Stelle der Schlacht an den Fuß des Knochens, eines Berges bei Bad Driburg.

Braga – Der nordische Gott der Dichtkunst; nach späterer Überlieferung Gemahl der Iduna, der germanischen Göttin der Jugend.

Hertha – Eigentlich: Nerthus; nach der „Germania" des Tacitus die „Mutter Erde" der Germanen; Göttin des Wachstums und der Fruchtbarkeit.

219 *dieser edle Schatte* – Gemeint ist Eduard.

222 *Armenion* – Diese Namensform soll offensichtlich auf Arminius (vgl. die erste Anm. zu S. 213) anspielen, dessen adäquate griechische Form Armenios ist.

Epigramme und Aphorismen

Von den folgenden Epigrammen und Aphorismen sind u. a. die Epigramme „Guter Rat" bis „Falsche Popularität" hervorzuheben – als möglicher Beleg für Hölderlins Enttäuschung darüber, daß der Schillersche „Musenalmanach für das Jahr 1797" keines der von ihm eingereichten Gedichte enthielt. Auch dürfte Schillers Brief vom 24. November 1796 Hölderlin mißmutig gestimmt haben. Es heißt darin: „Fliehen Sie, wo möglich, die philosophischen Stoffe, sie sind die undankbarsten, und in fruchtlosem Ringen mit denselben verzehrt sich oft die beste Kraft, bleiben Sie der Sinnenwelt näher, so werden Sie weniger in Gefahr sein, die Nüchternheit in der Begeisterung zu verlieren oder in einen gekünstelten Ausdruck zu verirren."

229 *Advocatus diaboli* – (lat.) Anwalt des Teufels; volkstümlicher Ausdruck für denjenigen Kirchenjuristen, der bei einer Heiligsprechung die Bedenken und Gegengründe vorzubringen hat. Hölderlin wendet sich also gegen die „Heiligsprechung" der durch das Epigramm näher charakterisierten Genies.
Die beschreibende Poesie – Mit diesem Epigramm polemisiert Hölderlin gegen Schiller (vgl. dessen in den Vorbemerkungen zitierten Brief). „Die beschreibende Poesie" wie auch „Guter Rat" sowie die Kurzode „An die jungen Dichter" sind als Reaktionen auf das ablehnende Verhalten Schillers zu verstehen.
Falsche Popularität – In Hölderlins Brief an den Bruder vom 2. November 1797 heißt es: „Ich bin mit dem gegenwärtig herrschenden Geschmack so ziemlich in Opposition, aber ich lasse auch künftig wenig von meinem Eigensinne nach und hoffe mich durchzukämpfen ..."
230 *ΠΡΟΣ ΕΑΥΤΟΝ* – (griech.) an sich selbst; Selbstbeherzigung.
Fürchtet den Dichter nicht ... – Ludwig Uhland und Gustav Schwab, die Herausgeber der ersten Ausgabe von Hölderlins Gedichten (1826), gaben dem Epigramm die Überschrift „Der zürnende Dichter". Zu diesem Epigramm vgl. Neues Testament, 2. Brief an die Korinther 3,6: „Denn der Buchstabe tötet, aber der Geist macht lebendig."
Immer spielt ihr und scherzt ... – Diesem Epigramm gaben Schwab und Uhland die Überschrift „Die Scherzhaften".
Wurzel alles Übels – In diesem Epigramm scheint manches anzuklingen, was für Hölderlins geistig-weltanschauliche und menschliche Entwicklung relevant bleibt: die (philosophische) Kritik an Fichtes absolutem Ich und an Schellings Identitätsphilosophie, seine (politische) Kritik am Wesen der Monarchie als auch seine (moralische) Kritik am Egoismus.

Der Tod des Empedokles

Die Entstehungsgeschichte des Trauerspiels „Der Tod des Empedokles" ist – im Gegensatz etwa zu der des „Hyperion"-Romans – schwer nachvollziehbar, da es keine eindeutigen Äußerungen von Hölderlin darüber gibt, wann er die einzelnen Fassungen begonnen und beendet oder aus welchem Grunde er sie verworfen bzw. umgearbeitet hat. Den Titel des Werkes erwähnt der Dichter erstmalig in einem Brief an Neuffer vom 4. Juni 1799; der Beginn seiner Bemühungen liegt jedoch früher.

Der „Frankfurter Plan" des „Empedokles" entstand während der abschließenden Arbeiten am zweiten Band des „Hyperion". Hölderlin schrieb im August 1797 an seinen Bruder: „Mein ‚Hyperion' hat mir schon manches schöne Wort eingetragen. Ich freue mich, bis ich vollends mit ihm zu Ende bin. Ich habe den ganz detaillierten Plan zu einem Trauerspiele gemacht, dessen Stoff mich hinreißt." Dieser Plan ist handschriftlich in einem Schulheft des Zöglings Henry Gontard überliefert. Seine Problematik weist einen engen Bezug zum Zweiten Band des „Hyperion" auf; seine dramatische Handlung – berechnet auf fünf Akte – umfaßt das Ärgernis des Empedokles am Fest der Agrigentiner, die Errichtung seiner Statue und das spätere Zerwürfnis mit der Stadt. Seine Grundstimmung, faßbar in der „Entrüstung" des Empedokles „gegen menschliche Dürftigkeit", spiegelt Hölderlins Lebenserfahrungen der Frankfurter Zeit wider: die entwürdigenden Bedingungen des Hofmeisterdaseins, die Schwierigkeiten, „der Kunst leben" zu können (Brief an den Bruder vom 12. Februar 1798), die Enttäuschung über die Menschen, die, „wenig echte Menschen ausgenommen, lauter ungeheure Karikaturen" seien (an die Schwester im April 1798).

Drei Fassungen des „Empedokles" entstanden zwischen September 1798 und dem späten Frühjahr 1800 in Homburg, wo Hölderlin bei seinem Freund Sinclair Aufnahme und zugleich Bedingungen gefunden hatte, die es ihm ermöglichten, sich ganz der dichterischen Arbeit zu widmen. Gegenüber dem „Frankfurter Plan" weisen die erste und die zweite Fassung wesentliche konzeptionelle Veränderungen auf. Zum einen tritt das Motiv der Schuld des Empedokles als bestimmendes Moment der dramatischen Handlung hervor, und zum anderen gewinnt seine Stellung im politischen Leben von Agrigent, seine demokratische Position gegenüber dem ursprünglichen Konflikt entscheidende Bedeutung. Während das erstgenannte auf Hölderlins erneute Auseinandersetzung mit dem subjektiven Idealismus Fichtes hinweist, signalisiert letzteres – neben einem gründlicheren Quellenstudium – seine zunehmende Anteilnahme an den aktuellen politischen Geschehnissen jener Monate sowie am revolutionär-demokratischen Gedankengut Sinclairs. Aus der großen Verkündigung des Empedokles (1. Fassung, 2. Akt), sprechen sowohl deutlich jakobinische Ideale als auch die übermäßigen Hoffnungen Hölderlins auf „ein neues großes glückliches Jahrhundert für Deutschland und die Welt!" (Neujahrsbrief 1798/99 an den Bruder).

Obwohl sich die erste und die zweite Fassung – soweit die überlieferten Teile eine solche Aussage zulassen – in der inhaltlichen Konzeption nicht unterscheiden, weist die zweite formal Neues auf: Wohl in dem Bestreben, sich vielfältigere Ausdrucksmöglichkeiten zu schaffen, wichtige Stellen besonders hervorheben sowie den Dialog straffen zu können, verwendete Hölderlin ein kühnes, freirhythmisch anmutendes Silbenmaß, nämlich verkürzte Jamben, die sich stellenweise bis zur Fünfzahl des Blankverses erweitern. Die im ganzen erreichte größere Dichte, das Bestreben, zentrale Gedanken – wie etwa die Schuldproblematik – tiefer zu erfassen und unbedeutendere Randszenen zu eliminieren, bezeugen sein Ringen um das Trauerspiel als der „strengste(n) aller poetischen Formen" (an Neuffer, 3. Juli 1799).

Der dritten Fassung liegt, neben der Rückkehr zum strenger skandierten Blankvers sowie Änderungen in der Komposition (mit Manes wird eine Figur eingeführt, die an die Tragödien des Sophokles erinnert; auch der Chor soll erstmals nach antikem Vorbild gestaltet werden), eine tiefgreifende Umdeutung des Schicksals von Empedokles zugrunde. Nachdem dessen Tod im „Frankfurter Plan" als rettende Vereinigung des von „menschlicher Dürftigkeit" enttäuschten großen Individuums mit der Natur aufgefaßt worden war und sich in der ersten Fassung zum Beispiel für revolutionäre Selbstverjüngung geweitet hatte, ist er nun als Opfertod gemeint: „... das Schicksal seiner Zeit ... erforderte ein *Opfer*, wo der ganze Mensch das wirklich und sichtbar wird, worin das Schicksal seiner Zeit sich aufzulösen scheint, wo die Extreme sich in *einem* wirklich und sichtbar zu vereinigen scheinen, aber eben deswegen zu innig vereiniget sind und in einer idealischen Tat das Individuum deswegen untergeht und untergehen muß ..." („Grund zum Empedokles"). Diese Deutung ist wiederum in enger Verbindung mit den – veränderten – persönlichen und gesellschaftlichen Gegebenheiten zu sehen, unter denen Hölderlin nun lebte. Die drohende materielle Unsicherheit, vor allem jedoch die enttäuschten Hoffnungen der demokratischen Bewegung in Württemberg ließen ihn im Tod des Empedokles eine tragisch überhöhte Lösung gestalten: den Opfertod des einzelnen, der die Neugeburt des Vaterlandes bewirken soll. (Zur Entstehungsgeschichte des „Empedokles" vgl.: Friedrich Hölderlin, Hyperion/Empedokles, hrsg. v. Klaus Pezold, Leipzig 1970, S. 280ff.)

Quellen: Der griechische Naturphilosoph und Arzt Empedokles (um 490 bis um 430 v. u. Z.) aus Akragas (heute: Agrigento), Sizilien, verbreitete seine Anschauungen – niedergeschrieben in den teilweise erhaltenen Lehrgedichten „Reinigungen" und „Über die Natur" – mit hoher Wortgewalt und unter mystischen Zeremonien, so daß man bald Wunderbares über ihn erzählte und ihn wie einen Gott verehrte. Im Zentrum seiner Lehre stand der Entwicklungsprozeß der Welt, der für ihn auf der ständigen „Mischung" und „Entmischung" der unveränderlichen „Wurzeln" des Seins – Feuer, Wasser, Luft und Erde – beruht und von den beiden Urkräften „Liebe und Haß" beherrscht wird. Auf politischem Gebiet vertrat Empedokles demokratische Ansichten; da er infolge seines Kampfes gegen die Aristokratie in Agrigent seine Heimat verlassen mußte und verschollen blieb, entstand wohl die Legende, er habe sich in den Krater des Ätna gestürzt.

Hölderlins Kenntnisse über Empedokles gehen vor allem auf Diogenes Laertios, „Leben und Meinungen berühmter Philosophen" (3. Jh.) zurück, den er im Brief an Sinclair vom 24. Dezember 1798 – also während der Beschäftigung mit der ersten Fassung – ausdrücklich erwähnt. Neben dieser oft Widersprüchliches aussagenden Quelle war Hölderlin nachweislich das Werk „Zuverlässige Nachrichten von den vornehmsten Schriftstellern vom Anfange der Welt bis 1500", 1. Teil (1756) von Georg Christoph Hamberger bekannt (mit dem für die dritte Fassung wesentlichen Hinweis auf die Beziehung des Empedokles zu Ägypten). Als sicher anzunehmen ist schließlich, daß er mit den Äußerungen vertraut war, die sich bei antiken Schriftstellern finden: die kritische Sentenz des Horaz in der „Ars poetica" (vgl. die dritte Anm. zu S. 196) sowie der rühmende Hinweis auf Empedokles und seine Lehre bei Lukrez im ersten Buch „De rerum natura" (Das Wesen des Weltalls).

238 *Proselytenmacherei* – Andere Menschen in zudringlicher Weise für die eigenen Anschauungen gewinnen. Proselyt: (griech.) Ankömmling; der von einer Religionspartei zu einer anderen Übertretende.

243 *Panthea* – Den Namen und die Heilung des Mädchens Panthea durch Empedokles übernahm Hölderlin von Diogenes Laertios.

sah ich ihn ... in Olympia – Nicht Empedokles selbst, sondern sein Großvater, Besitzer eines Gestüts, siegte 496 v. u. Z. bei den Olympischen Spielen.

246 *Pausanias* – In Empedokles' Lehrgedicht „Über die Natur" und bei Diogenes Laertios genannter Lieblingsschüler.

Jovis Adler – Der Adler des Zeus.

Sophokles ... Antigone – Die Tragödie wurde wohl 441 v. u. Z. erstmals aufgeführt, nicht etwa im Todesjahr des Empedokles.

248 *Archon* – In Athen und anderen griechischen Staaten einer der jährlich gewählten höchsten Beamten (das Wort kann auch einen Vorsteher oder Befehlshaber bezeichnen).

248 *wunderbare Sage* – Diogenes Laertios erzählt, daß Empedokles nach dem Fest, das aus Anlaß der Heilung Pantheas gefeiert wurde, verschwunden sei. Nach vergeblicher Suche habe Pausanias davon gesprochen, „man müsse ihm opfern als einem zu göttlicher Würde Erhobenen".

249 *sich einen Gott genannt* – Als Zeugnis der Selbstvergottung des Empedokles ist vor allem der Anfang seines Gedichts „Reinigungen" angesehen worden, wo es heißt: „Ich aber wandle vor euch als unsterblicher Gott ..."

250 *gleich den alten Übermütigen* – Gemeint ist wohl der ekstatische Festschwarm des Dionysos, der nach einer hellenistischen Sagenversion bis nach Indien zog.

253 *delphische Krone* – Nach Diogenes Laertios soll Empedokles einen „delphischen Kranz", wahrscheinlich aus Lorbeer, getragen haben.

257 *da der wilde Staat ...* – Nach Diogenes Laertios war Empedokles maßgeblich an der Beseitigung der aufkommenden aristokratischen Herrschaft in Agrigent beteiligt.

262 *Posidaon* – Poseidon.

270 *am heitern Festtag* – Zu den Olympischen Spielen.

291 *zu Saturnus' Zeit* – Das Goldene Zeitalter.

293 *Dies ist die Zeit der Könige nicht mehr* – Auch nach der Überlieferung des Diogenes Laertios hat Empedokles die ihm angetragene Königswürde zurückgewiesen. Doch geht Hölderlin in seiner Begründung der Ablehnung weit über die Quelle hinaus: hier und in der folgenden Verkündigung des Empedokles drückt sich des Dichters konsequent republikanische Gesinnung aus.

299 *Saturnustage* – Vgl. die Anm. zu S. 291.

302 *nach Ägyptos* – Bei Hamberger (vgl. oben zu „Quellen") heißt es, Empedokles „war ein Philosoph, Poet, Geschichtsschreiber, Arzt und Theolog und hatte seine Wissenschaft bei den ägyptischen Priestern erlernt."

304 *ins Liebeschor* – Zu Hölderlins Zeit noch übliches Neutrum.

305 *Sohn Uraniens* – Urania wird von Hölderlin u. a. als Künderin des neuen Zeitalters angesehen. Empedokles aber erscheint in einem früher getilgten Ansatz als „ein Götterbote"; ein Künder der lebendigen Götter in einer götterlosen, kalten Zeit.

308 *Jupiter Befreier* – Beiname des Zeus.
Schreckensbecher – Der Ätna (vgl. die „Empedokles"-Ode, Band 1 dieser Ausgabe, S. 133). Wohl gleichzeitig Anspielung auf den Giftbecher des Sokrates.

309 *Iris Bogen* – Der Regenbogen.

315 *Chor der Agrigentiner* – Hier etwa: „Stimmengewirr“ der Agrigentiner (also noch nicht aufgefaßt als antiker Chor, wie es für die Dramaturgie der 3. Fassung vorgesehen war).
Mekades – Anstelle von Kritias eingeführte Gestalt, aber jünger als dieser.

316 *Daß er vom Himmel raubt/Die Lebensflamm* – Anspielung auf die Tat des Prometheus.

335 *sein Versagen* – Empedokles versagt sich der Bitte Pausanias’.

338 *Der Heroen einige* – Anspielung zum Beispiel auf Herakles, der sich selbst den Scheiterhaufen auf dem Berg Oita errichtete und aus den Flammen in einer Wolke zum Olymp aufstieg.

339 *Wirft lächelnd seine Perlen ins Meer* – Das Motiv aus der Ode „Empedokles“ (vgl. Band 1 dieser Ausgabe, S. 133) erfährt hier eine Wandlung.

347 *Des nahverwandten Donnerers* – Zeus.
Fittiche des Himmels – Die Vögel

357 *Tarent ... Plato* – Tarent war bis in das 4. Jh. v. u. Z. ein Zentrum der unteritalienischen Pythagoreer. Platon (427–347 v. u. Z.) besuchte dort um 388 einen ihrer bedeutendsten Vertreter, den Philosophen und Staatsmann Archytas von Tarent. Den Besuch einer „heiligen Schule“ hat Hölderlin erfunden.

358 *Manes* – Der Name des Ägypters geht auf den Perser Manu (Manes) zurück, den Gründer einer Ketzerbewegung aus dem 3. Jahrhundert. Seine Lehre spielt im Drama jedoch keine Rolle.

363 *Des Bruders auch, der mir geflucht* – In Strato, dem „Herrn von Agrigent“ und Bruder des Empedokles, verschmelzen die beiden Gegenspieler der ersten Fassungen zu einer Gestalt.

ALPHABETISCHES VERZEICHNIS ANTIKER UND MYTHOLOGISCHER NAMEN UND BEGRIFFE

Acheron: Fluß der Unterwelt, den die Seelen der Verstorbenen überqueren mußten, um in das Totenreich zu gelangen.

Achilleus, Achill: Einziger Sohn des thessalischen Königs Peleus (daher auch der „Pelide") und der Meeresgöttin Thetis; Freund des Patroklos. Thetis suchte ihn durch Eintauchen in den Styx unsterblich zu machen, doch blieb seine Ferse dabei ungeschützt. Dort wurde er von einem Pfeil des Paris getötet. Im trojanischen Krieg der stärkste, schönste und schnellste der Griechen.

Adonis: Von Aphrodite geliebter schöner Jüngling, der auf der Jagd von einem Eber getötet wurde.

Agis: Agis IV., spartanischer König von 245 bis 241 v. u. Z., versuchte durch eine Reform die alte spartanische Sozialordnung wiederherzustellen (Tilgung der Schulden; Neuverteilung des Landes, das fast völlig in der Hand von hundert Großgrundbesitzern war; Wiedereinführung einer strengen Erziehung). Die Reform mißlang, und Agis wurde hingerichtet.

Agora: Marktplatz, auf dem die Volksversammlung tagte, und Bezeichnung für diese selbst.

Ägide: Zeichen der schirmenden Obhut der Götter; ursprünglich ein von Hephaistos für Zeus geschmiedeter Schild, auch von Athene getragen.

Äolis: Das Gebiet der griechischen Städte auf den Inseln Lesbos und Tenedos und an der Nordwestküste Kleinasiens („die äolische Küste").

Ajax: (griech.: Aias) Sohn Telamons, des Königs von Salamis; nach Achilleus der bedeutendste Held der Griechen vor Troja. Er unterlag Odysseus im Streit um die Waffen des Achilleus, geriet darüber in Wahnsinn und geißelte die Viehherden zu Tode. Daher sein Beiname „Ajax Mastigophoros" (Geißelträger).

Akademos: Attischer Heros, dessen heiliger Hain sich im Nordwesten vor den Mauern Athens befand. In unmittelbarer Nähe gründete Platon seine Philosophenschule, die Akademie.

Akropolis: Ober- oder „Hochstadt" von Athen. Festung auf dem Burgberg.

Alcäus: Alkaios, griechischer Lyriker aus Mytilene auf Lesbos, um 600 v. u. Z.

Alpheus: Alpheios, der Gott des größten und wasserreichsten Flusses des Peloponnes, liebte die Nymphe Arethusa und verfolgte sie auf dem Meeresgrund bis nach Sizilien.

Anakreon: Dichter der Liebe und des heiteren Lebensgenusses, aus Teos in Lydien (um 550 v. u. Z.).

Antilochus: Freund des Achilleus und des Patroklos.

Aphrodite: Göttin der Schönheit und der Liebe (röm.: Venus); Beinamen: Urania, Cythera und Cypria (nach den Hauptkultstätten); in ihren Gürtel sind alle Zauberreize eingewoben.

Apollon: Ursprünglich Todesgott, als solcher führte er einen silbernen Bogen und „fernhin treffende" Pfeile; auch Gott der Weisheit und der Weissagung; als Gott der Künste ist ihm der Parnassos geweiht. Später wurde er zumeist als körperlich sehr schöner Sonnengott, als lichter Himmelsgott verehrt und auch mit dem Sonnengott Helios gleichgesetzt.

Ares: Gott des Krieges (röm.: Mars). Daß er bei Aphrodites Geburt aus dem Schaum des Meeres in der Nähe der Insel Kythera zugegen gewesen sei, ist eine Erfindung Hölderlins.

Aristogeiton: Siehe *Harmodios.*

Arkadia: Arkadien, mittelste Landschaft des Peloponnes; wurde seit der Antike in der idealisierenden Hirtendichtung zu einem Land der Idylle und des Glücks erhoben.

Aspasia: Emanzipierte, ihres Geistes und ihrer Anmut wegen berühmte Freundin des Sokrates; seit 445 v. u. Z. die (zweite) Frau des Perikles.

Athene: Pallas Athene (lat.: Minerva), Göttin der Weisheit, der Künste und der klugen Kriegsführung. Als Schutzgöttin Athens war ihr der herrlichste Tempel auf der Akropolis, der Parthenon, geweiht. Das ihr geheiligte Tier war die Eule; unter ihrem besonderen Schutz stand der Ölbaum, den sie den Menschen schenkte. Der Sage nach entsprang sie mutterlos aus dem Haupte des Zeus und war sofort gerüstet.

Athos: Auf der östlichen Spitze der griechischen Halbinsel Chalkidike gelegener Gipfel (2033 m hoch).

Atlas: Sohn des Titanen Iapetos. Er hat die Aufgabe, den Himmel zu stützen. Herakles nimmt ihm eine Zeitlang diese Last ab. – Atlas ist auch der Name des großen, sich von der atlantischen Küste Marokkos bis nach Tunesien hinziehenden nordafrikanischen Tertiärgebirges.

Attika: Landschaft, deren Hauptstadt Athen ist.

Aurora: Siehe *Eos.*

Bacchus: Siehe *Dionysos.*
Boreas: Der unfreundliche Nordwind.

Cephissus: Kephisos, nördlich und westlich von Athen fließender Fluß, in den der Ilissus mündet.
Cerberus: Kerberos, der Höllenhund, der den Eingang zur Unterwelt bewacht und nicht verlassen darf.
Ceres: Göttin der Fruchtbarkeit, besonders des Ackerbaus (griech.: Demeter).
Charitinnen: Die Chariten (Grazien), drei zusammengehörige weibliche Gottheiten: Euphrosyne (Frohsinn), Aglaia (Glanz) und Thaleia (Blüte).
Charon: Fährmann der Unterwelt, der die Toten an das Tor des Hades bringt.
Chios: Nördlichste ionische Insel vor der Westküste Kleinasiens.
Chiron: Bekanntester der Kentauren; mit Weisheit, Milde und Edelmut ausgestattet; erzog berühmte Helden, darunter Achilleus.
Chronos: Griechischer Gott der (goldenen) Zeit.
Cybele: Kybele, kleinasiatische Naturgottheit, die „Große Mutter“ alles Erdenlebens.
Cynthus: Der 113 m hohe Berg Kynthos auf der Insel Delos, wo Apollon, der seit dem 5. Jh. v. u. Z. mit dem Sonnengott Helios gleichgesetzt wurde, geboren sein soll.
Cypria: Siehe *Aphrodite.*
Cypros: Zypern.
Cythera: Siehe *Aphrodite.*

Dädalus: Dem mythischen griechischen Künstler Daidalos werden zahlreiche Neuerungen in der Kunst zugeschrieben.
Danaiden: Die fünfzig Töchter des Danaos, die ihre Männer ermordeten, weil diese gewaltsam die Heirat verlangten. Zur Sühne für diese Untat mußten sie in der Unterwelt Wasser in ein durchlöchertes Faß schöpfen.
Delos: Neben Delphi die berühmteste Kultstätte Apollons, der mit seiner Schwester Artemis auf dieser Insel geboren sein soll; auch Ort von Festspielen.
Delphi: Die wichtigste Orakelstätte Griechenlands am Berghang des Parnassos, wo die Priesterin Pythia im Namen Apollons Rat gab.
Demosthenes: Der berühmteste athenische Redner (384–322 v. u. Z.) war ein leidenschaftlicher Kämpfer für die Freiheit der griechischen Polis und gegen die makedonische Herrschaft. Nach der Niederlage Athens entzog er sich der Festnahme, indem er sich im Poseidontempel auf Kalaurea durch Gift den Tod gab.

Diana: Römische Göttin, der griechischen Artemis gleichgesetzt und wie diese Göttin der Jagd, aber auch des Todes.

Dionysos: Bakchos (lat.: Bacchus), Sohn des Zeus und der Semele, Gott des Weines und der Fruchtbarkeit. Seine Anhängerinnen, die Bakchen (Bacchantinnen, Mänaden), folgten ihm in begeistertem Rausch über die Berge und durch die Wälder.

Dioskuren: Kastor und Polydeukes (lat.: Pollux), Zwillinge, Söhne der Leda; Vater des sterblichen Kastor ist Tyndareos, des unsterblichen Polydeukes Zeus. Beide gehen ihren Weg gemeinsam und heißen daher Tyndariden (Söhne des Tyndareos) oder auch Dioskuren (Söhne des Zeus). Als Sinnbild brüderlicher Freundschaft und Treue (Polydeukes verzichtete zum Beispiel zugunsten Kastors auf die Hälfte seines Aufenthaltes im Olymp und erlöste ihn daher zeitweilig aus dem Orkus) sind sie im Sternbild verewigt.

Dodona: Dem Zeus geweihte Orakelstätte in Epeiros (Nordgriechenland), wo das Rauschen einer heiligen Eiche von Propheten gedeutet wurde.

Drakon: Athenischer Aristokrat, wurde 624 v. u. Z. beauftragt, das Gewohnheitsrecht zu kodifizieren. Die von ihm aufgezeichneten Gesetze schützten das Eigentum der herrschenden Aristokratenklasse durch schärfste Strafmaßnahmen („drakonische Strafen"): selbst auf geringfügigen Diebstahl stand die Todesstrafe.

Elis: Landschaft im Nordwesten des Peloponnes, in der Olympia liegt.

Elysium, Elysen: Sagenhafte, am Westrand der Erde gedachte paradiesische Gefilde, in die die Lieblinge der Götter und bevorzugten Heroen entrückt wurden und in ewiger Glückseligkeit lebten.

Empedokles: Griechischer Naturphilosoph und Arzt (um 490 bis um 430 v. u. Z.) aus Akragas (heute Agrigento) auf Sizilien.

Endymion: Schöner junger Hirte oder Jäger, Geliebter der Mondgöttin Selene.

Eos: Göttin der Morgenröte (lat.: Aurora). Sie entführte den troischen Königssohn Tithonos und erbat sich von Zeus Unsterblichkeit für ihn. Da sie jedoch vergaß, die Bitte um ewige Jugend hinzuzufügen, alterte er wie jeder Sterbliche.

Ephesus: Ephesos, Stadt in Ionien, an der Westküste Kleinasiens.

Epidaurische Berge: Berge, die sich südlich der antiken Stadt Epidauros an der Ostküste der Halbinsel Argolis (Peloponnes) erstrecken.

Eurotas: Hauptfluß der peloponnesischen Landschaft Lakonien.

Evan: Kultname des Dionysos, entstanden aus „evan", dem Kultruf der Bacchantinnen.

Furien: Rachegöttinnen der Unterwelt (griech.: Erynien).

Ganymed: Schöner Knabe, Sohn des troischen Königs Tros und der Nymphe Kallirrhoe, Enkel des Flusses Skamander. Zeus ließ ihn durch einen Adler vom Gipfel des quellenreichen Ida-Gebirges („Bergsohn") rauben und machte ihn statt der Hebe zu seinem Mundschenk.

Grazien: Siehe *Charitinnen*.

Hades: Gott der Unterwelt und Herr der Toten; auch das Reich des Totengottes selbst (vgl. Cerberus).

Harmodios: Athenischer Jüngling, der zusammen mit seinem Freund Aristogeiton 514 v.u.Z. Hipparch erdolchte. Beide galten als Tyrannenmörder und Freiheitshelden.

Harpyen: Geflügelte Todesdämonen; gefräßige Wesen, die alles, was sie nicht fressen können, besudeln.

Hebe: Göttin der Jugend, Tochter des Zeus und der Hera; reicht den Göttern beim Mahl den Nektar.

Helikon: Gebirge nördlich des Golfs von Korinth; heiliger Sitz der Musen.

Helios: Der jugendliche, strahlende, gewaltige Sonnengott; Sohn des Titanen Hyperion, dessen Name später zum Beinamen des Helios selbst wurde, und der Theia. Führte mit feurigen Sonnenrossen den Sonnenwagen über den Himmel.

Herkules: (griech.: Herakles) Der beliebteste griechische Heros. Sohn des Zeus und der Alkmene; erwürgte gleich nach seiner Geburt zwei große Schlangen, die die eifersüchtige Hera entsandt hatte. Mit der ersten seiner berühmten zwölf Arbeiten erbeutete er das Fell des Nemeischen Löwen, das er fortan als Gewand trug. Zuletzt wurde er unter die Olympier aufgenommen.

Heraklit: Griechischer Naturphilosoph aus dem kleinasiatischen Ephesos (um 544–483 v. u. Z.).

Hermokrates: In antiken Werken oft genannter Name. Der Syrakuser Hermokrates, Führer der oligarchischen Partei, wurde nach 410 v. u. Z. von der demokratischen Opposition seines Amtes enthoben und verbannt.

Heroen: Sagenhelden, die nicht selbst Götter waren oder nur von einem göttlichen Elternteil abstammten (zum Beispiel Achilleus, Herakles).

Hesperiden: Unsterbliche Jungfrauen, die jenseits des Okeanos im äußersten Westen die goldenen Äpfel des Lebensbaumes bewachen; Sinnbilder ewiger Jugend und Fruchtbarkeit. Davon abgeleitet: Hesperien („Abendland").

Hesperien: Siehe *Hesperiden*.

Hipparch: Sohn und Nachfolger des Peisistratos, Tyrann von Athen, wurde 514 v. u. Z. ermordet.

Homer: Griechischer Dichter (wohl 8. Jh. v. u. Z.), stammte vermutlich aus dem Raum von Smyrna (Ionien) oder Smyrna selbst. Er soll ursprünglich Melesigenes (nach dem Fluß *Meles* bei Smyrna) geheißen haben und auf der Kykladen-Insel *Nio* (heute: Ios) begraben sein. Der Beiname *„Mäonide"* bedeutet Mäons Sohn. Als seine Hauptwerke gelten die „Ilias" und die „Odyssee".

Horen: Die Horen waren zunächst Naturgottheiten: Thallo (Göttin der Blüte), Auxo (Göttin des Wachstums) und Karpo (Göttin der reifen Frucht). Erst später wurden sie – als Töchter des Zeus und der Themis – zu Hüterinnen der menschlichen Sitte und Ordnung: Eunomia (Gesetzlichkeit), Dike (Recht) und Eirene (Friede). Zuletzt galten sie nur noch als anmutige, glückbringende Göttinnen der Jahreszeiten.

Hymettos: Gebirgszug östlich von Athen, vielgepriesen wegen seines blaugrauen Marmors und seines Honigs.

Hyperion: Siehe *Helios*.

Ida: Quellenreiches Gebirge bei Troja.

Ilion: Troja.

Ilissus: Ilyssos, ein südlich von Athen in den Kephisos mündender kleiner Fluß.

Ionien: Von Ioniern besiedelte Landschaft an der Küste Westkleinasiens mit den Inseln Chios und Samos sowie zwölf Städten.

Iris: Tochter der Okeanide Elektra. Botin der Götter, besonders der Hera. Stieg auf einem Regenbogen zur Erde nieder.

Ismenos: Fluß in Böotien bei Theben.

Isthmos: Landenge von Korinth; hier fanden zu Ehren Poseidons die Isthmischen Spiele statt.

Jupiter: Siehe *Zeus*.

Kadmos: Der sagenhafte Gründer und erste König von Theben, dem Geburtsort des Dionysos, von wo die bacchischen Orgien ausgingen.

Kalaurea: Heute Poros. Insel im Saronischen Golf vor der Ostküste des Peloponnes.

Kayster: Fluß in Ionien, entspringt auf dem Tmolos, durchströmt die „Kaystrische Ebene" und mündet bei Ephesus.

Kithäron: Gebirgszug an der Südgrenze Böotiens.

Kleomenes: Kleomenes III., 235 v. u. Z. Nachfolger Agis IV., nahm dessen Reformwerk auf, um die vermeintliche soziale und ökonomische Gleichheit des frühen Sparta wiederherzustellen (Zerschlagung der Macht der Oligarchie, Verteilung des Landes an die Allgemeinheit). Er erstrebte die Hegemonie Spartas in Griechenland, unterlag aber 222 v. u. Z. den Makedoniern; seine Reformen wurden annulliert.

Korax: Gebirgszug südlich von Smyrna.

Koron: Heute Korone. Stark befestigte Stadt auf dem südwestlichen Peloponnes, am Messenischen Golf.

Kritias: Bei Platon und anderen antiken Autoren häufig vorkommender Name. Der historische Kritias, ein athenischer Politiker und Gegner der Demokratie, ging nach seiner Rückkehr aus der Verbannung (404 v. u. Z.) mit blutigem Terror gegen Demokraten vor.

Kronion: Siehe *Zeus*.

Laren: Altrömische Schutzgötter des Hauses und der Familie.

Lazedämon: (Lakedaimon) Antiker Name des Staatsgebietes von Sparta, auf dem Peloponnes.

Lesbos: Von Äolern und Ioniern besiedelte Insel; berühmt durch die Pflege der Dichtung (Sappho, Alkaios), Musik und Philosophie (Aristoteles).

Lethe: Fluß in der Unterwelt, aus dem die Toten Vergessen trinken.

Luna: Mondgöttin (griech.: Selene). Vgl. Endymion.

Lykabettus: Dieser (das heutige Stadtgebiet Athens überragende) steile Bergkegel im Nordosten lag außerhalb der antiken Stadt.

Lykurg: Legendärer Schöpfer der Gesellschafts- und Staatsverfassung Spartas (vermutlich 9. Jh. v. u. Z.).

Mänaden: Siehe *Dionysos*.

Mäonide: Mäons Sohn (Homer).

Mäonia: Landschaft um Smyrna in Lydien, wahrscheinliche Heimat Homers.

Manen: In der römischen Mythologie die guten Geister der Toten in der Unterwelt; später die zu Göttern erhobenen Seelen der Verstorbenen.

Marathon: In der Ebene von Marathon, an der Ostküste Attikas, schlugen 490 v. u. Z. die Athener das Perserheer. Die Toten wurden auf dem Schlachtfeld in einem noch heute erhaltenen Massengrab beigesetzt. Der Siegesbote, der den Athenern die Nachricht überbrachte, soll nach seinem rund 40 km langen Lauf mit dem Ruf „Wir haben gesiegt" tot zusammengebrochen sein.

Megära: Eine der Erynien (Rachegöttinnen).

Meles: Fluß bei Smyrna, wo Homer geboren sein soll.

Messogis: Gebirgszug südwestlich des Tmolos.

Milet: Die im 7. und 6. Jh. v. u. Z. bedeutendste Stadt der griechischen Welt, an der südlichen Westküste Kleinasiens; 494 v. u. Z. von den Persern zerstört.

Mimas: Bergzug auf der westlich von Smyrna liegenden Halbinsel.

Minerva: Siehe *Athene.*

Minos: Sagenhafter König von Kreta, der nach dem Tode seiner Gerechtigkeit wegen Totenrichter in der Unterwelt wurde.

Misistra: Stadt auf dem südlichen Peloponnes, unweit von Sparta.

Modon: Eigentlich Methone; Ort an der Südwestküste des Peloponnes.

Morea: Seit dem Mittelalter im Volksmund gebräuchlicher Name für den Peloponnes.

Musen: Neun Töchter des Zeus und der Mnemosyne (griech.: Gedächtnis, Erinnerung); Beschützerinnen von Kunst und Wissenschaft.

Nänie: Trauerlied, Klagelied auf einen Verstorbenen; im republikanischen Rom die Totenklage.

Navarin: Navarino; im Altertum und heute: Pylos. Ort nördlich von Modon, an der Westküste des Peloponnes.

Nemea: Tal südwestlich von Korinth, das alle zwei Jahre Schauplatz der Nemeischen Wettspiele war.

Nemesis: Griechische Göttin der ausgleichenden und strafenden Gerechtigkeit. Sie sorgt für die richtige Verteilung von Glück und Recht und bestraft menschliche Selbstüberhebung.

Nestor: Sagenhafter Herrscher von Pylos, einer der griechischen Könige von Troja; wurde u. a. wegen seiner Beredsamkeit gerühmt.

Nio: Heute Ios. Südlich von Naxos gelegene Kykladen-Insel.

Niobe: Tochter des Tantalos, Gattin des thebanischen Königs Amphion, rühmte sich Leto gegenüber ihrer vielen Kinder, worauf diese von Artemis und Apollon, dem Zwillingspaar der Leto, getötet wurden. Niobe trauerte, bis sie in einen Stein verwandelt wurde, der weiter Tränen vergoß („Niobefelsen" am Sipylos).

Numa: Numa Pompilius, nach der Sage der zweite König Roms; galt als friedliebender Philosoph auf dem Thron, der den römischen Staat rechtlich und sittlich festigte.

Odysseus: siehe *Ulyß.*

Ödipus: Oidipus, Sohn des thebanischen Königs Laios und der Iokaste, von diesen wegen eines Orakelspruchs mit durchbohrten Füßen ausgesetzt. Nachdem sich die Weissagung trotzdem erfüllt und Ödipus unwissentlich seinen Vater getötet und seine Mutter geheiratet hatte, blendete er sich selbst. Nach langen

Wanderungen, begleitet von seiner Tochter Antigone, fand er im Hain der Eumeniden zu Kolonos (bei Athen) Ruhe.

Okeanos: Vater der Quellen, Flüsse und Seen; einer der zwölf Titanen.

Olymp: Höchstes Gebirge Griechenlands; galt als Sitz der griechischen Hauptgötter (Olympier). Im übertragenen Sinne auch allgemein als Begriff für „Himmel“ gebraucht.

Olympia: Heiligtum des Zeus (Jupiters) in Elis, dem Ort der ihm zu Ehren alle vier Jahre abgehaltenen Olympischen Spiele.

Olympion: Der heilige Tempel des olympischen Zeus in Athen.

Orkus: Siehe *Hades.*

Orpheus: Mythischer Sänger, der mit seinem Gesang und Saitenspiel nicht nur auf Menschen und Götter wirken, sondern auch wilde Tiere, Pflanzen und Steine bezaubern konnte.

Pagus: Hügel bei Smyrna mit einem Felsenschloß.

Paktol: Im Altertum wegen seines Goldreichtums bekannter, auf dem Tmolos (Kleinasien) entspringender Fluß.

Palladium: Heiliges, schützendes Unterpfand (ursprünglich das Kultbild der Göttin Pallas Athene), das Zeus vom Himmel warf und dessen Besitz den Bestand der Stadt garantiert, die es birgt.

Parnaß: Parnassos; Gebirgszug in Mittelgriechenland, an dessen Fuß Delphi mit dem kastalischen Quell liegt; Apollon und den Musen geweiht.

Paros: Insel der mittleren Kykladen (südlich von Delos).

Parthenon: Unter Perikles zwischen 447 und 438 v. u. Z. erbauter Marmortempel der Athena Parthenos; Hauptbau der Akropolis.

Parzen: Römische Schicksalsgöttinnen, die den griechischen Moiren gleichgesetzt wurden: Klotho spinnt den Lebensfaden, Lachesia erhält und bewahrt ihn, Atropos schneidet ihn beim Tode ab.

Patmos: Zu den Sporaden gehörige Insel im Ägäischen Meer; der Apostel und Evangelist Johannes soll dort seine Offenbarung geschrieben haben.

Patroklos: Griechischer Sagenheld, der im Kampf um Troja in der Rüstung seines Freundes Achilleus fiel und von diesem gerächt wurde.

Pausanias: Griechischer Schriftsteller aus Kleinasien (um 175); verfaßte eine Beschreibung Griechenlands in zehn Büchern mit reichem kunstgeschichtlichem Material.

Pelopidas: Thebanischer Feldherr, unter dessen Führung sich seine Vaterstadt 379 v.u.Z. von der Herrschaft der Spartaner befreite.

Pentele: Pentelikon; wegen seines Marmors berühmter Berg nordöstlich Athens.

Pepromene: (griech.) Das Schicksal.

Phidias: Pheidias; athenischer Bildhauer (5. Jh. v. u. Z.), Schöpfer der Goldelfenbeinstatuen des Zeus in Olympia und der Athene im Parthenon auf der Akropolis.

Phöbus: Phoibos; Beiname Apollons als Sonnengott, der in einem Viergespann über das Himmelsgewölbe fuhr und dessen Pfeile Sinnbilder für die Sonnenstrahlen sind.

Pieride(n): Beiname der Muse(n); benannt nach Pieria, der Küstenlandschaft am Fuße des Olymps, wo die Titanide Mnemosyne die Musen geboren haben soll.

Pisistratus: Peisistratos, Tyrann von Athen (560–528 v. u. Z.), stützte sich auf die Partei der landarmen Bauern, Hirten und Tagelöhner.

Platea: Bei Plataia besiegten die Griechen im Jahre 479 v. u. Z. die Perser.

Platon: Griechischer Philosoph (427–347 v. u. Z.); Begründer der idealistischen griechischen Philosophie.

Plutarch: Griechischer Schriftsteller (um 46 bis nach 120), Verfasser einer Sammlung von 24 Biographienpaaren, den „Parallelen Lebensbeschreibungen" jeweils eines Griechen und eines Römers.

Pluton: Griechischer Gott des unterirdischen Reichtums, der später mit Hades, dem Gott der Unterwelt, gleichgesetzt wurde.

Polyxena: Tochter des Königs Priamos von Troja und der Hekabe.

Poseidon: Griechischer Gott des Meeres und aller Gewässer (röm.: Neptun); Sohn des Kronos und der Rhea, Bruder von Zeus und Hades, mit denen er die Herrschaft über die Welt teilte.

Prokrustes: Ein wegelagernder Riese, der große Wanderer in ein kleines Bett zwang und die darüberhängenden Glieder abhackte; die kleineren Opfer streckte er in einem langen Bett zu Tode.

Prometheus: Titan, der gegen die Gewaltherrschaft des Zeus ankämpfte und den Menschen das Feuer vom Himmel brachte. Zeus ließ ihn an einen Felsen schmieden und von einem Adler peinigen, der täglich an seiner stets nachwachsenden Leber fraß. Prometheus wurde schließlich von Herakles befreit.

Proteus: Ein mit Seherkraft begabter Meergreis, der sich in beliebige Gestalten verwandeln konnte.

Pygmalion: Sagenhafter König von Zypern, berühmter Bildhauer; verliebte sich in eine von ihm geschaffene elfenbeinerne Mädchenstatue, der Aphrodite auf seine Bitte hin Leben einhauchte.

Pyrgo: Heute Pyrgos; Ort auf dem Peloponnes nahe der Alpheusmündung gegenüber der Insel Zakynthos.

Pythia: Priesterin in Delphi, durch deren Mund Apollon weissagte.

Rhodus: Rhodos; Insel im Südosten des Ägäischen Meeres.

Salamis: Athen vorgelagerte Insel im Saronischen Golf, Heimat des Ajax. In der Seeschlacht bei Salamis besiegten die Griechen im Jahre 480 v.u.Z. die Perser.

Sappho: Griechische Lyrikerin auf der Insel Lesbos (um 600 v.u.Z.).

Sardes: Königsstadt Lydiens am Fuße des Tmolus; 449 v.u.Z. von den Griechen zerstört.

Saturn: Der römische Gott der Saaten, Saturnus (mit dem griechischen Kronos gleichgesetzt), wurde auch als milder König angesehen, unter dessen Herrschaft das Goldene Zeitalter währte, in dem es keinen Krieg, keinen Zwang und keine soziale Unterdrückung gab: ein gesellschaftlicher Urzustand ohne Privateigentum und Klassen. Bei den römischen Saturnalien, die in Erinnerung an dieses glückliche Zeitalter gefeiert wurden, waren die sozialen Unterschiede zwischen Sklaven und Herren aufgehoben.

Satyrn: Lüsterne Begleiter des Dionysos; Naturdämonen.

Scipionen: Altrömische Patrizierfamilie, aus der im 3. und 2. Jahrhundert v.u.Z. führende Staatsmänner und bedeutende Feldherrn hervorgingen.

Semele: Die Tochter des sagenhaften thebanischen Königs Kadmos, der ihr Geliebter, Zeus, auf ihr Bitten hin in seiner wahren Gestalt unter Donner und Blitz erscheint. Sie verbrennt unter dem göttlichen Strahl; die sechsmonatige Leibesfrucht, aus der Dionysos hervorgeht, wird gerettet, weil Zeus sie sich in seinen Schenkel einnäht (Dionysos kann deshalb die „Frucht des Gewitters" heißen).

Sicyon: Sikyon, Stadt westlich von Korinth.

Sipylus: Bergzug westlich des Tmolus in Lydien.

Sirenen: Meerwesen, oft als Mädchen mit Vogelleibern dargestellt, betörten durch lieblichen Gesang die vorbeifahrenden Schiffer, die deshalb an den Klippen scheiterten und umkamen.

Skamander, Skamandros: Fluß bei Troja, mündet in den Hellespont.

Smyrna: Stadt in Ionien, westliches Kleinasien.

Solon: Athenischer Politiker und Dichter (um 640–560 v.u.Z.); wirkte als politischer und sozialer Reformer und galt in der Antike als einer der Sieben Weisen.

Sophokles: Klassiker der griechischen Tragödie, lebte von 496 bis 406 v.u.Z. Von 123 Dramen sind 7 erhalten, u.a. „Antigone", „Elektra", „König Ödipus".

Styx: Fluß in der Unterwelt. Nach einer antiken Sagenversion wird Achilleus als Neugeborener in diesen Fluß getaucht, damit er unverwundbar wird. Für Hölderlin knüpft sich an dieses Motiv u.a. der Gedanke einer Verjüngung des Menschen und seiner gesellschaftlichen Institutionen.

Sunium: Die Südspitze von Attika mit der Ruine des dorischen Poseidontempels aus dem 5. Jh. v. u. Z.

Tänarum: Tainaron, südlichste Landspitze des Peloponnes; galt als einer der Eingänge in die Unterwelt.

Tantalus: Tantalos, reicher König von Sipylos in Kleinasien, den die olympischen Götter an ihrer Tafel teilnehmen ließen. Da er gegen sie frevelte, u. a. indem er ihnen Nektar und Ambrosia stahl, mußte er im Hades ewig hungrig und durstig vor Früchten stehen („Tantalusqualen").

Tartarus: Tiefster Teil des Hades; Göttergefängnis, in dem Zeus Missetäter und Gottesfrevler gefangen hielt.

Taurus: Südlichstes Randgebirge des Hochgebirges von Kleinasien.

Tayget: Gebirge in Südgriechenland, an dessen Fuß Sparta lag.

Tellus: Römische Göttin der Erde und der Fruchtbarkeit.

Tenedos: Insel im Ägäischen Meer.

Tenos: Kykladen-Insel, Delos benachbart (bei Hölderlin fälschlich: Tina). Heimat Hyperions.

Teos: Stadt im nördlichen Ionien, südwestlich Smyrnas.

Thebe: Eine Nymphe, die Geliebte des böotischen Flußgottes Asopos. In anderer Bedeutung: Hauptstadt von Böotien.

Themistokles: Athenischer Staatsmann und Feldherr (um 524–495 v. u. Z.), war entscheidend am Sieg der Griechen bei Salamis beteiligt und wurde später zum Retter von Hellas verklärt.

Thermopylä: Im Engpaß der Thermopylen unterlagen die Griechen 480 v. u. Z. den Persern trotz heldenhaften Widerstandes.

Theseus: Nationalheld der attischen Sage, galt als Begründer aller wichtigen politischen Einrichtungen Athens und als Vater der athenischen Demokratie.

Thetis: Tochter des Meergottes Nereus und Mutter des Achill; oft verwechselt mit Thetys, der Schwester und Gattin des Okeanos.

Tina: Siehe *Tenos*.

Titanen: Ursprünglich die sechs Söhne und sechs Töchter des Uranos (Himmel) und der Gaia (Erde), die unter Führung des jüngsten von ihnen, Kronos, Uranos stürzten. Die Kinder des Kronos wiederum, die Kroniden, kämpften unter Führung von Zeus gegen die Titanen und stürzten sie in den Tartarus. Jedoch verstand man schon im Altertum (in Anlehnung an den „Gefesselten Prometheus" des Aischylos) unter Titanen verallgemeinert Kämpfer gegen Unterordnung und Unterdrückung.

Tithonos: Siehe *Eos*.

Tmolos: Gebirge in Lydien (Kleinasien), wo der Paktol entsprang.

Trident: (lat.) Dreizack; Attribut des Poseidon, der damit Felsen spalten sowie das Meer aufwühlen und bändigen konnte.
Tripolissa: Heute Tripolis; Stadt im Zentrum des Peloponnes.
Troas: Landschaft im nordwestlichen Kleinasien mit dem alten Hauptort Troja, dem Fluß Skamander und dem Ida-Gebirge.
Tyndariden: Siehe *Dioskuren*.

Ulyß: Odysseus, Sohn des Laërtes (daher Beiname „der Laërtide"); listenreicher griechischer Held. Als er nach zehnjähriger Irrfahrt aus dem Trojanischen Krieg zurückkehrte, mußte er daheim in Ithaka – zunächst als Bettler verkleidet – den Kampf mit den Freiern seiner Frau ausfechten.
Urania: Beiname der Aphrodite Pandemos als Göttin der Schönheit und der edlen Liebe (im Unterschied zu Aphrodite Pandemos als Göttin gemeiner Sinnlichkeit). Aus der Verbindung Aphrodites mit Ares geht Eros, der Gott der Liebe, hervor. Für Hölderlin ist Urania die Göttin der Harmonie, die Schönheit und Wahrheit in sich vereinigt. Er sieht auch Urania, die Muse der Sternenkunde, in eins mit Aphrodite Urania.

Vesta: Römischer Name für Hestia, die griechische Göttin des Herdfeuers, des häuslichen und staatlichen Friedens.
Vulkan: Sohn des Zeus und der Hera (griech.: Hephaistos), wurde von Zeus auf die Erde geschleudert, weil er lahm zur Welt kam. Gott des Feuers, der Schmiedekunst und der Handwerker.

Zante: (griech.: Zakynthos) Südlichste der ionischen Inseln vor der Westküste des Peloponnes.
Zephir: Der milde Westwind (Bote des Frühlings).
Zeus: (röm.: Jupiter) Höchster Gott der Griechen, jüngster Sohn des Kronos (daher sein Beiname Kronion) und der Rhea. Herr des Donners („der Donnerer") und des Blitzes, die er von seinem Sitz, dem Olymp, sendete. Er zeugte mit vielen Göttinnen und mit Sterblichen Kinder; sein ständiger Begleiter und Bote war der Adler. Siehe auch: *Titanen*.

INHALTSVERZEICHNIS

BIBLIOTHEK DEUTSCHER KLASSIKER

Die „Bibliothek deutscher Klassiker" ist eine Volksbibliothek der in unserer Zeit lebendigen und weiterwirkenden Literatur deutscher Sprache vom Zeitalter des Bauernkrieges bis zum Ende des neunzehnten Jahrhunderts. Sie bietet einem weiten Leserkreis die bedeutenden Werke unseres literarischen Erbes in Auswahlausgaben auf wissenschaftlicher Grundlage.

Die Werke der großen Dichter und Schriftsteller sollen Liebe und Verständnis für die schöne Literatur wecken und ein fortschrittliches, humanistisches Welt- und Geschichtsbild vermitteln.

Die „Bibliothek deutscher Klassiker" wird von den Nationalen Forschungs- und Gedenkstätten der klassischen deutschen Literatur in Weimar herausgegeben. Die Ausgaben erscheinen seit 1955 in zwangloser Folge.

Die „Bibliothek deutscher Klassiker" umfaßt folgende Ausgaben (in Klammern die Bandzahl):

Volksbücher (3) · Schwänke (1)
Hans Sachs (2) · Hutten / Müntzer / Luther (2)

Gryphius (1) · Grimmelshausen (4) · Chr. Reuter (1)

Günther (1) · Klopstock (1) · Winckelmann (1) · Lessing (5)
Wieland (4) · Herder (5) · Lenz (1) · Klinger (2) · Bürger (1)
Schubart (1) · Voß (1) · Lichtenberg (1) · Moritz (2) · Bräker (1)
Goethe (12) · Schiller (5) · Jean Paul (2) · Forster (2)
Hölderlin (2)

Seume (2) · Kleist (2) · Hebel (1) · Novalis (1)
Arnim (1) · Brentano · Friedrich Schlegel (2)
E. T. A. Hoffmann (3) · Chamisso (1) · Hauff (2) · Tieck (2)
Eichendorff (1) · Grillparzer (3) · Raimund (1) · Börne (2) · Grabbe (2)
Büchner (1) · Droste-Hülshoff (1) · Lenau (1) · Gotthelf (2) · Mörike (1)
Heine (5) · Weerth (2) · Nestroy (2) · Freiligrath (1) · Herwegh (1)
Hebbel (3) · Stifter (4) · Fritz Reuter (3) · Keller (5)
Storm (2) · Anzengruber (2) · Ebner-Eschenbach (1) · C. F. Meyer (2)
Raabe (5) · Fontane (5)

Briefe: Lessing (1) · Herder (1) · Goethe (3) · Schiller (2) · Heine (1)
Keller (1) · Fontane (2)